Diskotheken im ländlichen Raum

Waxmann Verlag GmbH
Steinfurter Straße 555, 48159 Münster
info@waxmann.com

Populäre Kultur und Musik
Herausgegeben von Michael Fischer
im Auftrag des Zentrums für Populäre Kultur und Musik
der Universität Freiburg
und Nils Grosch im Auftrag der Universität Salzburg

Band 27

Michael Fischer

Diskotheken im ländlichen Raum

Populäre Orte des Vergnügens in Südwestdeutschland (1970–1995)

Waxmann 2020
Münster · New York

Bibliografische Informationen der Deutschen Nationalbibliothek

Die Deutsche Nationalbibliothek verzeichnet diese Publikation in der Deutschen
Nationalbibliografie; detaillierte bibliografische Daten sind
im Internet über http://dnb.d-nb.de abrufbar.

Populäre Kultur und Musik, Bd. 27

Print-ISBN 978-3-8309-4129-3
E-Book-ISBN 978-3-8309-9129-8
ISSN 1869-8417

© Waxmann Verlag GmbH, Münster 2020

www.waxmann.com
info@waxmann.com

Umschlaggestaltung: Pleßmann Design, Ascheberg
Umschlagabbildung: Diskothek „Waldpeter", ca. 1980, © Foto Carle, Triberg
Gedruckt auf alterungsbeständigem Papier, säurefrei gemäß ISO 9706

Printed in Germany

Alle Rechte vorbehalten. Nachdruck, auch auszugsweise, verboten.
Kein Teil dieses Werkes darf ohne schriftliche Genehmigung des Verlages
in irgendeiner Form reproduziert oder unter Verwendung elektronischer
Systeme verarbeitet, vervielfältigt oder verbreitet werden.

Inhalt

1	**Einleitung**	7
1.1	Erforschung des musikalischen Alltags und der Orte populärer Kultur	7
1.2	Gliederung der Studie	11
2	**Die Diskothek als Unterhaltungs- und Freizeitangebot**	13
2.1	Der Begriff „Diskothek"	13
2.2	Diskothek und Diskothekenkultur als Gegenstand wissenschaftlicher Forschung	19
2.3	Exkurs: Die Diskothek in rechtlicher Hinsicht	27
2.4	Entstehung der Diskothekenkultur in der Bundesrepublik Deutschland	29
2.5	Exkurs: Der Discjockey	36
2.6	Höhepunkt und Niedergang der „Discowelle"	43
2.7	Rock- und Popdiskotheken	44
2.8	Freizeitverhalten Jugendlicher und Diskothekenbesuch in den 1980er Jahren	49
3	**Diskotheken im ländlichen Raum**	53
3.1	Ländliche Musikpraxis im 20. Jahrhundert	53
3.2	Jugend im ländlichen Raum und Discokultur	57
3.3	Mobilität der Jugendlichen und Akzeptanz des Angebots	62
3.4	Entstehung und Ausstattung ländlicher Diskotheken	65
3.5	Dorf- und Schlagerdiscos in den 1990er Jahren	69
4	**Räume, Programme, Konflikte**	73
4.1	Das Untersuchungsgebiet in Südwestdeutschland: Schwarzwald und angrenzende Landkreise	73
4.2	Diskothekenkultur im Landkreis Breisgau-Hochschwarzwald: zwei Schlaglichter 1978 und 1985	78
4.3	Diskothek als populärer Ort: Räume	82
	Umwandlung von bestehenden Gasthäusern in Diskotheken	82
	Raumangebot und funktionale Differenzierung	87
	Technik, Unterhaltungsangebote, gastronomischer Bereich	94
	Mobile Diskotheken	100
4.4	Diskothek als Unterhaltungs- und Erlebnisangebot: Programme	104
	Livemusik-Angebote	110
	Nichtmusikalische Darbietungen/Shows	115
	Spiele und Verlosungen	119

4.5	Diskothek als soziale und kulturelle Praxis: Konflikte	123
	Nächtliche Ruhestörung	124
	Einhaltung von Tanzverboten	130
	Konsum und Handel mit Drogen	133
	Diskriminierung von ausländischen Gästen	142
	Discounfälle	146

5	**Zeitzeugen erzählen – Oral History**	155
5.1	Stärken und Schwächen der Oral History	155
5.2	Betreiber stationärer Diskotheken	158
5.3	Betreiber mobiler Diskotheken	176
5.4	Discjockeys	188
5.5	Ausstatter	196
5.6	Fans, BesucherInnen und sonstige Zeitzeugen	202

6	**Diskotheken in der Erinnerungskultur: Social Media und Revivalpartys**	215
6.1	Diskotheken als Teil erinnerter „Heimat"	215
6.2	Social Media und Erinnerung: Facebook-Gruppen und Playlists	216
6.3	Revivalpartys	221

7	**Zusammenfassung**	227

Bibliographie	243
Dank	251
Register der Diskotheken und Gaststätten	253

1 Einleitung

1.1 Erforschung des musikalischen Alltags und der Orte populärer Kultur

Die Forschung zur populären Musik besitzt eine bemerkenswerte und bisher wenig reflektierte Parallele zur etablierten geisteswissenschaftlichen bzw. musikhistorischen Forschung, die sich hochkulturellen Phänomenen zuwendet: Die Untersuchungsgegenstände bilden nämlich selten den künstlerischen und kulturellen Mainstream ab,[1] vielmehr stehen sozial differenzierte und ästhetisch elaborierte Artefakte im Vordergrund des Interesses, insbesondere dann, wenn sich diese mit avantgardistischen bzw. subkulturellen Strömungen in Verbindung bringen lassen. Auch in der sog. „Populärmusikforschung" kommt das Einfache, Banale und Bodenständige von musikalischen Unterhaltungskulturen selten in den Blick; die überwiegende Mehrheit der Forschenden widmet sich vielmehr „musikalischen Spezialdiskursen", etwa im Rahmen genrebezogener Arbeiten zu Heavy Metal oder elektronischer Tanzmusik.[2] Der „musikalische Alltag" der Vielen scheint wissenschaftlich wenig attraktiv zu sein, offenbar hat sich die „tradierte Dichotomie zwischen Hoch- und Populärkultur (‚E- und U-Musik') auf die populäre Musik selbst" und ihre Erforschung übertragen.[3] Ein Grund hierfür liegt in der Geschichte der Cultural Studies, weil frühe Arbeiten einem angeblich kommerziellen und kulturindustriellen Mainstream die „Subkultur als das ‚Andere', als den Raum der Subversion und Emanzipation, gegenüberstellten."[4] Entsprechend werden die forschungsrelevanten Themen auch heute noch in speziellen Genres bzw. Szenen vermutet, wie Christofer Jost beklagt: „Die gesellschaftliche Relevanz von weitläufig bekannten und beliebten Musikdarbietungen" und der jeweiligen sozialen und kulturellen Rahmung „verhält sich diametral zu ihrem Stellenwert in der Forschung."[5] Das gilt für die – medial omnipräsente und ökonomisch erfolgreiche – Schlagerkultur genauso wie für nichtprofessionelle Schülerbands oder eben für Diskotheken im ländlichen Raum. Ebensowenig wird über Jugendkulturen in kleinstädtischen oder dörflichen Kontexten wissenschaftlich debattiert, wie Irene Leser und Günter Mey in ihrem Tagungsbericht aus dem Jahr 2017 festhalten: Jugendkulturen würden seit dem Beginn ihrer Erforschung „fast immer (und zumeist unhinterfragt) mit urbanen Milieus gleichge-

---

[1] Vgl. hierzu den Forschungsbeitrag Jost 2016.
[2] Ebd., 154.
[3] Ebd.
[4] Ebd.
[5] Ebd.

setzt."⁶ Dies gelte nicht nur „für die Erforschung einzelner jugendkultureller Stile und Szenen, jugendlicher Werthaltungen und (politischer) Einstellungen", sondern ebenso „bei der Analyse der Praktiken jugendlicher Raumaneignungen".⁷

Diese Arbeit möchte – ausgehend von diesem Befund – eine Forschungslücke schließen, indem sie sich einem bisher wenig beachteten Gegenstand ländlicher Jugend- und Musikkultur zuwendet, nämlich den Diskotheken in der Provinz. Hilfreich erscheint es dabei, einem Konzept von Stefan Krankenhagen zu folgen, der auf die Bedeutung der „Populären Orte" für die Forschung hinweist. Selbstverständlich finde, so der Hildesheimer Kulturwissenschaftler, in der Literatur zur populären Kultur bzw. zur Popkultur „eine intensive Auseinandersetzung mit den Orten und Räumen des Populären statt", etwa mit dem Kino, dem Varieté, dem Jahrmarkt oder dem Warenhaus.⁸ Zugleich sei es jedoch *common sense*, die „Popkultur vorrangig als kulturelle Praxis und damit als einen spezifischen, oft widerständig konnotierten Handlungsrahmen zu beschreiben."⁹ Die damit zusammenhängenden Orte würden aber nachrangig behandelt und „nur in seltenen Fällen als Populäre Orte" ausbuchstabiert.¹⁰ Krankenhagen nennt verschiedene Merkmale solcher „Populärer Orte", zunächst ihren Öffentlichkeitscharakter.¹¹ Daneben müsse es ein Publikum geben, das dort seinen „Auftritt" hat, sei es im Kollektiv (Stadion, Zirkus), sei es als Individuum (Disco, Club).¹² Bei diesen Auftritten handle es sich oft um „körperbezogene Auftritte", die der „Herausstellung des Körpers" dienten.¹³ Dabei komme der Körper des Einzelnen (Star, KünstlerIn) genauso zur Geltung wie die Körper der Vielen (Mannschaft, Bands), „der Körper der Performer genauso wie die Körper des teilhabenden Publikums".¹⁴

Ohne Zweifel lässt sich diese Beschreibung „Populärer Orte" auf die Diskotheken applizieren, man denke nur an die Rolle(n) des Discjockeys oder an diejenige(n) der tanzenden BesucherInnen. Ein weiteres Merkmal, das Krankenhagen nennt, trifft gleichfalls auf die Diskothek zu: Es ist dem Publikum möglich, ständig zwischen „Teilnehmer- und Beobachterstatus" zu wechseln; es gibt in hohem Maße die Gelegenheit, „Aufmerksamkeit nicht nur dem jeweiligen Phänomen" teilwerden zu las-

---

6 Leser; Mey 2017, 95.
7 Ebd.
8 Krankenhagen 2016, 188.
9 Ebd.
10 Ebd., 189. – Die Großschreibung des Adjektivs „populär" soll wohl darauf hindeuten, dass es nicht nur um „beliebte" Orte geht, sondern um spezifische Raumkonstellationen des Populären.
11 Ebd.
12 Ebd.
13 Ebd.
14 Ebd.

sen, „sondern selbst bereits Teil der popkulturellen Performance zu sein".[15] Dies gilt bei dem „Populären Ort" Diskothek nicht nur für den Tanz, sondern auch für einen bestimmten Habitus, Verhaltensweisen (etwa Rauchen und Trinken), die Inszenierung des Körpers durch Kleidung, Schminke, Schmuck, Frisur etc. Krankenhagen sieht in den „Populären Orten" einen hohen Grad der Vergemeinschaftung und Beziehungsstiftung, dort könnten „differente Beziehungen (soziale, ästhetische, körperliche Beziehungen) gleichzeitig erprobt und dargestellt werden".[16] Im Anschluss an Luhmanns Studie „Die Realität der Massenmedien" spricht er von der „Arbeit an der eigenen Identität".[17] Zuletzt weist Krankenhagen darauf hin, dass „Populäre Orte" durchweg „warenförmige Orte" seien; sie könnten nur in „Erlebnisgesellschaften" (im Rückgriff auf Gerhard Schulze[18]) sinnvoll beschrieben werden, „die, als primär demokratisch strukturierte Wohlstandsgesellschaft, einen Umgang mit dem Zuviel ermöglichen und verlangen".[19] Auf Diskotheken angewandt: Diese sind Orte der Unterhaltung und des Vergnügens, die ihrem Publikum „ein Wechselspiel von Rezeption und Teilhabe"[20] anbieten und dadurch Identitätsarbeit (nicht zuletzt durch die Darstellung von Körperlichkeit) und die Erprobung und Einübung von Geschlechtsrollen ermöglichen.

Diskotheken und der Diskothekenkultur wurden in der jüngsten Vergangenheit einzelne Ausstellungen gewidmet.[21] Diese „Populären Orte" des Vergnügens werden damit historisiert und musealisiert – und dadurch zugleich (re-)popularisiert. Um ein Wort von Gottfried Korff aufzugreifen: Die „Musealisierung des Populären" und die „Popularisierung des Musealen" sind zwei Seiten einer Medaille.[22] Besonders öffentlichkeitswirksam war dabei die Ausstellung des Schlossmuseums Jever „Break on through to the other side. Tanzschuppen, Musikclubs und Diskotheken in Weser-Ems". Aufgrund des Erfolgs lief die Ausstellung annähernd fünf Jahre lang (2007–2012), schätzungsweise 300.000 BesucherInnen sollen die Präsentation gesehen haben.[23] Der zugehörige Katalog erfuhr zwei Auflagen.[24] 2013 folgte eine Ausstellung zur Jugend- und Diskothekenkultur in Osnabrück, die parallel im Museum Industriekultur und im Tuchmacher Museum Bramsche (Landkreis Osnabrück) ge-

---

15 Ebd.
16 Ebd.
17 Ebd., 189f.
18 Ebd., 190. – Vgl. Schulze 2005.
19 Ebd.
20 Ebd.
21 Zur erhöhten Aufmerksamkeit der Lokalhistorie vgl. den Hinweis bei Schwetter 2017, 118.
22 Korff 1988.
23 Vgl. https://www.schlossmuseum.de/ausstellungen/archiv/diskotheken/ [01.08.2018]; Bericht in der Wilhelmshavener Zeitung von 17. April 2012, http://www.wzonline.de/nachrichten/lokal/artikel/disko-ausstellung-im-schloss-ist-zu-ende.html [01.08.2018].
24 Schmerenbeck 2008.

zeigt wurde. Etwa 11.000 BesucherInnen haben diese Ausstellung besucht.[25] Wie schon bei der Schau in Jever wurde auch in Osnabrück der „Populäre Ort" Diskothek als Teil eines umfassenden Erlebnisangebots verstanden: Der Katalog aus Osnabrück (2013) unterschied zwischen den Feldern „Die Musik", „Die Technik" und „Der Style",[26] d.h. Plattenabspielgeräte, Beleuchtung, Mode und Mopeds sind genauso Teil dieser Kultur wie die gespielte Musik und der Tanz.

Für die jüngste Vergangenheit kann auf zwei vollkommen gegensätzlich angelegte Ausstellungsprojekte verwiesen werden. Das Vitra Design Museum in Weil am Rhein (Baden-Württemberg, Landkreis Lörrach) präsentierte im Jahr 2018 unter dem Titel „Night Fever. Design und Clubkultur 1960 – heute" avancierte und zum Teil avantgardistische Innenarchitekturen, Möbel, Plattencover etc.[27] Die BesucherInnen wurden in international bekannte Großstädte entführt: Berlin, Beirut, Brüssel, London, Paris, Rom. Die Namen der Diskotheken und Clubs haben Popkulturgeschichte geschrieben („Studio 54" und „The Saint" in New York, „Tresor" und „Berghain" in Berlin), stehen aber nicht für eine Alltagsgeschichte der Tanz- und Unterhaltungskultur, wie es die vorliegende Studie für den südwestdeutschen Raum beabsichtigt. Genauso wenig können diese legendären und außergewöhnlichen Lokale den „Populären Ort" Diskothek im Sinne Krankenhagens repräsentieren. Eine ganz andere Diskothekenkultur als in Weil am Rhein präsentiert das Museumsdorf in Cloppenburg (Niedersachsen, Landkreis Cloppenburg). Dort wird gegenwärtig eine Dorfdisco mit dem unspektakulären Namen „Zum Sonnenstein" aus Harpstedt (etwa 30 Kilometer südwestlich von Bremen) wiederaufgebaut.[28] Dabei ist eine Besonderheit „die überlieferte materielle Kultur: die große Anzahl originaler Ausstattungsgegenstände wie Schallplatten, Mobiliar oder die Musik- und Lichtanlage".[29] Hier wird ganz bewusst Alltags- und Regionalgeschichte museal inszeniert und wieder erlebbar gemacht, weil „eine Inbetriebnahme auch tatsächlich mit dem originalen Equipment, sprich der Musik- und Lichtanlage, möglich sein wird".[30]

Sich der Diskothekenkultur, ihren Räumen, Programmen und Konflikten, in einem bestimmten ländlichen Raum aus einer historischen Perspektive zuzuwenden, ist methodisch und forschungspraktisch anspruchsvoll: Auch in Südwestdeutschland war in den 1970er bis 1990er Jahren diese Form der Musik-, Unterhaltungs- und Jugendkultur zeitlich und regional stark ausdifferenziert, so dass sich Pauschalie-

---

25 Freundliche Mitteilung des Museumsdirektors Rolf Spilker, Osnabrück (Mail vom 2. August 2018).
26 Keller; Wolf 2013.
27 Katalog: Kries; Eisenbrand; Rossi 2018.
28 DGV Informationen 2018, 68; vgl. die Selbstdarstellung des Museums unter: https://www.museumsdorf.de/index.php/de/eine-disco-kommt-ins-museum [20.08.2018].
29 Ebd., 69.
30 Ebd.

rungen verbieten; der Zugang zu Quellen ist schwierig, zum Teil weil Sperrfristen bei den Archivalien noch nicht abgelaufen sind oder in den Archivmaterialien relevante Informationen fehlen – da sie bei den dokumentierten verwaltungstechnischen Abläufen keine Rolle spielten. Dies betrifft zum Beispiel die Frage, welche Musik in den Diskotheken aufgelegt wurde, wer die BesucherInnen der jeweiligen Betriebe waren oder wie viele Discjockeys die Tanzlokale beschäftigt hatten. Auch waren nicht alle ermittelten Zeitzeugen zu einem Gespräch bereit oder ihre Erinnerungen verloren sich aufgrund der Zeitläufte im Ungefähren. Bildmaterial ist schwer aufzutreiben, authentisches Tonmaterial (Mitschnitte) nicht vorhanden.

Eine flächendeckende empirische Untersuchung war daher nicht möglich, stattdessen soll in der vorliegenden Studie anhand von Beispielen das Typische gezeigt werden. Für die Erforschung der Diskothekenkultur sind die zeitgenössischen Diskurse erhellend, wie sie sich in den Quellen (journalistische Beiträge, Fach- und Sachliteratur, Akten) direkt oder indirekt niederschlagen: Dort werden – ausgehend von Vorannahmen, bestimmten Werthaltungen und der eigenen sozialen Rolle – bestimmte Blickwinkel eingenommen, etwa von Pädagogen kulturkritische oder von Polizisten und in der Verwaltung Beschäftigten solche, welche die öffentliche Ordnung und das Recht betonen. Umgekehrt ging es den Wirten bzw. Diskothekenbetreibern in ihren Äußerungen explizit oder implizit um ihre wirtschaftliche Situation, d.h. um ihre Lebens- bzw. Verdienstgrundlage. Solche Blicklenkungen präfigurieren selbstverständlich die Wahrnehmung von Diskotheken, den dort verkehrenden Gästen und der gespielten Musik.

1.2 Gliederung der Studie

Die hier vorgelegte Studie, die eher einen Anfangs- als einen Schlusspunkt der Forschung zu Diskotheken im ländlichen Raum setzen will, umfasst sieben Teile: Nach der Einleitung wird im zweiten Teil die Diskothek als ein Unterhaltungs- und Freizeitangebot für vorwiegend junge Menschen beschrieben. Der Begriff „Diskothek" und die damit verbundene Begriffsgeschichte werden erläutert, um dann die Anfänge der bundesdeutschen Diskothekenkultur zu beleuchten. Im folgenden dritten Teil stehen die Diskotheken im ländlichen Raum als „Populäre Orte" und als Orte des Populären im Vordergrund. Anhand von Quellen und Sekundärliteratur sollen die Spezifika ländlicher Tanzlokale herausgestellt werden, ausgehend von der Entwicklung der Musikpraxis auf dem Land. Weitere Gesichtspunkte bilden die Entwicklung der Jugendkultur sowie die Entstehung und Ausstattung ländlicher Diskotheken. Betriebe in ausgewählten Landkreisen Südwestdeutschlands sind Gegenstand des vierten, empirisch angelegten Teils. Kerngebiet ist dabei der Schwarzwald mit den angrenzenden Regionen. Für den Nordschwarzwald wird ein Beispiel aus dem Kreis Freudenstadt gegeben. Nicht berücksichtigt werden die großstädtischen Diskotheken in Freiburg im Breisgau. Allerdings werden auch Lokale untersucht, die in den genannten ländlichen Räumen in Kleinstädten (bis etwa 20.000 Einwohnern) angesiedelt sind bzw. waren. Als Quellen dienen die Akten und Unterlagen des Staatsarchivs Freiburg, verschiedener kommunaler und privater Archive sowie des Redaktionsarchivs der „Badischen Zeitung" (Freiburg im Breisgau). Fotografien und Planunterlagen (Grundrisse von Diskotheken) ergänzen die Quellenbasis. In diesem vierten Teil stehen besonders die „Räume", „Programme" und „Konflikte" im Vordergrund. Warum es in diesem Kapitel nicht um die in diesen Diskotheken gespielte Schallplattenmusik gehen kann, wird dort erläutert. Vorausgeschickt sei, dass neben der Quellenarmut eine eigene Methodik entwickelt werden müsste, um aus den vorhandenen Hinweisen und hier und da erhaltenen Schallplattenbeständen „Playlists" der Lokale bzw. einzelner Abende zu erstellen. Hierzu wäre eine eigene, breit angelegte empirische Untersuchung notwendig. Im fünften Teil schließlich kommen interviewte Personen zu Wort – Menschen, die seit den 1980er Jahren in der Unterhaltungsgastronomie bzw. in der populären Musikszene (zumeist als Discjockey oder Diskothekenbetreiber) tätig waren. Auch einzelne BesucherInnen ländlicher Betriebe wurden einbezogen, um ein möglichst breites Bild zu vermitteln. Diese Berichte sollen die Erforschung der ländlichen Diskothekenkultur um eine Facette reicher machen: Ging es in den Kapiteln zwei bis vier um die Institution bzw. den „Populären Ort" Diskothek und um die damit verbundenen Diskurse, stehen im fünften Teil die subjektiven Erlebnisse und Beschreibungen im Vordergrund. In einem kurzen sechsten Teil wird ein Ausblick auf die Gegenwart genommen: Die vergangene Diskothekenkultur lebt weiter in der medial vermittelten und geteilten Erinnerung (Social Media) und in performativen Situationen, in Revivalpartys. Eine Zusammenfassung schließt die Studie ab.

Diese Arbeit wäre ohne die freundliche Unterstützung zahlreicher Menschen nicht zustande gekommen: An erster Stelle sei deshalb meinen GesprächspartnerInnen gedankt, die sich für Interviews zur Verfügung gestellt haben. Dann spreche ich allen ArchivarInnen und BibliothekarInnen sowie den Mitarbeitenden von Behörden und Medieneinrichtungen, die mir Quellen unkompliziert zur Verfügung gestellt haben, aufrichtig meinen Dank aus. Nicht zuletzt bin ich der Albert-Ludwigs-Universität Freiburg mit ihrem Vizerektor Professor Dr. Gunther Neuhaus zu Dank verpflichtet, die es mir ermöglicht haben, neben meiner Tätigkeit als Geschäftsführender Direktor des 2014 gegründeten Zentrums für Populäre Kultur und Musik diese Forschungsarbeit durchzuführen.

2 Die Diskothek als Unterhaltungs- und Freizeitangebot

2.1 Der Begriff „Diskothek"

Der Begriff „Diskothek" meinte viele Jahre lang lediglich einen Aufbewahrungsort für Schallplatten bzw. Plattensammlungen.[31] Der Terminus wurde analog zu den Begriffen „Phonothek" bzw. „Bibliothek" gebildet; vermutlich ist der Begriff zunächst im Französischen entstanden.[32] Noch 1966 hieß es im „Duden Fremdwörterbuch" zur Erklärung: „Diskothek (gr.-nlat.) w; -, en: Schallplattensammlung, -archiv. Diskothekar m; -s, e: Verwalter einer Diskothek."[33] In diesem gelehrten Verständnis zierte der Begriff auch den Titel verschiedener deutscher Publikationen, etwa der Bücher „Der Weg zur Diskothek" oder „Die Jazz-Diskothek", die gerade nicht das moderne, jugendaffine Tanzlokal meinten.[34] Den Zusammenhang zwischen Jugend und „Diskothek" stellte man sich damals, Ende der 1950er Jahre, folgendermaßen vor:

> Die Jugend verdankt [...] bereits in der Schule das Musikerlebnis zu einem wesentlichen Teil der Schallplatte. Die Schallplatte ist ihr als Studienmaterial vertraut, als Vorbereitung für einen anspruchsvollen Konzert- oder Opernbesuch. So wird diese Jugend gewiss auch den Wunsch haben, sich selbst einmal eine Diskothek anzulegen. [...]
> Die Gefahr der „Musikberieselung" durch planloses Schallplattensammeln und -hören dürfte vermieden sein, da man von den Werten der Schallplatte weiss. Die richtige Einstellung zur Schallplatte von Jugend an gewinnt ihr Freunde und bewahrt davor, sie als mühelosen Ersatz für eigenes Musizieren anzusehen.[35]

Erst allmählich – wiederum ausgehend von Frankreich – ging die Bezeichnung von der Bedeutung „Schallplattensammlung" auf „die entsprechenden Örtlichkeiten bzw. Veranstaltungsformen" über, bei der anstelle von Livemusik Musikmedien erklangen.[36] 1976 war im Wörterbuch „Petit Robert" als Definition zu lesen: „lieu de réunion [...] où l'on peut danser au son d'une musique enregistrée".[37] Im Amerikanischen und Englischen ging der Bedeutungswechsel schneller vonstatten: 1965 hieß es in „American Speech" über das Wort: „a dance hall the music for which is

---

31 Mühlenhöver 1999, 11.
32 Schwarze 1981, 5.
33 Duden 1966, 164. – In der Auflage von 1974 (182) war ergänzt: „[Tanz]lokal [für Jugendliche], in dem Schallplatten gespielt werden".
34 Brennicke 1959; Elmenhorst; Bebenburg 1961.
35 Brennicke 1959, 29.
36 Mühlenhöver 1999, 11.
37 Zit. nach: Schwarze 1981, 5f.

supplied by recorded music" und in der „Britannica" 1966: „A usually small intimate nightclub for dancing to recorded music".[38]

In Deutschland setzte sich der Begriff „Diskothek" im heutigen Verständnis ebenfalls ab den mittleren 1960er Jahren durch.[39] Zuvor standen für die entsprechenden Unterhaltungsangebote lediglich die Begriffe „Tanzlokal", „Tanzbar" bzw. „Tanzdiele" zur Verfügung – ganz unabhängig davon, ob die Musik live oder von Platten gespielt wurde. Auch eine der ersten in der Bundesrepublik Deutschland gegründeten Diskotheken, der „Scotch Club", der 1959 aus einer Aachener Speisegaststätte hervorging, vermied den neuen Begriff und nannte sich stattdessen zunächst „Jockey Tanz Bar",[40] eine Anspielung auf die Rolle des Discjockeys, der die Platten auflegte und die Musik moderierte, und natürlich ein Hinweis auf die Möglichkeit, zur Musik zu tanzen und Getränke einzunehmen.

Einer breiteren, eher linksintellektuell geprägten Öffentlichkeit wurde die Bezeichnung „Diskothek" durch das Nachrichtenmagazin „Der Spiegel" bekannt. Dieses veröffentlichte im Jahr 1965 einen Beitrag unter der Überschrift „Diskothek. Irre laut".[41] Dabei stand zunächst die damals noch neuartige Erscheinung der US-amerikanischen Unterhaltungskultur im Vordergrund, die allerdings inzwischen nach Europa und in die Bundesrepublik herübergeschwappt sei.[42] „Der Spiegel" versuchte den Erfolg „der lautseligen Stereo-Lokale" zu ergründen und berief sich hierzu auf einen Diskothekenunternehmer. Dieser verwies auf den gestiegenen musikalischen Anspruch „schallplattenverwöhnter Twist-Fans".[43] Durch die Platten bekämen die BesucherInnen musikalisch höchste Qualität geboten.[44] Ein Besucher meinte laut „Spiegel": Diskotheken seien „nicht nur irre laut, sondern auch besser als die meist miesen Bands, die sonst in Tanzlokalen spielen".[45]

> *Diskothek – Irre laut*
>
> Die Tanz-Dielen erzittern. Trainiertes Jung-Volk hupft, schlingert, stampft und zuckt nach Rhythmen, die aus allen Wänden, aus der Decke und sogar aus dem Fußboden zu quellen scheinen. Gedröhn, nahezu von der Lautstärke einer startenden Boeing, erfüllt ohne Pause jeden Kubikmeter des Etablissements und stimuliert die Anwesenden zu Körperübungen wie Letkiss,

---

38   Ebd.
39   Ebd., 6: „Man kann annehmen, daß das Wort etwa zur selben Zeit [1964] auch in den deutschen Sprachraum eingedrungen ist; genauere Belege darüber liegen nicht vor."
40   Quirini 2015, 6.
41   Der Spiegel 16/1965, 150f.
42   Ebd., 150.
43   Ebd., 151.
44   Ebd.
45   Ebd.

Watusi, Jerk und Mashed Potatoes oder auch zu so guten alten Tänzen wie Hully-Gully, Slop und Twist.

Der rhythmische Radau – erzeugt von Gitarren, Schlagzeug und Vokalkünstlern und bis an die Grenzen menschlichen Durchhalte-Vermögens elektronisch verstärkt – ist das Merkmal eines neuen Typs von Vergnügungsunternehmen, der sich derzeit gleich der Lärmschleppe eines Überschalljägers über Europas und Amerikas Städte ausbreitet. Gattungsname der neuen Schall-Welle: Diskothek.

Tausende von Tanzlokalen in Amerika haben, dem neuen Trend folgend, umgerüstet – die Filmstern-Kneipe „Whisky à Go Go" am Hollywooder Sunset Strip ebenso wie der exklusive New Yorker „Stork Club". In Paris entsteht derzeit durchschnittlich jede Woche eine neue Diskothek. Und auch in bundesdeutschen Großstädten hat die akustische Automation schon dutzendfach die Twist-Arenen verwandelt: Wo früher kühle Combos oder milde Bar-Trios aufspielten, bedröhnen nunmehr phonmächtige High-Fidelity-Raumklang-Lautsprecher die Tanzfläche. [...]

Erste Vorläufer der Lärm-Bewegung waren – schon vor einigen Jahren – in den Keller-Gehegen des Pariser Seine-Ufers entstanden. Doch erst als sich die amerikanische Vergnügungs- und Phono-Industrie des neuen Platten-Drehs bemächtigte, wurde ein Boom daraus.

So bietet beispielsweise die Chicagoer Juke-Box-Firma „Seeburg Corporation" an, für rund 12.000 Mark jede Dorfschenke und jeden Nachtklub innerhalb von zwei Stunden in eine komplette Diskothek mit Lautsprecheranlage und Musikmaschine zu verwandeln – einschließlich einer neuen Tanzfläche, phosphoreszierender Wandbehänge sowie einer Erstausstattung mit Servietten und Reklamematerial. Innerhalb von einem Monat konnten Seeburg-Abgesandte in den USA mehr als tausend Diskothek-Einrichtungen installieren.

Doch mittlerweile brechen sich die Stereo-Orkane auch schon am Schallgemäuer vieler europäischer Etablissements. Society-Clubs wie „St. Hilaire" in Paris, „Garrison" in London und „Pferdestall" in Düsseldorf ließen sich Diskotheken einrichten. Aber die Neutöner fanden auch Eingang in West-Berlins Teenager-Schuppen „Big Apple", in Schwabinger Studiker- und Teenager-Kneipen wie „Scotch Casino", „Gaslight", „Kuhstall" und „Pussycat" sowie in mehrere Hamburger Jungsegler- und Künstler-Treffs („Ambassador", „Insel").

Diskothek. Irre laut. In: Der Spiegel 16/1965, 150f.

Die Geschichte des Begriffs zeigt, dass sich dieser parallel zur Etablierung des neuen Unterhaltungs- und Freizeitangebots verfestigte und allmählich in die Jugend- und Alltagssprache einging. Heute wird unter dem Terminus „Diskothek" ein mobiles oder stationäres Unterhaltungsangebot verstanden, das (1) technisch reproduzierte Musik darbietet, (2) geeignete Flächen zum Tanzen bereithält, (3) einen gastronomischen Service unterhält (Getränkeausschank, Barbetrieb, kleine Speisen) und sich (4) zumeist an Jugendliche und jüngere Erwachsene wendet. Diskotheken wurden und werden überwiegend als private Unternehmen geführt (d.h. mit Gewinnerzielungsabsicht); in der Geschichte der Diskotheken sind allerdings auch diejenigen Projekte zu berücksichtigen, die im Rahmen öffentlicher Jugendarbeit stattgefunden haben (in Jugendzentren, Jugendkellern etc.). Diese Angebote sollten Alternativen zu den „kommerziellen" Unternehmen bereitstellen und verfolgten in der Regel pädagogische Ziele.[46]

Das Kurzwort „Disco" ist mehrdeutiger als der Begriff „Diskothek", es bezeichnet zum einen den Veranstaltungsort, zum anderen die Veranstaltungsform, drittens einen bestimmten Musik- bzw. Tanzstil und schließlich die diesbezügliche (Jugend-) Kultur.[47] Schon im Jahr 1980 wies der Volkskundler Werner Mezger auf die Mehrdeutigkeit des Begriffs hin: „So wurde der Begriff ‚Disco' schließlich zum Markenzeichen für eine ganze musikalische Stilrichtung, mehr noch: Er avancierte zum allumfassenden Signum einer seit Mitte der 1970er Jahre gewaltig aufbrandenden Modewelle, zur Etikette eines spezifischen Lebensgefühls".[48] Seit dem Erfolg des US-amerikanischen Films „Saturday Night Fever" im Jahr 1977 in den USA (1978 BRD) bzw. seit dem Höhepunkt der „Discowelle" verbreitete sich der Terminus „Discofieber",[49] der einerseits an eine hitzige und anregende Stimmung denken lässt, andererseits das Phänomen und die damit verbundene jugendliche Begeisterung pathologisiert. Mezger weist zudem für die – aus Marketinggründen – gewählten Komposita hin, die seit den 1970er Jahren gebildet worden seien: „Disco-Eis, Disco-Queen, Disco-Power, Disco-Nächte, Disco-Hit, Disco-T-Shirt und viele andere mehr."[50] Auch in der Mitteilung des „Sprachdienstes" wurden 1981 die zahlreichen Komposita thematisiert, allein im „Spiegel"-Artikel von 1978 über den John-Travolta-Film „Saturday Night Fever" sei 17-mal das Wort „Disco" verwendet worden, „und es werden 40 (!) verschiedene Komposita mit *Disco* gebildet."[51] Gleichfalls wird herausgestellt, dass der „suffixartige" Gebrauch des Wortes „Disco" zur näheren Beschreibung einer Diskothek diene, etwa „Edeldisco", „Jugenddisco", „Superdisco"

---

46 Vgl. Müller; Nimmermann 1968, Bücken 1977 sowie Schilling 1986.
47 Vgl. Mühlenhöver 1999, 11f.
48 Mezger 1980, 17.
49 Ebd.
50 Ebd.
51 Schwarze 1981, 6.

oder auch „Rollschuhdisco".⁵² Es überwiege allerdings der „präfixartige" Gebrauch, der sich dann nicht primär auf den Veranstaltungsort beziehe, sondern vornehmlich auf die Musik, zum Beispiel „Discobeat", „Discohit", „Discosound", „Discorhythmus" oder „Discoversion".⁵³ Andere Kombinationen bezögen sich auf die Mode (Discomode, Discoblazer, Discojeans, Discohemd), bestimmte Personen (Discoboy, Discofreak, Discostar, Discoqueen, Discogeschädigte), die Stimmung (Discoatmosphäre, Discoinferno), die Zeit (Discoabend, Discotime), Produkte und Berufe.⁵⁴

Zuletzt soll noch an einen Spezialdiskurs des Untersuchungszeitraums erinnert werden: die fundamentalistische Ablehnung der Discokultur. Zwei Facetten seien aufgezeigt, die erste schließt dabei offenkundig an das Skandalbuch „Wir Kinder vom Bahnhof Zoo" an, das 1978 das Leben einer heroinabhängigen Jugendlichen schilderte. Der Titel „Wir Disco-Kinder" aus dem Jahr 1980 greift die Vorlage bereits im Umschlagstext auf, wenn es reißerisch heißt:

> Schockierend ist dieser Report eines jungen Mädchens, die genau weiß, worüber sie schreibt: Drogen, Disco und alles, was noch dazu gehört. In dieser Szene regiert das Rauschgift. Trotzdem: Es gibt noch Möglichkeiten auszusteigen.⁵⁵

Das Buch – als „Playboy Report" erschienen – zeichnet ein düsteres Bild, lässt aber für den (männlichen) Leser durchaus Raum für sexuelle Phantasien:

> Was mir an diesem Abend im „Ali Baba" noch besonders aufgefallen ist, das war die Musik. Diese irrsinnige bumsige Musik. Das heißt, da ist in einem eigenartig hektischen Rhythmus mit dem Schlagzeug oder dem Baß reingehauen worden, immer wumm, wumm, wumm, wumm. Durch die Lautsprecheranlage wurde das noch unheimlich verstärkt. Man hat also vor allem die Vibrationen dieser Baßtöne mitgekriegt. Das macht sagenhaft an auf die Dauer.⁵⁶

Gar nicht lustbetont und zweideutig gaben sich evangelikale Schriften, die Rockmusik und Diskotheken ablehnten. Eine gewisse „Mutter Basilea Schlink" – sie gründete 1947 in Darmstadt die „Evangelische Marienschwesternschaft" – betrachtete Rockmusik als Blasphemie und sah Satan am Werk. Der dämonische Rausch sei schlimmer als Drogenrausch, schrieb sie 1989, die Menschen würden in Rockkonzerten und Diskotheken manipuliert, „alle moralischen Barrieren" werden „niedergerissen, der Mensch verliert die Urteilsfähigkeit und ist jeglichen Einflüssen willen-

---

52 Ebd., 7.
53 Ebd.
54 Ebd., 8.
55 Fleischmann 1980, Umschlag (Rückseite).
56 Ebd., 71.

los ausgeliefert."⁵⁷ Schlink nahm ihre missionarische Aufgabe ernst, zusammen mit ihren Mitschwestern entwarf sie ein

> Jugendblatt für solche, die in den Diskotheken immer mehr unter die Herrschaft des Satans gezogen werden: ES BEGANN IN EINER DISKO und außerdem ein weiteres: VOR UND HINTER DER TÜR DES TODES im Blick auf die unheimliche Macht des Okkultismus, der so viele in seinen Bann zieht.⁵⁸

Diskotheken seien, so Schlinck, oft wie ein „Bezirk der Vorhölle".⁵⁹ Es fällt natürlich leicht, sich über solche christlich-fundamentalistischen Betrachtungen zu erheben, allerdings zeigen sie eine Facette des damaligen Diskothekendiskurses auf: Es gab einzelne Gruppierungen, die dieses Freizeitangebot mitsamt der zugehörigen Musik- und Jugendkultur vehement ablehnten. Solche Positionen waren sicherlich gesellschaftlich nicht konsens- bzw. mehrheitsfähig, allerdings will die Marienschwesternschaft in Darmstadt bis in das Jahr 2001 (!) achtzigtausend Exemplare der Schrift abgesetzt haben.⁶⁰

> *„Vorhof zur Hölle" oder Angstphantasien einer religiös Engagierten?*
>
> Es ist fast dunkel – dichter Qualm – nur ein spärlicher Schimmer von rotem und grünen Licht – Menschengedränge. Zuckende Lichter, wie Blitze, konzentrieren sich besonders unerträglich über die Tanzfläche, prägen aber den gesamten Raum. Ringsum abgeteilte Sitzecken für jeweils vier bis sechs [Personen] um einen meist schmutzigen Tisch. Eine Fülle von Gläsern, Flaschen, Zigarettenstummeln läßt erkennen, wieviel bereits konsumiert wurde. Ohrenbetäubender Lärm durch die überlaute Rockmusik, weit über dem Pegel, der unseren Ohren zumutbar. Jegliche Unterhaltung ist dadurch unmöglich, man kann sich höchsten anschreien für das Mindeste an Verständigung. Manche lallen angetrunken, stieren vor sich hin oder lächeln im Trancezustand, wohl durch Drogen verursacht. Einige beschäftigen sich mit den Spielautomaten an den Wänden. Viele liegen oder sitzen gelangweilt aneinandergeschmiegt herum, während sich andere auf der Tanzfläche nach harten Rhythmen bewegen bzw. austoben. Der Qualm beißt in Hals und Augen, die Luft ist zum Schneiden, die Atmosphäre eine Mischung von Sex, Schmutz, Öde, Hoffnungslosigkeit, Jammer, Verzweiflung, Resignation und Albernheit. Selbst in diesem Dämmer ist erkennbar, daß manche Jugendliche noch nette und hellere Gesichter haben, andere schon verlebt und dunkel wirken; dadurch sieht man Anfang und Fortschritt des Ruins erschütternd

---

57 Schlinck 1989, 9.
58 Ebd., 32.
59 Ebd., 33.
60 Ebd., 2.

vor sich. Denn die Diskos sind ihr Leben an den Wochenenden und für manche sogar Nacht für Nacht.

M. Basilea Schlink: Rockmusik – woher, wohin? Darmstadt-Eberstadt 1989, 34.

Möglicherweise beeinflussten solche Beschreibungen einzelne besorgte, religiös engagierte Eltern. In den 1980er Jahren gab es zudem eine breite Satanismus-Debatte, in die die Schrift von Schlink eingeordnet werden muss. Indes waren auch Wissenschaftler, wie der folgende Forschungsbericht erhellt, keineswegs frei von kulturkritischen und skeptizistischen Annahmen, die Beobachter pflegten nicht immer einen „neutralen", analytischen Blick.

2.2 Diskothek und Diskothekenkultur als Gegenstand wissenschaftlicher Forschung

In der wissenschaftlichen Diskussion finden Begriff und Phänomen „Diskothek" seit 1968 Aufmerksamkeit. In der damaligen Musikwissenschaft berücksichtigte man diese neuen Entwicklungen allerdings genauso wenig wie den Rock 'n' Roll, die Beatmusik der 1960er Jahre oder die deutsche Schlagermusik. Interesse fand das Freizeit- und Unterhaltungsangebot eher im Bereich der soziologischen und pädagogischen Jugendforschung und später in der Volkskunde. Diese Publikationen waren jedoch oft kulturkritisch gefärbt; die Diskothek mutierte im Blick der Forscher zu einem Ort, „der exemplarisch für die kulturindustrielle Vereinnahmung von Jugendlichen steht".[61] Insofern bildet diese Literatur die Diskurse der professionellen „Jugendbeobachter"[62] ab, die das neu entstandene „Discofieber" oft als bedrohlich empfanden und Jugendliche zuweilen als narzisstisch abstempelten.[63]

An erster Stelle ist die Publikation „In Jugendclubs und Tanzlokalen" von C. Wolfgang Müller und Peter Nimmermann aus dem Jahr 1968 anzuführen. Obwohl der Band dezidiert auch „Diskotheken" thematisiert, wurden für den Buchtitel die älteren Begriffe „Jugendclubs" und „Tanzlokale" benutzt.[64] Die Untersuchung ist empirisch angelegt, die Autoren wollten das Phänomen jugendlicher „Geselligkeit" aus pädagogischer Sicht beleuchten. Das Bedürfnis junger Menschen, sich durch Tanz auszudrücken, wird anerkannt, allerdings erzieherisch eingehegt: So sollten Jugendliche „auf ihre Rolle als junge Erwachsene und auf monogames [!] Verhalten" vorbereitet werden, „frustrierten jungen Arbeitern" sollte eine „Ventilsitte" angeboten werden, „die sie ihre Mißerfolgserlebnisse am Arbeitsplatz vergessen oder wenigs-

---

61 Schwetter 2017, 120.
62 Geisthövel 2015, 239.
63 Ebd., 250.
64 Müller; Nimmermann 1968.

tens verdrängen läßt."[65] Dennoch gaben die Forscher insgesamt Entwarnung; sie hielten zwar die Discokultur für einen „verlängerten Karneval", freilich in einer harmlosen und nicht jugendgefährdenden Form.[66]

> *Tanzerlebnisse als Karneval? – Interpretationen von Pädagogen*
>
> Die Analyse der Freizeitaktivitäten und der Versuch, kulturelle Interessen zu lokalisieren, haben die immer wieder geäußerte Vermutung nicht bestätigen können, daß junge Menschen, die gern und häufig tanzen, für nichts anderes als für eben diesen Tanz Zeit und Interesse hätten. Die Analyse hat vielmehr ein breites Spektrum der bevorzugten Freizeitaktivitäten und eine befriedigende Kenntnis kulturell-literarischer Sachverhalte gezeigt, die vermutlich ebenso groß und ebenso lückenhaft ist wie die von anderen jungen Leuten, welche die von uns untersuchten Tanzlokale nicht besuchten.
>
> Ebensowenig, wie unsere Beobachter in den untersuchten 16 Lokalen junge Leute „außer Rand und Band"[67] angetroffen haben, ebensowenig können wir sagen, daß die jugendlichen Sub-Kulturen – soweit Anzeichen davon überhaupt nachzuweisen waren – sich über den Bereich der Tanzlokale hinaus auf das gesamte Freizeitverhalten ausdehnen. Möglicherweise praktizieren die Tänzer in den jugendangepaßten Freizeitheimen oder in den cliquenangepaßten Beat-Schuppen der Vorstadt einen „Auszug aus dem Alltag" (Helmut Kentler), aber dieser Auszug ist weder eine protestierende Sezession, noch hinterläßt er im restlichen Freizeitverhalten oder im Bewußtsein der Jugendlichen deutliche Spuren. Vielmehr erscheint er uns wie ein verlängerter Karneval: Jeder spielt versuchsweise eine andere Rolle als die, welche im schulischen oder werktätigen Alltag von ihm erwartet wird, aber hinter der Kostümmaske ist für jedermann deutlich die gesellschaftlich erwartete Rolle zu erkennen.
>
> Diese Feststellung mag eine Reihe besorgter Mütter und Väter beruhigen. Die Befürchtung, Discotheken, Jugendtanzcafés und Beat-Schuppen könnten auf tanzwütige Jugendliche eine solche Faszinationskraft ausüben, daß ihr Besuch alle anderen Interessen und alle anderen Freizeitaktivitäten in den Schatten drückt, ist nach unseren Erfahrungen weitgehend gegenstandslos.
>
> C. Wolfgang Müller; Peter Nimmermann: *In Jugendclubs und Tanzlokalen.* München 1968, 47f.

---

65 Ebd., 107.
66 Ebd., 48.
67 Anspielung auf den Rock 'n' Roll-Film „Rock Around the Clock" mit Bill Haley (USA 1956), der in Deutschland unter dem Titel „Außer Rand und Band" in die Kinos kam (https://www.filmdienst.de/film/details/47478/ausser-rand-und-band [12.03.2019]).

Wegweisend für die Erforschung der zeitgenössischen bundesdeutschen Jugend- und Musikkultur war die Studie „Beat – die sprachlose Opposition" von Dieter Baacke aus dem Jahr 1968. Der Erziehungswissenschaftler sah in der „Discothek" einen Raum für „gepflegte Geselligkeit", die von einem zumeist jugendlichen Publikum genutzt werde, „das vor allem tanzen und seine Lieblingsplatten hören will."[68] Baacke weist auf den innovativen Charakter des Freizeitangebots hin, 1967 seien allein in Göttingen vier neue Diskotheken entstanden. Das Setting war damals noch erklärungsbedürftig: „Ein junger Discjockey thront erhöht in einem Verschlag, in dem er beobachtet werden kann; er legt Platten auf und macht ab und zu durch ein Mikrofon eine Ansage, einen Spaß, je nach Temperament."[69] In musikalischer Hinsicht sei wichtig, dass die jungen Besucher Perfektion wünschten: Sie wollten „nicht die ortsansässigen Beat-Bands ‚life' hören, sondern lieber die verschiedenen Spitzenformationen in vollendeten Aufnahmen, die dank großer Stereoanlagen die Lautstärke eines original gespielten Beat erreichen".[70] Dieses Argument hat Baacke möglicherweise aus dem „Spiegel"-Artikel von 1965 übernommen.[71] Außerdem biete die Diskothek stets musikalische Innovationen, während herkömmliche Bands immer etwas „verspätet" die Musikstücke präsentierten, weil diese erst geprobt werden müssten.[72] Baacke schrieb 1968 hellsichtig: „Dank dieser Qualitäten: Perfektion, Reichhaltigkeit der Auswahl (Pluralität der Stile) und Aktualität, die das anspruchsvolle Konsumbedürfnis der Jugendlichen am ehesten befriedigen, erfreuen sich die Discotheken wachsenden Zuspruchs."[73] Allerdings weist der Erziehungswissenschaftler auch darauf hin, dass die Diskotheken zur Auflösung vieler Bands beigetragen hätten, gleichfalls seien „die kleinen Manager der lokalen Beat-Szene" nun arbeitslos.[74] Mit kritischem Unterton heißt es abschließend zu den Diskotheken:

> Die Apparate der Vergnügungsindustrie haben die Versorgung der Jugend übernommen: nicht nur als Vermittler von Spaß und Vergnügen, sondern als deren Garanten. Der Discjockey allein repräsentiert noch symbolisch die Originalität der Situation und eine Art persönlichen Kontakts zwischen der Band auf der Schallplatte und dem Publikum.[75]

Rolf Pausch ordnete im Jahr 1974 die Diskotheken in die gesellschaftlichen und wirtschaftlichen Strukturen ein, wenn er in einem adornitisch geprägten Duktus anmerkt: „Diskotheken, also zumeist kommerzielle Tanzlokale für Jugendliche, sind Einrichtungen einer Freizeitindustrie, die den Mechanismen der Wirtschafts- und

---

68 Baacke 1968, 191.
69 Ebd.
70 Ebd.
71 Vgl. Der Spiegel 16/1965, 151.
72 Baacke 1968, 191.
73 Ebd.
74 Ebd.
75 Ebd., 191f.

Gesellschaftsordnung unterliegen".[76] Allerdings sieht Pausch durchaus, dass es nicht nur Profitinteressen gebe, sondern auch das Bedürfnis der Jugendlichen, „eigene Kommunikations- und Kulturformen mit ihren finanziellen Möglichkeiten angemessen zu realisieren".[77] Darüber hinaus habe die Diskothek „möglicherweise Anteil" an einer „Überwindung der tradierten bürgerlichen Verhaltensnormen und Kulturformen".[78] Insofern hat diese Form kommerzieller Vergnügungsstätten durchaus einen kritischen, gesellschaftsverändernden Charakter. Pausch machte für seine Untersuchung zwei wichtige Prämissen: Erstens ging er davon aus, dass die „Popmusik" (bei ihm als Abgrenzung zur klassischen Musik gebraucht, nicht als Genrebegriff oder als Gegenbegriff zur Rockmusik gemeint) eine „Kulturform" sei, die aufgrund ihrer medialen Verbreitung „fast die Gesamtheit der Jugendlichen erfaßt habe" und für die Freizeitgestaltung essentiell sei: Schon zeitlich bzw. quantitativ besitze sie einen hohen Stellenwert.[79] Zweitens spielten Diskotheken für die „Sozialisation der Jugendlichen" eine große Rolle, die jugendlichen Besucher dieser Freizeiteinrichtungen eigneten sich hier „gesellschaftliche Verhaltensformen" an, die allerdings in einer Spannung zu den „früher durch bürgerliche Institutionen (Tanzschulen, Bälle usw.) vermittelten stehen."[80] Pausch geht sogar so weit zu behaupten, dass die Diskotheken mehr noch als die Medien „Verhaltensformen, Meinungen und Attitüden der Jugendlichen" prägten.[81] Besonders werden dabei der „Anteil interpersonaler Kommunikation" bzw. „gruppendynamische Prozesse" hervorgehoben.[82] Daraus folge eine starke Identifikation der BesucherInnen mit den Diskotheken „als Teilbereich der ‚Popkultur'", wie es bei Pausch heißt.[83] Die Einrichtungen böten „Möglichkeiten der Selbstdarstellung und Selbstentfaltung".[84] Pauschale kulturpessimistische Vorurteile, etwa „Vorstellungen vom total manipulierten Jugendlichen", weist der Wissenschaftler hingegen zurück.[85]

Andere Publikationen gingen das Themenfeld wie schon Müller und Nimmermann erzieherisch an und wollten Diskotheken in Jugendhäusern installieren. Eckart Bücken (er wurde später als Autor geistlicher Lieder bekannt) hatte beispielsweise 1977 das Ziel, „durch offene Jugendarbeit in der Form einer Diskothek einen Beitrag zur Sozialisation Jugendlicher" zu leisten.[86] Positiv wird hervorgehoben, Jugendliche

---

76 Pausch 1974, 177.
77 Ebd.
78 Ebd.
79 Ebd., 179.
80 Ebd.
81 Ebd.
82 Ebd.
83 Ebd.
84 Ebd.
85 Ebd., 182f.
86 Bücken 1977, 10; vgl. Schilling 1986.

könnten dort „Gleichaltrige – auch des anderen Geschlechts" treffen „und freie Interaktionsformen versuchen (d.h. ohne die Kontrolle durch Familie, Schule oder Vorgesetzte bzw. Arbeitskollegen)."[87] Dabei spiele die nonverbale Kommunikation eine große Rolle. Jugendliche hätten dort Gelegenheit „zur Selbstdarstellung, zur Beobachtung anderer und zur Erprobung von Beziehungen mittlerer Distanz".[88] Der bereits angeführte Volkskundler Mezger sah 1980 in der Diskothek zunächst eine „Begegnungsstätte" bzw. ein „Kommunikationszentrum", das Musik und die Möglichkeit zum Tanz biete.[89] Die Kommunikation vollziehe sich dabei eher auf nichtverbaler Ebene. „Zentrales Medium" sei allerdings neben optischen Effekten „die Musik, und zwar ausschließlich in solchen Ausprägungen, die dem jugendlichen Bedürfnis nach Aggressionsabbau und körperlicher Bewegung optimal entgegenkommen".[90] Entsprechend sei eine Tanzfläche wichtig. Mezger fasst zusammen: „Leute-Treff, Musikzentrum, Tanzhaus und Gastwirtschaft – das sind die vier unverzichtbaren Grundeigenschaften jeder Diskothek".[91] Der Wissenschaftler widmet sich in seiner Studie zur „Discokultur" auch dem Besucherspektrum. Er stellt dabei vier Merkmalkategorien auf, zunächst in soziologischer Hinsicht eine „Schichtspezifik",[92] d.h. dass bestimmte und in der Regel abgegrenzte soziale Gruppen in einzelnen Betrieben verkehrten, dann spricht er von einer „Altersspezifik", einer „Zweckspezifik" und einer „Stilspezifik".[93] Das zuletzt genannte Merkmal bezieht sich zunächst auf die Musik und den damit verbunden Style, etwa „Underground-", „Alternativ-", „Punk-" oder „Plasticdisco".[94] Mezger zitiert einen Besucher mit dezidierten Vorstellungen: „‚Disco ist nur dann wahre Disco', sagt er, ‚wenn keine Discomusik gespielt wird.'"[95]

> *Discowelle: Ende des Tanzschulenzeitalters und seiner Werte*
>
> Die Discowelle hat manches verändert. In der Begegnung der Geschlechter vielleicht am meisten. Hier signalisiert sie die immer deutlichere Abkehr von traditionellen bürgerlichen Umgangsformen, die größtenteils noch aus dem letzten Jahrhundert stammen, und die Hinwendung zu neuen, von der jüngeren Generation selbst entwickelten Verhaltensnormen. Am empfindlichsten bekommt dies jene Institution zu spüren, die lange Jahre so etwas wie einen

---

87 Ebd., 10.
88 Ebd.
89 Mezger 1980, 33.
90 Ebd.
91 Ebd.
92 Ebd., 104.
93 Ebd., 104f.
94 Ebd., 105.
95 Ebd.

> Monopolanspruch auf die Vermittlung und Einübung bürgerlicher Umgangsformen gegen entsprechendes Entgelt hatte: die Tanzschule.
>
> „So eine Leuteverarschung machen wir doch nicht mit", sagten uns zwei 16jährige Jungen, deren Ansicht für viele Jugendliche dieser Altersstufe typisch sein dürfte, „das ist das Letzte. Mit Schlips und Anzug und ‚Darf ich bitten?' und mit lauter so komischem Rumgehopse, was du später sowieso nicht brauchen kannst, beim richtigen Tanzen in der Disco. Und dafür dann noch blechen, bis du schwarz wirst. Nee, da können wir uns was Besseres vorstellen." […]
>
> Was die Angehörigen der Discogeneration offenbar am wenigsten hinzunehmen bereit sind, ist der bis in die 70er Jahre hinein noch sattsam bekannt gewesene sogenannte „Anstandsunterricht" der Tanzschulen, mit dem die traditionellen Umgangsformen des gehobenen Bürgertums vermittelt wurden. Sie scheue sich, sagte eine Tanzlehrerin, die sich progressiv gibt, im Jahre 1979, – sie scheue sich, den Begriff „Etikette" zu gebrauchen, denn er klinge fast schon wie „Menuett".
>
> *Werner Mezger: Discokultur. Die jugendliche Superszene. Heidelberg 1980, 41f.*

Im gleichen Jahr wie Mezgers Arbeit erschien die Studie „Wie hinterm Preßlufthammer nur unheimlich schöner!" des Autorenkollektivs Franz/Hennes/Kapteina/Schumann/Schürmann. Dort wird behauptet, die Beliebtheit „von Unterhaltungsmusik und Disco" resultierte nicht aus einer bewussten Willensentscheidung auf Seiten der Konsumenten, „sondern auf Manipulation", die vor allem durch Massenmedien gesteuert werde.[96] Die Produktionsbedingungen der Discomusik werden mit „Fließbandarbeit, Entfremdung und Warenästhetik" gekennzeichnet.[97] Begriffliche (aber weitgehend unreflektierte) Anleihen bei Theodor W. Adorno überdecken eine wirkliche Analyse. Angeblich verspreche Discomusik „das totale Musikerlebnis", die Jugendlichen kauften dann die Platten und besuchten Diskotheken, um diesen versprochenen Gebrauchswert zu realisieren.[98] „Objektiv [!] jedoch erleben sie nichts anderes als eine Unmusik, ein Konglomerat von altbekannten Reizmustern in immer wieder neuer Verpackung."[99] In der Diskothek herrschten soziale Hierarchien, die Diskomusik lasse bestimmte Verhaltensspielräume zu und versperre andere: „Bewußtseinstätigkeit wird auf kollektive Identifikationsmechanismen begrenzt, Gefühle werden auf zwanghafte Regression, Phantasietätigkeit wird auf

---

96 Franz; Hennes; Kapteina; Schumann; Schürmann 1980, 126.
97 Ebd., 127.
98 Ebd., 131.
99 Ebd.

manipulierte Tagträumerei reduziert".[100] Kein Wunder, dass in dem Buch das nächste Kapitel mit „Discokultur und Verelendung" überschrieben ist; die Discokultur ist aus dem Blick der Pädagogen die „Kehrseite des im Verlauf des Industrialisierungsprozesses eintretenden Verelendungsprozesses" (wie es in marxistischer Diktion heißt), die „kommerzielle Vermarktung dieses Elends" und der entsprechenden Bedürfnisstruktur.[101]

Im Gegensatz zu dieser umfassenden und pauschalen Kulturkritik, die durchaus autoritäre Züge trägt, stellte eine Forschergruppe, die im Auftrag der Bundesanstalt für Straßenwesen eine Studie zur nächtlichen Freizeitmobilität Jugendlicher erarbeite (1989), die soziale Funktion der Diskothek nüchtern heraus:

> Der spezifische Charakter der Diskothek ist in besonderer Weise dazu geeignet, zur Erwachsenenkultur Grenzziehungen sichtbar zu machen, einen gemeinsamen Konsens mit Gleichgesinnten zu schaffen, auf Partnersuche zu gehen und Besonderheiten jugendlicher Lebensstile auszuleben, Selbstbestätigung und Selbstverwirklichung zu erfahren.[102]

Der Jugendforscher Joachim Malchau kam im Jahr 1991 vor allem auf den kommunikativen Aspekt zu sprechen: „Diskotheken sind als Räumlichkeiten zu bezeichnen, in denen Menschen zusammenkommen zu einem spezifischen Austausch, der verbal oder nonverbal gestaltet werden kann und musikalisch begleitet ist."[103] Dieser Ort ziehe eine ganze Palette von charakteristischen Verhaltensweisen nach sich, die nicht formal gesetzt, aber trotzdem zu befolgen seien: „Discoverhalten ist ein in entsprechenden Räumlichkeiten entstandenes Handeln, das von anderen kulturellen Gebräuchen beeinflußt wurde und dessen Modifizierungen im Trial- und Errorverfahren von Discobesuchern erlernt werden."[104] Kneipen und Diskotheken leisteten einen wichtigen Beitrag zur Sozialisation.[105] Daher bezeichnet Malchau Diskotheken als „eine kulturelle Institution im Zeitalter der Postmoderne", weil in ihr „spezifische Verhaltensstrukturen provoziert werden", die einerseits im Gegensatz zu den herrschenden Normen stünden, andererseits „diese in modifizierter Weise wieder aufnehmen".[106] Diskotheken ermöglichten das „Überleben in der Peer-Group".[107] Im Gegensatz dazu schlössen sie durch ihre Struktur und das spezifische Erlebnisangebot die Elterngeneration aus:

---

100 Ebd., 140ff.
101 Ebd., 150.
102 Bundesanstalt für Straßenwesen 1989, Teil 2: 4.
103 Malchau 1991, 19.
104 Ebd., 20.
105 Ebd., 21.
106 Ebd., 22.
107 Ebd.

Discos beinhalten einerseits also die Möglichkeit für eine Interaktion mit Gleichaltrigen im herrschaftsfreien Raum. Herrschaftsfrei jedenfalls von den traditionellen Normen und Werten der Erwachsenen, die vom Besuch durch den Lautstärkepegel der Musik dezent ausgeschlossen werden, wenn nicht Türsteher diese Funktion übernehmen.[108]

Der Musik- und Medienwissenschaftler Holger Schwetter hebt jüngst bei seiner Definition des Freizeit- und Unterhaltungsangebots „Diskothek" auf die räumliche Ordnung mit ihrer funktionalen Differenzierung ab. Schwetter versteht die Diskothek als „chronotopisches Arrangement", das „zu einer bestimmten Form des Musik-Erlebens einlädt" und vor allem mit der körperlichen Ausdrucksform des Tanzes verbunden sei.[109] Als wichtigste Elemente können gelten:

> Eine Tanzfläche, die in hoher Lautstärke mit Musik von Tonträgern beschallt wird, dazu Lichteffekte, relativ große Dunkelheit sowie ein gastronomisches Angebot mit dem Schwerpunkt auf Getränken. Weitere Elemente der Raumordnung wie Nischen, ruhigere Bereiche, baulich abgetrennte Kneipen oder Teestuben sowie weitere Beschäftigungsmöglichkeiten wie Billardtisch, Kicker, Flipper o.ä. werden in dieser Definition als optional angesehen.[110]

In der Theoriebildung am weitesten vorangeschritten ist Thomas Wilke, der die Diskothek zugleich als Medium und – im Anschluss an Michel Foucault – als Dispositiv begreift. Für den Medienbegriff zieht Wilke die folgenden vier Merkmale heran: (1) Diskotheken benutzen „Sprache, Licht und Musik als materielle Zeichen der Kommunikation", (2) es werden Medientechnologien eingesetzt (Ton- und Lichttechnik), (3) Diskotheken funktionieren als institutionelle Einrichtungen mit bestimmten Berufsbildern, privatwirtschaftlicher Ausrichtung etc. und können (4) durch das Zusammenspiel dieser Faktoren als Medienangebot wahrgenommen werden, wobei der Ort stets lokalisierbar bleibt und vom Publikum eigens aufgesucht werden muss.[111] Von diesen Merkmalen ausgehend lässt sich die Diskothek auch als Mediendispositiv beschreiben: Die Diskothek antwortet auf gesellschaftliche Bedürfnisse und bildet die Strukturen der Gesellschaft ab, als Medienangebot ist sie eingebunden in die jeweiligen politischen, wirtschaftlichen und sozialen Gegebenheiten, seien sie diskursiver (etwa: Fachliteratur, Journalismus, Rechtsprechung) oder nichtdiskursiver Art (Technik, Architektur).[112] In den Worten Wilkes:

> Versteht man Dispositive als Verknüpfungen heterogener Faktoren, die in einem funktionalen Zusammenhang miteinander interagieren, so vereinigen diese in der Folge wandelnde Wahrnehmungsstrukturen mit technisch-apparativen, institutionellen, sozial-poli-

---

108 Ebd., 7.
109 Schwetter 2017, 122.
110 Ebd.; vgl. Schwetter 2016, 56.
111 Wilke 2009, 315.
112 Vgl. ebd., 317–322.

tischen und inhaltlich-ästhetischen Aspekten. [...] Die prototypische Diskothek ist unter diesen Bedingungen das Resultat eines heterogenen Bedingungsgefüges, das wiederum kulturelle Praxen als Effekte hervorbringt. Musikindustrie, Unterhaltungselektronik, Mode, Architektur, Jugend- und Subkulturen, anthropologische Bedürfnisse wie Tanz und Geselligkeit bilden hier für das Dispositiv Diskothek eine komplexe Gemengelage.[113]

2.3 Exkurs: Die Diskothek in rechtlicher Hinsicht

Einen eigenen Diskurs haben das Gaststättenrecht und seine Auslegung hervorgebracht. Der Begriff „Diskothek" kommt im Gaststättengesetz aus dem Jahr 1970 (und seinen jeweiligen Fortschreibungen) nicht vor, da die „Diskothek" in der Rechtspraxis lediglich als eine besondere Betriebsform einer Gaststätte betrachtet wurde: „Gaststätten mit Musikaufführungen – Diskotheken stellen unter bestimmten Voraussetzungen eine besondere Betriebsart dar", heißt es in einem Kommentar zum Gaststättengesetz.[114] Rechtsgrundlage ist § 3, nach dem die Erlaubnis „für eine bestimmte Betriebsart und für bestimmte Räume zu erteilen" ist.[115] Diese Betriebsart sei zu dokumentieren, „sie bestimmt sich nach der Art und Weise der Betriebsgestaltung, insbesondere nach den Betriebszeiten und der Art der Getränke, der zubereiteten Speisen, der Beherbergung oder der Darbietungen."[116]

Um als besondere Betriebsart zu gelten, reicht die einfache, in vielen Gaststätten übliche Darbietung von Musikunterhaltung (etwa durch Rundfunk oder Tonträger) noch nicht aus, sondern die Musikdarbietung oder -aufführung muss „eine der Hauptleistungen des Betriebs darstellen, wie das früher bei den sog. Konzertcafés der Fall war", wie es in dem bereits zitierten juristischen Kommentar aus dem Jahr 1973 heißt.[117] Dies gelte heute noch für „Gaststätten mit Konzerten von Musikkapellen oder Solisten".[118] Bei den Diskotheken sei die zum Tanz bestimmte Musikdarbietung die Hauptleistung; das rechtliche Charakteristikum einer „besonderen Betriebsart" sei insbesondere durch den Discjockey gegeben, der – so der Stand Anfang der 1970er Jahre – „die Musikstücke auswählt und ansagt, den Plattenspieler bedient und verbindende Worte spricht".[119] Ein weiteres Merkmal stellten die Betriebszeiten dar, die sich üblicherweise auf die Abendstunden beschränkten:

---

113 Wilke 2013, 422.
114 Mörtel 1973, 125f.
115 Der Gesetzestext ist online greifbar unter: https://www.bgbl.de (Bundesgesetzblatt 1970, Nr. 41).
116 Mörtel 1973, 112.
117 Ebd., 125.
118 Ebd.
119 Ebd.

> Kennzeichnend für den besonderen Charakter einer Gaststätte als Diskothek ist auch, daß der Gaststättenbetrieb nicht nur in der Ausgestaltung, sondern auch hinsichtlich der Betriebszeiten, die sich außer auf die Sonntage in der Regel auf die Abendstunden beschränken, auf den Diskothekenbetrieb zugeschnitten ist.[120]

Typisch sei auch das Vorhandensein einer Tanzfläche.[121] In einer Folgeauflage des Kommentars zum Gaststättengesetz aus dem Jahr 1988 heißt es dann, die Betriebsform problematisierend:

> Diskothek (gr. „diskos" = Scheibe; théke = Behältnis) ist eine Gaststätte, in der Musikveranstaltungen im Vordergrund stehen. Häufig tritt ein Diskjockey auf, der den Plattenspieler bzw. das Tonbandgerät bedient, die Musikstücke auswählt und verbindende Worte spricht. Weitere Charakteristika: groß dimensionierte Musikanlage, grelle Lichtanlage, Lichtorgel, Hitparaden, Besucher meist Jugendliche und junge Erwachsene, häufiger Besucherwechsel, besonders starker An- und Abfahrtslärm – verursacht durch kraftvoll anfahrende Pkws, Mofas und Mopeds –, Ansammlung lärmender Besucher vor dem Lokal, Hauptöffnungszeiten die späten Abend- und frühen Morgenstunden […], überregionaler Kundenstamm, Eintrittsgelder oder hohe Getränkepreise.[122]

Ein anderer juristischer Kommentar zum Gaststättengesetz aus dem Jahr 1982 gibt sich im Hinblick auf die Diskothek gleichfalls kritisch:

> Ihr Erscheinungsbild ist gekennzeichnet durch verschiedene Merkmale, die aber nicht alle zusammentreffen müssen, insbesondere das Vorhandensein einer großdimensionierten Musikanlage oder einer Plattentheke, einer Tanzfläche, einer mit der Musikanlage gekoppelten Lichtorgel, Auftreten eines Disk-Jockeys, überdurchschnittlich laute Musikbeschallung, Ausstattung mit Lampen, Tischen und Stühlen, die einer den normalen Eßgewohnheiten entsprechenden Nahrungsaufnahme entgegenstehen [!], geringes Angebot an Speisen, schneller Wechsel der Besucher.[123]

Offensichtlich hatten die Juristen normative Erwartungen im Hinblick auf die Lautstärke der Musik, die Tischsitten und die Besuchsdauer von Gaststätten. In einer Folgeauflage (1990) des zuletzt zitierten Kommentars von Michel/Kienzle wurde das am Satzende genannte (und ohnehin fragwürdige) Merkmal „schneller Wechsel der Besucher" ergänzt durch den Relativsatz „die ganz überwiegend aus Jugendlichen oder jugendlichen Erwachsenen bestehen".[124]

Führte eine Diskothek Liveveranstaltungen durch, war schließlich noch § 33a der Gewerbeordnung zu berücksichtigen. Der genannte Gesetzestext verlangt eine behördliche Erlaubnis für die öffentliche und gewerbsmäßige Veranstaltung von

---

120 Ebd.
121 Ebd.
122 Mörtel; Metzner 1988, 83.
123 Michel; Kienzle 1982, 97.
124 Michel; Kienzle 1990, 117.

„Singspielen, Gesangs- oder deklamatorischen Vorträgen, Schaustellungen von Personen oder theatralischen Vorstellungen", sofern kein „höheres Interesse der Kunst oder Wissenschaft dabei obwaltet".[125] Die altertümelnd wirkende Formulierung stammt aus dem späten 19. Jahrhundert; gemeint sind damit alle Veranstaltungsformen, bei denen die Beteiligung von Personen zwingend notwendig ist, das gilt für Livekonzerte genauso wie für Shows, bei denen einzelne Menschen Kunststücke vollbringen (Artistik, Zauberei), sich sportlich betätigen (Ringen, Boxen) oder sich selbst zeigen (Schautänze, Schönheitswettbewerbe, Striptease).[126] Nach dieser Definition werden „Kunst und Wissenschaft" von der Unterhaltung abgegrenzt, die gegen Entgelt dargeboten wird. Eine Erlaubnispflicht nach § 33a der Gewerbeordnung besteht allerdings nicht für den Discjockey, auch dann nicht, wenn dieser die durch Tonträgermedien abgespielte Musik moderiert oder erläutert.[127] – Auf die im Zusammenhang mit dem Diskothekenbetrieb umstrittenen Tanzverbote wird in Kapitel 4.5 dieser Studie eingegangen.

2.4 Entstehung der Diskothekenkultur in der Bundesrepublik Deutschland

Die Geschichte der Disco- bzw. Diskothekenkultur in der Bundesrepublik Deutschland[128] ist noch weitgehend ungeschrieben, insbesondere aus der Perspektive des sozialen, kulturellen und musikalischen Mainstreams.[129] Auch fehlt es an differenzierten Beschreibungen dieser „Populären Orte", um die Formulierung von Stefan Krankenhagen aufzugreifen.[130] In Bezug auf Landdiskotheken stellt Holger Schwetter zu Recht fest: „Die Konzentration des Blickes auf die avantgardistischen Zentren der Popkultur sorgt für eine Verengung des Blicks", man glaube irrtümlich, „mit der Entwicklungsgeschichte der Avantgarden auch die der Verbreitung der neuen Kulturtechniken geschrieben zu haben".[131] Die Wirkung in die Breite bzw. die gesellschaftliche Verankerung populärkultureller Praxen (und ihrer Orte) zeige sich eben nur in der „Fläche", d.h. wenn sich die Phänomene in der sogenannten „Provinz" durchgesetzt haben, in der Fülle der Kleinstädte und in ländlichen Regionen. Zudem – so der Sozialhistoriker Klaus Nathaus – lasse sich der in der Literatur konstruierte „Erzählbogen vom subkulturellen Aufbruch zur kulturindustriellen Vereinnahmung" auf die Diskothekenentwicklung in der Bundesrepublik Deutschland

---

125 Fröhler; Kormann 1978, 207.
126 Ebd., 208.
127 Ebd.
128 Die ostdeutsche Entwicklung ist weitaus besser aufgearbeitet, vgl. hierzu Wilke 2009.
129 Zur Erforschung des Mainstreams vgl. Jost 2016.
130 Krankenhagen 2016; vgl. die Hinweise in der Einleitung (1.1) der vorliegenden Arbeit.
131 Schwetter 2016, 56.

„nur schwer projizieren. Weder ihre Periodisierung noch ihr Verlauf" entsprächen dem vorherrschenden Narrativ.[132] Ein großer Teil der deutschen Diskotheken hätte nämlich Tanz und Unterhaltung für eine breite Mittelschicht angeboten und sei in der Kontinuität der Tanzlokale der 1950er Jahre gestanden.[133] Dort dominierten lange Zeit Kapellen das musikalische Programm; die jeweiligen Bandleader wählten die Titel aus, um diese dem zuhörenden und tanzenden Publikum vorzustellen. Wichtig ist, dass die live gespielte Musik stets mit der körperlichen und sozialen Aktivität „Tanzen" im Zusammenhang stand – dies gilt für die traditionellen Formen der Tanzorchester und -combos genauso wie für die jugendaffine Rock 'n' Roll-Kultur der 1950er oder die Beat-Kultur der 1960er Jahre: „In der Regel wurde eine Band für Tanzabende engagiert, diese spielte dann im Laufe eines langen Abends mehrere Sets mit Coverversionen, die von Musik- und Tanzpausen unterbrochen wurden".[134] Nathaus bezeichnet die Tanzkapellen als „Gatekeeper" zwischen den kommerziellen Musikanbietern (Produzenten, Musikverlegern) und den Konsumenten: „Ihre Erfahrungen aus der musikalischen Praxis und dem Umgang mit dem Publikum flossen an die Macher zurück und beeinflussten dadurch im hohen Maße das populärmusikalische Repertoire der Zeit".[135] Ende der 1950er Jahre hätten schließlich die ersten Lokale begonnen, ihre Gäste mit Schallplatten zu unterhalten bzw. zum Tanz anzuregen. Diese Umstellung erfolgte auch aus ökonomischen Erwägungen: Discjockeys bzw. Schallplatteneinsatz war billiger als das Engagement von Tanzcombos; manchmal gab es zunächst einen Mischbetrieb; die Schallplattenunterhaltung erweiterte und differenzierte das Angebot, „um kostengünstig weitere Öffnungstage neben den Tanzveranstaltungen mit Kapelle zu realisieren."[136]

Gisbert Wegener schildert anhand des „Ocambo Club" in Osnabrück die Entwicklung: Dieser Club ging im Jahr 1959 (zeitgleich zum „Scotch Club" in Aachen) aus dem „Wiener Café" hervor und „wartete mit einer technischen Neuerung auf: Die Tanzmusik kam vom Plattenspieler".[137] Innen wurde das klassische Café-Interieur durch eine südamerikanisch anmutende Raumgestaltung ersetzt, moderne Clubsessel traten an die Stelle der hölzernen Wirtshausstühle. Die Räume wurden funktional ausdifferenziert, so wurde in einem ehemaligen Nebenraum ein Spielkasino, später eine Snackbar eingerichtet.[138] Aus heutiger Sicht überraschend ist, dass damals nur ein Lautsprecher genügte, um das Lokal zu beschallen.[139] Ab 1969 wurde aus

---

132 Nathaus 2014, 155f.
133 Ebd., 156.
134 Schwetter 2017, 124. – Erst in der zweiten Hälfte der 1960er Jahre entwickelt sich das Rockkonzert zu einer Form, bei der das Publikum mehr zuhört als tanzt (ebd.).
135 Nathaus 2014, 157.
136 Schwetter 2016, 62; Schwetter 2017, 138; Quirini 2015, 58ff.
137 Wegener 2013, 101.
138 Ebd., 104.
139 Ebd., 105.

dem „Ocambo Club" eine moderne, jugendaffine Diskothek: Das musikalische Programm wurde stärker auf junge Menschen ausgerichtet, in einer Schülerzeitung wurde mit dem Anzeigentext „Blues? Rock? Underground? Ocambo Club. Osnabrücks progressive Diskothek"[140] geworben – ein Umstand, der nicht nur auf den gewandelten Musikstil und eine veränderte Zielgruppe hindeutet, sondern gleichfalls von dem Bestreben zeugt, modern und subkulturell erscheinen zu wollen.

In den 1970er Jahren gab es allerdings noch zahlreiche Lokale, die in einem Raum ganz unterschiedliche Alters- und Interessengruppen bedienten. In einem „Diskothekenführer" war rückblickend (1999) zu lesen: „Wo nachmittags Teens zu Waterloo von Abba hotteten, drehten sich abends die Eltern zu Chris Roberts ‚Ich bin verliebt in die Liebe'. Und regelmäßig frönten auch die Rentner ihrer Vorliebe für Rudi Schuricke oder für andere volkstümliche Töne".[141] Das Tanzlokal stand also für drei Generationen offen,[142] eine Binnendifferenzierung, die später gerade in ländlichen Diskotheken durch eine entsprechende Programmgestaltung fortgesetzt wurde.

Eine zeitgenössische Beschreibung einer großstädtischen Diskothek (Betrieb „Closed Eye", Berlin-Wilmersdorf) aus dem Jahr 1968 zeigt, dass die bundesdeutschen Betriebe damals noch relativ klein und unspektakulär waren: Müller/Nimmermann berichten, dass an Wochentagen lediglich 50 bis 60 Besucher anwesend waren, an Samstagen kamen etwa 450 Gäste.[143] An den Sonntagen kamen ab 16 Uhr Pärchen „zur Teenager-Party" in das Lokal. Den Forschern war damals aufgefallen, dass in das „Closed Eye" vor allem Jugendliche unter 18 Jahren gingen, und zwar mit einem hohen Frauenanteil (die Hälfte aller BesucherInnen).[144]

> *„Closed Eye" – eine Berliner Diskothek 1968*
>
> Der Vorraum ist hell erleuchtet. Rechts neben dem Eingang befindet sich ein Spiegel. Vor dem Plastikvorhang, der den Vorraum vom eigentlichen Tanzraum trennt, werden die Eintrittskarten und Ausweise (wegen des Jugendschutzgesetzes) kontrolliert. Der Hauptraum ist groß, schlicht und solide. Den Mittelpunkt bildet die Tanzfläche. Sie ist durch einen blauen Streifen innerhalb des durchgehenden Steinfußbodens und durch zwei Säulen abgetrennt. Umrandet wird sie von acht derben Tischen mit kniehohen Holzbänken ohne Lehnen aus hellem, unpoliertem Holz. In die Tische sind Namen,

---

140 Ebd., 109.
141 Janke/Niehues 1999, 13.
142 Ebd. – Im Kapitel 4.2 werden drei kleinere Betriebe des Landkreises Breisgau-Hochschwarzwald vorgestellt, die damit warben, dass „Jung und Alt" bzw. „jede Altersgruppe" willkommen seien.
143 Müller; Nimmermann 1968, 35.
144 Ebd.

> Daten und Botschaften von den Gästen eingraviert. Hinter den Tischen, ebenfalls zur Tanzfläche gewandt, befinden sich zwei treppenartige Holzverkleidungen, an denen Abstellborde angebracht sind, so daß einmal eine Sitzbankreihe entsteht und zum anderen für die Dahinterstehenden die Möglichkeit, ihre Flaschen und Gläser unterzubringen. Die gesamte Rückfront des Raumes wird von einer Bar eingenommen. [...]
>
> Die jugendlichen Besucher sind überwiegend bewußt modisch gekleidet. Die Mädchen tragen entweder langes, glattes Haar oder den kurzen Courrèges-Schnitt, in keinem Fall ein auffälliges Make-up, sondern höchstens augenbetonende Lidstriche. Die Jungen kommen im Pullover oder in karierten Hemden, hellen Windjacken und engen, dunklen Hosen mit leichtem Schlag. Getanzt wird fast nur mit gleichgeschlechtlichen Partnern, häufig in Gruppen von drei und mehr Personen. Es gibt eine Reihe von Mädchencliquen, die ausschließlich miteinander tanzen.
>
> *C. Wolfgang Müller; Peter Nimmermann: In Jugendclubs und Tanzlokalen. München 1968, 34f.*

Im Laufe der 1970er Jahre breitete sich die Discowelle in der Bundesrepublik Deutschland schnell aus. Medial wurde dies durch Fernsehsendungen verstärkt, am prominentesten durch die zwischen 1971 und 1982 im Zweiten Deutschen Fernsehen (ZDF) ausgestrahlte Sendung „Disco". Diese wurde von dem damals jugendlichen Ilja Richter (1952 geboren) moderiert und durch Sketche aufgelockert.[145] Die Sendung machte das deutsche Publikum mit nationalen und internationalen Musikstars bekannt (auch aus dem Bereich Schlager), die entweder live auftraten oder in Filmsequenzen vorgestellt wurden. In den Ausstrahlungen war ein jugendliches Studiopublikum zu sehen, das applaudierte und mitunter tanzte – insofern war der Zusammenhang zur Discokultur auch optisch gegeben. Die Einschaltquoten waren lange Zeit hoch, sie lagen in den 1970er Jahren zwischen 33 und 38%, was maximal 20 Millionen ZuschauerInnen entsprach.[146] Ilja Richter hat wohl nicht unrecht, wenn er bekennt: „‚Disco' verkörpert die deutschen siebziger Jahre. Ihre Unschuld, ihren Optimismus. Naivität statt Zynismus".[147] Die Politik, die sozialliberale Koalition, habe die Bundesrepublik gesellschaftlich modernisieren wollen und das ZDF habe mit „Disco" ein kleines Stück zum modernen Deutschland beigetragen.[148] Freilich wohnte der Sendung kein subkulturelles Potential inne, der Moderator selbst verkörperte eine gewisse Form der Harmlosigkeit und Wohlanständigkeit, „‚Disco'

---

145 Vgl. Strobel; Faulstich 1998, 56–61.
146 Ebd., 60.
147 Richter; Martenstein 1999, 103.
148 Ebd.

war eine Jugendsendung, die den Eltern gefallen sollte."[149] Strobel/Faulstich unterstreichen diese Sicht:

> Ilja Richter als Moderator von DISCO war damit eine Art Bindeglied zwischen Jugendszene und Erwachsenenkultur. Rein äußerlich signalisierte er dies bereits durch seine Kleidung. Er nahm der von Protest und der Abgrenzung gegen die Erwachsenen geprägten Popkultur mit seiner Fernsehshow die oppositionelle Schärfe und machte sie damit auch für erwachsene Zuschauer akzeptabel.[150]

Dies galt selbstverständlich nicht nur für diese Fernsehsendung, sondern für die Discokultur insgesamt, die durch ihre mediale Präsentation im öffentlich-rechtlichen Rundfunk etwas von ihrem antibürgerlichen Schrecken verlor.

Die angesprochene gesellschaftliche Modernisierung und Liberalisierung blieb nicht ohne Folgen, auch was die Mode und das Auftreten der jugendlichen Gäste von Diskotheken betraf: In den 1970er Jahren sahen die BesucherInnen zumindest in Großstädten bereits anders aus, als es Müller/Nimmermann für das Jahr 1968 beschrieben. Pausch verweist 1974 beispielsweise auf die Berliner Diskothek „Sound", in der „progressive" Musik gespielt werde.[151] Der Habitus der Besucher „wäre außerhalb der Diskothek außerordentlich auffällig", extrem lange oder kurze Haare mit ausgefallenen Frisuren oder Kleidungsstücken seien zu sehen, darunter auch „Unterhemden, zerlöcherte oder zerfranste Jeans", auch militärische Kleidungsstücke.[152] Offensichtlich war Nonkonformität erwünscht; Pausch ordnet das „Sound" der Subkultur in dem Sinne zu, dass Milieu und Besucher außerhalb des „allgemeinen gesellschaftlichen Normensystems" stünden.[153] Indes war dies keineswegs die Regel, eine zweite von Pausch beschriebene Berliner Diskothek („Jet Power") war weniger aufregend und spielte keine „progressiven" Titel, sondern „normale Hitparadenmusik".[154]

Den endgültigen Durchbruch erlebte die internationale „Discowelle" mit dem Erfolg des bereits genannten Films „Saturday Night Fever". 1977 kam er in die US-amerikanischen Kinos und spielte dort 110 Millionen Dollar ein.[155] Mit dem grandiosen Filmerfolg verknüpfte sich der Erfolg des Soundtracks, der überwiegend von der Gruppe „Bee Gees" gestaltet wurde und sich zigmillionenmal verkaufte. Der Film, der in der Bundesrepublik 1978 unter dem etwas biederen Titel „Nur Samstag Nacht" zu sehen war, entfaltete auch hierzulande seine Wirkung und lenkte die Auf-

---

149 Ebd., 106; vgl. Strobel; Faulstich 1998, 55.
150 Strobel; Faulstich 1998, 61.
151 Pausch 1974, 185.
152 Ebd.
153 Ebd.
154 Ebd., 192.
155 Mühlenhöver 1999, 59.

merksamkeit auf die „Disco" – verstanden als Veranstaltungsort, Veranstaltungsform, Musik- und Tanzstil sowie als neue Form der Jugendkultur. „Erstmals seit mehr als einem Jahrzehnt", so Werner Mezger, „lief damit im deutschsprachigen Raum wieder eine wichtige Innovation über das Medium des Kinofilms".[156] „Der Spiegel" kommentierte das Medienereignis ähnlich:

> Die neue Mode, vom Filmhit „Nur Samstag Nacht" mit John Travolta und dem millionenfach verkauften Film-Soundtrack der Bee Gees erst richtig populär gemacht, ist der am stärksten durchschlagende Trend in der Freizeitkultur seit der Pop- und Beatles-Begeisterung Anfang der sechziger Jahre.[157]

Das Nachrichtenmagazin begleitete diese Entwicklung amerikakritisch, es sprach von einem „in den USA grassierenden neuen Tanz- und Glitzermode-Kult", der Deutschland erreicht habe, und von einem „Discofieber".[158] Allerdings musste auch der „Spiegel" zugeben, dass der Film „Disco volkstümlich" und John Travolta zum „Idol der Teenager" gemacht habe.[159] Zugleich zeige der Film den Jugendlichen und Betreibern, wie Discokultur und Discotanz auszusehen habe: „John Travolta führte Millionen Kinobesuchern vor, welche Bewegungen und Blicke, Gesten und Kleider, Sprüche und Styling zu Disco gehörten," analysiert Klaus Nathaus.[160] Gleichzeitig ließ dieser neue Style die ältere „Tanzbar mit ihrem altersgemischten Publikum und ihrem DJ-Animateur als überholt" erscheinen.[161] Der „Spiegel" erkannte diese Tendenz gleichfalls: „Die Deutschen werden wohl nicht mehr lange Disco für ein Kinderfernseh-Späßchen mit Ilja Richter halten."[162] Die Tanzschulen hätten wieder Hochkonjunktur, aber es werde jetzt nicht mehr „Foxtrott und Tango eingepaukt", sondern die Jugendlichen wollten Travolta nachahmen.[163]

Saturday Night Fever im Spiegel des SPIEGEL 1978

Noch vor wenigen Jahren war es fast ausschließlich das – von kopfschüttelnden Eltern bespöttelte oder eifernd bekriegte – Feierabendvergnügen der dem Gott Beat verfallenen Jugend.

Zu einem frenetischen Tagesausklang tauchte sie in katakombenartigen Tanzschuppen und Popkellern unter, die für Uneingeweihte den Eindruck

---

156 Mezger 1980, 67.
157 Der Spiegel, 42/1978, 223.
158 Ebd., 222f.
159 Ebd., 226.
160 Nathaus 2014, 173; ähnlich Mezger 1980, 69: „An seiner Person orientierten sich letztlich sämtliche Discogänger, ob sie es wollten oder nicht".
161 Nathaus 2014, 173.
162 Der Spiegel 42/1978, 233.
163 Ebd.

elektronischer Folterkammern machten: Aus Lautsprecherbatterien hämmerte entnervender Schallplattensound auf die Tanzenden ein, während grelle Lichtgewitter dazu eine gespenstische Illumination lieferten.

Das Hip-Volk von Anno dazumal war bei seinem von hochdosierten Psychedelic-Reizen stimulierten Nachtleben immer schon reichlich untermischt mit Fremdkörpern aus bürgerlichen Lagern. In den späten siebziger Jahren haben nun – Tendenzwende auch im Entertainment – die Amüsier-Zaungäste und -Mitläufer von einst mobil gemacht.

Sie geben jetzt den Ton an: die angepaßten Adretten, die nur mal rasch für ein kurzes Saturday Night Fever ausklicken, um dann wie neu geölt und abgeschmiert wieder in den grauen Trott zurückzukehren, den sie sich Samstagnacht aus den Gliedern schüttelten.

Ihre „Religion überall auf der Welt heißt Disco", weiß die Sängerin Amanda Lear, auf der neuen Welle jetzt aus dem Underground ins Glamourlicht hochgejettete Disco-„Queen".

Passé, altmodisch sind die ruchhaften, existentiell ernstgemeinten – dann zu ernst geworden – Ausflipp-Exerzitien der Sechziger-Jahre-Generation, ebenso wie ihr Zottel- und Lotter-Look und ihre weltanschaulich hämmernde Rockmusik.

Im Kontrast zur wieder neuen Konformismus und neue Langeweile zeugenden Protestkultur drängt jetzt Disco vor als Ausdruck provozierenden Disengagements, totaler Frivolität und verspielter Oberflächlichkeit – ein Rokoko in Pop-Tönen, Bonbon-Licht und Knall-Farben.

Disco: Narziß im Laser-Licht. Der Spiegel 42/1978, 222f.

1979/1980 gab es in der Bundesrepublik Deutschland und Westberlin bereits zwischen 8.000 und 9.000 Diskotheken;[164] die Branche erwartete einen Jahresumsatz von zwei Milliarden Deutsche Mark;[165] ebenfalls 1979 wurde eine in Münster stattfindende „Internationale Diskotheken-Fachausstellung" begründet; ein Jahr später wurde gleichfalls in Münster der „Bundesverband Deutscher Diskotheken e.V." ins

---

164 Mühlenhöver 1999, 54; vgl. Quirini 2015, 203. – Das Statistische Bundesamt verfügt leider über keine Zahlen für die Zeit zwischen 1965 bis 1995, wie mir das Amt am 28.03.2018 freundlicherweise mitgeteilt hat.
165 Zum Vergleich: Die Zahl der Diskotheken schwankte zwischen 2002 und 2016 um die 4.000; der Umsatz erreichte 2003 den Tiefstwert von 0,94 Milliarden Euro, 2012 und 2016 den Höchstwert des Zeitraumes mit 1,2 Milliarden Euro (https://de.statista.com/ [27.03.2018]).

Leben gerufen.[166] In diesem Zusammenhang ist bemerkenswert, dass die bundesdeutschen Diskotheken in den mittleren 1970er Jahren eine große Bedeutung für die Musikwirtschaft hatten. Insbesondere versuchten die Betriebe, deutsche Produktionen dem tanzenden Publikum anzudienen. Diskotheken funktionierten als „Hit-Macher",[167] zunächst im Bereich des Schlagers, später im Bereich deutscher Discoproduktionen wie der von Frank Farian aufgebauten Formation „Boney M.", Donna Summer oder der Gruppe „Silver Convention".[168]

2.5 Exkurs: Der Discjockey

Der Discjockey nimmt im Rahmen einer Diskothek ganz unterschiedliche Rollen ein: Er ist Musiker, Techniker, Moderator und Entertainer.[169] Dabei ist er für den Sound in der Diskothek verantwortlich, „d.h. nicht nur dafür, was an Musik gespielt wird, sondern auch dafür, wie es klingt".[170] Konstituierend für sein Tun ist einerseits die technische Apparatur bzw. die mediale Ausstattung zur Reproduktion von Musikaufnahmen, andererseits die damit verbundene Zweckbestimmung: Die gespielte Musik dient zur Unterhaltung und zum Tanz, aber auch als Grundlage für Anschlusskommunikation und Identifikation. Thomas Wilke weist darauf hin, dass beim „Auflegen" nicht nur einzelne Musikstücke erklingen, sondern die Titel werden von den Rezipienten als „Programm" wahrgenommen.[171] In sozialer und psychischer Hinsicht ist der Discjockey zugleich der im Erlebnisraum Diskothek präsente „Star", er kann Gegenstand der Verehrung durch die anwesenden BesucherInnen sein – als Inhaber der genannten Berufsrollen genauso wie in persönlicher bzw. erotisch-sexueller Hinsicht.

1965 wurde den LeserInnen des „Spiegels" die Arbeit des Discjockeys folgendermaßen erklärt:

> Die stereophonischen Volltöner werden von einem einzigen Diskjockey (des einen oder anderen Geschlechts) gesteuert. Ähnlich dem Tonmeister in einem Rundfunkstudio schaltet er hinter einem knöpfe- und skalenreichen Mischpult und regelt Abfolge, Klangfärbung sowie Lautstärke des Schallplatten- oder Tonbandprogramms – feinfühlig der jeweiligen Stimmung im Saal angepaßt, im allgemeinen jedoch, wie das amerikanische Magazin „Cue" konstatierte, so laut, daß niemand in die Verlegenheit kommt, nachdenken oder sich unterhalten zu müssen".

---

166 Mühlenhöver 1999, 54; zur wirtschaftlichen Situation Ende der 1970er Jahre vgl. Antrecht 1979.
167 Nathaus 2014, 172.
168 Ebd., zum „Munich Sound" vgl. Mühlenhöver 1999, 138–143.
169 Ausführlich zu Discjockey und Popkultur: Poschardt 2015.
170 Wilke 2013, 428.
171 Ebd., 429.

> Jede Anlage ist mit mindestens zwei Plattentellern ausgerüstet, die abwechselnd beschickt werden können – während der Diskjockey die letzten Takte einer Platte ausblendet, erdröhnen schon die Anfangsdissonanzen der nächsten.[172]

Die Discjockeys, so hieß es im „Spiegel" seinerzeit, könnten „die frischesten Hits und Modetänze, von Spitzenkapellen [!] dargeboten, jeweils schon wenige Tage nach ihrem Erscheinen in das Programm mischen."[173] Mit den „Spitzenkapellen" waren natürlich keine herkömmlichen Unterhaltungsorchester oder Combos gemeint, sondern Bands wie die Beatles oder die Rolling Stones – der englischsprachige Begriff „Band" war 1965 für viele Menschen noch nicht geläufig.

Bezeichnung und Beruf „Discjockey" waren in den USA zunächst mit dem Rundfunk verbunden; seit etwa 1950 bezeichnet das Wort „disc jockey" einen Sprecher, der Sendungen mit populärer Musik moderiert.[174] Auch in Deutschland bzw. Westeuropa bezog sich der Begriff zunächst auf Radiomoderatoren, erst dann auf Personen, die in Diskotheken Schallplatten auflegten. Aus heutiger Sicht erstaunlich ist, dass in den frühen 1970er Jahren noch deutschsprachige Synonyme für das Wort „Discjockey" im Umlauf waren. Der Musikpädagoge Joachim Hansberger weist 1972 auf Bezeichnungen wie „Plattenkramer, Plattenplauderer, Plattenreiter" oder „Plattenjongleur" hin.[175] Zurecht hebt Hansberger hervor, dass zu den Berufsmerkmalen des Radiodiscjockeys nicht nur der Umgang mit Schallplatten gehöre, sondern auch der „Live-Charakter" seines Kommunikationsstils.[176] Mehr noch: Nicht nur die Musik, sondern eben auch die Moderation sei ein Moment der Unterhaltung.

Die Discjockeys, die im deutschsprachigen Rundfunk auftraten, orientieren sich an US-amerikanischen Vorbildern: Seit 1952 gab es im Nordwestdeutschen Rundfunk eine Sendung mit Chris Howland, die sich an ein jugendliches Publikum wandte.[177] Unter dem Titel „Diskotheken-Bummel" wurden seit 1966 auch „Live-Sendungen aus kommerziellen Diskotheken" ausgestrahlt, 1967 folgte die Radiosendung „Diskothek im WDR".[178] Seit 1963/64 habe sich der Anteil der „Diskjockeysendungen" im Programm westdeutscher Sender stark erhöht; auch im Untersuchungsgebiet der vorliegenden Studie strahlte der Südwestfunk seit 1964 solche Sendungen aus („Für junge Hörer").[179] Hansberger stellt in seinem Beitrag den Zusammenhang zwischen

---

172 Der Spiegel 16/1965, 150f.
173 Ebd., 151.
174 Hansberger 1972, 277.
175 Ebd.
176 Ebd., 278f.
177 Ebd., 279.
178 Ebd., 280.
179 Ebd. – Ab 1970 gab es die Sendung „Pop Shop" beim Südwestfunk; 1975 wurde schließlich die „Popwelle" SWF3 gegründet (zu diesem Programm vgl. Münch 1991).

den Medienformaten im Rundfunk und den Tanzlokalen der Zeit her: „Der Diskjockey hat die örtlichen Musikgruppen in den letzten Jahren mehr und mehr aus den Tanzlokalen verdrängt".[180] Das verbindende Element zwischen Radio und Diskotheken stelle das Medium Schallplatte dar, ihr falle „die dominante Stellung im Musikbetrieb" zu.[181] Zu ergänzen wäre, das dies in ökonomischer Hinsicht genauso gilt wie in sozialer, d.h. in Bezug auf den Umgang mit Musik durch die RezipientInnen. Allerdings gebe es auch eine umgekehrte Entwicklung: Das Abspielen von Schallplatten in Tanzlokalen verdränge nicht nur die Livemusik, sondern als „Stars von der Schallplatte" kehrten erfolgreiche „Pop-Interpreten auf eigens gemanagten Diskotheken-Gastspielen für kurze Live-Auftritte wieder dorthin zurück".[182] Hansberger betont, dass sich die Arbeit von Discjockeys „viel unmittelbarer auf die Formen der Geselligkeit im Lokal und damit auf den Konsum" auswirkte als bei Musikkapellen.[183] Der Musikpädagoge zitiert aus einer frühen Fachzeitschrift („Diskotheken-Rundschau"): „Gute Diskjockeys verhindern schlechte Umsätze".[184]

> *Diskotheken und Discjockey – Das Entstehen einer Institution*
>
> Etwa 1950 wurde der Begriff Discjockey zum festen Bestand der amerikanischen Umgangssprache, nicht zuletzt, weil er sich bei Teenagern großer Beliebtheit erfreute. Zwar dauerte es noch einige Jahre, bis er in Deutschland vollwertig „in" war; er konnte sich dann aber mit dem Aufkommen der Discotheken wacker halten.
>
> Inzwischen ist dieser terminus musicus schon so weit eingedeutscht, daß fast jeder weiß, was gemeint ist, insgeheim aber jedermann doch eine andere Vorstellung davon hat. […]
>
> Mit zunehmendem technischen Aufwand bei den Plattenproduktionen wurde der DJ immer unentbehrlicher. In den 50er Jahren war es üblich, daß fast jede Pinte über eigene Bands oder Combos verfügte, die für einen Apfel und ein Ei zum Tanz aufrockten. Obendrein waren die Bands noch froh, vor Publikum spielen zu können. Die besten von ihnen mauserten sich zu professionellen Musikern, schraubten dadurch die Gagen höher. Für die Gastwirte war es bald unmöglich, eine bekanntere Band für einen Abend zu engagieren. Die weniger guten Musiker konnten zwar bezahlt werden, boten aber so minimales Programm, daß die lebensnotwendigen Fans ausblieben. Zudem

---

180 Hansberger 1972, 281.
181 Ebd.
182 Ebd. – Im Kapitel 4.4 „Programme" wird sich zeigen, dass ebenso Konzerte lokaler KünstlerInnen bzw. Bands in Diskotheken ihren Platz fanden.
183 Ebd., 282.
184 Ebd.

> produzierte die Schallplatten-Industrie derart schnell Platten mit relativ hohem technischen Aufwand, dem die „Amateure" mit den wenigen ihnen zur Verfügung stehenden finanziellen Mitteln für die Ausrüstung nicht gerecht werden konnten.
>
> Schließlich profilierte sich das Abspielen des Original-Sounds immer mehr, die Discotheken traten ihren Weg an. Mit den Discotheken wurde der Discjockey so eng verzahnt, daß es nicht mehr klar ersichtlich ist, ob die Discjockeys Musik für die Discotheken spielen, oder umgekehrt, oder sind beide Institutionen nur ein verquicktes Medium, das sich am Busen der Schallplatten-Industrie nährt.
>
> *Hugo Maier: Discjockey. Frankfurt 1979, 9f.*

Zu Zeiten von Hansberger, also in den frühen 1970er Jahren, war es durchaus üblich, dass der Discjockey moderierte, d.h. mit Ansagen die gespielten Musikstücke verband, zum Tanz aufforderte, kleine Spielrunden einlegte etc. Es war gleichfalls üblich, dass es – wie in der älteren Tanzmusiktradition mit Livekapellen – Tanzrunden bzw. Tanzpausen gab. War der Betrieb nicht so voll, sollten die Pausen möglichst kurz gehalten werden; Klaus Quirini riet auch dazu, „wie in einem Roman [!]" in einer Tanzrunde „auf einen rhythmischen Höhepunkt" hinzuarbeiten.[185] „In jüngster Zeit", so Mezger im Jahr 1980, beginne sich das Bild des ‚DJ' in der Disco jedoch spürbar zu wandeln. Seine Plaudereien, Gags und Kommentare seien kaum noch gefragt, weil sie, wie Jugendliche es ausdrücken, „die Situation zerstören" können.[186] Nun sei „eine ununterbrochene Abfolge von Musiktiteln" angesagt, die aus dem Entertainer einen sprachlosen Tontechniker machten.[187]

Wie bereits erwähnt, wies Hansberger auf den kommunikativen Aspekt des Discjockeys und auf seinen Einfluss auf die Geselligkeit hin. Neißer/Mezger gingen 1981 einen Schritt weiter und waren der Ansicht, der Discjockey „herrsche" über die Gefühlswelt der BesucherInnen einer Diskothek; er habe eine „dirigistische Funktion".[188] Die Forscher zitieren aus einer nichtpublizierten Studie, in der die These vertreten wurde, der Discjockey habe „das Publikum ständig unter Kontrolle", er manipuliere und animiere und stehe an der Spitze „in der hierarchischen Besucherstruktur".[189] Er wurde als „Vermittler der Geschäftsinteressen der Diskothek" bezeichnet".[190] Diese kulturkritische Analyse lebt von Vorurteilen und Vermutun-

---

185 Quirini 2015, 40.
186 Mezger 1980, 35; vgl. Neißer; Mezger 1981, 27.
187 Ebd.
188 Neißer; Mezger 1981, 25.
189 Ebd.
190 Ebd.

gen: Ob diese dominante Rolle dem Discjockey wirklich zukam, kann bezweifelt werden; in hohem Maße war dieser schließlich von der Akzeptanz des Publikums abhängig. Waren die Gäste unzufrieden, suchten sie zukünftig andere Lokale auf. Die Forscherkollegen Neißer/Mezger beschäftigten sich auch mit der sexuellen Attraktivität des Discjockeys; das „Prestige eines jeden Mädchens" werde gehoben, „wenn sich der begehrte, im Mittelpunkt der Diskothek stehende Mann mit ihr" beschäftige.[191] Immer wieder sei den beiden Wissenschaftlern erklärt worden, „daß nicht wenige Mädchen bis zuletzt warten, um vom DJ mit nach Hause genommen zu werden".[192] Klaus Quirini bezeichnete hingegen den Discjockey der 1970er Jahre als „männliche Bardame": „Viel versprechen und nichts halten."[193] Als Entertainer sollte er sich „keine Skandale erlauben", sonst werte er seine Persönlichkeit ab und vergraule auf lange Sicht weibliche Gäste.[194] Diese zuletzt geäußerte Ansicht ist wohl eher als eine normative Ansicht zu werten, weniger als eine deskriptive.

> *DJ – Erwartungshaltung einer Sechzehnjährigen*
>
> Der Discjockey muß also erst mal jung sein, und dann muß er natürlich die richtige Musik bringen. Er muß spüren, was los ist. Er soll schon was sagen, aber es soll immer unaufdringlich wirken, und wenn er was sagt, dann solche Sachen, die einen interessieren. Über Musik zum Beispiel. Natürlich kann er auch Witze erzählen, aber eben keine solchen beknackten, sonst macht er unter Umständen sehr viel kaputt. – Wichtiger als das, was er sagt, ist das, was er tut. Er muß wissen, was gerade an Musik notwendig ist, was die Leute gerade brauchen. Er darf nicht so viel umschalten, alles muß aus einem Guß sein, das muß er halt spüren. Musik, die muß sich manchmal sogar dem Herzrhythmus anpassen oder umgekehrt. Und das alles ist eben Sache des Discjockeys. Der muß 'ne Menge von solchen Dingen verstehen, der Junge.
>
> *Zit. nach: Horst Neißer; Werner Mezger; Günter Verdin: Jugend in Trance? Diskotheken in Deutschland. Heidelberg ²1981, 27.*

Blickt man in zeitgenössische berufsbezogene Fachliteratur, ist die Wahrnehmung des Berufs eher nüchtern. 1979 erschien von Hugo Maier ein Sachbuch, das sich vornehmlich an Jugendliche wandte, die selbst Discjockey werden wollten.[195] Als Ziel wird genannt, den Beruf „von seinen Illusionen zu befreien" und stattdessen

---

191 Ebd., 26.
192 Ebd.
193 Quirini 2015, 39.
194 Ebd.
195 Maier 1979, 7.

Fakten zu bieten.[196] 150 Discjockeys seien hierzu befragt worden.[197] Maier tritt für eine Professionalisierung des Berufs ein, etwa im Hinblick auf die Kenntnis von Fremdsprachen: „Häufig findet man in kleinen ‚Country-Schuppen' [gemeint sind ländliche Diskotheken] irgendeine Figur hinter den Plattenmaschinen, die weder von Englisch noch von Französisch eine Ahnung hat, sondern nur den Lokal-Dialekt vollständig beherrscht."[198] Das sei dann peinlich, wenn die Namen international agierender Künstler/Bands wie die Titel der von ihnen vorgetragenen Hits falsch ausgesprochen würden. Maier empfahl darüber hinaus, dass ein Discjockey ein Musikinstrument selbst spielen könne.[199] Dass dieser die ihm anvertraute Technik souverän beherrsche, sei selbstverständlich: „Besonders Anfänger sollten sich nicht vor der Mühe scheuen, ein oder zwei Nachmittage vor leeren Stühlen in der Discothek zu verweilen, um mit der Anlage und all dem technischen Krimskram vertraut zu werden."[200] Im Gegensatz zu der zitierten Studie von Mezger (1980) setzte das Anleitungsbuch aus dem Jahr 1979 „Ansagen" des Discjockeys noch als selbstverständlich voraus.[201] Dabei schwankt die Rolle des Discjockey zwischen der des Moderators und des Entertainers: Das Buch rät, man solle auch Gäste öffentlich zu Wort kommen lassen,[202] gelegentlich Witze erzählen und vor allem Spiele durchführen.[203] Die BesucherInnen sollten also am sozialen Geschehen in der Diskothek partizipieren; aus ökonomischer Sicht diente dies der Kundenbindung.

Das Anleitungsbuch von Maier geht knapp auf die Kleidung des Discjockeys ein. Maier warnt vor einem Zuviel und einem Zuwenig: „Eine gediegene Garderobe, durchspickt mit einigen modischen Leckerbissen, ist notwendig."[204] Er rät auch zur Imitation eines Stars, „sei es aus der deutschen Schlagerbranche oder der anglo-amerikanischen Szene", damit komme der Discjockey beim Publikum an.[205] „Originalität" sieht Maier hingegen eher kritisch, in Diskotheken „auf dem Land oder in Kleinstädten" sei damit vielleicht noch Staat zu machen, nicht aber in „Edelschuppen".[206] Auf ländliche Verhältnisse zielt der Autor ebenso ab, wenn es im Hinblick auf die sexuelle Attraktivität von Discjockeys heißt: „Als Lokalmatador hat es der

---

196 Ebd.
197 Ebd.
198 Ebd., 18.
199 Ebd., 19f.
200 Ebd., 19–27.
201 Ebd., 28–34; vgl. Quirini 2015, 188ff.
202 Ebd., 32.
203 Ebd., 34–38, 41ff., 124–147.
204 Ebd., 43. – In den 1960er und 1970er Jahren war weißes Hemd und Krawatte als Bekleidung eines Discjockeys nicht unüblich, vgl. Quirini 2015, 10.
205 Ebd., 44.
206 Ebd., 46.

Disco-Kerl einfach, viele Verhältnisse mit Mädchen zu unterhalten."[207] Der Sexismus wird fortgesetzt mit einem Tier-Mensch-Vergleich: „In einem Provinzteich tut sich ein toller Hecht sehr leicht, einige Karpfen an Land zu ziehen."[208] Auf ein etwaiges Stadt-Land-Gefälle bezieht sich die folgende Bemerkung von Maier:

> Kommt ein DJ aus einer Großstadt, so hat er selbstverständlich den Anspruch zu erfüllen, Bescheid zu wissen über Dinge wie Mode und neueste Musik. Zwangsläufig muß er sich dabei so verhalten, wie man sich vorstellt, daß ein Mensch aus einer Großstadt, in der ja die heißesten Jockeys anzutreffen sind, sich verhält.[209]

Der Großstädter müsse umgekehrt auch Bescheid wissen, was „für das Country als neuester Schrei angepriesen wird".[210]

Der 1988 erschienene Band „Discothekenmanagement" von Michael Maus betrachtet den Beruf aus einer ökonomischen Perspektive. Entgegen der kulturpessimistischen Ansicht, Diskotheken bzw. Discjockeys steuerten und manipulierten die Musikvorlieben der BesucherInnen, macht der Autor seinen LeserInnen klar, dass „König Kunde den besten Geschmack" habe und sich der Discjockey stets nach den Bedürfnissen des Publikums richten müsse. Dem Diskothekenunternehmer rät er: „Erklären Sie Ihrem Discjockey freundlich aber bestimmt, daß sein Geschmack nicht maßgebend ist. Er hat zu spielen, was Ihrem Publikum gefällt."[211] Bemerkenswert ist, dass Ansagen des Discjockeys – Maus veröffentlichte seine Publikation knapp zehn Jahre später als Maier – nun nahezu verpönt sind: Zwar soll der Discjockey das Publikum über das Mikrofon öffentlich ansprechen (bei Geburtstagen oder bei der Berücksichtigung von individuellen Musikwünschen), aber ansonsten „redet ein guter Discjockey nicht".[212] Es habe sich herumgesprochen, „daß den Gästen viel Bla Bla" auf die Nerven gehe; Ansagen würden von ihm nicht erwartet, er solle nicht (den damals populären Fernsehentertainer) Thomas Gottschalk imitieren: „Ein guter DJ ist an seinen Fähigkeiten zu messen, im richtigen Moment die richtige Platte aufzulegen und nicht an seinen coolen Sprüchen."[213] Ein Discjockey soll Stimmungen erzeugen: „Bestimmte Sequenzen von Platten können den ganzen Raum in Euphorie versetzen", meint der Autor und beschreibt damit einen beruflichen Rollenwechsel, den Mezger bereits 1980 angedeutet hatte, wenn er von einer „ununterbrochenen Abfolge von Musiktiteln" sprach, um das Zitat nochmals aufzugreifen.[214] Freilich ist die Feststellung, der Discjockey sei dadurch weitgehend

---

207 Ebd., 49.
208 Ebd.
209 Ebd.
210 Ebd., 50.
211 Maus 1988, 33.
212 Ebd.
213 Ebd.
214 Mezger 1980, 35.

sprachlos geworden,[215] einseitig und beschreibt den Funktionswandel nicht adäquat: Der Discjockey sollte zwar nicht mehr als Allround-Entertainer (mit seinen medialen Vorbildern in Hörfunk und Fernsehen) fungieren, sondern vielmehr als technisch versierter Musikdramaturg.[216] Anders ausgedrückt: Der Musikflow verdichtet sich im Zusammenspiel von Medieneinsatz, optischen Effekten und Körperlichkeit zu einer nonverbalen Sprachlichkeit mit einer hohen Ausdruckskraft.[217] – Zuletzt sei auf die „vier großen ‚M'" hingewiesen, die Klaus Quirini – bezogen auf die späten 1970er Jahre – für essentiell hielt: Ein Discjockey sollte sich durch Musikalität, Menschenkenntnis, Mikrofonsprache und Mischpulttechnik auszeichnen.[218]

2.6 Höhepunkt und Niedergang der „Discowelle"

In den 1980er Jahren kam es laut Georg Mühlenhöver zu einer weiteren Ausdifferenzierung der Discokultur: Zum einen gab es Diskotheken, „die durch diverse (Musik-)Angebote an verschiedenen Wochentagen ein jeweils anderes Publikum anziehen" wollten, zum anderen Lokalitäten, „die sich ausschließlich einer bestimmten Musikstilart und der dazugehörigen Anhängerschar widmeten", den Clubs im engeren Sinn des Wortes.[219] Die räumliche Streuung der Betriebe war um 1980 bereits breit, neben den Städten verfügten zuweilen kleinere Gemeinden über Diskotheken, entweder im Ortsinnern – oft in Form von umgebauten Kneipen – oder am Ortsrand, wo sich auch größere Betriebe ansiedeln konnten.[220] Mezger unterscheidet als Extreme zwischen den Großdiskotheken, die auch städtisches Publikum anlockten, und den Dorfdiscos, „meist nur notdürftig umgebaute Kneipen".[221] Ende der 1980er Jahre war das Wachstum der Branche vorbei: In dem bereits zitierten Fachbuch für Diskothekenmanagement von Michael Maus wurde beklagt, dass aufgrund der demographischen Entwicklung der „absolute Markt" schrumpfe.[222] Durch die Möglichkeiten der Familienplanung ginge die Zahl der potentiellen BesucherInnen, nämlich die der Jugendlichen und jungen Erwachsenen, drastisch zurück.[223] Aber auch das „relative Marktpotential" der Betriebe nehme ab: Aufgrund der grassierenden Jugendarbeitslosigkeit wie dem veränderten Freizeitverhalten (als konkurrierende Konsumangebote bzw. Aktivitäten werden „Video, Automaten-

---

215 Ebd.
216 Vgl. Wilke 2013, 429: „Die Musikmonatage [des Discjockeys] ergibt im besten Fall so etwas wie eine dramaturgische Kontinuität".
217 Zum „zeichenhaften Charakter" des Auflegens vgl. Wilke 2013, 430.
218 Quirini 2015, 180ff.
219 Mühlenhöver 1999, 66.
220 Mezger 1980, 39.
221 Ebd.
222 Maus 1988, 6. – Vgl. Quirini 2015, 371ff.
223 Ebd., 3ff.

spiele" und Fitness-Studios ausgemacht) gingen die jungen Menschen seltener in die Diskothek als früher.[224] Jedoch müsse auch das Wachstum in den zurückliegenden 1970er Jahren berücksichtigt werden, so Maus, welches sich nicht nur auf die Zahl der Betriebe beziehe, sondern gleichfalls auf die Größe. Der Markt wuchs zunächst mit, aber dann wirkte sich der „Pillenknick" auf die Zahl der Jugendlichen aus: „Innerhalb kürzester Zeit war der Markt übersättigt und es gab (und gibt vielerorts noch immer) zu viele Diskothekenbetriebe."[225] Zur Zeit (1988) befände man sich aber in einer „Konsolidierungsphase" mit rückläufiger Betriebszahl.[226] Anfang der 1980er Jahre hätten viele Unternehmer versucht, „dem Verlust an Marktpotential durch vermeintlich attraktivere Lokale und verstärkte Werbung entgegenzuwirken: größere Flächen, bessere technische Ausstattung und regelrechte Werbekriege" seien die Folge gewesen, allerdings mit unterschiedlichem Erfolg.[227]

2.7 Rock- und Popdiskotheken

Holger Schwetter macht in seinem Aufsatz zu Landdiskotheken in Norddeutschland zwei Typen von Diskotheken aus und bezieht sich hierfür auf die späten 1960er bis Anfang der 1980er Jahre.[228] Diese zwei Typen, „Rockdiskotheken" und „Popdiskotheken", unterschieden sich nicht nur im musikalischen Angebot, sondern auch im räumlichen Arrangement und den dort vorfindlichen sozialen Mustern. In den späten 1960er und frühen 1970er Jahren seien in Diskotheken ganz unterschiedliche Musikstile dargeboten worden. Mit dem Aufkommen eines eigenen Genres „Disco" habe sich die Musikkultur in der Bundesrepublik Deutschland verändert, begleitet von zahlreichen kritischen Stimmen (vgl. Kapitel 2.2):

> Durch den schnellen und durchschlagenden kommerziellen Erfolg von Discomusik wurde die Diskothek in der pädagogischen und alternativen Literatur der späten 1970er und 1980er Jahre zu einem Ort, der exemplarisch für die kulturindustrielle Vereinnahmung der Jugendlichen steht.[229]

Die meisten der zeitgenössischen Autoren, insbesondere die pädagogisch Interessierten, hätten nur die Form der „Disco-Diskothek" wahrgenommen und daher einen Teil der damaligen Jugendkultur überhaupt nicht kennengelernt.[230] Vor allem die

---

224 Ebd.
225 Ebd. – Klaus Quirini (2015, 375) war für das Jahr 1988 sogar der Meinung, „50% der Discotheken" seien „inzwischen zuviel auf dem Markt", in vielen Gebieten sogar noch mehr als die Hälfte.
226 Ebd., 9.
227 Ebd.
228 Schwetter 2017; vgl. Schwetter 2016.
229 Schwetter 2017, 120.
230 Schwetter 2016, 57.

BesucherInnen selbst hätten je nach Musikgeschmack, Habitus und Erwartungshaltung ganz klar zwischen „Pop" und „Rock" bzw. den entsprechenden Lokalitäten unterschieden, bis hin zu einer polarisierenden Abgrenzung, die möglicherweise aber auch rassistische und homophobe Untertöne mit sich trug, weil die Popdisco mit der Kultur der Afroamerikaner und Schwulen in Verbindung gebracht worden sei.[231] Schwetter führt folgende idealtypische Unterscheidung zwischen „Popdiskothek" und „Rockdiskothek" an:[232]

Diskotheken: zwei Grundtypen	
späte 1960er bis Anfang der 1980er Jahre	
Popdiskothek	*Rockdiskothek*
DJ-Sets mit Ansage jedes Titels per Mikrofon; Wechsel von Tanzmusik und Tanzpausen	durchgehendes Abspielen der Musiktitel ohne Ansagen des DJs und ohne Pausen
paarweises Tanzen	individuelles Tanzen
eher helle Lichtsituation	sehr dunkle Lichtsituation und Lichteffekte
zentrale, übersichtliche Raumordnung mit Tanzfläche im Zentrum	dezentrale Raumanordnung mit Nischen und Alternativräumen

In Bezug auf die ländlichen Rockdiskotheken stellt Schwetter heraus, dass die BesucherInnen sehr mobil waren und auch mal zwischen Stadt und Land pendelten.[233] Zudem sei auffällig, dass die Rockdiskotheken in der Provinz offenbar langlebiger waren als die (groß-)städtischen; während die urbanen Diskotheken schon in den frühen 1980er Jahren schließen mussten, hielten sich die ländlichen Pendants bis in die 1990er Jahre hinein.[234] Auf dem Land, schränkt Schwetter ein, sei die Trennung zwischen Pop- und Rockdiskothek schon „aufgrund der geringeren Auswahl der Lokalitäten nicht immer möglich", aber dennoch vorhanden gewesen.[235] Immerhin lassen sich auch für das Untersuchungsgebiet dieser Studie Belege beibringen, die in diese Richtung weisen: Die „Arche" in Waldkirch (Landkreis Emmendingen) warb beispielsweise dezidiert mit dem Attribut „ROCK-Discothek", wie zeitgenössische Fotografien eindeutig belegen.[236]

---

231 Schwetter 2017, 121.
232 Schwetter 2016, 60.
233 Ebd., 61.
234 Schwetter 2017, 117.
235 Schwetter 2016, 58.
236 https://www.facebook.com/ArcheWaldkirch/ [19.02.2019]. – Zu den Bildern auf Facebook vgl. Kapitel 6.2.

Eine etwas andere Typologie wie Schwetter vertritt Klaus Nathaus, der die älteren und gediegeneren „Tanzbars" von den moderneren „Beat-Schuppen" für Jugendliche abhebt.[237] Er ist der Auffassung, dass ein großer Teil der bundesdeutschen Diskotheken und der dort tätigten Discjockeys in Kontinuität zu den Tanzlokalen der 1950er Jahre stand – selbstverständlich angepasst an die neuen Rezeptionskontexte populärer Musik.[238] Die BesucherInnen dieser Betriebe waren erwachsen, zuweilen reichte das Altersspektrum von 20 bis 50 Jahre.[239] Gediegenheit war das Kennzeichen solcher „Tanzbars" (vgl. Kapitel 4.2). „Beat-Schuppen" hingegen waren jugendaffine Einrichtungen, zeitgenössisch wurden sie von den Behörden und der Presse als problematisch wahrgenommen, weil sie mit „Normverstößen und Kriminalität" in Verbindung gebracht wurden.[240] Mediziner warnten vor „körperlichen und psychischen Schäden", die Betreiber hatten als Quereinsteiger oft einen schlechten Ruf.[241] Im Gegensatz zum modernen „Beat-Schuppen" seien in den Tanzlokalen auch Discjockeys beschäftigt gewesen, die sich zugleich als Conférenciers betätigten und das Publikum durch Wortbeiträge und Musik unterhielten: „Zum Berufsbild gehörten musikalisch fachkundige, unterhaltsame Zwischenansagen ebenso wie das weiße Hemd und die Krawatte".[242] Die Musik unterschied sich deutlich voneinander:

> Da in den Tanzbars ein breiteres Altersspektrum angesprochen werden musste, verboten sich polarisierende Rock-Klänge. Dagegen empfahlen sich aktuelle, tanzbare Hits deutscher wie englischsprachiger Provenienz. Für die Musik in Tanzpausen galten die Langspielplatten von James Last, die in den späten 1960er und den 1970er Jahren millionenfach verkauft wurden, als optimal.[243]

Analog zur Unterscheidung von zwei Discotypen, wie sie Schwetter und Nathaus vornehmen, geht Mahlerwein in seinem Artikel über „Musikalische Praxis in Dörfern" (vgl. Kapitel 3.1) ebenfalls von zwei unterschiedlichen Musikszenen aus: Er differenziert zwischen einer Discoszene und einer sich hiervon abgrenzenden Rockszene, die sich in den 1970er Jahren herausgebildet habe:

> Seit dem Ende der sechziger Jahre etablierten sich in einigen Gemeinden der Region [in Rheinhessen] kommerziell geführte Diskotheken, häufig in Nebenräumen bestehender Gastwirtschaften. Dieses vor allem für ältere, „motorisierte" Jugendliche attraktive Angebot wurden seit den frühen Siebzigern durch selbstorganisierte Veranstaltungen der dörf-

---

237 Nathaus 2014, 156.
238 Ebd.
239 Ebd., 158.
240 Ebd., 159.
241 Ebd., 160.
242 Ebd., 161.
243 Ebd., 162.

lichen Jugendgruppen ergänzt, die auch jüngere miteinbezogen und im Wesentlichen auf Besucher aus der jeweiligen Gemeinde ausgerichtet waren.[244]

Parallel zur Discoszene habe es eine ländliche Jugendkultur gegeben, die sich eher an dem der Rockmusik „innewohnenden Gestus der Nonkonformität orientierte".[245] Neben Konzerten spielten für diese Szene Festivals, Musik in Jugendkellern und Jugendzentren eine große Rolle, wobei das Selbst-Musikmachen in Amateurbands essentiell war.[246] Dadurch entstand auf dem Dorf eine „alternative" (und nicht kommerzielle) Musikszene, die größtenteils von den Jugendlichen selbst gestaltet wurde. Für Mahlerwein diente die Musik als Distinktionsmittel, nicht nur, um sich von der Elterngeneration abzugrenzen, sondern genauso, um sich „von anderen Jugendlichen abzuheben und gleichzeitig die innere Kohäsion der Gruppe zu verstärken."[247]

Die idealtypische Unterscheidung verschiedener Musikkulturen bzw. Diskothekentypen lässt sich zudem aus zeitgenössischen Texten ableiten: In dem Anleitungsbuch „Discjockey" von Hugo Maier aus dem Jahr 1979 werden gleichfalls zwei Diskothekentypen unterschieden, die jeweils eigene Musikstile und ein eigenes Publikum hätten.[248] Maier nennt den ersten Typus die „bürgerliche" Diskothek; die meisten der bundesdeutschen Betriebe gehörten diesem Typ an:

> Die Pächter oder Inhaber, die als Discothekenunternehmer auftreten, sind Leute, die um die 40 Jahre alt sind. Ihre Vorstellungen orientieren sich weitgehend an den bürgerlichen, konventionellen Normen, von denen sie annehmen, daß sie auch bei ihren Gästen gut ankommen.[249]

Die Einrichtung solcher Lokale sei gediegen, das musikalische Spektrum orientiere sich „weitgehend an den konventionellen Hitparaden und Shows in Radio und Fernsehen", sogenannte „wilde Platten" würden allenfalls im Morgengrauen aufgelegt.[250] Oldies der 1950er und 1960er Jahre seien – passend zur Altersstruktur der BesucherInnen – hingegen sehr gefragt. „Steht die Discothek in einer Kleinstadt, so wird ein [musikalisches] Programm erwartet, das an die Großstadt erinnert", meint Maier.[251] Freilich nur daran „erinnert" – es gelte die Balance zu halten zwischen Distinktion („unzüchtiges Getue der Großstadt" soll sich nicht in der Kleinstadt ausbreiten) und Identifikation („man will ja nicht unbedingt hinter dem Mond

---

244 Mahlerwein 2015, 129f.
245 Ebd., 130.
246 Ebd., 131.
247 Ebd., 132f.
248 Maier 1979, 69.
249 Ebd., 70.
250 Ebd., 71.
251 Ebd.

leben").²⁵² Die Wochentage seien jeweils mit einem spezifischen Programm ausgefüllt, der Tanzstil in den „bürgerlichen" Diskotheken orientiere sich an den Standards der Tanzschulen, (Disco-)Fox sei der wichtigste Tanz.²⁵³ Der Autor sieht den Discobesuch der BürgerInnen kritisch bzw. ordnet diesen in die bürgerliche Repräsentation ein:

> Oftmals wird durch die Bürger der Discothekenbesuch als Zeichen ihrer Aufgeschlossenheit, Jugendlichkeit und Toleranz genutzt. Schon allein durch die Anwesenheit glaubt man zu zeigen, sich jugendlich-progressiv erhalten zu haben. Durch dynamisches Tanzverhalten wird der „Jugend" gezeigt, wie man sich bis ins hohe [!] Alter geistig und körperlich fit hält!²⁵⁴

Erst nach Mitternacht würden gleichsam die Schranken der Konvention überwunden und sich die BesucherInnen dem Discorausch hingeben: „Jetzt geht es nicht mehr darum, Normen zu erfüllen, jetzt muß uneingeschränktes High-Life stattfinden", behauptet Maier; männliche Besucher würden versuchen, „Mädchen" für ein „Schäferstündchen" zu gewinnen.²⁵⁵

Die von Maier sogenannten „progressiven" Diskotheken huldigten nicht einem bürgerlichen Wertekanon, die Betreiber seien experimentierfreudiger, was sich auch im Ausstattungsstil niederschlage: „Das Bestehende, seien es herkömmliche Sitzordnungen oder Sitzgruppierungen, wird nicht mehr starr der Örtlichkeit der Discothek angepaßt, sondern wirkt oftmals willkürlich".²⁵⁶ Das Interieur sei nicht so wichtig, das „Hauptgewicht" liege in den „progressiven" Diskotheken auf der Musik.²⁵⁷ Das Publikum sei in „progressiven" Betrieben wesentlich jünger als in den „bürgerlichen", nämlich zwischen 15 und 25 Jahre alt.²⁵⁸ Die Jugendlichen und jungen Erwachsenen träten oft in Cliquen auf, „Sprache und Verhaltensweisen" seien dabei ganz auf den Stil der „Progressivität" abgestimmt.²⁵⁹ „Bürgerferne" Musikstars würden von den Gästen als Idole bevorzugt, auf „Schlager und Seicht-Rock" werde mit „Abscheu" herabgeblickt.²⁶⁰ Die Genre-Bezeichnungen „Pop" bzw. „Disco" fallen in diesem Zusammenhang nicht, allerdings bezieht sich Maier an anderer Stelle auf den unspezifischen Begriff „Underground".²⁶¹ Die Musikindustrie hätte dieses Publikum schon längst im Blick, die entsprechenden Platten seien mit dem Etikett

---

252 Ebd.
253 Ebd., 72.
254 Ebd., 73.
255 Ebd., 74.
256 Ebd., 77.
257 Ebd.
258 Ebd.
259 Ebd., 78.
260 Ebd.
261 Ebd., 84.

„progressiv" versehen.[262] In diesen alternativen Diskotheken wolle das „Gefühl der Freiheit, der persönliche Wildheits- und Ungebundenheits-Charakter" erspürt werden.[263] Selbstverständlich sei in den progressiven Lokalen der „formale Tanzschritt" (Fox) verpönt, der Tanz werde individuell gestaltet.[264] Maier beschreibt, dass in der „progressiven" Diskothek die Gefahr durch Drogenkonsum lauere; der Discjockey müsse dieser Gefahr aktiv entgegensteuern.[265]

Die Ausführungen zeigen, dass nicht nur heutige Forscher zwischen unterschiedlichen Diskothekenkulturen unterscheiden (idealtypisch: „Rockdiskothek" vs. „Popdiskothek"), sondern dass es schon Ende der 1970er Jahre ein Bewusstsein für die Ausdifferenzierung der Lokale, der Musikstile und Publika gab. Dabei entsprach der Musikstil bzw. das Genre „Rock" bzw. „Pop" (oder „Disco") einem bestimmten sozialen Habitus, den man mit „progressiv-alternativ" bzw. „bürgerlich" umschreiben kann. Indes dürften sich im „Feld" die Formen oft vermischt haben: Die strenge Dichotomie ist möglicherweise mehr normativ als deskriptiv zu verstehen, bzw. sie ist – wie bei Schwetter – ein Mittel der Deutung und Einordnung populärmusikalischer Phänomene und ihrer Institutionen.

2.8 Freizeitverhalten Jugendlicher und Diskothekenbesuch in den 1980er Jahren

Der ökonomische Rückgang innerhalb der Diskothekenbranche (Kapitel 2.6) darf jedoch nicht mit einem Rückgang der sozialen Bedeutung dieser Unterhaltungsangebote gleichgesetzt werden. Ganz im Gegenteil, in einer 1986 veröffentlichten Studie wurde darauf hingewiesen, dass 95% aller (westdeutschen) Jugendlichen Diskothekenerfahrung hätten und etwa 50% aller Jugendlichen „oft" eine Diskothek besuchten: „Mindestens 3 Millionen Jugendliche gehen in der BRD jedes Wochenende in 8- bis 10.000 Diskotheken".[266] Statistisches Zahlenmaterial bietet auch das Buch von Michael Maus. Es beruht auf 240 Interviews, durchgeführt an fünf verschiedenen Abenden in sieben verschiedenen Diskotheken.[267] Leider teilt der Autor nicht mit, wann und wo diese Umfrage durchgeführt wurde, sodass unklar bleibt, wie aktuell diese Daten sind und auf welchen geografischen und sozialen Raum sie sich beziehen. Interessant sind die Zahlen dennoch: Von den Befragten gingen 33,75% mehrmals wöchentlich in die Diskothek, 26,7% etwa einmal pro Woche und schließ-

---

262 Ebd., 79.
263 Ebd.
264 Ebd., 80.
265 Ebd., 81–84.
266 Schilling 1986, 7; zum Diskothekenbesuch in Österreich vgl. Institut für kirchliche Sozialforschung 1982.
267 Maus 1988, 100f.

lich 25% gelegentlich.[268] Erwartungsgemäß waren die stärksten Besuchstage Samstag und Freitag, die schwächsten Tage hingegen der Wochenanfang mit Montag und Dienstag.[269] Maus interpretiert diesen Befund so, dass die Betreiber gerade an diesen schwachen Tagen entweder einen Ruhetag einlegen oder aber eine „Miet-Disco" engagieren sollten.[270] Auch alternative Veranstaltungen wären sinnvoll.

Hinsichtlich der Motivation für einen Diskobesuch steht an erster Stelle das Stichwort „um Musik zu hören", dann folgen Unterhaltungs- und Entspannungsbedürfnisse, von Maus unter dem Oberbegriff „etwas erleben" zusammengefasst.[271] Für Frauen sei das Tanzen besonders wichtig, für Männer hingegen mehr „jemanden kennenlernen".[272] Schließlich sei auch der Bezug zur Clique ein oft genannter Punkt.[273] Für die befragten Jugendlichen sei „gute Musik" zentral,[274] wobei diese – möglicherweise entgegen unseren heutigen Erwartungen – in der Lautstärke „eher zurückhaltend" sein sollte (136 der 240 Befragten; 77 wünschten sie sich laut, nur 18 sehr laut).[275] Die Bindung an einzelne Betriebe ist im städtischen Raum eher gering, wie die Umfrage ergab.[276] Allerdings vermutet Maus, dass es in ländlichen Gebieten schon aufgrund der weiten Anfahrtswege eine höhere Bindung an einzelne Diskotheken gebe.[277] Das Durchschnittsalter der Befragten lag bei 21,1 (männlich) bzw. 20,5 (weiblich) Jahren, wobei ausdrücklich darauf hingewiesen wird, dass keine Lokale berücksichtigt worden seien, die sich auf ältere Tweens spezialisiert hätten.[278]

Auch in der bereits zitierten (vgl. Kapitel 2.2) Studie der Bundesanstalt für Straßenwesen wurde die Bedeutung der Diskotheken für das Freizeitverhalten junger Menschen herausgestellt. So zeigten fast alle Analysen die „Orientierung auf den außerhäuslichen Bereich (Out-Door-Orientierung)", wobei „kommerzielle Vergnügungsangebote" eine herausgehobene Rolle spielten.[279] Entwicklungspsychologisch sei dies dadurch zu erklären, dass damit „jugendtypische Entwicklungsaufgaben" gelöst werden, nämlich „Loslösung von der Orientierungsfamilie durch verstärkte Zuwendung zur Peer-Gruppe und Aufbau gegengeschlechtlicher Beziehungen".[280]

---

268 Ebd., 107.
269 Ebd., 108.
270 Ebd., 109.
271 Ebd., 110–112.
272 Ebd., 113.
273 Ebd.
274 Ebd., 116f.
275 Ebd., 121f.
276 Ebd., 124f.
277 Ebd., 125.
278 Ebd., 136.
279 Bundesanstalt für Straßenwesen 1989, Teil 1: 3.
280 Ebd. – Die hier vorausgesetzte Heteronormativität entspricht dem gesellschaftlichen und wissenschaftlichen Diskussionsstand der 1980er Jahre.

Was aber gerade „in" oder „out" sei,

> hängt sowohl vom aktuellen Zeitgeist (Milchbar der 50er Jahre vs. Großdiskothek der 80er Jahre) als auch von der jeweiligen Bezugsgruppenzugehörigkeit der Jugendlichen ab. Dem derzeitigen Zeitgeist entspricht die Disco, und für einen großen Anteil der heute [1989] 18- bis 25jährigen ist der Diskothekenbesuch substantieller Bestandteil der Wochenendfreizeit.[281]

Zur Akzeptanz des Freizeitangebots „Disco" werden Zahlen aus dem Jahr 1987 (Institut für Kommunikationsforschung Keitz) angeführt: Von den DiskothekenbesucherInnen waren „70,5% einmal bis mehrmals in der Woche, 11% mehrmals im Monat" in einem solchen Betrieb.[282] Als Besuchstage dominierten auch hier erwartungsgemäß der Samstag (75% der Befragten favorisieren diesen Tag), gefolgt vom Freitag (47%).[283] Der Besuchsbeginn lag bei den meisten (51%) zwischen 21.00 und 23.00 Uhr, die Verweildauer betrug nach dieser Erhebung 1 bis 5 Stunden (55% der Befragten).[284]

Betrachtet man allerdings, welche Freizeitorte Jugendliche insgesamt bevorzugten, war dies im Jahr 1985 (Umfrage unter Berliner SchülerInnen) keineswegs die Diskothek, das Kino oder ein anderer öffentlicher Ort, sondern schlicht die eigene Wohnung bzw. die eines Freundes/einer Freundin.[285] Dieser Befund widerspricht der von der Bundesanstalt für Straßenwesen konstatierten „Out-Door-Orientierung".[286] Lediglich 4,4% der männlichen Jugendlichen (15-jährig) und 6,5% der weiblichen Jugendlichen gaben an, dass die Disco ihr liebster Aufenthaltsort sei.[287] Zum Vergleich: Den Ort „Fussballplatz" favorisierten 12,4% der Jungen, das Kino 9,1% der Mädchen.[288] Die an der Studie beteiligten Forscher untersuchten auch die Tätigkeiten an den genannten Freizeitorten. Für die Diskotheken wurden die „Situationstypen Tanzen, Theke (Diskothek in Art einer Kneipe benutzt), Spiel (etwa Billard oder Videospiele) sowie Paar" untersucht.[289] Bemerkenswert ist, das 12,7% der beobachteten sozialen Situationen dem Typus „Paar" zugerechnet wurden, 24,9% dem Typus „Tanzen", 4,6% dem „Spiel", aber 57,8% dem Situationstyp „Theke". Im Detail haben die Forscher herausgefunden, dass „Andere Beobachten"[290] und miteinander „Quatschen" bei den Situationstypen „Paar", „Tanzen" und „Theke" eine

---

281 Ebd., 4.
282 Ebd.
283 Ebd. – vgl. ebd.: Teil 2: 25–29.
284 Ebd.
285 Silbereisen; Noack; Eyferth 1985, 193.
286 Bundesanstalt für Straßenwesen 1989, Teil 1: 3.
287 Silbereisen; Noack; Eyferth 1985, 193.
288 Ebd.
289 Ebd., 196.
290 Vgl. Schwetter 2016, 64f.

überdurchschnittliche Bedeutung hatten, während das Kriterium „Musikhören" bei dieser Untersuchung auf erstaunlich schwache Werte kam.[291] Die Studie aus dem Jahr 1985 unterstreicht also die These, dass die Diskothek in erster Linie ein jugendliches Kommunikationszentrum darstellt, wobei verbale und nonverbale Kommunikationsformen gleichermaßen wichtig sind. Die Jugendlichen machten dies auch in Interviews deutlich: Am wichtigsten waren ihnen die Themen „Partnersuche", „Freundeskreis" und „Lebensstil".[292] Die gespielte Musik sorgte gleichsam für das notwenige Ambiente bzw. stellte aufgrund ihrer distinktiven und identifikatorischen Funktion sicher, dass sich die jeweilige Peergroup in der besuchten Diskothek einfand.

---

291 Silbereisen; Noack; Eyferth 1985, 196.
292 Ebd., 200.

3 Diskotheken im ländlichen Raum

3.1 Ländliche Musikpraxis im 20. Jahrhundert

Die ländliche Musikpraxis, ihre Institutionen bzw. die zugehörigen „Populären Orte"[293] stehen selten im Fokus der Wissenschaft. So wurde bisher zu ländlichen Diskotheken noch weniger geforscht als zur bundesdeutschen Diskothekenkultur insgesamt. Das ist bedauernswert, weil die Beschäftigung „mit dem weit verbreiteten, in der Wissenschaft jedoch wenig reflektierten Phänomen der ländlichen Rockdiskotheken" Hinweise auf die „Bedeutung populärer Musik im Zusammenhang mit der Pluralisierung der Lebensstile und der Freisetzung junger Leute aus tradierten ökonomischen Strukturen und kulturellen Angeboten liefern" könne, wie Holger Schwetter deutlich macht.[294] Die bisher vorliegende Literatur zu diesem Thema bezieht sich zudem fast ausschließlich auf den norddeutschen Raum.[295] Allerdings lassen sich zahlreiche Erkenntnisse der Arbeiten zu ländlichen Diskotheken in Norddeutschland verallgemeinern und auf Südwestdeutschland übertragen, weil nicht die geographischen Unterschiede ausschlaggebend sind, sondern die Gemeinsamkeiten in der regionalen und sozialen Struktur der ländlichen Räume überwiegen.[296] Einzig die Untersuchung von Werner Mezger aus dem Jahr 1980 – hervorgegangen aus einem Seminar an der Universität Tübingen – bezieht ihr Anschauungsmaterial (darunter auch Interviews) aus Südwestdeutschland (Württemberg), jedoch ohne das Untersuchungsgebiet näher einzugrenzen.[297] Das verdienstvolle Buch „Beat in Baden" von Uwe Menze behandelt zwar die regionale Musikkultur der 1960er und 1970er Jahre, nimmt aber die Livesszene bzw. einzelne Bands in den Blick, nicht die Tanzlokale bzw. Diskotheken.[298] Ähnliches gilt für das Buch von Christoph Wagner, das die Beatfans, Hippies und Folkfreaks in Baden-Württemberg untersucht und zu Wort kommen lässt.[299]

Für die in dieser Studie verfolgte Fragestellung zur Diskothekenkultur im ländlichen Raum ist der historische Beitrag von Gunter Mahlerwein zur musikalischen Praxis in Dörfern erhellend, obgleich er nur am Rande auf die ländlichen Disko-

---

293 Krankenhagen 2016; vgl. die Einleitung dieser Studie (1.1).
294 Schwetter 2016, 55.
295 Schmerenbeck 2008; Seuß 2011; Schwetter 2015; Schwetter 2016.
296 Für den Südosten der Bundesrepublik (Stadt Regensburg) vgl. Hermann 2014.
297 Mezger 1980, 7 u. 50.
298 Menze 2014.
299 Wagner 2017.

theken eingeht.[300] Mahlerwein zeichnet die Geschichte der dörflichen Musikpraxis nach, die einerseits – insbesondere im Vergleich zur Stadt – eher traditionell ausgerichtet war, sich andererseits durchaus offen für neue Impulse zeigte. Neben der Kirche und der Schule war im dörflichen Kontext das Wirtshaus lange Zeit ein bevorzugter Ort der Musikausübung.[301] Auch wenn es Mahlerwein nicht explizit macht, ist klar, dass die beiden erstgenannten Institutionen in weitaus höherem Maße durch kirchliche, pädagogische und rechtliche Vorschriften, ein bestimmtes Repertoire und die behördliche Aufsicht reglementiert waren als Gastwirtschaften – obgleich man auch für Kirche und Schule nicht davon ausgehen sollte, dass die gesetzten Normen in der sozialen bzw. musikalischen Praxis stets umgesetzt wurden. Spätestens seit dem frühen 19. Jahrhundert, so Mahlerwein, habe in ländlichen Gegenden der Einfluss städtischer Musikkultur zugenommen.[302] Einerseits ist das Klavier zu nennen, das auf dem Dorf allmählich Einzug hielt, andererseits die Etablierung von Chören. Das musikalische Repertoire der Gesangsvereine entstammte einem stadtbürgerlichen Kontext,[303] ganz unabhängig davon, in welcher Qualität es auf dem Dorf dargeboten wurde. Für das dörfliche Unterhaltungs- und Zerstreuungsbedürfnis gab es Tanzmusik, später auch Blasmusik. Mahlerwein macht darauf aufmerksam, dass in seinem Untersuchungsgebiet seit den 1920er Jahren auf den Dörfern „moderne, aus Amerika stammende Tänze wie Foxtrott, Shimmy oder Charleston" zu hören waren, dargeboten von städtischen Musikformationen.[304] Moderne Medien – Grammophon und Rundfunk – waren jedoch in ländlichen Gebieten noch lange Zeit nur einem kleinen Personenkreis zugänglich,[305] freilich waren hier die Wirtshäuser wichtige Vermittler, die solche Geräte als besondere mediale und technische Attraktion ihren Gästen zur Verfügung stellten.

„Das dörfliche Musikleben der Nachkriegsjahre" (nach 1945), so Mahlerwein weiter, „knüpfte an die Vorkriegszeit an".[306] Dies gilt in erster Linie für die Organisationsformen ländlicher Musikpraxis, allerdings „sind in der Form der Präsentation und wohl auch des Repertoires eindeutig Tendenzen zu erkennen, die dem Einfluss der Medien, zunächst vor allem des Rundfunks, zuzuschreiben sind."[307] Ab den 1950er Jahren gab es „Bunte Abende", „Unterhaltungsabende modernen Stils" oder „Quizveranstaltungen", die manchmal „sogar unter dem Namen ihrer medialen

---

300 Mahlerwein 2015. – Zu „Musik und ländliche Gesellschaft" vgl. ferner das entsprechende Themenheft der Zeitschrift für Agrargeschichte und Agrarsoziologie (Mahlerwein; Neu 2016).
301 Mahlerwein 2015, 115.
302 Ebd., 116.
303 Ebd.
304 Ebd., 119.
305 Ebd.
306 Ebd., 122
307 Ebd.

Vorbilder angekündigt wurden."[308] Neben dörflichen Akteuren spielten dabei regionale oder überregionale „Stars" aus den nahe gelegenen Städten eine Rolle.[309] Mit der allmählichen Durchsetzung des Fernsehens wurden bei der musikalischen Gestaltung von Unterhaltungsabenden diese Formen kopiert bzw. an die dörflichen Gegebenheiten und Möglichkeiten angepasst, zuweilen unter Einbeziehung von „aus Rundfunk und Fernsehen bekannten Sängern".[310] Zur Bandbreite des Unterhaltungsangebots gehörte neben Theateraufführungen selbstverständlich die Tanzmusik. Die Tanzveranstaltungen auf dem Dorf waren oft Teil von größeren Festen wie der Kirchweih oder der Fastnacht. Zuweilen spielten mehrere Tanzkapellen in unterschiedlichen Gasthäusern auf; das Repertoire umfasste Tangos, Walzer, Märsche und Stimmungslieder.[311]

Jugendaffine Angebote gab es erst seit den 1960er Jahren, als die „Beatmusik" die Dörfer erreichte und sich die ländliche Musikkultur langsam ausdifferenzierte. Neue Formationen mit einem neuen Instrumentarium traten auf und verstörten traditionelle Publikumserwartungen: „Akkordeon, Schlagzeug, Saxofon, später auch Gitarre und E-Bass" belegen die Ausrichtung an der zeitgenössischen Popularmusik.[312] Auch auf dem Land spielten nun anstatt der Blasmusik „lokale Bands, deren Namen die Orientierung an englischen Beatgruppen verrieten", wie Mahlerwein herausstellt.[313] Erstmals fanden neben den traditionellen Dorffesten und Vereinsjubiläen eigene „Teenagerbälle" und „Teenagernachmittage" statt, daneben Konzerte von lokalen oder überregionalen Bands.[314] In der Bundesrepublik soll es in den 1960er Jahren bereits 25.000 Beatbands gegeben haben; allein in Villingen (heute Villingen-Schwenningen, Schwarzwald-Baar-Kreis) zählte das dortige Lokalblatt zwischen 12 und 15 Bands, wie Christoph Wagner berichtet.[315] Aus den Gaststätten, die Live-Acts in ihr Unterhaltungsangebot aufnahmen, entwickelten sich erste „kommerzielle Veranstaltungsorte", aus denen schließlich erste Diskotheken hervorgingen.[316]

> *Jugendbälle im Schwarzwald – ganz ohne Disco*
>
> Tanzveranstaltungen und Jugendbälle ohne Live-Musik waren in den 60er Jahren undenkbar. Diskos und steriles „Plattenabnudeln" waren tabu. Das Gasthaus „Adler" in St. Georgen [Schwarzwald-Baar-Kreis] war die Lokalität

---

308 Ebd., 122f.
309 Ebd., 123.
310 Ebd.
311 Ebd., 124.
312 Ebd., 127.
313 Ebd.
314 Ebd.
315 Wagner 2017, 37.
316 Mahlerwein 2015, 127f.

> für kleinere Veranstaltungen dieser Art. Sonntagsnachmittags um 15 Uhr ging's los. Die modebewussten männlichen Besucher liefen ein mit Haarfestiger-Fönfrisur, weißem Nylonhemd, Seidenschal und, wenn vorhanden, der Wahnsinnshose aus der Neckermann-Carnaby-Street-Abteilung. Die Mädels mit weißer Bluse, Faltenrock und, wenn nötig, Schleiereulenbrille. Es wurde heftig getanzt oder auch nur gezappelt, je nach Begabung, und gehofft, dass möglichst bald der nächste Stehblues angesagt wurde, wegen intensiverer Annäherung an das andere Geschlecht.
>
> Für die Musiker unter den Besuchern waren Jugendbälle der reinste Stress, denn es ging ja nicht nur darum, die Damenwelt auszuspionieren, sondern man musste ja auch noch die Band unter Kontrolle haben, weil die Konkurrenz ja bekanntlich nicht schläft.
>
> Die Bands kamen meist aus der näheren Umgebung. War die angesagte örtliche Combo bei der Veranstaltung zugegen, dann war es ungeschriebenes Gesetz, dass die Lokalmatadore eine „Einlage" spielen durften, wenn sie wollten. Das hieß, diese Band spielte ihre besten fünf Titel, hatte das Publikum sowieso auf ihrer Seite und konnte dadurch die auswärtige Kapelle schon recht alt aussehen lassen. Um 21 Uhr war der ganze Zauber im „Adler" schon wieder vorbei.
>
> Größere Veranstaltungen dieser Art fanden in der alten Turnhalle statt. Dann spielten meist mehrere Bands, z.B. The Trush aus St. Georgen, The Be Nice oder die Black Counts aus Villingen oder auch mal eine Band aus Freiburg, Soap Impression.
>
> *Dietrich Jeske: Beat, Hawaii Toast, Kuba-Krise. Episoden einer Schwarzwald-Jugend. Ohne Ort 2014, 64f.*[317]

Eine mediale Vermittlungsfunktion zwischen traditioneller Gaststätte/Kneipe und Diskothek nahm in Stadt und Land die Jukebox ein. Ihre Besonderheit liegt darin, dass die Gäste mittels Geldeinwurf bestimmte Titel aussuchen konnten und diese dann durch Vinylsingles technisch reproduziert erklangen. Jukeboxes wurden in Westdeutschland seit den frühen 1950er Jahren aufgestellt und verbreiteten sich schnell: Gab es im Januar 1954 lediglich 1.000 derartiger Apparate, waren es 1960 schon 50.000 und 1972 insgesamt rund 105.000.[318] Zu Recht weist Hanns-Werner Heister darauf hin, dass dieser Musikapparat für die Durchsetzung internationaler (i.e. angloamerikanischer) Musik ausschlaggebend gewesen sei[319] – obgleich auch

---

317 Der Verfasser dankt Dietrich Jeske für die Abdruckgenehmigung.
318 Heister 1974, 11; vgl. Wegener 2013, 150–157.
319 Ebd., 12.

deutsche Schlager zum Erklingen gebracht wurden. Inwieweit hat nun die Jukebox mit der Etablierung von Diskotheken zu tun? Die Jukebox stellte die Verbindung zwischen Schallplattenunterhaltung und Gaststätten her und „gewöhnte" die BesucherInnen von Lokalen an medial erzeugte bzw. reproduzierte Musik. Freilich animierte die Musikbox nicht unbedingt zum Tanzen; Heister sieht ganz im Gegenteil in der Diskothek die „schärfste Konkurrenzform" zur Jukebox, „weil sie ihr technologisch am ähnlichsten ist".[320] Musikboxes gab es in ganz Deutschland, auch in ländlichen Gaststätten. Link/Löffler/Ortmann/Stein beschreiben in ihrer Studie „Jugend auf dem Lande" die Musikbox als eine Apparatur für „normale Kneipen", die allerdings eine bloße Geräuschkulisse liefere.[321] Die Forscher schreiben, dass selten zugehört und schon gar nicht zur Musik getanzt werde.[322]

3.2 Jugend im ländlichen Raum und Discokultur

In der Jugendforschung der frühen 1980er Jahre wurde auf einen für die ländliche Kultur gravierenden Generationenwechsel aufmerksam gemacht: Hatte die Elterngeneration noch vielerlei Entbehrungen erfahren und auf dem Land hart arbeiten müssen, hätten es die heutigen Jugendlichen leichter, so die Wissenschaftler Link/Löffler/Ortmann/Stein im Jahr 1983.[323] Durch den steigenden Wohlstand und die materielle Sicherheit seien neue (postmaterialistische) Werte entstanden; der Lebensinhalt werde nicht mehr von der bloßen Existenzsicherung bzw. Daseinsfürsorge hergeleitet. Diese neue Art der Lebensführung und Identitätsbildung führte zum Zerbrechen fester dörflicher Traditionen,[324] zugleich pluralisierten sich die Lebensstile auf dem Lande.[325] Das wirkte sich auf die Arbeit genauso aus wie auf die dadurch erforderliche (und zeitgleich erst möglich gewordene) räumliche und soziale Mobilität.[326] Die Entstehung einer Konsumgesellschaft, das Vorhandensein von „Freizeit" sowie die Medialisierung haben die ländliche Kultur umgebildet.[327] Dadurch hätten junge Menschen Zugang zu neuen Formen der Unterhaltung gefunden, insbesondere zu einer jugendaffinen Musik, die ihren Bedürfnissen mehr entsprach als das, was zuvor live oder medial dargeboten wurde. Die Forscher Link/Löffler/Ortmann/Stein sehen drei Gründe, warum „Rockmusik" die Jugend auf dem Land begeistern konnte:

---

320 Ebd., 49.
321 Link; Löffler; Ortmann; Stein 1983, 123.
322 Ebd.
323 Ebd., 12.
324 Ebd., 13.
325 Hermann Bausinger wollte aus diesem Grund von „Dorfkulturen" (im Plural) statt von Dorfkultur sprechen, vgl. Bausinger 1991.
326 Link; Löffler; Ortmann; Stein 1983, 82.
327 Ebd., 84f.

> Einmal das Fehlen einer eigenständigen traditionellen populären Musikkultur, zum zweiten die Macht der Medien, eine bestimmte Musik zu verbreiten, und drittens die Fähigkeit der Rockmusik, „Widerspruch zu transportieren", das heißt den Gefühlen der Jugendlichen, ihrer Auflehnung gegen die Eltern und die Gesellschaft, ihren Wünschen nach Freiheit, Liebe und Glück Ausdruck zu verleihen.[328]

Diskotheken im ländlichen Raum, in Dörfern und kleineren Städten, antworteten also auf einen neu entstandenen Bedarf nach Musik- und Tanzunterhaltung. Angesprochen werden sollten dadurch Jugendliche in infrastrukturell unterversorgten und gesellschaftlich eher traditionell geprägten Gebieten. Emotionale, soziale und körperliche Ausdrucksbedürfnisse spielten dabei ebenso eine Rolle wie die Musik selbst. Die Landdiskotheken besetzten damals „fast konkurrenzlos ein dünn besiedeltes Freizeitfeld", wie Eckhart Frahm 1979 feststellte.[329] Auf dem Land wäre wenig los, als „einzig akzeptiertes Freizeitvergnügen" bleibe den Jugendlichen nur die „Dorf-Disco".[330] Die älteren Jugendlichen hätten sich den Diskothekenbesuch noch erkämpfen müssen; sie seien damals einfach losgezogen, „ohne Rücksicht auf den Familienkrach".[331] Mittlerweile sei das anders: Der Besuch einer Disco gehöre ganz selbstverständlich zur Freizeitgestaltung. Dabei sei es auf dem Dorf in der Schwäbischen Alb oder im Schwarzwald nicht anders als in der Großstadt: Die gerade erwachsen Gewordenen würden ihre Erlebnisse „unter Exklusiv-Vertrag nehmen" und die nachwachsende Discogeneration kritisieren.[332]

> *Projektionen und Fantasien anno 1983 –*
> *Forscher beschreiben eine ländliche Diskothek*
>
> Tanzen, Freunde finden, mit Leuten quatschen, Musik hören! Freude haben! Leben! Sich zeigen, sehen, dabeisein! Also sauberes Hemd, anständige Hose. Eine Kleinigkeit essen. Die Hände sind immer noch schmutzig. Man kann waschen, solange man will, das Maschinenöl ist hartnäckiger. Schon beim Umziehen für die Diskothek kommen die schönsten Bilder und Träume in den Kopf. Ob die hübsche Blonde von letzter Woche wieder da ist? Oder die tolle Frau im Tigerdress? Erinnerung an hochhackige Pumps, hautenge Hosen aus schwarzem Kunstleder, verführerisch, aufregend. Nur blasse Erinnerung an Gesichter.
>
> Gesichter, ausgesetzt dem Lärm der vieltausend Watt der riesigen Lautsprecherboxen, zerhackt von Millionen farbiger Lichtblitze, die auf die Tanzen-

---

328 Ebd.
329 Frahm 1979, 6.
330 Ebd.
331 Ebd., 8.
332 Ebd.

den niederprasseln. Pausenlos. Gleichförmige Gesichter von Spiegeln kopfstehend vertausendfacht. Kleider sind wesentlicher, machen Leute. Zeigen, wer „in" ist und wer nicht, erwecken Wünsche und Neid, bei denen, die noch keine Diskouniform haben. […]

Dienstags haben die Frauen ein Getränk frei. Es sind dann auch besonders viele Mädchen da. Die Männer wissen das. Die Tanzfläche ist ziemlich voll. […]

Von Ausgelassenheit, Freude und Genuß ist auf der Tanzfläche allerdings wenig zu spüren, eher von Ordentlichkeit, Verkrampfung und Lustlosigkeit. Als Nährboden, auf dem sich neue Formen zwischenmenschlicher Beziehung und Selbstverwirklichung entwickeln können, ist die Diskothek schlecht geeignet. Zwang auch hier, gibt sich lässig und freundlich, ist aber nur schlecht kaschiert. Das Publikum scheint nichts zu merken, ist willig und dankbar. […]

Man kennt sich aus, kennt andere und wird erkannt. Man kennt die Nischen mit den nostalgischen Blechlampen und dem gedämpften orangenen Licht, in die man sich zurückziehen kann und eine zeitlang sogar glauben kann, daß man sich zurückgezogen hat. Im Rückzug spähen viele nach vorne auf die Tanzfläche, suchen Partner für den nächsten Tanz und träumen schon früh von einem „danach".

Martin Link; Wolfgang Löffler; Friedrich Ortmann; Gebhard Stein: Jugend auf dem Lande. Über die Entwicklung von Lebenssituation und Bewußtsein Jugendlicher in einem industrialisierten Landgebiet. Frankfurt 1983, 125f.

Holger Schwetter ist der Ansicht, die ländlichen Diskotheken hätten einen „Musikerlebnisraum mit synästhetischer Qualität" geschaffen, in dem man moderne und jugendaffine Musik in hoher Lautstärke zusammen mit gleichgesinnten Jugendlichen hören, erleben und dazu tanzen konnte.[333] Der Wissenschaftler weist darauf hin, dass in den 1970er und 1980er Jahren Musik mancherorts noch ein knappes Gut war,[334] weil das Hören von (lauter) Musik zuhause nicht allen Jugendlichen möglich war – sei es, weil sie kein eigenes Zimmer mit einer Stereoanlage hatten, oder weil die Eltern den „Krach" nicht duldeten. Die Landdiskothek fungierte aber auch als jugendkultureller Freiraum: Die Diskothek habe geholfen, „als alternativer Lebens- und Erfahrungsraum" die Heranwachsenden „aus den traditionellen Lebenszusammenhängen und deren festen sozialen Gefügen freizusetzen".[335] Die traditio-

---

333 Schwetter 2016, 66.
334 Ebd.
335 Ebd., 67.

nelle dörfliche bzw. ländliche Kultur – mit ihren Vereinen und den Kirchen – strebte hingegen „nach generationsübergreifender Integration".[336] Diese sei aber in den 1960er und 1970er Jahren nicht nur durch die Rockmusik gefährdet gewesen, „sondern auch durch die Auflösung der bäuerlichen Erwerbsstruktur. Viele Jugendliche nehmen Ausbildungsplätze in anderen Gemeinden an, sind mobiler, haben mehr Freizeit und besitzen größere finanzielle Unabhängigkeit".[337] Frahm stellt in seinem frühen Beitrag zur „Dorfdisco" ebenfalls diesen Aspekt heraus: Man müsse bei der Betrachtung des Phänomens die „dörfliche Interessenperspektive" und die „Logik des Landlebens" berücksichtigen: „Denn Jugend auf dem Lande, das heißt immer öfter und länger auswärts zur Schule zu gehen und auswärts zu arbeiten. In der Freizeit möchte man aber auch zu Hause etwas erleben".[338] Das merkten nicht nur die Eltern „discopflichtiger Kinder", sondern auch die Wirte, die die Verbindung mit dem Dorf suchten, etwa indem sie dem örtlichen Musikverein eine Spende zukommen ließen.[339]

Hinzu komme aber auch, dass umgekehrt Städter durch die frühen Umweltkrisen und die Umweltbewegung sowie durch die Alternativkulturen der 1970er Jahre einen positiven Blick auf das Land entwickelten, so dass die ländlichen Diskotheken auch von urban geprägten Jugendlichen als positiv wahrgenommen wurden.[340] Mahlerwein kommt in diesem Zusammenhang auf verschiedene Musikrichtungen zu sprechen: Während die Beatmusik der 1960er Jahre stark städtisch konnotiert war und die ländlichen Bands „letztlich Imitationen der städtischen Vorbilder" gewesen seien, so sei dem Dorf bei der Rezeption von Rock-, Blues- und Folkmusik entgegengekommen, „dass diese Musikstile und viele ihrer bekannten Protagonisten einen deutlich ländlichen Bezug hatten".[341] Freilich gab es – was Jugend, Dorf und Musikstile betraf – mehr oder minder klare ästhetische und soziale Grenzverläufe: Die tradierten Formen und Organisationen von dörflicher Musik (Vereine wie Chöre oder Blasorchester) sowie deren Repertoire „hätten dem Verständnis von Musik als Ausdruck von Individualität und Emotion, als Lebensstil prägender und Gruppenidentität stiftender Kraft widersprochen".[342] Das bedeutet freilich nicht, dass Jugendliche sich gegenüber Vereinen ganz abstinent verhalten hätten, aber das traditionelle Musikleben trat eben an die Seite eines modernen, zumeist medial vermittelten Musikerlebens. Wir werden auf diesen Aspekt zurückkommen.

---

336 Ebd.
337 Ebd. – Zur Dorfjugend in Baden-Württemberg vgl. Mahlerwein 2007, 119–131; ferner Mahlerwein 2015, 126–134.
338 Frahm 1979, 17.
339 Ebd.
340 Vgl. Schwetter 2016, 67.
341 Mahlerwein 2015, 133.
342 Ebd., 134.

In der Forschung ist umstritten, in welchem Maße die Etablierung der Diskothekenkultur in der zweiten Hälfte der 1970er Jahre zu einer Nivellierung des Stadt-Land-Gefälles geführt hat. Mezger hob diesen Aspekt hervor; seiner Ansicht nach brachte die Diskokultur die fortschreitende Globalisierung der Unterhaltungskultur und der jugendaffinen Musik auf das Dorf.[343] Damit sei auch die „Klage gegenstandslos geworden, daß es auf dem Lande keine Jugendkultur mehr gebe";[344] jedenfalls etablierten sich dort neue Erlebnisräume, die parallel zu den tradierten bestanden, diese aber allmählich ablösten: „Was aber mittlerweile auf dem Dorf stattfindet, ist freilich keine spezifische dörfliche Jugendkultur mehr, sondern es ist genau dieselbe, weitgehend standardisierte Discokultur, wie es sie in den Städten schon seit einigen Jahren gibt."[345] Allerdings kann man mit Mahlerwein einwenden, dass die Dorfkultur in ihrer Geschichte nie autochthon, sondern schon immer von urbanen Räumen und musikalischen Moden (auch internationalen) abhängig war. Das gilt für die Rezeption von Tanz- und Marschmusik genauso wie für Radio- und Filmschlager des frühen und mittleren 20. Jahrhunderts.

Für die Erforschung ländlicher Diskothekenkultur leistet auch die Szene-Forschung einen Beitrag. Werner Mezger sah im Jahr 1980 in der „Discokultur" eine neu entstandene „jugendliche Superszene",[346] freilich eher in einem metaphorischen Sinn. Die soziologische Forschung zu Szenen rekurriert auf Gerhard Schulze, der 1992 in seinem Buch „Erlebnisgesellschaft" die Szene als ein „Netzwerk von Publika" ansah, das aus drei Arten von Ähnlichkeit bestehe, nämlich der „partiellen Identität von Personen, von Orten und von Inhalten".[347] Explizit führt er als Beispiele die „Kulturszene", die „Kneipenszene" oder eben die „Discoszene" an.[348] Szenen werden heute als „posttraditionale Gemeinschaften" verstanden, charakteristische Merkmale sind die „primär ästhetische Motivierung, die Freiwilligkeit des Dazugehörens" oder die „Nicht-Exklusivität".[349]

Auch in ländlichen Gebieten sind solche Szenen dynamisch und nicht auf lebenslängliche Zugehörigkeit angelegt. Dennoch gibt es im ländlichen Raum charakteristische Unterschiede zu städtischen Gebieten, Verbindungen mit den traditionellen Geselligungsformen bleiben nämlich bestehen.[350] „Der Szene-Wolf im Vereins-Schafspelz", wie es Franz Liebl und Claudia Nicolai formulieren,[351] zeigt sich ferner

---

343 Mezger 1980, 52.
344 Ebd.
345 Ebd., 52f.
346 Ebd., Untertitel des Buches.
347 Schulze 2005, 463.
348 Ebd.
349 Liebl; Nicolai 2008, 263.
350 Ebd.
351 Ebd.

bei den ländlichen Mobildiskotheken (Kapitel 4.3), deren Betreiber mit örtlichen Vereinen zusammenarbeiten oder bei stationären Diskothekenbetrieben, die ihren alteingesessenen Gasthausbetrieb weiterführen (vgl. das Interview mit Karl Hummel in Kapitel 5.2). Auch das Merkmal, dass die ländlichen Szenen nicht ausgesprochen (oder zwingend) jugendkulturelle Angebote seien, sondern es sich bei einem „beträchtlichen Teil um altersübergreifende Gesellungsformen" handle,[352] trifft auf Teile ländlicher Diskothekenkultur zu (vgl. die Beispiele in Kapitel 4.2). In ästhetischer Hinsicht kann gefragt werden, ob der Befund „posttraditionale Gemeinschaften in traditionalem Gewand" nicht eine Analogie in der rustikalen Ausstattung des modernen Freizeitorts „Diskothek" findet (vgl. die Kapitel 3.4 und 4.3 dieser Studie).

3.3 Mobilität der Jugendlichen und Akzeptanz des Angebots

Nach dem Zweiten Weltkrieg verbesserte der Ausbau der Verkehrsinfrastruktur (Befestigung vorhandener Straßen, Bau neuer Verkehrswege und erster Umgehungsstraßen) allmählich die Mobilität der ländlichen Jugend. Die Massenmotorisierung seit den 1960er Jahren (zunächst Mofas und Mopeds, später Pkw) erweiterte allmählich den Aktionsradius von Jugendlichen, selbstverständlich auch in Richtung Stadt und ihren ausdifferenzierten Freizeit- und Unterhaltungsangeboten. Umgekehrt besuchten städtische Jugendliche auch ländliche Diskotheken. Frahm spricht davon, dass Discobesucher „aus einem Umkreis von zehn, zwanzig, ja fünfzig Kilometern auf ihren Motorrädern kommen" würden; Schwetter nimmt für die 1970er und 1980er Jahre sogar einen Einzugsbereich von 150 Kilometern für Landdiskotheken an.[353]

Zu bedenken ist dabei, dass die Jugendlichen der 1970er und 1980er Jahre überhaupt die ersten Alterskohorten waren, die in einer Gesellschaft lebten, „in der der Massenautomobilismus eine derartige Ausprägung erhalten hat, daß Autos für die allermeisten Personen zugänglich und verfügbar geworden sind".[354] So verfügten 1982 immerhin 62% der männlichen und 51% der weiblichen Führerscheinbesitzer „ständig oder zeitweise über ein Auto", unter den 21- bis 25-Jährigen war der Anteil sogar noch höher (männlich: 83%, weiblich: 75%).[355] Für die späten 1980er Jahre stellte die Bundesanstalt für Straßenwesen fest, dass die in ländlichen Diskotheken befragten Jugendlichen zu 80,2% über ein Kraftfahrzeug verfügten, davon 66,8% über einen Pkw.[356] Der öffentliche Nahverkehr spiele hingegen keine Rolle: Nur

---

352 Ebd.
353 Schwetter 2015, 39.
354 Bundesanstalt für Straßenwesen 1989, Teil 1: 6.
355 Ebd.
356 Ebd., Teil 2: 24.

0,9% der Jugendlichen nutzen diesen für die Hinfahrt zur Diskothek, bei der Heimfahrt waren es noch weniger, nämlich 0,4%.[357]

Der Trend zu „Großdiskotheken auf dem flachen Land und abseits von Kerngebieten" lasse die räumlichen Distanzen zwischen Wohnung und Veranstaltungsort wachsen, so der Bericht aus dem Jahr 1989 weiter.[358] Bei diesen Angeboten würden nicht nur die Jugendlichen aus der näheren Umgebung angesprochen, sondern „oftmals erstaunlich große Einzugsgebiete erreicht, bis hin zu entfernten Großstädten."[359] Hinzu käme der Umstand, dass in den ländlichen Gegenden der öffentliche Nahverkehr reduziert sei und in den Abend- und Nachtstunden am Wochenende zumeist nicht bestehe.[360] Insofern gebe es eine Notwendigkeit für den „motorisierten Individualverkehr".[361] Auf die damit verbundene Problematik der Discounfälle und auf die Bereitstellung von Discobussen wird im Kapitel 4.5 ausführlich eingegangen.

Die Akzeptanz des Unterhaltungs- und Freizeitangebots „Diskothek" war im ländlichen Raum sehr hoch:[362] Anhand einer 1989 publizierten Befragung im Bundesland Nordrhein-Westfalen wissen wir, dass knapp 90% der Jugendlichen mindestens einmal im Monat eine Diskothek besuchten, 8% der Befragten verzichteten freiwillig auf dieses Angebot.[363] Lediglich 1,6% der Jugendlichen aus dem ländlichen Untersuchungsgebiet gaben an, dass die Eltern den Besuch verboten hätten.[364]

Die Bindung der Diskothek bzw. ihrer BesucherInnen an alternative Kulturen (bzw. Subkulturen) – und das ist als eine Stärke des Erlebnisraumes „Landdiskothek" zu werten – sei nur diffus gegeben, meint Holger Schwetter:[365] Wer wollte, konnte diese Angebote aufgreifen und seinen Lebensstil oder seine politischen Einstellungen verändern, wer nicht wollte, konnte die Disco als Ort der Freizeit, der Unterhaltung und des Konsums nutzen, selbstverständlich auch als Ort der Anbahnung von sexuellen Abenteuern oder von Liebesbeziehungen. Insofern können die ländlichen Diskotheken auch als „aufregende Lernorte" bezeichnet werden,[366] die zwischen ländlicher und urbaner Kultur vermittelten und den Jugendlichen einen eigenen Freizeit-, Konsum- und Erfahrungsraum ermöglichten.

---

357 Ebd., 42.
358 Ebd., Teil 2: 5.
359 Ebd.
360 Ebd.
361 Ebd., Teil 2: 6.
362 Vgl. auch die Zahlen in Kapitel 2.8.
363 Bundesanstalt für Straßenwesen 1989, Teil 2: 28.
364 Ebd.
365 Schwetter 2016, 66.
366 So bereits Frahm 1979, 17.

Welche Rolle die erotisch-sexuelle Komponente wirklich spielte, wurde unterschiedlich dargestellt und bewertet.[367] Die in Freiburg erscheinende „Badische Zeitung" brachte es 1996 so auf den Punkt: „Nur zum Tanzen in die Disco? Von wegen! Die Hauptsache ist das Flirten".[368] Etwas allgemeiner und vermutlich seriöser, als es die „Badische Zeitung" hier macht, drückte es Michael Maus in seinem Buch „Discothekenmanagement" aus: Die Betriebe verkauften nämlich in Wahrheit nicht Musik oder Getränke, sondern „Kontakt".[369] Deshalb kämen die Menschen in das Tanzlokal; Musik hören könne man auch zuhause. Zumindest die von ihm befragten BesucherInnen nähmen eine Diskothek dabei gar nicht als kommerzielles Unternehmen wahr, sondern vielmehr als eine „soziale Institution".[370] In der kulturanthropologischen Forschung wurde gleichfalls schon früh herausgestellt, dass die „Körpersprache" (Aussehen, Körperbewegung, Kleidung, etc.) für die Kommunikation in der Diskothek zentral sei.[371] Durch Interviews und durch eigene Beobachtungen stellten Wissenschaftler fest, „daß der mit Abstand wichtigste Dreh- und Angelpunkt der gesamten Discokultur der Bereich der Sexualität ist".[372] Ob allerdings das Begehren stets erfüllt wurde oder gar die platte Gleichung „Sex gegen Getränke"[373] aufging, ist eine ganz andere Frage. So waren auch Sozialwissenschaftler, was den Erfolg des Flirtens betraf, aufgrund ihrer Forschungen eher skeptisch. Silbereisen/Noack/Eyferth wiesen 1985 auf den Spagat zwischen den von Jugendlichen geäußerten Absichten und dem empirisch nachweisbaren Verhalten hin.[374] Lapidar schrieben sie: „Kontakte etwa werden häufiger gewollt als realisiert"[375] – auch im jugendlichen Kommunikationszentrum Diskothek.

> *Sexuelle Fantasien in der Badischen Zeitung*
>
> Dieser Po! So rund, wie er da, eine Armlänge von Nils entfernt, auf hochgeschossigen Beinen im Takt kleine, süße, exakte Halbkreise ausmißt. Hin und her und hin und her: Nils' Augen müssen einfach mitziehen. Eine sexy Jeansfüllung. Dazu die freche Stupsnase und der stroboskopblitzdurchzuckte Ausblick auf zehn Zentimeter samtweiche braune Haut zwischen weißem Wickel-Top und Bauchnabel, das macht Nils ganz scharf. Und fertig. Was aufs gleiche rauskommt bei ihm. Nils ahnt schon, daß sein kühnster Traum dieses

---

367   Zur sexuellen Attraktivität des Discjockeys vgl. die abschließenden Bemerkungen in Kapitel 2.5.
368   Flemming 1996.
369   Maus 1988, 12.
370   Ebd.
371   Mezger 1980, 129.
372   Ebd., 130.
373   Ebd., 133.
374   Silbereisen; Noack; Eyferth 1985, 201.
375   Ebd.

Abends, nämlich seine Hände über die nackte Taille dieser Superfrau gleiten zu lassen, dabei vielleicht sogar ihre sanften Lippen zu küssen, nicht wahr werden wird. So wie jetzt schon seit einer Stunde wird sie ihm den restlichen Abend den Rücken zukehren. […]

Es ist gerade eineinhalb Wochen her, da ist Anne, 16, fündig geworden. Die Houserhythmen schlugen, der Nebel waberte und während Anne so tat, als sei sie furchtbar mit Tanzen beschäftigt, checkten ihre Augen wie kleine Peilsender die Runde. Ein paar Sekundenbruchteile braucht Anne, um zu erfassen, wer ein Dorftrottel ist, und wer das Gegenteil: cool. Cool heißt bei Anne „schwarzhaarig, groß, muskulös, älter". Komisch, aber irgendwann blieben die Augen bei Tobias hängen: gleichalt, gleichblond, schmächtig, wachstumsbereit. Unerklärlicherweise sandten Annes Augen trotzdem mutmachende Botschaften. „Ach, du bist so süß", sagte Tobias, „hast du keinen Freund?" Dann „hat er mich heimbegleitet und jetzt sind wir schon eine Woche zusammen. Er ist doch cool, oder?"

Beate Flemming: Hektisches Hormonehüpfen? Nur zum Tanzen in die Disco? Von wegen! Die Hauptsache ist das Flirten. In: Badische Zeitung, Freitag, 14. Juni 1996, Nr. 135. Redaktionsarchiv der Badischen Zeitung.

3.4 Entstehung und Ausstattung ländlicher Diskotheken

Wie fremdartig das neue Unterhaltungs- und Erlebnisangebot „Diskothek" in einer Mittelstadt empfunden wurde, zeigt ein Artikel aus der Zeitung „Neckarquelle". 1968 wurde in diesem Blatt berichtet, dass in Schwenningen[376] (heute Villingen-Schwenningen, Schwarzwald-Baar-Kreis) ein neues „Tanz- und Unterhaltungslokal" eröffnet habe, nämlich das „Bonanza".[377] Der Name des Lokals rekurrierte auf die gleichnamige US-amerikanische Fernsehserie, die seit 1967 im Zweiten Deutschen Fernsehen in Farbe zu sehen war.[378] Entsprechend dieser medialen Referenz war das Lokal eingerichtet, nämlich als „Western-Saalon", wie es am 4. Oktober 1968 in der bereits genannten Zeitung hieß.[379] Wie Bild und Beischrift belegen, gruppierten sich um die tiefer gelegte Tanzfläche Sitznischen; ein Geländer mit Wagenrädern trennte die beiden Bereiche voneinander ab. Die Betriebsform der „Tanzdiskothek" musste 1968 dem lokalen Publikum noch erklärt werden: „Getanzt wird nach Schallplatten,

---

376 Schwenningen hatte um 1970 etwa 35.000 Einwohner; vgl. https://de.wikipedia.org/wiki/Einwohnerentwicklung_von_Villingen-Schwenningen [30. August 2017].
377 „Neckarquelle", 4. Oktober 1968; freundliche Zusendung durch das Stadtarchiv Villingen-Schwenningen.
378 https://de.wikipedia.org/wiki/Bonanza [17. August 2017].
379 „Neckarquelle", 4. Oktober 1968.

die von einem Disc-Jockei [!] aufgelegt werden", heißt es in dem Zeitungsbericht.[380] Das Angebot war auch nicht jugendaffin, sondern richtete sich an (junge) Erwachsene.

> *1968 erklärungsbedürftig: Diskothek „Bonanza"*
>
> Einen Western-Saalon besonderer Prägung hat seit dieser Woche Schwenningen: die Tanzdiskothek „Bonanza" in der Alleenstraße. In einem Zeitraum von drei Monaten entstand aus einer ehemaligen Werkstatt eine Tanzbar, die sich stilistisch am Wilden Westen orientiert: ein „Step-Way" zieht sich vor imitierten Häusern entlang, die als Sitznischen ausgebaut wurden. Über eine Treppe erreicht man die Tanzfläche und die Bar. Viel Schweiß und Mühe stecken hinter der Ausstattung, die bis zum letzten Nagel selbst gezimmert wurde. Getanzt wird nach Schallplatten, die von einem Disc-Jockei aufgelegt werden. Die Einrichtung wirkt nicht überladen, man hofft, vor allem Erwachsene anzusprechen. Denn „Bonanza" ist für Jugendliche unter 18 Jahren verboten, das musikalische Programm auf gute Tanzmusik abgestellt. Keine Chance für Ben-Cartwright-Imitatoren. Das Musikprogramm wird durch Kostproben aus Opas Kino aufgelockert.
>
> „Neckarquelle", 4. Oktober 1968 (Stadtarchiv Villingen-Schwenningen)

Viele der Diskotheken im ländlichen Raum wurden nicht neu erbaut bzw. (wie im Beispiel von Schwenningen) neu eingerichtet, sondern gingen aus älteren Gastronomiebetrieben hervor – entweder aus der Umnutzung von traditionellen Wirtschaften (mit der oft vorfindlichen Raumteilung Stube – Saal) oder durch die Umwandlung von bereits bestehenden Tanzdielen bzw. Tanzcafés:

> Gerade bei Dorfkneipen findet sich nicht selten für besondere Feierlichkeiten neben der Gaststube räumlich getrennt ein großer Saal. Hier haben die Tanzveranstaltungen der damaligen Jugend, vielleicht der Eltern von heute [1991], stattgefunden. Musik, Tanzen, Trinken und Rauchen war auch in den Tanzsälen angesagt. Der Saal, sonst kalt und lieblos, wurde von den Veranstaltern ausgeschmückt, um eine bessere Atmosphäre herzustellen. Ein Ort kollektiver Freude und Entspannung, an dem Alltagssorgen verfliegen konnten und Vergnügen gesucht wurde.[381]

Mit der technischen Entwicklung und den gesellschaftlichen Veränderungen seien aus den alten Tanzsälen „Soundpaläste mit viel High-Tech" geworden; die neue Form des Gastgewerbes als „soziale und kulturelle Institution" neben Tanzlokalen und Cafés sei nun „bei Jugendlichen mehr oder weniger in den gesellschaftlichen

---

380 Ebd.
381 Malchau 1991, 19.

Lebensalltag integriert."[382] Liveveranstaltungsorte waren zuweilen ein Verbindungsglied, so auch in Baden: In den 1960er Jahren hatte – so Uwe Menze – „jedes Dorf, jede Stadt seinen Beatschuppen", auch wenn es sich nur „um das Hinterzimmer einer Gaststätte, den Gemeindesaal oder die Stadthalle handelte".[383] Einige dieser Orte aus dem Badischen führt Menze an, so die Gaststätten „Adler" (Malsch), „Badischer Hof" (Muggenstrum), „Hirsch" (Ötigheim) oder „Krone" (Haueneberstein).[384]

Auch Holger Schwetter weist bei der Entstehung ländlicher Diskotheken auf die Verbindung zwischen Alt und Neu hin und macht zudem auf ein besonderes Merkmal aufmerksam, nämlich die Ausstattung:

> Typisch für die ländliche Ausprägung ist die Übernahme bereits bestehender, traditioneller Dorfkneipen und ihrer Säle. Meist werden sie zusammen genutzt und mit mehr oder weniger Aufwand umgestaltet. Manche Betreiber bauen eine komplett neue Inneneinrichtung, andere greifen nur wenig in die traditionelle Gestaltung ein. Insgesamt ist die Anmutung meist recht rustikal, Holz ist bevorzugtes Baumaterial, alte Sofas und anderes gebrauchtes Mobiliar oder Tische aus Wagenrädern ergänzen das Mobiliar.[385]

Aus zeitgenössischer Sicht (1979) wurden die Veränderungen und die Ausstattung ländlicher Diskotheken so beschrieben:

> Immer mehr Dorfgaststätten werden zu Diskotheken umgebaut. Zur Grundausstattung gehören ein paar Standardelemente: eine möglichst lange Theke mit guten Sichtmöglichkeiten; für den Discjockey eine Musik-Kanzel, die sich weit in den Hauptraum hineinschiebt. Dort müssen genügend unbequeme [!] Sitzplätze zur Verfügung stehen, denn das Geschäft lebt vom genau kalkulierten Wechsel Trinken-Tanzen.[386]

Die Tanzfläche müsse so bemessen sein, dass nicht zu viele tanzen, „das Geschäft liegt ja im Getränkeumsatz", gleichzeitig solle aber der Eindruck erweckt werden, „hier ist was los".[387] Videoanlagen zeigten „Mitschnitte von Musiksendungen" im Fernsehen, was den Jugendlichen gut gefalle.[388] „In den unumgänglichen Vorraum einer ländlichen Disco gehören Spielautomaten, Flippergeräte, ein Billardtisch und Ablagemöglichkeiten für die Motorradhelme", heißt es weiter.[389] Dieser Vorraum sei einerseits „Pufferzone", andererseits aber auch „Drehscheibe" und „Kontakt-

---

382 Ebd.
383 Menze 2014, 19.
384 Ebd., 19f.
385 Schwetter 2016, 62.
386 Frahm 1979, 8f.
387 Ebd., 9.
388 Ebd. – Als der Artikel erschien (1979), gab es noch kein Musikfernsehen, MTV wurde erst 1981 gegründet, MTV Germany 1997, VIVA im Jahr 1993.
389 Ebd.

zone".³⁹⁰ Frahm behauptet sogar, die „Vorhalle der ländlichen Discos" ersetze „die alte Dorflinde", man könne sicher sein, dass man zu bestimmten Zeiten immer eine bekannte Person treffe.³⁹¹ Die Diskotheken auf dem Lande seien ideal – so wird ihre soziale Funktion umschrieben – für junge Menschen, „die sich suchen, aber nicht unbedingt den Schneid zum direkten Tête-à-Tête haben".³⁹² Eintritt müsse man in den Dorfdiscos zumeist nicht bezahlen, außer am Wochenende; die Kleidervorschriften und Konsumzwänge seien „weniger streng als in den städtischen Diskotheken".³⁹³ Noch 1999 hieß es über Landdiskotheken: „Dresscodes existieren nicht. […] Da kann man Sweat- und T-Shirts zu den Jeans tragen und ist damit weder over- noch underdressed, sondern einfach mit dabei."³⁹⁴

Zumindest bis in die frühen 1980er Jahre hinein hatten die Jugendlichen offenbar keine allzu hohen Erwartungen, was die Innenausstattung betraf. In der frühen Forschung wurden diese Vorstellungen schon als konservativ bezeichnet,³⁹⁵ die Jugendlichen sprächen über Dinge, „die man so ähnlich schonmal irgendwo gesehen hat".³⁹⁶ Ein Mädchen finde „rustikale Räume mit viel Holz und stillen Eckchen" vorteilhaft, andere bevorzugten „Glasflächen mit Spiegeln" oder „Räume mit Schwingtüren im Saloonstil".³⁹⁷ Die Bar sei wichtig, „weil dort immer besonders viel los ist und man nur in ihr so recht gemütlich beisammen sein kann."³⁹⁸

Werner Mezger beschreibt ebenfalls den Wandel vom Dorfgasthaus zur Landdiskothek³⁹⁹ und verweist dabei nicht nur auf die Bedürfnisse der Jugend, sondern bringt auch ökonomische Erwägungen der Betreiber in Anschlag: Diskotheken arbeiteten „in mehrfacher Hinsicht effektiver und profitträchtiger als herkömmliche gastronomische Betriebe", insbesondere durch den Wegfall eines aufwändigen Küchenbetriebs.⁴⁰⁰

---

390 Ebd.
391 Ebd., 17.
392 Ebd., 9.
393 Ebd.
394 Janke; Niehues 1999, 12.
395 Neißer; Mezger; Verdin 1981, 18.
396 Ebd., 19.
397 Ebd.
398 Ebd.
399 Mezger 1980, 75.
400 Ebd., 77.

3.5 Dorf- und Schlagerdiscos in den 1990er Jahren

Im Jahr 1999 brachte der renommierte Beck-Verlag in München einen „Discoführer Deutschland" heraus.[401] Unter der Überschrift „Auf der grünen Wiese" wurden in dieser kleinen Publikation auch Lokale in der Provinz beleuchtet. Dabei wurden die inzwischen erfolgten Innovationen herausgestellt – nicht nur technisch, sondern ebenso gastronomisch seien die Landdiskotheken auf der Höhe der Zeit: „Die Bistros servieren Pizza oder Rigatoni al forno, dazu Energy-Drinks, Bacardi-Cola und Trend-Biere aus Mexiko".[402] Dennoch gebe es charakteristische Unterschiede zwischen urbaner und ruraler Unterhaltungskultur: So hätten die Landdiscos ein „Feten-Monopol", weil es kaum alternative Unterhaltungs- und Freizeitangebote für Jugendliche gebe.[403] Statt einer Ausdifferenzierung der Diskothekenlandschaft wie in der Stadt sei ein besonderes Kennzeichen der Landdiskotheken die Ausdifferenzierung des Programms, die für jeden etwas biete: „Nicht nur, weil sie gewöhnlich Charts, HipHop, Black Music und rustikalen Techno an den verschiedenen Tagen der Woche bieten".[404] Zur Angebotsausdifferenzierung zählten auch spezielle Veranstaltungen wie Oldie-Nächte, Ü-30-Partys, Karaoke, Trinkspiele sowie Striptease- und Hypnose-Shows. Für Teens gebe es Nachmittagsdiskos ohne Alkoholausschank, unter Umständen könnten die Eltern in einem separaten Raum ihren Musik- und Tanzvorlieben frönen.[405]

Für das Untersuchungsgebiet der vorliegenden Studie wird übrigens ein konkretes Lokal empfohlen, nämlich die Diskothek „Fun World" in Waldshut-Tiengen (Landkreis Waldshut). Damals (1999) gab es dort eine Zweiteilung der Räume, nämlich eine „Disco für die Jüngern" sowie ein „Tanzcafé für die Älteren".[406] Auch im Süden Baden-Württembergs, so der Discoführer, funktioniere „diese breite Zielgruppenansprache", Gäste kämen sogar aus der nahegelegenen Schweiz.[407] Das „Fun World" sei im Untergeschoss eines Baumarktes untergebracht, „natürlich in einem Industriegebiet".[408] Die Autoren sahen die Zukunft der Provinzdisco eher düster, weil sich die ländlichen Betriebe den städtischen anpassten und sich der Internationalisierung des Musikgeschmacks und der Unterhaltungskultur – Janke und Niehues nennen das in den 1990er Jahren bedeutsame Musikfernsehen – anglichen.[409]

---

401 Janke; Niehues 1999.
402 Ebd., 12.
403 Ebd.
404 Ebd., 14.
405 Ebd.
406 Ebd., 22.
407 Ebd.
408 Ebd.
409 Ebd., 19.

Arrogante Sicht eines Städters oder Praxistipps? –
Wie benehme ich mich in einer Dorfdisco?

Als Kind vom Dorf, hat man es nicht leicht. Vor allem, wenn man eigentlich nur Party machen will. Klar, die Partys bei Freunden zu Hause sind auch nett, aber ab und zu will man eben mehr. Doch die große Stadt ist weit weg und deswegen gibt es nur eine Lösung: Die Dorfdisko. Um dort zu überleben, solltest du die folgenden Benimmregeln unbedingt beachten.

1. Du hast einen Musikgeschmack? Der ist hier falsch angebracht. Betrinke dich einfach genug, um die Schlager und das Popgesülze zu ertragen. Und ja, es wird wahrscheinlich irgendwann „The Time of my Life" gespielt.

2. Sei darauf eingestellt, auf jede Menge Betrunkene zu treffen. Aber mal im ernst, wie soll man denn den Abend sonst überstehen? Also, hoch die Tassen und runter mit dem Bier!

3. Die Dorfjugend feiert einfach härter als der Rest der Nation. Das heißt, mehr Alkohol, mehr Exzess, mehr Pöbeleien. Entwickele eine Taktik, wie du dich schnell aus Brennpunkten zurückziehen kannst, um nicht irgendwann eins auf die Fresse zu bekommen.

4. Irgendjemand tanzt Disco Fox. Lass dich davon nicht verwirren. Versuche einfach unbehelligt um diese Leute herum zu tanzen! Der Disco Fox ist einfach nicht tot zu kriegen, jedenfalls nicht in der Dorfdisko.

5. Sei auf Augenkrebs eingestellt. Mädels, die aussehen, als wären sie unter dem Assitoaster eingeschlafen, Jungs in Ed Hardy T-Shirts […] und andere modisch extrem fragwürde Entscheidungen werden dir begegnen. Achselzucken, nett lächeln und weiterfeiern!

6. Gib dir bloß nicht zu viel Mühe bei deinem Outfit. Du bist nicht in der Schickeria von München oder Hamburg. Das ist hier immer noch eine Dorfdisko! Ein bisschen sportlich, ein bisschen billig, ein bisschen dem Modegeschmack der Metropolen der Welt hinterherhinkend, darf es sein. Sonst ziehst du nur unverständnisvolle Blicke auf dich.

7. Wenn in der Dorfdisko auch wirklich die gute, alte Ballermannstimmung aufkommt, darf natürlich kostenloser Urlaubs-Ramsch nicht fehlen. […]

8. Du magst deine Getränke am liebsten schön gekühlt? Nichts da! Meistens findest du dich mit einem lauwarmen Wodka Energy in der Hand wieder. Hauptsache es knallt. Viel Spaß in der Dorfdisko!

http://www.virtualnights.com/magazin/wie-du-dich-in-einer-dorfdisko-benehmen-solltest.31792 (gepostet 27.08.2015, abgerufen 18.03.2018).

Zur Angebotsvielfalt ländlicher Diskotheken gehören Fox- und Schlagerdiscos, die sich an über Dreißigjährige mit einem eher konservativen Werteschema und einem bürgerlichen Geschmack wenden. Die Inneneinrichtung und die Dekoration passen zum Musikstil, die Lautstärke und das Tanzvergnügen ist entsprechend angepasst. Der „Discoführer Deutschland" sprach 1999 von den „stillen Riesen".[410] In der Forschung werden sie bis heute kaum beachtet, in der öffentlichen Wahrnehmung sind sie ebenso wenig sichtbar, wie Janke/Niehues herausstellen: „Die Szene der Foxtrott- und Schlager-Discos zieht so gut wie kein Medieninteresse auf sich."[411] Die Autoren räumen ein, dass diese Tanzlokale auch wenig aufregend seien, aber sie böten „die Grundversorgung einer konservativen, ausgewilligen Bevölkerungsschicht gehobenen Alters".[412] In ländlichen Gegenden fänden diese „Schlagerdiskotheken" auch Anklang bei Jüngeren, denen „die ganze Popkultur zu hektisch, zu aufgeregt und zu schrill ist" und die in ihren Werten wie in ihrem Verhalten eher den Eltern nacheiferten.[413] Abgesehen davon gab es zu solchen lokalen Unterhaltungsangeboten oft keine Alternative. Ökonomisch seien derartige Betriebe durchaus erfolgreich, der Marktführer der Branche, die „Gastronomie & Tanz"-Gruppe aus dem fränkischen Städtchen Kreuzwertheim, hätte 1997 ein Umsatzvolumen von 140 Millionen Deutsche Mark bewegt (Deutschland und Österreich).[414]

In theoretischer Hinsicht ist darauf hinzuweisen, dass die Existenz von „Fox- und Schlagerdiscos" die Bindung der Diskothekenkultur an die jeweiligen Jugendkulturen relativiert. Es gab (und gibt) eben nicht nur jugendaffine Angebote, sondern auch solche, die sich an die Elterngeneration richten. Zugleich zeigt dieser Discotyp auf, dass die strenge Unterscheidung zwischen „Rock-" und „Popdiskotheken" (Kapitel 2.7) zu kurz greift und der Vielfalt der Angebote nicht ganz gerecht werden kann. Einige dieser fox- und schlageraffinen Einrichtungen sind auch heute noch erfolgreich und ziehen viele Gäste an; für den südbadischen Raum ist etwa auf den „Heuboden" (Umkirch, Landkreis Breisgau-Hochschwarzwald) oder auf die „Schwarzwaldspitze"[415] (Todtmoos, Landkreis Waldshut) zu verweisen, die ihr Publikum vornehmlich im Segment der über Dreißigjährigen finden. Im Landkreis Emmendingen gehört der kleine Betrieb „Wagenrad" in Sexau ebenfalls zu diesem Typus.[416]

---

410 Ebd., 155.
411 Ebd., 158.
412 Ebd.
413 Ebd., 160.
414 Ebd.
415 Vgl. das Interview mit Volker Albiez in Kapitel 5.2 der vorliegenden Studie.
416 https://www.facebook.com/Wagenrad-Sexau-162602033771303/ [23.08.2018].

4 Räume, Programme, Konflikte

4.1 Das Untersuchungsgebiet in Südwestdeutschland: Schwarzwald und angrenzende Landkreise

Das Untersuchungsgebiet für den vierten, empirischen Teil dieser Studie umfasst in Südwestdeutschland den Schwarzwald mit den angrenzenden Landschaften, insbesondere den Breisgau im Westen und die Baar im Osten. Auf Verwaltungsebene entspricht dies zunächst zwei Kreisen, nämlich dem Landkreis Breisgau-Hochschwarzwald und dem Schwarzwald-Baar-Kreis. Berücksichtigt werden ferner Diskotheken der Kreise Emmendingen, Waldshut und des Ortenaukreises. Für den nördlichen Schwarzwald wird zudem ein Beispiel aus Freudenstadt (Kreis Freudenstadt) herangezogen. Die genannten Gebiete gehören dem Regierungsbezirk Freiburg an, nur der Kreis Freudenstadt ist bereits Teil des Regierungsbezirks Karlsruhe. Naturräumlich umfasst das Untersuchungsgebiet unterschiedliche Landschaften, das Kerngebiet Schwarzwald wird westlich von der Oberrheinischen Tiefebene mit dem Kaiserstuhl (Mittelgebirge mit Weinanbau) begrenzt, östlich des Schwarzwalds befindet sich die Baar als Hochebene. Eigens betont sei, dass es in dieser Studie um Diskotheken im ländlichen Raum geht (also nicht nur um dörfliche Diskotheken), diese können auch in (Klein-)Städten als regionale Zentren angesiedelt sein.

Der „ländliche Raum" wird politisch, statistisch und kulturgeographisch anhand von bestimmten Kennziffern definiert, dazu gehört eine geringere Siedlungsdichte als im Landesschnitt sowie eine eher unterdurchschnittliche Siedlungsfläche an der Gesamtfläche.[417] Folgt man diesen Kategorien, zählten noch im Jahr 2010 der Schwarzwald-Baar-Kreis sowie der Ortenaukreis zur Kategorie „100% ländlicher Raum", die Kreise Freudenstadt, Breisgau-Hochschwarzwald sowie Emmendingen zur Kategorie „mehrheitlich dem ländlichen Raum zugehörig".[418] Die Kategorie „keine Anteile am ländlichen Raum" trifft auf den Stadtkreis Freiburg zu, der deshalb in dieser Studie unberücksichtigt bleibt.[419] Freiburg hatte als Oberzentrum und einzige Großstadt der Region bereits im Jahr 1970 über 174.000 Einwohner, im Jahr 1982 ungefähr 177.000.[420]

---

417 Schwarck 2012, 47.
418 Ebd., 46.
419 Ebd.
420 Statistik von Baden-Württemberg, Bd. 310 (1982), 32.

Abb.: Der Südwesten der Bundesrepublik Deutschland, Kreiskarte (Datenquelle: Landesamt für Geoinformation und Landentwicklung Baden-Württemberg, www.lgl-bw.de; 20.02.2019, Abdruck mit freundlicher Genehmigung)

Der Schwarzwald als Kerngebiet der vorliegenden Untersuchung stellt ein Mittelgebirge im Südwesten Deutschlands dar. Er erstreckt sich vom Kraichgau im Norden in den Süden bis zum Hochrhein.[421] Der größte Teil des Schwarzwaldes ist badisches Gebiet, er umfasst aber auch westlich gelegene Teile Württembergs. Der Schwarzwald und die angrenzenden Regionen des Regierungsbezirks Freiburg werden von Dörfern und kleineren Städten dominiert, im Jahr 1982 gab es nur wenige Städte mit mehr als 20.000 Einwohnern wie Emmendingen, Lahr, Offenburg, Rottweil, Villingen-Schwenningen sowie Waldshut-Tiengen.[422]

In der öffentlichen Wahrnehmung – nicht zuletzt durch die Tourismuswerbung und populäre Inszenierungen der Mittelgebirgsregion[423] – wird der Schwarzwald als Gegend wahrgenommen, die agrarisch (Vieh-, Weide- und Waldwirtschaft) geprägt und wenig besiedelt ist. Einzelgehöfte (mit „Schwarzwaldhäusern" in Holzbauweise) und kleine Ortschaften dominieren das imaginierte Landschaftsbild. Allerdings war der Schwarzwald eine Region, die bereits früh industrialisiert war (Bergbau, Köhlerei, Glaserzeugung etc.).[424] Spezialisierte Handwerke gesellten sich hinzu, so die Textilverarbeitung, die Uhrenerzeugung und der Musikinstrumentenbau, ferner in Pforzheim am Nordrand des Schwarzwaldes die Schmuckindustrie.[425] Die Herstellung von Uhren, die Verbindung von Holztechnik und Feinmechanik, führte langfristig zur Herstellung von Musikwerken, Orchestrien und mechanischen Klavieren. Vöhrenbach (Schwarzwald-Baar-Kreis) war dabei ein Zentrum, internationale Aufmerksamkeit erregten die Firma Imhof & Mukle sowie die Firma Welte, die 1872 allerdings nach Freiburg übersiedelte und durch das Reproduktionsklavier „Welte-Mignon" bis zur Gegenwart ein musikalisch-technisch interessiertes Publikum fesseln kann.[426] Die Uhrenindustrie (etwa die Firma Junghans in Schramberg, Landkreis Rottweil, 1861 gegründet, oder die Firma Kienzle in Schwenningen, Schwarzwald-Baar-Kreis, 1822 gegründet) waren bis in die 1970er Jahre bedeutende Industriezweige, die im Schwarzwald Arbeitsplätze und Wohlstand sicherten.[427] Allerdings führten der rasche technologische Wandel (Quarzuhr, Verwendung von Kunststoffen), der Zwang zur Automatisierung und die Rezessionsphasen in den 1970er und 1980er Jahren zu ernsthaften Absatzkrisen und Firmenschließungen: Die Beschäftigtenzahl der Uhrenbranche ging im Untersuchungsgebiet von 28.600 (1973)

---

421 Zur naturräumlichen Gliederung Südwestdeutschlands vgl. Schweickert 1992, 25–31.
422 Ebd., 32–35.
423 Vgl. Huth 2013.
424 Vgl. ebd., 40–56; Schweickert 1992, 202–213 zur Holznutzung und den damit zusammenhängenden Gewerben.
425 Vgl. Huth 2013, 134–147; zur Industrie- und Gewerbegeschichte der Region Schwarzwald-Baar-Heuberg im Untersuchungszeitraum vgl. Schweickert 1992, 159–162.
426 Vgl. zu den Schwarzwälder Herstellern: Brauers 1984, 53–81.
427 Zur Uhrenindustrie im Schwarzwald vgl. Kahlert 1986; zur Entwicklung nach dem Zweiten Weltkrieg vgl. ebd., 243–253.

auf etwa 10.000 (1992) zurück.[428] Trotzdem wurde noch im Jahr 1992 festgestellt, dass die ländliche Prägung des Raumes keineswegs bedeute, dass es in den genannten Gebieten keine Industrie mehr gebe: So wurde für Villingen-Schwenningen, Vöhrenbach, Triberg, Schonach und Furtwangen (Schwarzwald-Baar-Kreis) die Bedeutung der Feinmechanik-, Metallindustrie sowie der Elektrotechnik hervorgehoben.[429] Größere Industrierevier konnten sich jedoch weder in der ersten Phase der Industrialisierung im 19. Jahrhundert noch nach dem Zweiten Weltkrieg herauskristallisieren.[430] Im Gegensatz zur Rheinebene wurde dies allein schon durch die naturräumliche Gliederung (Mittelgebirgsregion mit entsprechendem Klima, Bergen, langgezogenen Tälern sowie schwieriger Verkehrserschließung) verhindert.

Die Uhren- und Musikinstrumentenindustrie der Region entwickelte sich allmählich zur Phonoindustrie bzw. zur Unterhaltungselektronik-Branche weiter. Internationales Renommee erreichte dabei die bereits 1902 gegründete Firma „Dual" in St. Georgen (Schwarzwald-Baar-Kreis), die allerdings 1981 Konkurs anmelden musste.[431] Das Nachrichtenmagazin „Der Spiegel" berichtete über den Erfolg und das Scheitern des Unternehmens, das 1977 noch rund 3.800 MitarbeiterInnen in neun Werken (davon jeweils eines in Frankreich und Spanien) beschäftigte und täglich 6.000 Plattenspieler fertigte.[432] Dual-Plattenspieler wurden auch in Diskotheken eingesetzt, auf diesen Aspekt wird weiter unten (Kapitel 4.3) noch eingegangen. Ein weiteres großes Unternehmen, SABA (= „Schwarzwälder Apparatebauanstalt") mit Sitz in Villingen, ging auf eine Triberger Uhrenwerkstätte zurück (gegründet 1835). Es stellte vor allem Rundfunk- und Fernsehgeräte her und wurde 1980 an einen französischen Konzern verkauft, was den Niedergang des Unternehmens einleitete.[433] Aus der Schallplattenproduktion der Firma SABA ging 1968 ein bedeutendes Jazz-Plattenlabel hervor, nämlich MPS (Musik Produktion Schwarzwald), ebenfalls mit Sitz in Villingen.[434]

Wie viele Diskotheken es im Regierungsbezirk Freiburg und insbesondere im Schwarzwald zwischen 1970 und 1995 gab, ist schwer ermittelbar. Die in Baden-Württemberg durchgeführten Handels- und Gaststättenzählungen nennen in den öffentlichen Berichten nur die Gesamtzahl der „Bars, Tanzlokale u. ä.": 1979 gab es hiervon 860 Betriebe mit knapp 233 Millionen DM Umsatz, 1985 wurden 790 Betriebe mit 315 Millionen DM Umsatz gezählt, jeweils bezogen auf das gesamte Bun-

---

428 Schweickert 1992, 161.
429 Ebd., 124.
430 Ebd., 131.
431 Vgl. Kotschenreuther 2012.
432 Der Spiegel 50/1981, 118.
433 Vgl. Brunner-Schwer; Zudeick 1990.
434 https://www.mps-music.com/the-mps-story/ [12.03.2019].

desland Baden-Württemberg.⁴³⁵ Dank der freundlichen Bemühungen des Statistischen Landesamtes Baden-Württemberg ist es jedoch möglich, erstmalig differenzierte Zahlen anzugeben.⁴³⁶

Regionalname	Arbeitsstätten im Bereich Gastgewerbe			
	Bars, Tanzlokale und ähnliche	Bars, Tanzlokale und ähnliche	Bars, Vergnügungslokale	Diskotheken, Tanzlokale
	1979	1985	1993	1993
Land Baden-Württemberg	860	790	345	432
Regierungsbezirk Freiburg	202	213	88	107
Region Südlicher Oberrhein	92	99	33	59
Region Schwarzwald-Baar-Heuberg	31	36	14	20
Region Hochrhein-Bodensee	79	78	41	28

Bei dieser Statistik muss berücksichtigt werden, dass erst für 1993 eine Unterscheidung zwischen „Bars und Vergnügungslokalen" einerseits und „Diskotheken und Tanzlokalen" andererseits getroffen wurde. Demnach hat es damals im gesamten Bundesland 432 Diskotheken und Tanzlokale gegeben, eine Zahl, die sich in der Größenordnung mit dem „1. Deutschen Discoführer" deckt,⁴³⁷ der 1990 in Reutlingen herausgekommen ist. Dieser listet für Baden-Württemberg etwa 300 Betriebe auf, wobei im Vorwort eingeräumt wird, dass nicht alle Lokale erfasst seien.⁴³⁸

Die regionalen Unterschiede bei der Zahl der Betriebe waren 1993 beträchtlich: Im Landkreis Tuttlingen gab es lediglich drei Diskotheken und Tanzlokale, im Landkreis Emmendingen acht, im Landkreis Breisgau-Hochschwarzwald immerhin 13 und im Ortenaukreis (mit den Großen Kreisstädten Offenburg, Lahr, Kehl, Achern, Oberkirch) sogar 30. Im Stadtkreis Freiburg gab es im Jahr 1979 29 Bars und Tanzlokale, 1985 nur noch 19, 1993 schließlich zwei Bars und Vergnügungslokale sowie acht Diskotheken und Tanzlokale; die Zahl war also im Vergleich zu 1979 auf ein Drittel geschrumpft. Im Landkreis Breisgau-Hochschwarzwald ist die Zahl der

---

435 Statistik von Baden Württemberg, Band 311 (1982), 168; Statistik von Baden Württemberg, Band 377 (1987), 174.
436 Datenauswertung des Statistischen Landesamtes Baden-Württemberg vom 16. April 2018 (auf Anfrage); freundliche Zusendung des Landesamtes vom 17. April 2018.
437 [Erster] 1. Deutscher Discoführer 1990.
438 Ebd., 4.

Gaststätten jedoch annähernd gleichgeblieben: 1979 gab es 15 Betriebe, 1985 20, 1993 schließlich wieder 15, davon 13 Diskotheken und Tanzlokale. Vielleicht hatten die ländlichen Betriebe tatsächlich eine höhere Beharrungskraft als die städtischen, wie Holger Schwetter bereits vermutete.[439]

Diese Zahlen sind noch aussagekräftiger, wenn man die Daten aus dem Jahr 1960 zum Vergleich heranzieht: Damals gab es im gesamten Regierungsbezirk Südbaden lediglich 19 „Bars, Tanz- und Vergnügungslokale", davon im Stadtkreis Freiburg sechs Stück, in den Landkreisen Donaueschingen, Hochschwarzwald, Villingen oder Waldshut aber noch kein einziges.[440] Das Diskofieber war noch nicht ausgebrochen, und Amüsierlokale befanden sich in Städten wie Freiburg, Baden-Baden oder Konstanz.

4.2 Diskothekenkultur im Landkreis Breisgau-Hochschwarzwald: zwei Schlaglichter 1978 und 1985

Einen ersten Einblick in die regionale Diskothekenkultur ermöglichen zwei unterschiedliche Quellen, die jeweils ein Schlaglicht auf die regionale Szene um 1978 und im Jahr 1985 werfen. Bei der ersten Quelle handelt es sich um eine Broschüre, die schlicht „Landkreis Breisgau-Hochschwarzwald" heißt und ohne Impressum erschienen ist. Aus dem Inhalt kann erschlossen werden, dass sie vermutlich aus dem Jahr 1978 stammt.[441] Die Broschüre enthält zahllose Werbeanzeigen, aufgrund eines Registers lassen sich drei Inserate von Diskotheken bzw. Tanzlokalen des Landkreises nachweisen. Es handelt sich um Betriebe in Umkirch, Kirchzarten und Ehrenkirchen (Ortsteil Norsingen). Allen drei Anzeigen sind Bilder beigegeben, zwei Innenansichten und eine Außenansicht. Auffallend ist, dass die drei ländlichen Lokale explizit (durch eine entsprechende Formulierung) oder implizit (durch die Aufmachung der Anzeige) mit ihrer „Gediegenheit" werben.[442] Offenkundig verstanden sich die Betriebe nicht, oder jedenfalls nicht exklusiv, als jugendaffine Angebote, sondern es wird herausgestellt, dass „jede Altersgruppe" willkommen sei. Zwei Betriebe – sie nennen sich „Tanzbar" – werben darüber hinaus mit dem Begriff der „Entspannung" und nicht etwa mit einem „Spannungsschema",[443] das später dem Erlebnisraum „Diskothek" zugeschrieben wird. Die „Tanzbar Hufeisen" in

---

439 Schwetter 2017, 117. – In Kapitel 2.7 wurde bereits auf diese Beobachtung hingewiesen.
440 Statistisches Landesamt Baden-Württemberg, Handels- und Gaststättenzählung 1960; freundliche Zusendung des Statistischen Landesamtes vom 3. April 2018.
441 Landkreis Breisgau-Hochschwarzwald, ohne Ort, ohne Jahr [ca. 1978]. Gemeindearchiv Kirchzarten, Sign. GAKi 8-4-16, Nr. 4. – Der Verfasser dankt dem Archivar Dargleff Jahnke für die Zusendung von Scans.
442 Vgl. Nathaus 2014, 159.
443 Vgl. Schulze 2005, 153–157.

Umkirch bringt ihr Angebot sogar mit dem Begriff der „Erholung" in Verbindung. Überträgt man die sprachlichen und visuellen Inhalte der drei Werbeanzeigen in eine Tabelle, entsteht folgendes Bild:

Betrieb	„Tanzbar Hufeisen"	„Tanzbar Fuchsbau"	„Discothek Royal-Bar"
Ort	Umkirch	Kirchzarten	Ehrenkirchen / Norsingen
Selbstcharakterisierung	„gediegene, einladende Discothek"	„seine Gediegenheit, seine persönliche Note"	---
Zielgruppe	„Treffpunkt für Jung und Alt – für kleine und große Ansprüche"	„Für Kirchzarten und Umgebung – Für Einheimische jeder Altersgruppe"	„Treffpunkt für Jung und Alt"
Musik	„Ihre Musikwünsche werden gerne gehört."	---	„Unterhaltsames Programm, Musik für jeden Geschmack."
Tanz	„Discothek mit großer Tanzfläche"	„mit großer Tanzfläche"	„Sonntag Tanztee von 15.00–18.00 Uhr"
Bewirtung	mit „gemütlicher Bar"	mit „reichhaltigen Bewirtungsmöglichkeiten"	---
Slogan	„Kommen – Amüsieren – Entspannen – Erholen"	„Der Begriff der Entspannung – Anrufen – Reservieren"	---
Foto	Außenansicht: Haus im Stil eines Sport- oder Vereinsheimes der 1970er Jahre	Innenansicht: eher rustikal im Stil der 1970er Jahre	Innenansicht: eher modern im Stil der 1960er Jahre

Bemerkenswert ist, dass der „Fuchsbau" in Kirchzarten ausgerechnet mit dem distanziert wirkenden Begriff „Einheimische" die Bevölkerung des Ortes ansprechen wollte.[444] Alle drei Betriebe verweisen in unterschiedlicher Manier auf die Möglichkeit zu tanzen, allerdings gehen nur zwei Betriebe in ihrer Webeanzeige auf die Musik ein. Auf eine bestimmte Stilistik bzw. ein Genre wollte man sich nicht festlegen; in Umkirch warb man damit, dass die Gäste ihre Wünsche einbringen könnten, in Ehrenkirchen-Norsingen wurde „Musik für jeden Geschmack" geboten, wobei offenbleibt, ob dies eine Orientierung an einem wie auch immer zu verstehenden „Mainstream" bedeutete, oder einfach Abwechslung.

---

444 Kirchzarten hatte damals etwa 8.000 Einwohner, vgl. https://www.kirchzarten.de/eip/pages/statistische-daten.php [19.02.2019].

Sieben Jahre später, am 29. August 1985, erschien in der „Badischen Zeitung" ein längerer Artikel, welcher die damalige Diskothekenszene im gleichen Landkreis, also Breisgau-Hochschwarzwald, beschrieb.[445] Vier Lokale „zwischen Buggingen und Titisee-Neustadt" habe man sich genauer angesehen, schrieb das in Freiburg ansässige Regionalblatt: „von der ‚Neon-Disco' bis zum Standard-Tanz-Schuppen mit Damenwahl". Zunächst wird das „Café Suum" in Buggingen (nahe Müllheim) beschrieben. Aus ihm dröhne „New wave-Musik", innen „erleuchten gelbe und blaue Neonröhren die hellgraue Theke", Strahler sorgten im gesamten Raum für Helligkeit.[446] Das Publikum sei jedoch längst nicht so „wavig" wie die Inneneinrichtung: Neben dem „coolen Szene-Typ steht da auch der Motorradfahrer mit Jeansweste unter der Lederjacke, und der Jugendliche mit langen Haaren und Stirnband". Die meisten seien Unauffällige, „deren Unauffälligkeit in dieser Umgebung auffällt".[447] Auf der kleinen Tanzfläche seien jedoch diese nicht zu finden, sondern dort befänden sich eher „Leute mit auffälliger Kleidung, im ‚Wet-Look' gestylten Frisuren, spitzen Schuhen und eckig-modischer Tanzweise". Die meisten Besucher in Buggingen – genannt werden 80% – kämen aus den nahegelegenen Städten der Rheinebene, nämlich Lörrach, Basel und Freiburg, der Rest aus der näheren Umgebung.[448]

Ein ganz anderes Ambiente bot Mitte der 1980er Jahre das „Gutach Landhaus" in Neustadt (heute Titisee-Neustadt, Landkreis Breisgau-Hochschwarzwald). Der Autor des Artikels fühlt sich an eine Landgaststätte erinnert, „in der man für die Tanzfläche einige Tische entfernt" habe. Es gebe zwar eine Videoanlage, die sich aber „in der rustikalen Umgebung, zwischen Holzeinrichtung, Trockenblumen und braunen Vorhängen recht seltsam" ausnehme.[449] Die Besucher seien jünger als im modernen „Suum", zwischen 14 und 25 Jahren. Aus den Lautsprechern ertöne „Disco-Sound"; teilweise sängen die Jugendlichen mit; extravagante Aufmachungen gebe es nicht. Das Publikum rekrutiere sich aus der Gegend, im Sommer kämen einige Touristen hinzu. Die Teenies, so der Zeitungsbericht, kämen zwar oft in diese Landdiskothek, seien aber nicht ganz glücklich. Ein 16-Jähriger wird mit „Die Alternative zum Nichts" zitiert.[450] Trotzdem war der Betreiber zufrieden; an den Wochenenden kämen 300 bis 400 Besucher, allerdings machten ihm die auferlegten Sperrzeiten zu schaffen, die aufgrund von Beschwerden über Lärmbelästigung verhängt worden seien (vgl. Kapitel 4.5).

---

445 Müller-Schöll 1985; zur gegenwärtigen Situation vgl. Amelung u.a. 2017.
446 Ebd.
447 Ebd.
448 Ebd.
449 Ebd.
450 Ebd.

Die bereits 1978 in der oben genannten Broschüre beworbene Diskothek „Fuchsbau" war laut Zeitungsbericht von 1985 in einem flachen Betonbau in Kirchzarten untergebracht. Offenbar handelte es sich damals um einen Betrieb, der sich im Niedergang befand: Es seien an einem Freitagabend kaum Gäste da gewesen, ein Discjockey fehle, stattdessen komme „die Musik von der Kassette".[451] Entsprechend war die finanzielle Lage für die Betreiber des „Fuchsbaus" schlecht; früher, zwischen 1975 und 1983, sei die Lage deutlich besser gewesen. Inzwischen machten Vereinsfeste und Dorfhocks Konkurrenz.[452]

Schließlich berichtet der Artikel aus der „Badischen Zeitung" noch vom „Heuboden" in Umkirch (Landkreis Breisgau-Hochschwarzwald; nahe Freiburg). Dieses Lokal war betont rustikal eingerichtet, im Bericht heißt es, es gebe hölzerne Deckenbalken, an alten Wagenrädern seien die Lampen aufgehängt, landwirtschaftliche Utensilien wie Rechen und Spaten zierten die Wände dieser zweistöckigen Disco.[453] Das Publikum sei hier deutlich reifer; die zwischen Ende 20 und Anfang 50 alten BesucherInnen tanzten Standard, gepflegte Erscheinung werde vom Betreiber vorausgesetzt. Es gebe zwar keinen Krawattenzwang,[454] aber es dürften in diesem „Tanzlokal" – so nannte der Betreiber seine Gaststätte – „keine Jeans, keine Turnschuhe, keine weit ausgeschnittenen T-Shirts" getragen werden. Mittwochs gebe es beim Tanz „Damenwahl".[455]

Will man aufgrund dieser beiden Quellen aus dem Landkreis Breisgau-Hochschwarzwald die Merkmale ländlicher Diskotheken für den Zeitraum zwischen 1978 und 1985 herausstellen, ist auf folgende Punkte zu verweisen: Die Betriebe sehen ihre Zielgruppe nicht nur bei den Jugendlichen, sondern rechnen zum Teil noch mit einem altersgemischten Publikum („Treffpunkt für Jung und Alt") oder auch einem reiferen Publikum („Heuboden"). Subkulturelle Orientierungen finden sich kaum, vielmehr schließen sich die Betriebe an die Traditionen der Tanzbars an, die „Gediegenheit" im Ambiente und in der Musikauswahl anbieten – und von den Gästen einen entsprechenden Habitus sowie geziemende Kleidung einfordern. Modische Aufmachung war zwar erlaubt, provozierende Outfits aber unüblich. Entsprechend sind die Modernitäts- und Innovationsversprechen der Lokale eher zurückhaltend; auch den BesucherInnen war – zum Teil schmerzlich – bewusst, dass die dörflichen Unterhaltungsangebote nicht besonders trendy und cool waren. „Modernere" Lokale wie das „Café Suum" zogen allerdings eher städtisches Publikum an, auch wenn es ländlich situiert war.

---

451 Ebd.
452 Ebd.
453 Ebd.
454 Ebd. – Vgl. hierzu Quirini 2015, 10 u. 156: Leuten mit einem „legereren Lebensstil" (mit Lederjacke, langen Haaren, Jeans) wurde in den 1970er Jahren der Eintritt oft noch verwehrt.
455 Ebd.

Ausgehend von diesen ersten Beobachtungen soll nun ein genauerer Blick auf Diskotheken im Schwarzwald und in den angrenzenden Landkreisen geworfen werden. Gegliedert wird dieser empirische Teil mit den heuristisch zu verstehenden Begriffen „Räume", „Programme" und „Konflikte", d.h. die Diskothek wird hier in erster Linie als „Populärer Ort" im Sinne Stefan Krankenhagens[456] bzw. als Institution begriffen – als musik- und körperbezogenes Unterhaltungs-, Kommunikations- und Erlebnisangebot für vorwiegend junge BesucherInnen.

4.3   Diskothek als populärer Ort: Räume

Umwandlung von bestehenden Gasthäusern in Diskotheken

Bei der im Untersuchungsgebiet öfter vorkommenden Umwandlung von Gasthäusern in Diskotheken wurden zuweilen die alten, bereits eingeführten Namen übernommen:[457] In Schönwald (Schwarzwald-Baar-Kreis) führte beispielsweise das 1980 eröffnete „Waldpeter" die alte Wirtshausbezeichnung fort, dasselbe gilt für die „Arche" in Waldkirch (Landkreis Emmendingen). Die Umnutzungen erfolgten zum Teil allmählich, zum Teil abrupt, manchmal wurden auch verschiedene Betriebskonzepte ergänzend weitergeführt und der Gaststättenbetrieb aufrechterhalten, wie etwa beim Gasthaus „Zum Engel" in Königsfeld-Neuhausen (Schwarzwald-Baar-Kreis), das seinen Namen auch in der Diskothekenzeit beibehielt.[458]

Wie solche Umnutzungen bzw. Nutzungserweiterungen konkret vor sich gingen, erhellen beispielsweise die Akten des Stadtarchivs Emmendingen (Landkreis Emmendingen).[459] Dort wurde im Januar 1968 ein Gesuch um Erteilung der Gaststättenerlaubnis zum Betrieb der Gaststätte „Löwen" eingereicht. Die Gastwirtschaft wurde dabei nicht neu eröffnet – diese geht auf das 17. Jahrhundert zurück –, sondern lediglich einer neuen Nutzung zugeführt. Im Gesuch ist nämlich zur Raumstruktur zu lesen: „Gastraum sowie Saal mit Discothek".[460] Dieses Tanzlokal erhielt damals einen neuen Namen, nämlich „Scotchman". In einer nicht datierten Zeitungsanzeige werden Gasthaus und Diskothek als zwei räumlich getrennte, aber aufeinander bezogene Betriebe ausgewiesen: Zur Verpachtung wurde ein „altbe-

---

456   Krankenhagen 2016; vgl. die Einleitung der vorliegenden Arbeit (1.1).
457   Schwetter 2015, 38.
458   Vgl. hierzu das Interview mit dem Betreiber Karl Hummel in Kapitel 5.2 der vorliegenden Untersuchung.
459   Emmendingen war damals Kleinstadt mit etwa 20.000 Einwohnern, vgl. https://www.statistik-bw.de/BevoelkGebiet/Bevoelkerung/01515020.tab?R=GS316011 [04.03.2019].
460   Gesuch um Erteilung der Erlaubnis zum Betrieb der Gaststätte „Zum Löwen" vom 23. Januar 1968; freundliche Zusendung des Stadtarchivs Emmendingen,.

kanntes, völlig neu eingerichtetes Speiserestaurant mit Hahnengrill" angepriesen, „mit angeschlossener modernst [!] eingerichteter Diskothek".[461] Die Gastwirtschaft war im Erdgeschoss untergebracht, die Diskothek im ersten Stock.[462] Interessant ist, dass die Benennung des Lokals noch nicht eindeutig ist: In einem Arbeitsvertrag vom März 1968 wird das „Scotchman" als Gasthaus bezeichnet (genauso wie der „Löwen"), im gleichen Dokument ist jedoch von einem „Disk-Jockey" die Rede, der von der Geschäftsleitung selbst besorgt und honoriert werde.[463] Eine Beschwerde von Anwohnern wegen Ruhestörung wurde im Herbst des gleichen Jahres „An das Restaurant Löwen ‚Diskothek'" adressiert: Die Anführungszeichen signalisieren möglicherweise Unsicherheit in der Benennung (der Begriff „Diskothek" wurde noch als neuartig wahrgenommen), vielleicht war damit aber auch eine gewisse Abwertung intendiert.

> *Jugenderinnerungen: Emmendingen in den 1960er Jahren*
>
> Was man für Emmendingen auch noch erwähnen muss, ist dieser „Scotchman" Anfang der Sechziger Jahre.[464] Die erste Diskothek in Emmendingen. Der „Scotchman" mit diesem Grün und Rot. Das war die Härte. Und irgendwo so rechts oben war der Discjockey. Ich glaube bei der Eröffnung war ich dort. Mit diesen Go-Go-Girls schwebt mir irgendetwas vor. Und der „Rebstock"-Keller. Das war ja so feucht da drinnen. Und darüber war der Reitstall. Das hat da immer gestunken! […]
>
> Die Zeit im „Scotchman" war eine gute Zeit. Das war so das erste wirkliche Sich-frei-Schwimmen, wenn man am Abend wegging. Der „Scotchman"! – Da lief Musik, die man mochte. Da gab es die erste Cliquenbildung, auch die ersten Experimente, ob es sich dabei jetzt um Frauen handelte oder um Haschisch. Da fanden diese ersten Experimente statt. Oben war der „Scotchman" und unten war der „Löwen". Was auch klasse war, das war der „Rebstock" schräg gegenüber. Das war auch ein Treffpunkt. Und unterm „Bautzen" im Keller war so eine ganz kleine Wirtschaft „Zum dicken Rudi". Wenn wir kein Cash mehr hatten, bekamen wir da noch irgendetwas zu essen. Das war das goldene Dreieck: „Scotchman", „Rebstock", diese Kneipe im „Bautzen". Das waren Freiräume. Der Wirt ließ diesen Freiraum zu. Der tolerierte einiges. Aber das war als eine Clique da unten! Das war die Anarchie.
>
> * * *

---

461 Ebd., undatiert, vermutlich gleichfalls aus dem Jahr 1968.
462 Ebd., Rechtsanwaltschreiben an das Landratsamt Emmendingen vom 6. März 1970.
463 Ebd., Arbeitsvertrag vom 1. März 1968.
464 Zeitangabe vermutlich irrtümlich; die Archivunterlagen datieren die Eröffnung der Diskothek auf das Jahr 1968.

> Ich war selbst Gast im „Scotchman", und da waren DJs, die ich kannte. Manchmal sagte der DJ: „Du weißt doch, wie das geht. Mach mal schnell ein Stündchen für mich. Ich komme gleich wieder!" So fing das an. Ich sprang ein, wenn die was zu erledigen hatten. Dann interessierte ich mich mehr und mehr dafür und legte in den Tanzpausen auf, um mich mit der Technik vertraut zu machen. Die Einstellungen von den Schiebereglern und das ganze Pipapo. [...]
>
> Der Discjockey war derjenige, der allen etwas voraus hatte, weil er in Bezug auf die Musik on Top war. Er wusste, was es Neues auf dem Markt gab, und er gab die Trends vor. Er musste sich natürlich auch an der breiten Masse orientieren. [...] Ich erkannte, dass das Publikum der Faktor ist, der das Ding zum Gelingen bringt. Man musste ein breiteres Spektrum anlegen, als das, was man eigentlich wollte, weil eine gewisse Abhängigkeit von den Umsätzen da war. [...] Dass man für die Leute ansprechbar war, gehörte dazu. Man konnte es nicht jedem recht machen, und ich hatte auch nicht alle Musikrichtungen. In einer bestimmten Zeit fing ich an, deutsche Schlager rigoros rauszuwerfen. Auch mit dem Gerede hörte ich auf, dieses ewige Geschwafel stellte ich einfach ab, und begann harmonische musikalische Übergänge zu gestalten. Ich wollte, dass die von alleine zum Tanzen kamen und von alleine weitertanzten, einfach durch rhythmische Übergänge. [...]
>
> Ich hatte Elektriker gelernt, und ich machte eine Zeit lang Waschmaschinen-Kundendienst im Glottertal [Landkreis Breisgau-Hochschwarzwald] usw. Wir machten damals viele Umstellungen von 110 auf 220 Volt. Das war mir irgendwann zu anstrengend, und als ich als DJ abends erfolgreicher war als am Tag, stieg ich hauptberuflich ein. Die Verdienstmöglichkeiten lagen beim Dreifachen. Als DJ war man absoluter Spitzenverdiener.
>
> *Gerhard A. Auer; Hanno Hurth: Kinder, Kinder. Kindheit und Jugend in den Sechziger Jahren. Jahrbuch des Landkreises Emmendingen für Kultur und Geschichte 22/2008, 71 und 192ff.*

In Waldkirch (Landkreis Emmendingen) entwickelte sich die später legendäre Diskothek „Arche" gleichfalls aus einer alten Gastwirtschaft, die bereits im 19. Jahrhundert in Verbindung mit einem Bad und einer Brauerei betrieben wurde.[465] Nachdem die Gaststätte einige Zeit leer stand, wurde 1973 ein Erweiterungsbau in Form einer Halle vom Landratsamt Emmendingen genehmigt.[466] Diese sollte für Tanzveranstaltungen dienen; in den Akten wird sie als „Tanz- und Festhalle

---

465 http://www.badische-zeitung.de/waldkirch/wasser-fuer-bier-und-bad--74884628.html [25. Juni 2018].
466 Stadtarchiv Waldkirch, Gewerbeakte „Arche", Baugenehmigung vom 25. Januar 1973.

„Arche"' bezeichnet.[467] Die Stadt begrüßte die Modernisierung und den Ausbau der Gaststätte, auch den „Bau eines Tanzsaales", weil man bisher genötigt war, „Unterhaltungs- und Tanzabende" in der Stadthalle durchzuführen, die jedoch mitten im Wohngebiet lag.[468] Die Stadt hob eigens auf die Kur- und Feriengäste ab, die von der Baumaßnahme profitieren sollten.[469] 1976 wurde erneut eine Baugenehmigung erteilt, dieses Mal für den „Einbau einer Diskothek in vorhandenen Kellerraum".[470] Im Dezember wurde der „Arche-Burg-Keller" eröffnet, die „Badische Zeitung" berichtete, aus einem Brauereikeller sei eine „gemütliche Tanz-Bar" geworden.[471] Bereits ein Jahr später fanden im Tanzsaal der „Arche" dreimal wöchentlich „Disko-Partys" statt:[472] Die Umwandlung des Gasthauses in eine Diskothek war vollzogen.

Eine schrittweise Nutzungserweiterung gab es auch in dem „Cafe-Restaurant Krabbe-Stube"[473] in Kollmarsreute (gleichfalls Landkreis Emmendingen). Im April 1980 ging bei der zuständigen Stadtverwaltung in Emmendingen ein Antrag ein, um „Jugendtanzveranstaltungen" im konzessionierten Untergeschoss des genannten Lokals durchzuführen.[474] Das Rechts- und Ordnungsamt prüfte den Antrag und verwies dabei darauf, dass die „musikalische Unterhaltung" durch das „Abspielen von Schallplatten" erfolge.[475] Im November 1980 wurden diese Veranstaltungen schon wieder beendet und erneut eine Betriebsänderung herbeigeführt: Der Gaststättenbetrieb (Café) im Erdgeschoss sollte wie bisher weitergeführt, im Untergeschoss aber ein „Tanzlokal" betrieben werden, das ein „älteres Publikum" (im Vergleich zu den Jugendtanzveranstaltungen) anziehen sollte.[476] Der Raum im Untergeschoss wurde hierfür renoviert und technisch modernisiert; seit 1984 firmierte die Diskothek nicht mehr unter dem Namen „Krabbekeller", sondern unter dem englischen Namen „One way".[477]

---

467 Ebd., Bericht des Polizeireviers Waldkirch vom 25. Juli 1974.
468 Ebd., Brief des Bürgermeisters an den Betreiber vom 25. Januar 1973.
469 Ebd. – Auf einer undatierten Postkarte (vermutlich aus den 1970er Jahren) warb die „Arche" mit folgenden Unterhaltungsangeboten: „Bar – Festhalle – Tanz wöchentl. an 3–4 Tagen" (Angebot auf einer Auktionsplattform: https://www.ebay.de/itm/163100775356?clk_rvr_id= 1577834021819&rmvSB=true [26. Juni 2018]).
470 Ebd., Baugenehmigung vom 24. September 1976.
471 Ebd., Bericht aus der „Badischen Zeitung" vom 16. Dezember 1976.
472 Ebd., Bericht der Polizeidirektion Freiburg vom 27. Juni 1977.
473 So die Benennung auf einer Ansichtskarte, die im Juni 2018 angeboten wurde: http://www.ansichtskarten-center.de/emmendingen-lkr-weitere/7830-kollmarsreute-cafe-gasthaus-krabbe-stube-preissenkung (22. Juni 2018).
474 Brief an die Stadtverwaltung Emmendingen vom 16. April 1980; freundliche Zusendung des Stadtarchivs Emmendingen,.
475 Stadtarchiv Emmendingen, Beschluss vom 20. Mai 1980.
476 Ebd., Aktenvermerk der Stadtverwaltung Emmendingen vom 22. Oktober [1980].
477 Ebd., Schreiben der Polizeidirektion Emmendingen vom 13. Dezember 1984.

Allerdings wurde ein Jahr später die sprachliche Modernisierung schon wieder zurückgenommen: Zum „Gasthaus Krabbestube" mit „gutbürgerlicher Küche" (von einem Café ist jetzt nicht mehr die Rede) gesellte sich im Untergeschoss der „Erlebnis-Tanzkeller" mit dem Namen „Fußpils".[478]

Gleichfalls aus einem ehemaligen Wirtshaus ging die Diskothek „Waldpeter" in Schönwald (Schwarzwald-Baar-Kreis) hervor; auf diesen Umstand wurde bereits verwiesen. Schönwald war damals im Gegensatz zu den (Klein-)Städten Emmendingen und Waldkirch ein Dorf mit knapp 2.500 Einwohnern.[479]

> *„Zentrale Anlaufstelle für Teenager" im Schwarzwald: das „Waldpeter"*
>
> Zur Geschichte: Am 13. September 1980 eröffnete der Schonacher Michael Nock – damals noch mit seinem Partner – den „Waldpeter" in Schönwald. Rund 1500 junge und junggebliebene Leute drängten sich in diesem neuen Treffpunkt der Region und klatschten zur Musik zu der damals noch nicht so populären „Spider Murphy Gang". Die Idee, das über 140 Jahre alte Wirtschaftsgebäude an der Bundesstraße 500 – in dem bereits eine Mühle und andere gewerbliche Betriebe untergebracht waren – zu einem Kulturtreff umzubauen, kam Michael Nock schon 1977. Damals war er gerade selbst 25 Jahre alt und vermißte in der Raumschaft einen Treffpunkt für junge Leute. Zwei Jahre später kam dann der große Tag: Der „Waldpeter" öffnete nach dem Umbau des eigentlich abbruchreifen Gebäudes für Jugendliche und sämtliche Kultur- und Musikfans seine Pforten.
>
> Bis zum heutigen Tag traten mehrere hundert Gruppen, Künstler und namhafte Bands in der Disko an der B 500 auf. Aber nicht nur dadurch, sondern auch durch verschiedene Aktionen und Attraktionen (Hornschlittenrennen, Gaudi-Gaus, größter Adventskalender der Welt) bereicherte der agile, engagierte und vor Ideen sprühende Michael Nock das Freizeitangebot der Raumschaft in nicht unerheblichen Maße.
>
> *Zeitungsartikel vom 17. September 1990 (ohne nähere Herkunftsangabe), Sammlung Kai-Uwe Bitsch.*

---

478 Ebd., Inserat in der Wochenzeitung „Emmendinger Tor" vom 23. August 1985.
479 https://www.statistik-bw.de/BevoelkGebiet/Bevoelkerung/01515020.tab?R=GS326054 [04.03.2019].

Raumangebot und funktionale Differenzierung

Diskothekenbetrieb findet normalerweise in eigens dafür hergerichteten Räumen statt (ortsfeste Diskotheken) oder in Kneipen und Hallen (mobile Diskotheken). Der Begriff „Raum" meint zunächst das architektonische Arrangement, es geht also um die Strukturierung und Einrichtung des umbauten Raumes, dann um die äußere Umgrenzung, die Gebäudehülle. Dabei spielt nicht nur die Gestaltung der Fassade und der Innenausstattung eine wichtige Rolle, sondern ebenso die Lage und Erschließung der Räume, etwa durch Türen, Flure und Treppen. Wichtig sind die Beziehungen der einzelnen Teilräume zueinander, beispielsweise wenn ein Foyer den Eingangsbereich mit dem Hauptraum verbindet und gleichzeitig Zugang zu Nebenräumen (Garderobe, Toiletten) verschafft.

Die Diskothek kann aber nicht nur als architektonischer Raum aufgefasst, sondern ebenso als sozialer bzw. kultureller Raum verstanden werden. In einer Architekturzeitschrift war 1988 zu lesen:

> Die Traumwelten, Discotheken und Bar-Discos, sind komplexe Scheingebilde, wo sich Bewegungen, Lichtspiele und Musik überlagern und vermischen. Technik und Architektur als Realität und Illusion: Räume für die Bewegung, für die laute Besinnlichkeit, abgeschnitten vom Alltag der Arbeitswelt.[480]

Thomas Wilke sieht in der Diskothek einen „Raum von Selbstverwirklichung, Kommunikation, Selbstinszenierung, Entgrenzung, Flucht sowie technischer Determinierung".[481] Er unterscheidet dabei verschiedene Bedeutungsebenen, so könnten Diskotheken als technische, semiotische und kulturpragmatische Räume verstanden werden.[482] Der Bereich der Technik umfasst dabei die Sound- und Lichtanlagen, vor allem die Wiedergabegeräte und die Speichermedien, also in der Hauptsache Abspielgeräte, Verstärker, Lautsprecher und die benutzten Tonträger.[483] Diskotheken könne man allerdings auch als „semiotische Räume" begreifen, denen eine zeichenhafte Bedeutung innewohne, beispielsweise durch das gewählte Outfit der BesucherInnen, den Style der Einrichtung, die Raumgestaltung durch Sound und Licht oder durch die Person und Arbeit des Discjockeys.[484] Schließlich seien Diskotheken kulturpragmatische Räume: Es gebe nicht nur Diskurse über Diskotheken, sondern in diesem Ort spielten Menschen eine Rolle und zeigten sich in ihrer Körperlichkeit und verhielten sich in einer spezifischen Weise.[485] Bereits Pausch hatte 1974 darauf hingewiesen, dass sich in Diskotheken „kohärente Strukturen" herausgebildet hät-

---

480 Schmitz 1988.
481 Wilke 2013, 420.
482 Ebd., 424f.
483 Ebd., 426f.
484 Ebd., 427–432.
485 Ebd., 432–435.

ten, die zusammen ein „System" bildeten.[486] Dazu gehört die Raumstruktur im Allgemeinen, aber auch der Einsatz technischer Medien, die Kommunikationsstruktur, die Verhaltensformen und soziale Zusammensetzung der Besucherschaft.[487] Wenn Pausch im Folgenden auf das bürgerliche Theater als „System" verweist,[488] ist er vom Dispositiv-Begriff, wie ihn Wilke verwendet,[489] nicht weit entfernt.

> *Vielfalt der Innenausstattung um 1980*
>
> Wichtigstes Gebot für den Innenarchitekten einer Kommerzdiskothek, egal ob Nobelniveau oder Mittelklasse, ist es immer, dem Raum eine ganz bestimmte Note zu verleihen, die einerseits den Eindruck des noch nie Dagewesenen und Besonderen erweckt und die andererseits doch wieder ins übliche Discoklischee paßt. Es gibt Discos, die mit einem ausgesprochen futuristischen Styling aufs Jahr 2000 hindeuten, solche, deren rustikale Ausstattung eher an einen Bauernhof erinnert, andere, die mit Spiegeln, Plüsch und Seidentapeten an die Kaffeehausatmosphäre des 19. Jahrhunderts anknüpfen, und wieder andere, die durch Palmen, Bambus, Bast und Aquarien den Eindruck eines Südseeparadieses vermitteln. In Luxusunternehmen galt es sogar eine Zeitlang als letzter Schrei, wenn unter einer gläsernen Tanzfläche in grünlich beleuchtetem Wasser exotische Fische herumschwammen. Alle Einrichtungskonzeptionen verfolgen jedoch letztlich dasselbe Ziel: Mit mehr oder minder aufwendigen Mitteln versuchen sie, eine illusionäre Gegenwelt zur Alltagsrealität aufzubauen, in der man sich für ein paar Stunden völlig vergessen kann.
>
> *Werner Mezger: Discokultur. Die jugendliche Superszene. Heidelberg 1980, 81.*

Betrachtet man die Inneneinrichtung von Diskotheken im ländlichen Raum, fällt zunächst anhand der schriftlichen und visuellen Quellen auf, dass es Betriebe gab (und zum Teil noch immer gibt), welche rustikal ausgestattet waren[490] und solche, die sich betont modern gaben.[491] Ein Zusammenhang zur Vorgeschichte des jeweiligen Lokals ist oft gegeben; umgebaute Gaststätten tendierten eher zu einem rustikalen Look, Neubauten mehr zu einem modernen. Die Rustikalität war nur manch-

---

486 Pausch 1974, 181.
487 Ebd.
488 Ebd., ähnlich 194.
489 Vgl. Wilke 2013, 422.
490 Vgl. etwa die Abbildungen in Neißer; Mezger; Verdin 1981, 18 u. 20.
491 Zum „state of the art" im Innenarchitekturbereich vgl. die Beispiele in Busche-Sievers 1973 und in der Zeitschrift Bauwelt 77 (1986; Heft 29 vom 1. August), Themenheft: Dance, dance, dance …

mal intendiert, zuweilen hatte diese einen ganz praktischen Grund: Die Umbaukosten sollten niedrig gehalten werden, das ursprüngliche Raumangebot und Teile der Inneneinrichtung wurden einfach für den Diskothekenbetrieb übernommen.

Freilich wurden Gebäude auch neu errichtet, die dennoch auf ein bodenständiges Design mit viel Holz setzten und damit einen ländlichen bzw. regionalen Bezug herstellten.[492] Hier spielten finanzielle Gründe kaum eine Rolle, vielmehr gab es einen entsprechenden Gestaltungswillen, der auf die jeweilige Zielgruppe und deren ästhetische Erwartungen abgestimmt war. Beim 1978 errichteten „Heuboden" (Umkirch, Landkreis Breisgau-Hochschwarzwald) oder beim 1979 eröffneten „Blockhaus" (Haslach im Kinzigtal, Ortenaukreis) weisen bereits die Namen auf den rustikalen Charakter der Inneneinrichtung hin.[493] In einer Würdigung des „Heubodens" aus dem Jahr 2008 heißt es über die ursprüngliche Betriebsstruktur und Innenausstattung:

> Der Betrieb bestand im Eröffnungsjahr 1978 aus vier Bundeskegelbahnen im Keller und einem Tanzlokal im Erdgeschoss sowie einer Weinstube und einem kleinen, gemütlichen Restaurant. Das Tanzlokal war geprägt durch seinen rustikalen Stil und seine gemütliche Atmosphäre. Holz war das wichtigste Bauelement, unter der Decke hing ein echter Heuwagen und ein offener Kamin sorgte für urige Stimmung zu den mitreißenden Beats der DJ's.[494]

Auch die Tanzbar „Gutach-Landhaus" in Neustadt (heute Titisee-Neustadt, Landkreis Breisgau-Hochschwarzwald) war bodenständig eingerichtet, wie die „Badische Zeitung" berichtete.[495] Beim 1991 eröffneten Tanzlokal „Schwarzwaldspitze" in Todtmoos (Landkreis Waldshut) wurde die Ausstattung sogar explizit an die Landschaft rückgebunden: „Die aufwendige Holzkonstruktion spiegelt den Charakter des Schwarzwalds wieder", heißt es auf der Homepage.[496] Äußerlich wurde hier mit Krüppelwalmdach und Holzverkleidung ein Bezug zu traditionellen Bauformen und zur Region gesucht. Selbstverständlich entspricht diese Ausstattung dem Programm des Lokals „Schwarzwaldspitze" wie der anvisierten Zielgruppe.[497] In diesem Zusammenhang ist der Hinweis von Lienhard Wawrzyn aus dem Jahr 1978 vielleicht nicht so abwegig, der die Innenausstattung von Diskotheken mit einem

---

492 Solche Interieurs gab es sogar in Großstädten, wie das „P 1" in München zeigt (Busche-Sievers 1973, 56f.).
493 Maus wies in seinem Buch „Discothekenmanagement" ausdrücklich darauf hin, dass der Name des Lokals zur Ausstattung passen müsse (Maus 1988, 23).
494 https://www.food-service.de/maerkte/news/Discothekenunternehmerpreis-2008-geht-an-Gerd-Blum-Heuboden-Umkirch-15858 [18.02.2019]. – Vgl. das Interview mit dem Gaststättenausstatter Hans-Peter Flöther in Kapitel 5.5.
495 Müller-Schöll 1985, vgl. Kapitel 4.2 der vorliegenden Studie.
496 https://www.schwarzwaldspitze.de/index.php/locations/spitze [21. August 2017].
497 Vgl. das Interview mit Volker Albiez in Kapitel 5.2.

„Geborgenheitsenvironment" in Verbindung brachte und auf die lange „Tradition der Landschafts- und Paradiesmotive" verwies.[498] Von der „Schwarzwaldspitze" abgesehen waren neuerrichtete Gebäude außen oft betont zweckmäßig und nüchtern ausgestaltet; die Illusion des Exklusiven und die Faszination an räumlicher Gestaltung (u.a. durch eine entsprechende Lichttechnik) wurde erst im Innern entfaltet.

Als konstituierendes Element der Inneneinrichtung von Gaststätten und insbesondere von Diskotheken hob Pausch das „Nischenprinzip" hervor.[499] Sitznischen am Rande des Raumes seien nämlich auf die Tanzfläche hin ausgerichtet und etablierten so einen speziellen (architektonisch-sozialen) „Kommunikationsraum":

> Das Nischenprinzip besagt, daß in einem Lokal das System interpersoneller Kommunikation wesentlich durch das Spannungsfeld von Gruppenkommunikation und Kommunikation mit der Gesamtheit der Anwesenden gekennzeichnet ist, die durch baulich-räumliche Anordnung, Ausstattung, Beleuchtung, Musik usw., also durch das Symbolmilieu, vermittelt werden.[500]

Der Wissenschaftler schlug vor, sich im Zusammenhang mit einer Diskothek von einer „Überbewertung der verbalen Kommunikation" freizumachen.[501] Weitaus wichtiger als das Sprechen seien Bekleidung, Habitus, Mimik und Gestik der BesucherInnen,[502] welche für die Gruppenkommunikation als auch für die individuelle Kommunikation zentral seien. Das „Nischenprinzip" ermögliche sowohl eine intensive Gruppenkommunikation als auch ein Sich-Zurück-Ziehen, zugleich erlaube es ein Beobachten, „ohne selbst allzu großer sozialer Kontrolle ausgesetzt zu sein".[503] Umgekehrt könne man die Tanzfläche als einen Ort beschreiben, bei dem es um ein Sich-Zeigen, um Selbstdarstellung gehe. Durch nonverbale Kommunikation bilde die Tanzfläche einen speziellen Kommunikationsraum – trotz der Lautstärke der Musik und der Lichteffekte. Die Menschen werden dort durch ihre Ko-Präsenz und ihre im Tanzen zum Ausdruck kommende Körperlichkeit Teil des architektonischen wie des sozialen Raums.

In der Aufteilung bzw. Strukturierung der Räume unterscheiden sich die ländlichen Diskotheken des Schwarzwaldes und der angrenzenden Landkreise nicht von allen anderen Betrieben: Die Tanzfläche ist jeweils zentral angeordnet; die DJ-Kanzel, Bar/Theke und Sitzgelegenheiten gruppieren sich um sie herum. So war im „Waldpeter" (Schönwald, Schwarzwald-Baar-Kreis) die Tanzfläche durch Fachwerk und

---

498 Wawrzyn 1978, 5. – In dieser Hinsicht wäre auch der Diskothekenname „Arche" in Waldkirch sprechend, auch wenn der Begriff historisch viel älter ist.
499 Pausch 1974, 196.
500 Ebd.
501 Ebd.
502 Ebd., 197.
503 Ebd., 199.

eine Holzbalustrade von den Sitzgelegenheiten abgetrennt, als Sitzmöbel standen Holztische mit Stühlen bzw. Bänken zur Verfügung, die auf die Tanzfläche hin ausgerichtet waren.[504] An der Stirnseite der Tanzfläche befand sich eine durch zwei Stufen erhöhte Bühne für Liveauftritte; die DJ-Kanzel war durch einen dreiseitigen Holzeinbau mit halbrunden Öffnungen von dieser Bühne abgetrennt. Der Hauptraum der Diskothek war zweigeschossig ausgestaltet; die Deckenöffnung mit einer hölzernen Brücke befand sich direkt oberhalb der Tanzfläche. Ebenfalls zweigeschossig angelegt sind die heute noch bestehenden Diskotheken „Heuboden" (Umkirch, Landkreis Breisgau-Hochschwarzwald), „Okay" (Donaueschingen, Schwarzwald-Baar-Kreis) und „Schwarzwaldspitze" (Todtmoos, Landkreis Waldshut), wobei die Hör- und Sichtverbindungen zwischen den Geschossen die von Pausch beschriebene Öffnung und Abschließung Einzelner von der Gesamtheit ermöglichen. Zugleich erlauben Emporen und Galerien das Beobachten, nach den Untersuchungen von Silbereisen/Noack/Eyferth eine wichtige Verhaltensweise von Jugendlichen in Diskotheken.[505]

Die zuletzt genannten Betriebe in Donaueschingen, Todtmoos und Umkirch verfügen zudem über baulich getrennte Tanzräume mit unterschiedlichem Design und unterschiedlichen musikalischen Programmen. Mit dieser räumlichen Ausdifferenzierung reagierten die Lokale auf unterschiedliche Geschmacksvorlieben und Zielgruppen; so wird beispielsweise in der „Schwarzwaldspitze" zwischen dem „Tanzlokal Spitze" und der „Clubdisco Alpentippi" („für alle die es gerne etwas fetziger möchten"[506]) unterschieden. Da der Eintritt jedoch für die gesamte Diskothek bezahlt wird, ist auch ein Wechsel der Räume bzw. der musikalisch-sozialen Sphären während eines Aufenthalts möglich. Auch die 1989 eröffnete Diskothek „Okay" in Donaueschingen (Schwarzwald-Baar-Kreis) verfügt über zwei getrennte Räume mit unterschiedlichen Programmen und Zielgruppen.

Das sogenannte „Nischenprinzip" im Raumkonzept wurde konsequent in der Diskothek „Starlight" in Emmendingen (Landkreis Emmendingen) umgesetzt: Dort wurden 1981 nicht nur oktogonale Sitzecken eingebaut, sondern auch eine Bar, die durch Vor- und Rücksprünge vielfach gebrochen war. In einem Nebenzimmer standen zur Unterhaltung drei Billardtische, neun „TV-Geräte" und eine kleine Bar zur Verfügung.[507] Später wurde ein Imbissraum (die Diskothek firmierte nun unter

---

504 Beschreibung anhand von Fotos (Sammlung Kai-Uwe Bitsch; Sammlung Dirk Pfersdorf). – Die Einrichtung ähnelte offenbar der 1968 eröffneten Diskothek „Bonanza", vgl. Kapitel 3.4 dieser Studie.
505 Silbereisen; Noack; Eyferth 1985, 189f.
506 https://www.schwarzwaldspitze.de/index.php/locations/tippi [21. August 2017]. – Vgl. das Interview mit Volker Albiez in Kapitel 5.2.
507 Stadtarchiv Emmendingen, Brief des Staatlichen Gesundheitsamtes mit Planfertigung an das Bürgermeisteramt vom 9. Juni 1981; freundliche Zusendung des Stadtarchivs.

dem Namen „BlackWhite") ergänzt, 1986 wurde die Einrichtung einer Gartenwirtschaft beantragt.[508]

Zur Größe der einzelnen Betriebe können aufgrund der zugänglichen Akten folgende Angaben gemacht werden: Im 1978 errichteten Neubau „Blockhaus" (Haslach im Kinzigtal, Ortenaukreis) umfasste das Tanzlokal 364,10 qm Fläche (mit Nebenräumen: 475,83 qm) und bot 198 Sitzplätze an.[509] Entgegen späterer Gepflogenheiten war mit Ausnahme der um 20 cm erhöhten Tanzfläche (40 qm) nahezu der gesamte Raum einheitlich mit Tischen und Bänken versehen; Stehfläche gab es nur vor dem Thekenbereich. Die Bühne hinter der Tanzfläche (im Plan „Podest" genannt) war 30 cm höher als die Tanzfläche und war 8 qm groß. Die DJ-Kanzel umfasste 4 qm; die geschwungene Theke war etwa 14 Meter lang. Ein Billardraum (40 qm) mit zwei Tischen war seitlich vom Eingang angeschlossen. Das bereits angeführte, 1981 eröffnete „Starlight" in Emmendingen verfügte über einen Hauptraum mit 378,21 qm (Sitznischen, Bartheke, Tanzfläche), einen als Billardzimmer genutzten Nebenraum von 68,79 qm und einige Jahre später zusätzlich über einen 71,2 qm großen Imbissraum.[510] Laut einem Grundrissplan bot die Diskothek Platz für ca. 42 Personen an der Bar und ca. 90 Personen an den Tischen.[511] Aus einem Plan der Diskothek „Point" (1987) in Schwenningen (heute Villingen-Schwenningen, Schwarzwald-Baar-Kreis) kann entnommen werden, dass der Gastraum insgesamt 350,13 qm umfasste.[512] Um die Tanzfläche gruppierten sich gestaffelt 13 Sitznischen, an den beiden großzügigen Theken konnten mehr als 80 Personen Platz nehmen. Angegliedert war ein Bistro mit nahezu 40 qm (vier Tische mit 18 Sitzplätzen; Theke mit 13 Plätzen) sowie ein Spielraum mit 25,36 qm.[513]

Hinsichtlich der genannten Quadratmeterzahlen waren die drei Diskotheken eher durchschnittlich groß; jedenfalls berichtete die „Süddeutsche Zeitung" am 12. Mai 1986, dass die übliche Betriebsgröße zwischen 350 und 500 qm umfasse.[514] Vergleichbare Durchschnittszahlen nennt ein „Discoführer" für Baden-Württemberg aus dem Jahr 1990, Großbetriebe wie die damals neueröffnete „Rockfabrik" in Kehl-Goldscheuer (Ortenaukreis) mit 2.000 qm oder das seit 1985 bestehende „Discoland" in Zimmern bei Rottweil (Landkreis Rottweil) mit 1.400 qm waren selten.[515]

---

508 Ebd., undatierte Planfertigung und Antrag des Betreibers vom 3. Oktober 1986.
509 Stadtarchiv Haslach (Akte des Landratsamts Ortenaukreises), Nutzflächenberechnung aus dem Jahr 1978.
510 Undatierte Planfertigung und Gaststättenerlaubnis; freundliche Zusendung des Stadtarchivs Emmendingen
511 Ebd., undatierte Planfertigung.
512 Staatsarchiv Freiburg G 1261/1/821, Anlage 1 zum Prüfbericht vom 10. September 1987.
513 Ebd.
514 Redaktionsarchiv der Badischen Zeitung, Ordner 22/630, 635: Schnellgaststätten, Discos. –
515 [Erster] 1. Deutscher Discoführer 1990, 36 u. 76.

Überdurchschnittlich groß war ebenso das „Waldpeter" in Schönwald (Schwarzwald-Baar-Kreis): Mitte der 1990er Jahre werden in einem Zeitungsbericht 1.047 qm Nutzfläche angegeben, allerdings inklusive Diskothek mit Bistro, Bar, Spielhalle, Tonstudio und Büro.[516]

Selbstverständlich gab es ebenso viele kleinere Betriebe, so wird für die in Emmendingen im Jahr 1974 eröffnete Diskothek „Flash" eine „Gaststube" mit lediglich 43 qm genannt, ein Nebenzimmer mit nur 9,6 qm diente als Abstellraum.[517] Die 1976 eröffnete Tanzbar „Fuchsbau" (Landkreis Breisgau-Hochschwarzwald) verfügte über einen 90 qm großen Gastraum „mit Bartheke und Tanzfläche".[518] Eine Küche war nicht vorhanden, als Nebenräume werden ein Getränkevorratsraum sowie eine Abstellfläche für Leergut mit insgesamt 21 qm angegeben.[519] Allerdings wurde die Disco im Jahr 1985 um einen „Schank- und Speiseraum" mit etwa 60 qm erweitert.[520] In Kollmarsreute (Stadt Emmendingen) befand sich seit 1981 im Keller der Gaststätte „Krabbestube" eine „Tanzbar".[521] Hier umfasste der Gastraum mit Tanzfläche 125,9 qm, die angeschlossene Kellerbar mit vier untereinander verbundenen Räumen 82,99 qm.[522] Die Akten des Stadtarchivs Emmendingen nennen noch eine andere Zahl: Die 1983 eröffnete Diskothek „Inside" konnte einen Hauptraum mit 168,71 qm (inkl. Tanzfläche) anbieten sowie ein Nebenzimmer mit 58 qm.[523] Zuletzt seien noch die Zahlen einer Diskothek angeführt, welche die Stadt Villingen-Schwenningen (Schwarzwald-Baar-Kreis) im dortigen Jugendhaus einbauen ließ: Laut Planunterlagen umfasste dort die Tanzfläche („Disco" genannt) 24,50 qm, das 12 cm erhöhte Podest mit Sitzgelegenheiten 27,15 qm und schließlich der Platz für den Discjockey 3,78 qm.[524] Ein Aufenthaltsraum mit Bartheke (43,90 qm sowie 8,93 qm) schloss sich an; abweichend von den kommerziellen Angeboten gab es noch einen Raum mit 18,2 qm, der mit „Aufsicht" gekennzeichnet ist und die pädagogisch-normative Absicht solcher Angebote in Jugendhäusern hervortreten lässt.

---

516 Sammlung Kai-Uwe Bitsch, undatierter Zeitungsbericht. – Vgl. die Zahlenangaben im Interview mit Kai-Uwe Bitsch (Kapitel 5.2).
517 Gesuch um Erteilung der Erlaubnis zum Betrieb eines Gaststättengewerbes vom 14. Mai 1974; freundliche Zusendung des Stadtarchivs Emmendingen;.
518 Gemeindearchiv Kirchzarten, Gewerbeakte „Diskothek Fuchsbau", Gaststättenerlaubnis vom 29. Januar 1976.
519 Ebd.
520 Ebd., Gaststättenerlaubnis vom 13. September 1985.
521 Aktenvermerk des Bürgermeisteramtes zum „Restaurant – Tanzbar ‚Krabbestube' in Kollmarsreute" vom 6. Februar 1981; freundliche Zusendung des Stadtarchivs Emmendingen.
522 Ebd., undatierte Planfertigung.
523 Gaststättenerlaubnis, Datierung fehlend [1983]; freundliche Zusendung des Stadtarchivs Emmendingen.
524 Staatsarchiv Freiburg, G 1261/1, 822, Grundriss 1. Obergeschoss.

Technik, Unterhaltungsangebote, gastronomischer Bereich

Lichttechnik und PA-Anlagen waren in vielen Lokalen zunächst bescheiden, wie zeitgenössische Fotografien und einzelne Beschreibungen zeigen. Nähere technische Angaben fehlen allerdings,[525] unvermeidbar waren aber (farbige) Lichteffekte und eine oder mehrere Discokugeln. In der Anfangszeit wurde viel experimentiert und im Eigenbau hergestellt, zuweilen kamen auch Tonbänder und Kassettendecks statt Schallplattenspieler zum Einsatz.[526] 1977 genügte für eine nichtkommerzielle Diskothek in einem Jugendhaus ein 30 bis 50 Personen fassender Raum „mit einer selbstgebauten Stereoanlage (zwei Schallplattengeräte, ein Verstärker, ein Mischpult, zwei bis vier Boxen, möglicherweise auch ein Mikrofon)".[527] Häufig sei eine „Lichtanlage (Lichtorgel, Quarzlampe, etc.) installiert".[528] Selbstverständlich waren „normale" (also: kommerzielle) Diskotheken in der Regel besser ausgestattet, weil die Attraktivität eines Lokals auch von der Sound- und Lichttechnik abhing. Im Bereich der Audiotechnik war einer der meistgebrauchten Schallplattenspieler das Modell SL 1210 der Firma Technics. Entwickelt wurde dieses Gerät 1972 für den Einsatz in Rundfunkstudios, in den 1980er Jahren war es aber ebenso in Diskotheken weit verbreitet.[529] Die mobile Disco „Number One" (Müllheim, Landkreis Breisgau-Hochschwarzwald) nutzte derartige Geräte.[530] In einem Onlineforum werden für kleine und mittlere Diskotheken neben dem genannten Modell von Technics die Hersteller Lenco und Thorens, aber auch die Schwarzwälder Firma Dual genannt.[531] 1980 schließlich brachte Technics mit dem Modell 1200 MK 2 „den ersten Plattenspieler auf den Markt, der alle Forderungen eines DJ erfüllte".[532] Quirini weist darauf hin, dass es früher spezielle Tonabnehmer für Diskotheken gab: Die Auflagekraft war höher (3 bis 4 Gramm) als bei den üblichen Geräten für den Privatgebrauch.[533] In der Diskothek „Waldpeter" in Schönwald (Schwarzwald-Baar-Kreis) waren nach Auskunft des früheren DJ Dirk Pfersdorf Dual-Geräte im Einsatz (zwei Schallplattenspieler und ein Kassettendeck).[534] Bei dem Plattenspieler handelte es sich um das Modell Dual CS 741 Q, ein Gerät, das 1982 auf den Markt kam.[535] Später wurde

---

525 Für die Deutsche Demokratische Republik der mittleren 1970er Jahre vgl. Lasch/Meißner 1974.
526 Schwetter 2016, 62. – Vgl. das Interview mit Werner Höflinger und Volker Münch (Kapitel 5.3) sowie mit Werner Spalluto (Kapitel 5.5).
527 Bücken 1977, 19; ähnlich noch Schilling 1986, 33.
528 Ebd.
529 Rechenberg 2010.
530 Vgl. in Kapitel 5.3 das Interview mit Werner Höflinger und Volker Münch.
531 http://www.hifi-forum.de/viewthread-8-7518.html (22.03.2018); Wegener 2013, 109.
532 Poschardt 2015, 287.
533 Quirini 2015, 184.
534 Freundliche Mitteilung von Dirk Pfersdorf per Mail am 29. März 2018.
535 http://www.hifimuseum.de/1982-der-dual-cs741q.html (10.04.2018).

auch im „Waldpeter" der Typ Technics SL 1210 verwendet. Im Gasthaus „Zum Engel" in Neuhausen/Königsfeld setzte der Betreiber ab 1974/1975 gleichfalls Dual-Geräte (Modell 1225) ein, wenige Jahre später das hochwertigere Modell Dual 510 Belt drive.[536]

Bemerkenswert ist der Hinweis von Hugo Maier, dass angeblich längst nicht alle Schalter einer „Disco-Anlage" wirklich eine Funktion hätten: „Meist sind gar nicht alle angeschlossen, so daß all die andern als Attrappen ‚herumstehen'. Die machen natürlich Eindruck!"[537] Maier rät angehenden Discjockeys (vgl. Kapitel 2.5), sich mit der Technik genau vertraut zu machen, dabei zu experimentieren und „sich das Innenleben der Anlage zu Gemüte zu führen".[538] Als neuartig wird 1979 die „Video-Diskothek" bezeichnet, bei der „neben der bloßen Musikdarbietung" auf Monitoren „Stars oder Bands" gezeigt werden. Diese Bildschirme verstärkten einerseits die Emotionalisierung und Identifikation zwischen Musik und Gast, konnten aber ebenso als Werbefläche genutzt werden – etwa für die Angebote der Diskothekengastronomie.[539] Die Lichttechnik war Ende der 1970er Jahre offenbar ebenfalls noch nicht ausgereift, folgt man den Ausführungen und Empfehlungen Maiers. Dieser rät beispielsweise, mittels Spektrum weißes Licht in farbiges zu zerlegen sowie zum Gebrauch farbiger Lichtfilter für Scheinwerfer, ferner zum Einsatz von Diaprojektoren, verschiedenen Spiegeln und Lichtorgeln.[540] Selbst Schattenspiele werden für die Diskothek in Erwägung gezogen.[541] Quirini hob für die 1970er Jahre die Bedeutung der Beleuchtung für die Erzeugung und Modulierung der Stimmung hervor:

> Die Gäste kamen mit großen Illusionen und die durften ihnen auf keinen Fall genommen werden. Die Stimmung wurde deshalb in vielen Betrieben durch das Licht beeinflusst. Das Lokal musste gut überschaubar, durfte aber nicht zu hell sein. Gedämpftes Licht beruhigte. Die indirekte Beleuchtung war am besten. Licht, welches das Publikum anstrahlte, war niemals in den Farben blau und grün. Die Gäste hätten abscheulich ausgesehen. In gedämpftem orange-[farbenem] oder rotem Licht wirkte jeder Gast in vollendeter Schönheit.[542]

---

536 Diese Geräte sind noch im Gasthaus „Zum Engel" vorhanden (Juli 2018), ein Gerät des Modells 1225 hat der Besitzer Karl Hummel dem Zentrum für Populäre Kultur und Musik geschenkt.
537 Maier 1979, 21.
538 Ebd.
539 Ebd., 69f. – Laut Quirini (2015, 207) war 1978 „Video groß im Kommen", damals arbeitete jede fünfzehnte Diskothek in Deutschland mit Video.
540 Ebd., 152f. – Vgl. ebd., 54: „Vielleicht ist die eine oder andere Disco-Anlage so konzipiert, daß das Abspielen des Tonbandes mit einer Lichtorgel, oder sonstigen optischen Reizen verfeinert werden kann."
541 Ebd., 153f.
542 Quirini 2015, 36.

Bemerkenswert ist der Hinweis von Quirini, dass sich manche Gäste von „Lichtorgeln" belästigt fühlten.[543] Der Autor schreibt nicht warum, vermutlich war es der schnelle Licht- und Farbwechsel, der nicht für jeden Betrieb geeignet war. Für das Jahr 1978 werden als Effekte, neben dem Licht, Dia- und Videoprojektionen, Seifenblasen, Nebel, Konfetti genannt; es bräuchte eine „irre Bewegung", um die reproduzierte Musik „lebendig" zu machen.[544] Für die späten 1990er Jahre schreibt der bereits genannte „Discoführer Deutschland", die Landdiskotheken seien mittlerweile professionell ausgestattet.[545] Nähere Angaben fehlen, vermutlich sollte dies andeuten, dass die Betriebe in ländlichen Regionen mit städtischen konkurrieren konnten. In diese Richtung weist auch ein Prüfbericht für die Diskothek „Point" in Schwenningen (heute Villingen-Schwenningen, Schwarzwald-Baar-Kreis): Dort wurde im Jahr 1987 eine moderne „Laseranlage für Vorführzwecke" („Disco-Laser") eingebaut.[546]

> *Modernisierung der Landdiskotheken abgeschlossen*
>
> Die Zeiten, als die Discos auf dem Lande „Arizona" hießen und den liebenswert verschrobenen Charme eines Selbstbau-Tanzschuppens mit Lichtorgel verströmten, sind lange vorbei. Heute [1999] stammen Interieur und Sound-Anlagen der Provinz-Discos aus den Werkstätten professioneller Nightlife-Ausstatter, die flächendeckend die Dance-Areas der Republik ausbauen. Da strahlen von den Metall-Gerüst-Traversen die gleichen Gobo-[547] oder Prisma-Lichteffekte wie in den Städten. Sogar Laser sind häufig anzutreffen. Das Interieur würde jeder Disco in städtischer Lage zu Gesicht stehen. Und es ist ein durchschlagendes Verkaufsargument, etwa die „stärkste JBL-Soundanlage in Rheinland-Pfalz" zu besitzen. Auf dem Land, wenn man so sagen will, stehen beileibe keine technisch rückständigen Zappelhallen.
>
> *Klaus Janke; Stefan Niehues: Saturday Night Fever. Discoführer Deutschland. München 1999, 12.*

Mit dem fortschreitenden Ausbau der Technik wurden gesellschaftlich neue Gefahren wahrgenommen, nämlich die Schädigung des Gehörs durch die laute Musik und der Augen durch Lichteffekte, insbesondere durch Laser. Der „Spiegel" berichtete 1980 unter dem Titel „Lärm der Hölle" über die (zu) hohen Dezibelzahlen, frei-

---

543 Ebd.
544 Ebd., 206. – Zur Lichttechnik vgl. das Interview mit Werner Spalluto in Kapitel 5.5.
545 Janke; Niehues 1999, 12.
546 Staatsarchiv Freiburg G 1261/1/821, Prüfbericht vom 10. September 1987.
547 Gobo-Projektoren arbeiteten mit Vorsätzen, die in die Lampen eingesteckt werden konnten und farbige Lichteffekte erzeugten.

lich versehen mit dem Hinweis: „Denn erst bei etwa 90 Dezibel fängt die Droge Musik zu wirken an, erreichen Disco-Freaks den ersehnten ‚angeturnten' Zustand."⁵⁴⁸ Sieben Jahre später, also zeitgleich zum Einbau des Discolasers in Schwenningen, kam das Hamburger Nachrichtenmagazin auf die Gefahren für die Augen zu sprechen, die von Laserstrahlern ausgingen:

> Nachdem Mediziner und Ingenieure schon vor dem taubmachenden Krach warnten, machte jetzt das Bundesgesundheitsamt (BGA) auf die Gefahren der optischen Sensationen aufmerksam. Der Spaß mit dem Laser-Licht könne buchstäblich ins Auge gehen, mahnte die West-Berliner Behörde. Die in vielen Discotheken eingesetzten Strahlen, die am Auftreff-Ort mehr Energie versammeln als jede andere bekannte Lichtquelle, können beim Durchtritt auf die Netzhaut Sehschäden auslösen.⁵⁴⁹

Mezger weist darauf hin, dass die ausgefeilte Audiotechnik nicht nur eine akustische Funktion habe, sondern auch eine „sozialintegrative": Sie biete Gesprächsstoff und ermögliche den Ausweis von technischer Kompetenz bzw. Insidertum.⁵⁵⁰ Die Diskothekentechnik strahle zudem auf den häuslichen Bereich bzw. den eigenen Pkw aus, auch dort wollten die BesucherInnen von Discos ähnliche Standards erleben. Die Werbung mache sich dies zu eigen und pries das Erlebnisangebot „Diskothek" an, das man nun auch daheim erleben könne.⁵⁵¹

In der Frühzeit der Diskotheken wurde von den Behörden Dunkelheit in den Räumen nur bedingt geduldet, wie eine Auflage der Stadt Emmendingen (Landkreis Emmendingen) aus dem Jahr 1974 belegt: Einem Wirt wurde der Betrieb des „Flash" zwar genehmigt, allerdings mit folgender Einschränkung für „Barbetriebe und Diskotheken" (Vordruck):

> Der Barraum – der Raum des Tanzlokals – muß so hell erleuchtet sein, daß er von der Eingangstür aus übersehen werden kann. Ausweise, Geldscheine, Speisen- und Getränkekarten müssen an jedem Ort des Raumes deutlich erkennbar und lesbar sein.⁵⁵²

Diese Vorschrift sollte offenbar BesucherInnen vor Übervorteilung schützen, aber ebenso behördliche Kontrolle ermöglichen.

---

548 Der Spiegel 50/1980, 226.
549 Spiegel 11/1987, 227f.
550 Mezger 1980, 64.
551 Ebd., 64f. – Mezger geht nicht nur auf die Audiotechnik ein, sondern auch auf Discoleuchten, die damals für den Heimbereich angeboten wurden (ebd., 83).
552 Gaststättenerlaubnis der Stadt Emmendingen vom 14. Mai 1974; freundliche Zusendung des Stadtarchivs Emmendingen. Die gleiche Formulierung findet sich in der Erlaubnis für die Diskothek „Fuchsbau" in Kirchzarten vom 29. Januar 1976 (Gemeindearchiv Kirchzarten, Gewerbeakte „Diskothek Fuchsbau").

Zur räumlichen Differenzierung in einer Diskothek zählen auch die Nebenräume, die nicht dem Tanz dienen. Neben den Funktionsräumen (Toiletten, Garderoben, Einlass, Haustechnik wie Heizung, Be- und Entlüftung) sind grundsätzlich zwei Bereiche zu unterscheiden: Räume bzw. Bereiche, die zusätzliche Unterhaltungs- und Erlebnisangebote machen (durch Geldspielgeräte, Tischfussball, Flipper oder Billard), von solchen, die neben den in den Tanzräumen vorhandenen Bars bzw. Theken Speisen und Getränken feilbieten, zugleich der (verbalen) Kommunikation sowie als Rückzugsort dienen. Am Unterhaltungsangebot in den Nebenräumen konnten sich Konflikte mit den Behörden entzünden; so veranlasste die Aufstellung von Spielautomaten in der Diskothek „Blockhaus" (Haslach, Ortenaukreis) einen Briefwechsel zwischen der Polizeibehörde und dem Betreiber (1979/80), ob hierzu eine gesonderte Genehmigung erforderlich sei. Das Ordnungsamt der Stadt Haslach stellte sich auf den Standpunkt, im vorliegenden Fall habe der Betreiber eine nicht genehmigungsfähige „Spielhalle" eingerichtet.[553]

Die gastronomische Angebotspalette in Diskotheken reichte von kleinen Snacks bis zum vollständigen Speisenangebot eines Restaurants. Im „Waldpeter" gab es 1982 eine originelle Speisen- und Getränkekarte in Form und Größe einer Vinyl-LP.[554] Beim Eisprogramm versuchte es der Betreiber mit Humor: Angeboten wurden u.a. ein „Beschwipster Geissenpeter", ein „Schwuchtelbecher" [!] sowie ein „Hoppedepfullige". Das Bistro in der gleichen Diskothek bot laut Karte im Jahr 1987 an: Speiseeis, Suppen, Toasts, Steaks, Pizzen, Salate und andere leicht zubereitbare Gerichte wie „Frikadellen m. Kartoffelsalat" oder „Gebackener Camembert".[555] Das Getränkeangebot war nahezu unüberschaubar: Neben alkoholfreien und alkoholischen Getränken (Limonaden, Säften, Bier, Wein) wurden jeweils verschiedene Schnäpse, Weinbrände, Liköre, Longdrinks und Cocktails etc. ausgeschenkt. Neben diesem Bistro im Hauptgeschoss verfügte das „Waldpeter" laut Grundrissplan über zwei Bars und ein Billardcafe im Obergeschoss.

Das Speisenangebot lag nicht im Belieben des Betreibers, sondern war von der Konzessionierung der Diskothek abhängig. Im Gaststättengesetz wurde zwischen Schank- und Speisewirtschaften unterschieden (§ 1).[556] Je nach baulicher Voraussetzung (Vorhandensein einer Küche) und Beantragung wurde das Anbieten von Speisen von den Behörden in den Konzessionen eingeschränkt oder sogar ganz verboten. So wurde 1974 der Diskothek „Flash" in Emmendingen (Landkreis Emmendin-

---

553 Stadtarchiv Haslach (Gewerbeakte „Blockhaus"; Landratsamt Ortenaukreis), Brief des Ordnungsamtes an den Betreiber vom 1. Februar 1980.
554 Sammlung Dirk Pfersdorf.
555 Endlich! Neue Speise- und Getränkekarte für das Waldpeter-Bistro. 1987 (Sammlung Kai-Uwe Bitsch).
556 Der Gesetzestext ist online greifbar unter: https://www.bgbl.de (Bundesgesetzblatt 1970, Nr. 41); vgl. hierzu Mörtel 1973, 65–69 (zur Speisewirtschaft und den „zubereiteten Speisen").

gen) zwar das Anbieten von „Getränken aller Art einschl. Branntwein" erlaubt, aber die Abgabe von Speisen vollumfänglich untersagt, ausdrücklich auch die Verabreichung „nicht zubereiteter Speisen" wie belegte Brote oder heiße Würstchen.[557] Mit anderen Worten: Rechtlich galt das „Flash" als reine Schankwirtschaft, so wurde es auch in der Konzession festgehalten.[558] Auch der „Fuchsbau" in Kirchzarten stellte eine Schankwirtschaft dar: „Es dürfen Getränke aller Art, jedoch keine Speisen abgegeben werden".[559] Zuweilen wurde die erlaubte Abgabe von Speisen spezifiziert, die Diskothek „Inside" (Emmendingen) durfte im Jahr 1983 zwar als Schank- und Speisewirtschaft betrieben werden, allerdings war das Essen beschränkt auf „a) Toastgerichte, b) Pizza- und Spaghettigerichte, c) vorgefertigte Imbiss-Kleingerichte, die lediglich durch Erhitzen genußfertig gemacht werden".[560]

In einigen Betrieben wurde zeitweise Außenbewirtschaftung angeboten, im „Blockhaus" (Haslach) genehmigte das Landratsamt Ortenaukreis im Jahr 1990 den Betrieb einer 60 qm großen Gartenwirtschaft.[561] Auch das „Waldpeter" (Schönwald, Schwarzwald-Baar-Kreis) warb 1991 damit, dass man dem „Freiheitsdrang" und der „Frischluftnachfrage" der Gäste mit erweiterten Öffnungszeiten des „Biergartens mit Bistro" entspreche.[562] Das bereits genannte „Inside" in Emmendingen bemühte sich schon 1988 um eine Sondernutzungserlaubnis für eine Gartenwirtschaft; laut beigefügter Planfertigung umfasste das Areal deutlich mehr als 200 qm.[563] Die Außenbewirtschaftung der Diskotheken diente der Angebotsdifferenzierung, um möglichst viele Gästebedürfnisse zufriedenzustellen und auch solche BesucherInnen ins Lokal zu locken, deren Tanzlust schnell gesättigt war oder die sich nur im Gartenlokal aufhalten wollten.

Viele Diskotheken im Schwarzwald waren in Randlagen der jeweiligen Gemeinden oder Städte angesiedelt, das „Waldpeter" etwa 1,5 Kilometer außerhalb von Schönwald (Schwarzwald-Baar-Kreis) entfernt an der B 500, die „Schwarzwaldspitze" in Todtmoos (Landkreis Waldshut) in einem Gewerbegebiet südlich des Ortszentrums, das „Okay" in Donaueschingen (Schwarzwald-Baar-Kreis) ebenfalls in einem Gewerbegebiet. Ähnliches gilt für das „Blockhaus" in Haslach im Kinzigtal (Ortenaukreis). In einigen Städten lagen die Betriebe allerdings eher im Ortsinnern: Der

---

557 Gaststättenerlaubnis der Stadt Emmendingen vom 14. Mai 1974; freundliche Zusendung des Stadtarchivs Emmendingen.
558 Ebd.
559 Gemeindearchiv Kirchzarten, Gewerbeakte „Diskothek Fuchsbau", Gaststättenerlaubnis vom 29. Januar 1976. – 1981 bzw. 1985 wurde allerdings die Abgabe von Pizzen gestattet (ebd., Schreiben des Landratsamtes vom 11. Dezember 1981 und vom 13. September 1985).
560 Ebd., Gaststättenerlaubnis der Stadt Emmendingen, Datierung fehlt [1983].
561 Stadtarchiv Haslach (Gewerbeakte „Blockhaus"; Landratsamt Ortenaukreis).
562 Anzeige im Südkurier (1991), Sammlung Kai-Uwe Bitsch.
563 Schreiben der Diskothek „Inside" an die Stadtverwaltung vom 4. Mail 1988; freundliche Zusendung des Stadtarchivs Emmendingen.

„Scotch-Club" in Freudenstadt war in einem zentrumsnahen Wohngebiet gelegen, was bereits 1970 zu einer empfindlichen Sperrzeitverkürzung (22 Uhr) führte.[564] Auch die Diskotheken in Emmendingen lagen innerhalb des Ortes; die bereits 1968 gegründete Diskothek „Scotchman" befand sich im Obergeschoss des Gasthauses „Zum Löwen" in der Ortsmitte auf dem Marktplatz. Der „Fuchsbau" in Kirchzarten (Landkreis Breisgau-Hochschwarzwald) war zwar in einem Gewerbegebiet angesiedelt, aber es gab Anwohner in der Nähe. Auf die dadurch bedingten Auseinandersetzungen wegen Ruhestörung durch Diskotheken wird im Kapitel 4.5 „Konflikte" eingegangen.

Mobile Diskotheken

Ein ganz besonderes Raumarrangement ist bei mobilen Diskotheken gegeben, die bereits bestehende Räume (Säle von Gastwirtschaften, Fest-, Sport- und Mehrzweckhallen) bespielen. 1980 wurden diese nicht ortsfesten Veranstaltungsbetriebe noch als neuartig wahrgenommen; Werner Mezger stellt in seinem Buch zur „Discokultur" fest, „daß es nun in Deutschland die ersten mobilen Discos" gebe, „die überall eingesetzt werden können und jeden beliebigen Saal, wenn nötig sogar jedes Festzelt in eine heiße Diskothek zu verwandeln in der Lage sind".[565] Mitte der 1980er Jahre war diese Veranstaltungsform etabliert bzw. befand sich „auf dem Vormarsch", wie es Klaus Quirini formulierte.[566] Damals soll es 14.000 [!] mobile Diskotheken in der Bundesrepublik gegeben haben, mit einem Umsatz von fast 1,5 Milliarden Deutsche Mark.[567]

Das technische Equipment (DJ-Ausstattung, PA-Anlage, Beleuchtung) wurde dabei vom kommerziellen Veranstalter zum jeweiligen Ort transportiert und dort aufgebaut, während die sonstige Ausstattung (Tische, Theke, Sitzgelegenheiten) und die Bewirtung in der Regel von lokalen Trägern organisiert wurden – etwa zur Aufbesserung der Vereinskasse. Das heißt: Bei den mobilen Diskotheken vermischte sich nicht nur Professionalität und Kommerzialität auf der einen Seite mit Ehrenamt und einem Benefizgedanken auf der anderen, sondern auch die Mobilität der Technik mit der Ortsfestigkeit des Veranstaltungsraumes.

---

564 Schwarzwälder Bote vom 16. Dezember 1970 (freundliche Zusendung des Stadtarchivs Freudenstadt).
565 Mezger 1980, 40.
566 Quirini 2015, 350.
567 Ebd., 351.

*Alkohol und Randale, oder Pop und Rock für die Massen? –
Bedenken der Verantwortlichen im Jahr 1988*

Samstag für Samstag pilgern Tausende von Jugendlichen zwischen 15 und 25 Jahren in die ländlichen Festhallen. Grund des Massenandrangs: eine der in letzter Zeit zunehmend beliebten Festhallendiscos ist angesagt. Was für viele Jugendliche zum heißgeliebten Samstagabendspaß avancierte, ist jedoch zahlreichen Anwohnern und Gemeinderäten ein Dorn im Auge. Die Gemeinden sehen dem Treiben mit gemischten Gefühlen zu. Zum einen bescheren die Discos, die meist von einem rollenden Discothekenunternehmen und einem örtlichen Verein gemeinsam bestritten werden, den Vereinen eine dringend benötigte Kassenaufbesserung, zum anderen sind Alkoholprobleme, Schlägereien und Beschädigungen an den Hallen keine Seltenheit. Auch die Feuerwehren, in den Hallen für die Sicherheitswache verantwortlich, sind über das bunte Treiben nicht erbaut. Sie beklagen die häufige Überfüllung und zugeparkte Zufahrten, die im Notfall den Einsatz von Rettungsfahrzeugen schwer, wenn nicht gar unmöglich machen. […]

Die Erfahrung, „daß bei rollenden Discos einiges los ist", hat auch der Kommandant der Friesenheimer [Ortenaukreis] Gesamtfeuerwehr, Gerd Feldmann, gemacht. Er plädiert für strenge Obergrenzen in der Hallenbelegung, da sonst die Sicherheit nicht mehr gewährleistet werden kann. Oft sind zugeparkte Anfahrten und höchst leichtsinniges Verhalten der Discobesucher zu konstatieren. „Wenn da mal was passiert, weiß ich nicht, wie das ausgeht" bemerkt Feldmann besorgt.

Für schlichtweg nicht machbar hält [Gemeinderat und Vereinsvorsitzender] Mahr die Obergrenzen. Er habe bereits versucht, bei 1000 Leuten die Hallen dicht zu machen, „doch dann", so Mahr, „fängt außerhalb die Schlägerei aus Unmut an." […]

„Fassungslos" sieht sich Mahr immer wieder der Aggressivität einiger Discobesucher gegenüber. Fünf bis zehn Prozent der Besucher kommen seiner Ansicht nur, um „die Sau rauszulassen". Offen bleibt für Mahr die Frage, was gerade bei den 15- bis 20jährigen die Aggressivität ausgelöst haben mag, was für gesamtgesellschaftliche Probleme dahinter stehen.

Badische Zeitung (Lahrer Anzeiger), Samstag/Sonntag, 13./14. August 1988, Nr. 186 (Redaktionsarchiv der Badischen Zeitung).

In den 1990er Jahren waren Hallendiscos in Südwestdeutschland weit verbreitet, im Badischen bzw. Südbadischen waren mehrere Anbieter auf dem Markt, etwa „Charly 2000" (mit Sitz in Rheinstetten, Landkreis Karlsruhe), „Disco Flash" (Rheinhausen-Oberhausen, Landkreis Karlsruhe), „Forty Five" (Wyhl, Landkreis Emmendingen) oder „Number One"[568] (Müllheim-Neuenburg, Landkreis Breisgau-Hochschwarzwald).[569] Direkt im Hochschwarzwald, nämlich in Lenzkirch (Landkreis Breisgau-Hochschwarzwald), war die Firma „Power Sound Machine" von Michael Naake angesiedelt. Im Juni/Juli 1996 war diese Mobildisko beispielsweise in der hiesigen Festhalle tätig, wirkte gleichfalls in Lenzkirch bei einer Kinderveranstaltung des Hotels Schwörer mit oder gestaltete in Titisee-Neustadt eine Open-air-Veranstaltung.[570] Am Oberrhein war über die genannten Betriebe hinaus die rollende Diskothek „Cleopha 87" aktiv. Ihr Gründer, Walter Holtfoth, legte zunächst, wie die „Mittelbadische Presse" im Juli 2017 berichtete, in Kneipen auf.[571] 1988 zog er in die Hallen um, weil die Nachfrage so groß war. Laut Zeitungsbericht war Holtfoth zunächst in der südlichen Ortenau und dem nördlichen Breisgau unterwegs, später im Gebiet zwischen Teningen und Kappelrodeck, Kehl und Hornberg. „1990 hatte ich 186 Termine. Unter der Woche legte ich in Diskos auf. Mittwochs im ‚Milieu' in Hausach, donnerstags im ‚Barfly', dem späteren ‚Nachtwerk', in Lahr. Freitags und samstags war ich in Festzelten und Hallen."[572]

In der „Badischen Zeitung" wurden die mobilen Diskotheken im Jahrzehnt zwischen 1988 und 1999 ganz unterschiedlich bewertet. Überwog Ende der 1980er Jahre noch Skepsis – der zitierte Bericht über eine Disco in der Sternenberghalle in Friesenheim (Ortenaukreis) wurde mit Beischriften wie „Bauchweh eines Vorsitzenden" und „Alkohol und Randale, oder Pop und Rock für die Massen?" versehen –,[573] verschwinden später die negativen Zuschreibungen. 1996 hieß es bereits in einer Überschrift: „Mobildiscos leisten Jugendarbeit auf dem Land".[574] Zu dieser besonderen Form der Jugendarbeit wurden vom Veranstalter sogar Sammelbusse gechartert, welche die Jugendlichen von den Dörfern abholten und beispielsweise in der Feldberghalle in Altglashütten (Landkreis Breisgau-Hochschwarzwald) absetzten.[575] 700 Leute waren bei dieser Veranstaltung dabei.[576] In einem weiteren Bericht der „Badischen Zeitung" aus dem Jahr 1999 wird die Mobildisko als „Freizeitvergnügen auf dem Lande" bezeichnet, man könne – wie es in der Überschrift hieß – „stink-

---

568 Vgl. das Interview mit Werner Höflinger und Volker Münch in Kapitel 5.3 der vorliegenden Studie.
569 Ries 1996.
570 Ebd.
571 https://www.bo.de/lokales/ortenau/cleopha-87-ganz-oben-aufgelegt (Bericht vom 20. Juli 2017; abgerufen am 28. August 2017). – Vgl. das Interview mit Walter Holtfoth im Kapitel 5.3 der vorliegenden Studie.
572 Ebd.
573 Baumbusch 1986.
574 Ries 1996.
575 Ebd. – Zu den Discobussen vgl. Kapitel 4.5 dieser Studie.
576 Ebd.

normal abtanzen".[577] Dieser Bericht bezog sich auf eine Veranstaltung im Ort Auggen (Landkreis Breisgau-Hochschwarzwald), die von der genannten Unternehmung „Number One" organisiert wurde. Über 1.500 Besucher zwischen 16 und 23 Jahren fanden den Weg in den kleinen Ort nahe Müllheim.[578] Interessant ist, dass der Artikel auch auf zwei Begriffe eingeht, welche aus Sicht der StädterInnen diese Art der ländlichen Diskotheken abqualifizieren sollten, nämlich „Scheunendisco" bzw. „Bauerndisco".[579]

> *Extreme meiden: Die Mobildisco „Number One" in Auggen 1999*
>
> „Man muß die Extreme meiden", schreit DJ Frank hinter seinem Mischpult, „sonst ist die Tanzfläche sofort leer." Er hat die CDs, die er auf jeden Fall bringen muß, akkurat hinter sich auf einem Tisch angeordnet. „Ich hab' die Platten, von denen ich weiß, daß sie ein Hit werden, aber jetzt tanzt noch keiner drauf, die Leute müssen sich erst dran gewöhnen. Neues spielen und eine volle Tanzfläche, das geht nicht." Nein, Experimente, das hat Frank schnell gelernt, sind bei seinem Publikum nicht gefragt. Wer zur „Number One" geht, will die Musik hören, die vor zwei Wochen schon lief, will die bekannten Leute treffen und will nicht schräg angeguckt werden, wenn seine Bewegungen noch dem Foxtrott aus dem Tanzkurs gleichen.
>
> In die „Number One" zieht es keine bunten Szenetypen. Und Wolfgang Scheurer, Vorsitzender des Fußballclubs Auggen, der Bier und Viertele ausschenkt, weil die Disco nur in die Halle darf, wenn ein örtlicher Verein bewirtet, ist voll des Lobes: „Frech geworden ist noch keiner." Um halb zwei läßt Frank zwei Feuerwerkskörper auf der Bühne hochgehen, legt die Erkennungsmelodie auf und spielt noch eine Zugabe. Dann wird die grelle Hallenbeleuchtung eingeschaltet, die Jugendlichen blinzeln verstört im weißen Licht. Schnell sind die letzten gegangen, der mit Kippen übersäte Boden und die Bierpfützen auf den Tischen halten niemanden. „Bis zur nächsten Show", ruft Frank ihnen durchs Mikrophon nach. Bestimmt.
>
> *René Pfister: Freizeitvergnügen auf dem Lande: Die Mobildisco. Stinknormal abtanzen. In: Badische Zeitung, 7. Juli 1999 (Redaktionsarchiv Badische Zeitung).*

---

577 Pfister 1999.
578 Ebd.
579 Ebd.

4.4 Diskothek als Unterhaltungs- und Erlebnisangebot: Programme

Diskotheken, so wurde in Kapitel 2.1 festgestellt, stellen Unterhaltungs- und Erlebnisangebote dar, die sich durch folgende Merkmale auszeichnen: (1) technische Reproduktion von Musik, (2) Gelegenheit zum Tanzen, (3) gastronomischer Service und (4) Jugendliche und jüngere Erwachsene als Hauptzielgruppe. Die Attraktivität von Diskotheken beruht auf ganz unterschiedlichen Faktoren, dazu gehört die Lage, die Erreichbarkeit (Parkplätze!), die Einrichtung, das damit verbundene Ambiente, das Publikum, die Vielzahl der Unterhaltungs- und Erlebnisangebote sowie das gebotene Programm – vor allem die live gespielte oder (zumeist) medial dargebotene Musik.

Allerdings gibt es gerade zur von Tonträgern abgespielten Musik kaum verlässliche Quellen. Mitschnitte existieren nicht oder sind nicht aufzutreiben, obwohl die Praxis belegt ist, dass Discjockeys an „verdiente" Stammgäste Kassettenmitschnitte von DJ-Sets weiterreichten.[580] Zu Recht hebt Holger Schwetter hervor, dass solche Mitschnitte „ein ideales Analysematerial" darstellten, „denn damit könnten nicht nur die Musikfolgen, sondern auch die DJ Mixtechniken analysiert werden."[581] Dass Discjockeys keine schriftlichen Aufzeichnungen ihrer Arbeit vorgenommen hätten, sei allerdings nicht überraschend,

> denn die Arbeit als DJ verlangt eine spezifische Art von emotionaler Involviertheit und Aufmerksamkeit für die Stimmung im Raum und deren mögliche Entwicklung, zu der die nüchterne Protokollierung der aufgelegten Stücke durchaus einen Gegensatz darstellt.[582]

In den von mir durchgeführten Interviews (Kapitel 5 der vorliegenden Studie) machten die Gesprächspartner – die ehemaligen Betreiber und Discjockeys eingeschlossen – lediglich allgemeine Angaben zur aufgelegten Musik. Entweder wurden Genre-Bezeichnungen genannt (Rock, Pop, Disco, Neue Deutsche Welle, Techno etc.), Hinweise auf Erfolgskriterien gegeben („Hits", „Charts-Titel") oder das Alter der gespielten Musik thematisiert (Oldies, aktuelle Titel). Genannt wurden selbstverständlich auch einzelne Gruppen bzw. KünstlerInnen, allerdings nur beispielhaft. Ein Repertoire einer bestimmten ländlichen Diskothek oder gar das DJ-Set eines Abends lässt sich daraus nicht erschließen, wohl aber zeichnet sich in den Interviews ab, was Schwetter idealtypisch mit den Begriffen Pop- und Rockdiskothek (vgl. Kapitel 2.7) voneinander abgegrenzt hat: Bestimmte Betriebe bevorzugten bestimmte Genres bzw. Musikstile, die von den Gesprächspartnern einerseits mit Begriffen wie „Mainstream", „Disco" oder „Charthits", andererseits mit „Rock", „alter-

---

580 Schwetter 2017, 126.
581 Ebd.
582 Ebd.

nativ", „progressiv" bezeichnet wurden. Als weitere Quelle für solche pauschalen Zuordnungen kann der „1. Deutsche Discoführer" aus dem Jahr 1990 herangezogen werden, der gleichfalls für Betriebe in Baden-Württemberg nur einzelne Genres benennt.[583] Nicht vergessen werden darf, dass auch der deutsche Schlager lange Zeit eine Rolle in Diskotheken gespielt hat und zum Teil immer noch spielt; auch in den Interviews der vorliegenden Studie (Kapitel 5) wird dies bei manchen Gesprächspartnern deutlich.[584] Bei Klaus Quirini findet sich ein Hinweis, welche Bedeutung Schlager (bzw. schlagerähnliche Titel) für einen Betrieb im Untersuchungsgebiet hatten: Bei einer Hitparade in der Diskothek „Mühlenklause" in Freiamt (Landkreis Emmendingen) gingen 1976 die Titel „Superstar" (George Baker Selection) und „Rocky" (Frank Farian) als Sieger hervor.

Dass sich der durchschnittliche Musikgeschmack der Gäste eher am Mainstream als an außergewöhnlichen Musikstilen orientierte, legt die Untersuchung von Maus nahe.[585] Seine Ergebnisse differenzieren nicht nach Stadt/Land, Regionen oder gar bestimmten Diskothekentypen („Popdiskothek" vs. „Rockdiskothek"), sind aber trotzdem bemerkenswert. Mitte/Ende der 1980er Jahre bevorzugten die meisten BesucherInnen von Diskotheken Fox, daneben „Schmusemusik", dann „Hard-Rock" und an vierter Stelle „Disco-Funk".[586] Sonstige Musikrichtungen (etwa Rock 'n' Roll, Blues, New Wave, Speed Metal, Country, Psychedelic) wurden sehr selten genannt, am ehesten der noch relativ neuartige Rap. Maus interpretierte im Jahr 1988 die Ergebnisse folgendermaßen:

> Beachtenswert ist die in den letzten Jahren wieder stark gestiegene Popularität von Fox und Schmusemusik. Waren diese Musikrichtungen Anfang der 80er Jahre einmal völlig „out", so erfährt insbesondere der Fox z.Zt. eine ungeahnte Renaissance. Viele Discothekenbetreiber (bzw. Discjockeys) haben sich darauf noch nicht eingestellt und spielen zu viel Funk.[587]

„Harte Rockmusik" könne man nur einem ganz bestimmten Publikum anbieten, obwohl dieses Genre rein statistisch gesehen durchaus eine gewisse Popularität genieße. Man solle diese Musikrichtung erst einmal im Lokal ausprobieren und „auf Akzeptanz testen".[588] Allerdings lässt sich die von Maus herausgestellte Mainstream-Orientierung für das in dieser Studie berücksichtigte Untersuchungsgebiet nicht so eindeutig bestätigen: Zumindest zwei ortsfeste Lokale, nämlich die „Arche" in Waldkirch (Landkreis Emmendingen) und partiell das „Waldpeter" in Schönwald (Schwarzwald-Baar-Kreis) sowie die Mobildisco „Cleopha 87" (Friesenheim,

---

583 [Erster] 1. Deutscher Discoführer 1990.
584 Vgl. hierzu auch das Kapitel 3.5 „Dorf- und Schlagerdiscos in den 1990er Jahren".
585 Maus 1988, 133–137.
586 Ebd., 134.
587 Ebd.
588 Ebd., 135.

Ortenaukreis) folgten gerade nicht den Charts, sondern setzten diesen alternative Musikkonzepte entgegen (vgl. insbesondere die Interviews in Kapitel 5 dieser Studie). Die Umfrage von Maus ergab auch, dass lediglich 12,6% der Jugendlichen nur „neueste Hits" bei der Musikauswahl bevorzugten, während 87,4% „auch Ohrwürmer vergangener Tage", so die Frageformulierung, präferierten.[589] Allerdings spielten die „meisten DJ's fast nur ganz neue Scheiben"[590] – aus Sicht von Maus, der ja einen Beitrag zum „Discothekenmanagement" (so der Buchtitel) leisten wollte, ein Fehler.

Einen anderen Weg, um (historische) Repertoires zu rekonstruieren, könnte mit der Sichtung erhaltener Tonträgerbestände beschritten werden: Einzelne Betriebe bzw. Discjockeys besitzen noch das ehemals genutzte Schallplatten- bzw. CD-Repertoire, während andere – etwa das „Waldpeter" in Schönwald (Schwarzwald-Baar-Kreis) – ihre Bestände mittlerweile abgegeben haben, in der Regel aus Platzgründen bzw. weil es keine Verwendung für die Tonträger mehr gab. Besonders eindrucksvoll ist der Fundus der „Schwarzwaldspitze" in Todtmoos (Landkreis Waldshut): Der Betreiber Volker Albiez verfügt noch über 30.000 bis 40.000 Vinylschallplatten und etwa 10.000 Compactdiscs, die früher in der Diskothek gelaufen sind.[591] Die Auswertung dieser bzw. vergleichbarer Bestände wäre ein eigenes Forschungsprojekt, allerdings methodisch schwierig, da das Vorhandensein einer Platte noch keinen Rückschluss über ihren faktischen Gebrauch zulässt.

Weitere Hinweise auf bestimmte Repertoires geben die Internetaktivitäten ehemaliger Akteure (Discjockeys, BesucherInnen), die Playlists hochladen und damit Erinnerungsarbeit betreiben.[592] Inwieweit diese Listen und Verweise tatsächlich die damals gespielten Musiktitel wiedergeben, muss offen bleiben, aber immerhin zeigen sie an, welche Stücke den Akteuren wichtig waren bzw. sind. Im Kapitel 6.2 der vorliegenden Studie wird darauf näher eingegangen.

> *Erregung, Pulsschlag, Gefäßkontraktionen:*
> *Professionelles Nichtverstehen von Musik und ihrer Wirkung*
>
> Das Musikangebot in deutschen Jugenddiskotheken ist je nach Publikum verschieden. Das Spektrum reicht von Hard-Rock bis zu Soft-Klängen, von Oldies bis zum überall anzutreffenden Discosound. Wichtigstes Kriterium, nach dem die Musik ausgesucht wird, ist Tanzbarkeit. Platten zum bloßen Zuhören gibt es kaum, denn zu sagen hat die Discomusik wenig. Aber man geht schließlich auch nicht in die Diskothek, um etwas zu sagen oder sich

---

589 Ebd., 135f.
590 Ebd., 136.
591 Vgl. das Interview mit ihm in Kapitel 5.2 der vorliegenden Studie.
592 Vgl. Schwetter 2017, 126f.

> sagen zu lassen. Was die Discomusik verkündet – bevorzugt in Flüster-, Raun-, Stöhn-, Ächz-, Betör- und Girr-Tonlagen – ist bis zur Primitivität eindeutig. „Liebe, Tanz, sich gutfühlen oder einfach bloß ‚Boogie oogi ooogi' sind die vorherschenden Sinngehalte" [Der Spiegel 42/78]. Die Zeitschrift „Brigitte" befragte Discobesucher eingehender nach dem Erlebnis, welches sie mit der Musik verbinden. Dabei kam es zu bezeichnenden Äußerungen. Brigitte, 18 Jahre, erklärt: „Ich laß mich einfach von der Musik wegtragen." Und Gaby, 21 Jahre, genießt „die Wogen der Musik, in die ich mich einfach fallen lassen kann". Musik wird als Rauschmittel zum sogenannten „Anturnen" und schlichtweg als Kommunikationsersatz in den Diskotheken kalt und berechnend eingesetzt. […]
>
> Der Zusammenhang zwischen psychischen Erregungszuständen und Musik ist in vielen Untersuchungen nachgewiesen worden. So hat man erkannt, daß Rock, Beat und Märsche deutlich zu Erregungszuständen führen, welche meistens in aggressives Verhalten münden. Es konnte sogar ein enger Zusammenhang zwischen Pulsschlag und Atemrhythmus einerseits und rhythmischen Trommelschlägen andererseits festgestellt werden. Lautstärke und Rhythmus beeinflussen demnach offensichtlich Atmung, Puls, Blutdruck, Muskelspannung, Hautwiderstand und hirnelektrische Aktivitäten. Bei Dissonanzen oder Disharmonien ebenso wie bei musikalischen Tempi von 120 Metronomschlägen in der Minute treten Pupillenverengung und Gefäßkontraktionen auf.
>
> *Horst Neißer; Werner Mezger; Günter Verdin: Jugend in Trance? Diskotheken in Deutschland. Heidelberg ²1981, 28 u. 31.*

Für die Erforschung der in Diskotheken gespielten Musik weist Holger Schwetter noch darauf hin, dass nicht nur die einzelnen Stücke (bzw. das Gesamtrepertoire) interessant seien, sondern auch die Reihenfolge der Titel bzw. die musikalische Dramaturgie. Der Musik- und Medienwissenschaftler bringt dies wiederum mit seiner idealtypischen Unterscheidung zwischen Rock- und Popdiskotheken in Verbindung:

> In der Rockdiskothek wird – auch dies ist eine multikulturelle Neuheit – stundenlang Schallplatte an Schallplatte gespielt; es gibt nicht, wie in frühen Popdiskotheken oder an Diskothekenabenden, die sich noch an die Dramaturgie des Tanzabends mit Livemusik anlehnten, Ansagen der DJs zu jedem Stück oder Musikphasen und dadurch kollektive Tanzphasen und Tanzpausen.[593]

---

593 Ebd., 128; vgl. ebd., 133.

Diskotheken im ländlichen Raum boten über das Unterhaltungs- und Erlebnisangebot „Schallplattenmusik" und Tanz noch andere Attraktionen für ihre Gäste an: Kleine Bühnen wurden mit Livebands bespielt, es gab verschiedenartige Liveshowformate, Verlosungen oder Spiele. In den Nebenräumen standen zuweilen Billardtische und Geldspielgeräte zur Verfügung; in Teil 4.3 dieser Studie wurde bereits auf die damit verbundene Raumdisposition hingewiesen. In der Forschungsliteratur kommen diese Aspekte der Unterhaltung und Freizeitgestaltung nur vereinzelt vor, fast scheint es so, dass die übliche Wahrnehmung der Diskotheken als avantgardistische und/oder subkulturelle Einrichtungen sowie die Konzentration der Forschung auf ästhetisch wie soziokulturell herausstechende Betriebe in (Groß-)Städten auch in dieser Hinsicht den Blick trübe. Biedere, filzbespannte Billardtische, aufreizendes (und sexistisches) Frauencatchen oder esoterische Hypnose-Shows passen offensichtlich genauso wenig zur vorherrschenden Narration über die internationale wie bundesdeutsche Diskothekenkultur wie die Berücksichtigung von Schlagerdiscos.

Aus ökonomischer Sicht kann im Hinblick auf die zusätzlichen Programmpunkte in Diskotheken von einer Angebotsdifferenzierung gesprochen werden, die einerseits dem Betreiber zusätzliche Geldquellen eröffnen sollten (über den Eintritt und den Verzehr von Getränken und Speisen hinaus), andererseits die Verweildauer der Gäste erhöhen. Michael Maus verbindet sein Kapitel „Programme" mit der Beischrift „Wochenprogramme – wie Sie auch unter der Woche ein ‚ausverkauftes' Haus haben können".[594] Der genannte Autor geht in seinem Buch „Discothekenmanagement" von folgenden Grundannahmen aus:

> Nur wenige Discos laufen auch unter der Woche gut und nur wenige Großbetriebe sind so konzipiert, daß sie mit zwei umsatzstarken Tagen am Wochenende Gewinn erwirtschaften können. Da Sie als Discothekenbetreiber, um einigermaßen zu verdienen, i.d.R. mindestens drei starke Tage brauchen, und das Wochenende nur zwei hat, sind Sie auf der Suche nach einem Programm, das auch unter der Woche Gäste anlockt.[595]

Angeblich wollten 50% der von ihm befragten BesucherInnen auch unter der Woche in die Disco gehen, „wenn etwas los wäre".[596] Aus diesem Grund brauche man ein „attraktives Programm" als Stimulus, um die entsprechenden Lokale aufzusuchen.[597] Um die Wirksamkeit eines Programms zu testen, sollte dies mindestens drei Monate lang ausprobiert werden, viele Betreiber wechselten das Programm zu schnell; die Angebote müssten sich erst etablieren.[598]

---

594 Maus 1988, 51.
595 Ebd., 53.
596 Ebd.
597 Ebd.
598 Ebd., 54.

Programme sollten auch Menschen in den Betrieb locken, die (Schallplatten-)Musik und Tanzen weniger oder gar nicht interessierte. Bestimmte Showformate und Spielangebote luden zur Vergemeinschaftung ein (etwa Tischkicker, Billard, aber auch Karaoke-Auftritte, Geschicklichkeitsspiele etc.). Selbstverständlich boten die zusätzlichen Programmpunkte für die Konsumenten Abwechslung und Kurzweil im Diskothekenbetrieb, sei es bezogen auf einen Abend oder sei es im Laufe der Woche oder eines längeren Zeitraums. Zudem ermöglichen sie neue Formen der Kommunikation, entweder im Sinne einer „Anschlusskommunikation" über das Spiel (bzw. über das Programmangebot) oder im Sinne einer Unterhaltung, die „nebenbei" möglich ist, etwa beim Billard. Diese Angebotsvielfalt ist nach Maus allmählich gewachsen; er stellte 1988 fest:

> Dem geänderten Freizeitverhalten der Jugend wird vielfach Rechnung getragen, indem man andere Freizeiteinrichtungen in die Discotheken integriert. So findet man heute in Discos zusätzlich häufig Bistros, Billardräume, Spielzimmer, Cocktailbars, Videoräume und vieles mehr; ... die Disco wird zum Freizeitpark aufgemotzt.[599]

Dagegen sei aus wirtschaftlicher Sicht nichts einzuwenden, wenn ausreichend Platz vorhanden sei, die Ausdifferenzierung des Angebots den Umsatz steigere und zum anvisierten Zielpublikum passe: Selbstverständlich lehnten „Junior-Schicki-Mickis" Automatenspiele ab.[600] Bemerkenswert sind die Urteile von Maus hinsichtlich des Erfolgs von bestimmten Angeboten:

> Programmpunkte, die in der Regel auch bei viel Geduld wenig Aussicht auf Erfolg haben, sind: Oldie-Abende, Verlosungen, Bingo und Live-Music-Abende mit unbekannten Bands. Der Mißerfolg dieser Programme ist, von wenigen Ausnahmen abgesehen, vorprogrammiert, da Sie damit entweder keine typische Disco-Kundschaft ansprechen (Oldies, Live-Music), oder die aus ihnen resultierende Zusatzmotivation zu schwach ist (Verlosung, Bingo).[601]

Größere Erfolgsaussichten räumte er 1988 Showveranstaltungen, „ladies-nights" (mit Freigetränken für Damen), „low-price-Angeboten", Diskotheken für SchülerInnen und Jugendliche sowie der Vermietung der Diskothekenräume für Fremdveranstaltungen (Geburtstage, Polterabende, Betriebsfeiern etc.) ein.[602] Wir werden allerdings sehen, dass die ländlichen Diskotheken im Untersuchungsgebiet zum Teil andere Prioritäten setzten als Maus und durchaus mit Musik-Liveveranstaltungen oder Verlosungen erfolgreich waren. Anders als Maus datiert Mühlenhöver die beginnende Angebotsdifferenzierung. Diese habe sich bereits in den späten 1970er Jahren angebahnt – zumindest bei den Betrieben, die ihrer Zeit voraus sein wollten:

---

599 Ebd., 24.
600 Ebd.
601 Ebd., 54.
602 Ebd., 54–57.

Die führenden Discotheken modifizierten ihr Unterhaltungskonzept in Richtung eines multimedialen Gigantismus. Die Präsentation von Video- und Filmsequenzen in Verbindung oder im Wechsel mit der Musik wurde ebenso üblich wie die Erweiterung der Vergnügungspalette durch in Raumnischen aufgestellte Spielautomaten, integrierte Restaurants mit exquisiter Gastronomie und Entspannungsräume. Die Tendenz bewegte sich in „Richtung eines Vergnügungsparks […], statt sich nur auf Disco zu beschränken."[603]

Mühlenhöver weist ebenso darauf hin, dass Diskotheken seit den 1980er Jahren ihr Musikangebot nach Wochentagen wechselten, um ein jeweils anderes Publikum anzuziehen.[604] Janke/Niehues sehen in der Ausdifferenzierung der Programme ein besonderes Kennzeichen ländlicher Diskotheken,[605] auf diesen Umstand wurde bereits in Kapitel 3.5 hingewiesen. In der Stadt konnten sich Betriebe auf spezielle Publika mit ihren ästhetisch-musikalischen Vorlieben einstellen, auf dem Land musste ein breites Angebot an Musik und anderen Unterhaltungsangeboten möglichst viele Menschen in die Diskothek locken – entsprechend stellte diese einen „Gemischtwarenladen" dar mit einem Musikmix und Partyangeboten wie Shows und Spielen.

Quellen für die Programmgestaltung sind selten überliefert, für das Untersuchungsgebiet konnte auf historische Zeugnisse des Gasthauses „Zum Engel" in Königsfeld-Neuhausen (Schwarzwald-Baar-Kreis; seit 1974/1975 als Diskothek betrieben) sowie der Diskothek „Waldpeter" in Schönwald (ebenfalls Schwarzwald-Baar-Kreis) zurückgegriffen werden, die freundlicherweise von den ehemaligen Betreibern Klaus Hummel sowie Kai-Uwe Bitsch zur Verfügung gestellt wurden. Beide stellten sich zudem für Interviews zur Verfügung (vgl. Kapitel 5.2 der vorliegenden Studie). Für die Konzerte, die in der „Arche" in Waldkirch (Landkreis Emmendingen) stattfanden, gibt es eine Aufstellung im Internet, die im folgenden Abschnitt ebenfalls kurz berücksichtigt wird.

Livemusik-Angebote

Dass Diskotheken „nicht Live-Musik in den Vordergrund ihres Angebotes" stellen, „sondern eben technisch reproduzierte Musik", wie Thomas Wilke meint, stimmt sicherlich für die größte Anzahl der Betriebe.[606] Allerdings ist – zumindest für den in dieser Studie gewählten geografischen und zeitlichen Untersuchungsraum – auffällig, dass einige der ländlichen Lokale ihr mediales Angebot (also den normalen Discobetrieb mit Tonträger-Musik) um Live-Events bereicherten. Manchmal wurden ganze Abende mit Livemusik bestritten (etwa an bestimmten Wochentagen

---

603 Mühlenhöver 1999, 65. Das Zitat im Zitat nach Kitty Hanson.
604 Ebd., 66.
605 Janke/Niehues 1999, 13ff.
606 Wilke 2013, 434.

oder anlassgebunden), manchmal unterbrachen kleinere Live-Auftritte das Auflegen von Schallplatten (im Verlaufe eines Abends).

Der Sozialhistoriker Klaus Nathaus bringt den Livemusikbetrieb der Diskotheken mit der Bedeutung dieser Lokale für die deutsche Musikindustrie in Zusammenhang.[607] Die Livemusik hätte die Diskotheken zum „Talentpool für die Plattenindustrie" gemacht, KünstlerInnen konnten nämlich über den 1968 gegründeten Verband „Deutsche Diskotheken Unternehmen" für eine Klubtournee gebucht werden.[608] Durch die Vermittlung des Verbandes seien Provisionen entfallen, ebenso die Gagen vergleichsweise gering geblieben, weil die Plattenfirmen ein Interesse „an der Künstlerbewerbung" hatten.[609] Für die KünstlerInnen hätten die Diskothekenauftritte den Vorteil gehabt, dass sie sich „vor einem relativ kleinen Publikum in einer intimen Konzertatmosphäre ausprobieren" konnten.[610] Aufgrund eines Programmzettels konnte zumindest eine solche Zusammenarbeit für das Untersuchungsgebiet belegt werden: Im November 1980 machte das Gasthaus „Zum Engel" auf ein „Stargastspiel" aufmerksam. Der Ankündigungstext offenbart dabei die Zusammenarbeit mit der Schallplattenfirma „Philips":

> Freitag, 21.11.80 – Stargastspiel
>
> PHILIPS – Disco – Party – Herbst 1980
> In einer 180 Minuten Show präsentiert Star D. J. Benno 4 Live-Interpreten.
> An diesem Abend erwartet Euch Spiel-Spaß u. Spannung z.B. Philips-Hitparade, Philips-Wörter-Puzzle u. Wahl der Miss Philipps. Es gibt viele wertvolle Preise zu gewinnen. Das ist eine Veranstaltung der Firma Philips Phonogram Hamburg.[611]

Bei dem Engagement von KünstlerInnen – sei es in Zusammenarbeit mit der Musikindustrie oder in Eigeninitiative – griffen die ländlichen Diskotheken auf bereits etablierte oder vor dem Durchbruch stehende Bands bzw. KünstlerInnen zurück. So engagierte der „Engel" für den 19. Oktober 1979 die „Spider Murphy Gang", die „als eine der besten Rock 'n' Roll Bands Deutschlands" angepriesen wurde.[612] Der Konnex zwischen Livemusik und medialer Darbietung scheint in der Werbung auf: Als Ausweis der musikalischen Kompetenz der Band wird mit dem Hinweis „2 LP's" auf die Tonträgerveröffentlichungen der Gruppe hingewiesen.[613] Zugleich wird mit Medienprominenz geworben: Die „Spider Murphy Gang" sei die „Hausband" der

---

607 Nathaus 2014, 170.
608 Ebd.
609 Ebd.
610 Ebd., 171.
611 Sammlung Karl Hummel, Informationsblatt des Gasthauses „Zum Engel" vom November 1980.
612 Ebd., Informationsblatt vom Oktober 1979.
613 Ebd.

Sendung „Rock House" vom Bayerischen Rundfunk.[614] Bei den „Stargastspielen" im Gasthaus „Zum Engel" traten weitere mehr oder weniger bekannte Musiker auf, beispielsweise der Schlagersänger Wolfgang Petry (1983 Hit „Wahnsinn"), „Lord Ulli" (Mitglied der deutschen Rockband „The Lords") oder Gunter Gabriel.[615] Neben bereits bekannten KünstlerInnen wurden von den Betrieben auch regionale Kräfte gebucht. Letzteres hatte mit der Höhe der Gagen und den zu erwartenden Nebenkosten (Anreise, Unterbringung) zu tun, aber auch mit dem Bestreben, den Diskothekenbetrieb in der Umgegend zu verankern und die Fans der regionalen Bands bzw. MusikerInnen in den eigenen Betrieb zu locken.

Einige der untersuchten Discos im Schwarzwald und in den angrenzenden Räumen sahen in den Live-Acts einen Teil ihres Betriebskonzepts. Die Werbung wurde eigens darauf ausgerichtet. Um wiederum auf das Gasthaus / die Diskothek „Zum Engel" in Königsfeld-Neuhausen einzugehen: Dieser Betrieb warb in den 1980er Jahren mit einem Logo, das die beiden Aspekte Livemusik/Tonträgermusik bereits optisch zusammenbrachte. Unter dem Wirtshausnamen „engel neuhausen" (mit Telefonnummer) waren drei Symbolbilder angebracht, die auf Getränke, Speisen und Musik (Signet: Schlagzeug) hinwiesen. Darunter stand untereinandergeschrieben: „Disco / Top-Bands".[616] Auch das „Waldpeter" in Schönwald (Schwarzwald-Baar-Kreis) firmierte nicht einfach als Diskothek, sondern wies in der Eigenwerbung auf unterschiedliche Unterhaltungsangebote hin: 1981 lautete die Bezeichnung noch „Musikkneipe" mit den Angeboten „Pizzeria, Folk & Jazzclub, Kleinkunst und vieles mehr …", ein Jahr später konnte man auf der Speisekarte lesen: „Waldpeter. Diskothek Pizzeria Tanzlokal Musikkneipe".[617]

Wie das Unterhaltungsprogramm der Lokale im Einzelnen aussah, zeigen die (wenigen) erhaltenen Programmzettel und Werbeanzeigen. Die Veranstalter bemühten sich um einen attraktiven Wechsel zwischen Live- und Schallplattenmusik und wiesen auf sonstige Veranstaltungen oder Vergünstigungen hin (etwa freier oder ermäßigter Eintritt, Freigetränke). Der „Engel" warb im Dezember 1980 etwa damit, dass „für samstags wieder die besten Tanz-Bands aus der Region" angefragt seien. Zum Jahreswechsel 1981/1982 wurde vom gleichen Betrieb herausgestellt: „In den letzten Monaten haben wir wieder einen Trend zur ‚live Music' festgestellt. Deshalb wird bei live Veranstaltungen keine Musik von der Disco gespielt."[618] Bei diesem Gast-

---

614 Ebd.
615 Sammlung Karl Hummel, handschriftliche Aufstellung der Künstler. – Zwei Autogrammkarten von Wolfgang Petry und Gunter Gabriel haben sich erhalten.
616 Ebd., Informationsblatt des Gasthauses „Zum Engel" November/Dezember 1981.
617 Sammlung Dirk Pfersdorf, Speisekarte in Größe und Form einer Vinyl-LP.
618 Sammlung Karl Hummel, Informationsblatt des Gasthauses „Zum Engel", Dezember 1981/ Januar 1982.

haus in einem dörflichen Umfeld ist zugleich bemerkenswert, wie sich traditionelle Veranstaltungen (etwa Faschingsbälle), Livemusik und Discoabende abwechselten.

Zwischen Dorftanz und Disco:
Programm des Gasthauses „Zum Engel" zur Fastnacht 1983

Mittwoch	09.02.	DISCO-QUIZ mit schönen Preisen
Donnerstag	10.02.	TRADITIONELLE WEIBER-FASNET Prämiert werden die schönsten Mann-Frauen! Für Stimmung sorgt Discjockey Martin EINTRITT FREI !!!
Freitag	11.02.	LUMPENBALL Stimmung bis 1 Uhr mit dem lumpigen Discjockey Jörg
Samstag	12.02.	GROSSER KOSTÜMBALL Es spielt für Euch die Gruppe MAMMUT mit einem speziellen Fasnachtsprogramm Eintritt 6,-- DM 23.30 Uhr Kostümball
Sonntag	13.02.	ZUM BLAUEN BOCK Der Musik- u. Trachtenverein Neuhausen präsentiert ein buntes Programm, anschließend Tanz für Jung und Alt
Montag	14.02.	HEMDGLONKI-BALL Prämiert werden die originellsten Nachthemden. Discjockey Martin führt durch die Nacht.
Dienstag	15.02.	JUGEND-DISCO 15.00 bis 18.00 Uhr mit Discjockey Jörg Eintritt 2,50 DM
		20.00 UHR TRADTIONELLER KEHRAUSBALL Tanz und Stimmung mit der GOLDEN SHOW BAND. Der krönende Abschluß ist die Beerdigung der Fasnet um 0.00 Uhr. Eintritt 6,-- Mark
Mittwoch	16.02.	ab 16.00 Uhr SCHNECKENESSEN ab 20.00 Uhr DISCO-QUIZ

Programm- und Infoblatt des Gasthauses „Zum Engel", Königsfeld-Neuhausen, Februar 1983 (Sammlung Karl Hummel).

Im benachbarten „Waldpeter" (Schönwald, etwa 25 Straßenkilometer von Königsfeld-Neuhausen entfernt) sah es Anfang der 1980er Jahre nicht viel anders aus: Es wurde ein gemischtes Programm geboten, Live-Ereignisse und Discomusik wechselten sich ab.[619] Ein Programm für den Zeitraum 20. Februar bis 13. Mai 1981 zeigt, dass an 18 Tagen Live-Events stattgefunden haben – davon stellten 17 Veranstaltungen Konzerte aus dem Bereich Folk, Blues, Country und Hardrock dar, eine Veranstaltung wurde als Lesung von dem damals populären Journalisten Günther Wallraff bestritten.[620] An den anderen Tagen war Diskothekenbetrieb:

> Die Tage, an denen keine besondere Veranstaltung ist, werden wie folgt gestaltet: MONTAG = Rock-DISCO bzw. Wunschkonzert mit progressiver Musik, SONNTAG: ab 10 Uhr Frühschoppen, ab 14 Uhr TEENAGERTREFF, ab 19 Uhr OLDIE-Abend, DIENSTAG, DONNERSTAG und SAMSTAG = DISCO total. MITTWOCH und FREITAG erfüllen wir Plattenwünsche von ABBA bis ZAPPA von DISCO bis DIXIE.[621]

Aufgrund der erhaltenen Zeitungsinserate und -berichte wird deutlich, dass bestimmte Gruppen immer wieder im „Waldpeter" auftraten, so beispielsweise die Band „Abakus" aus Villingen bzw. Furtwangen. Diese standen im Dezember 1989 mit „Funk & Blues" auf der Bühne, im April 1990 mit „Rock und Blues" und zwei Jahre später mit „Blues, Funk und Rock". Andere regionale Bands waren gleichfalls zu Gast, so die Gruppe „Wega" aus Villingen mit Deutschrock (Dezember 1989), die Schonacher Jugendband „Delirium" (Januar 1990) oder die ebenfalls aus Villingen stammende Rockband „Njet" (Februar 1990).[622] Die Auftritte dieser lokalen Gruppen waren Teil des musikalischen (und ökonomischen) Konzepts: Der Betreiber Kai-Uwe Bitsch wollte, wie es in einem Zeitungsartikel aus dem Jahr 1989 hieß, „den jüngeren und noch nicht so bekannten Bands der Umgebung die Chance eines Auftritts" geben.[623] Auch bei der Einrichtung eines hauseigenen Tonstudios (mit 32-Kanal-Mischpult und 16-Spur-Tonbandmaschine) im Jahr 1992 stand dieser Aspekt offenbar im Vordergrund:

> Für Waldpeter-Chef Kai-Uwe Bitsch bietet das Tonstudio gerade für Nachwuchsbands die Chance, zu Aufnahmen zu kommen. Denn wenn die Band in der Disco spielt, kann sie ‚unter Dach' mitgeschnitten werden. Bitsch sieht darin auch einen Beitrag, einem Aussterben der Kultur auf diesem Sektor zu begegnen.[624]

---

619   Ein privater Video-Mitschnitt eines Konzerts von Anna Mwale (1989) im „Waldpeter" ist im Internet unter https://www.youtube.com/watch?v=AqRDqVHDqrI [14.06.2019] abrufbar.
620   Sammlung Dirk Pfersdorf, Informationsblatt des „Waldpeter", Februar/Mai [1981].
621   Ebd. – In den späteren Jahren war das Musikprogramm offenbar mehr an den Charts orientiert, vgl. das Interview mit Kai-Uwe Bitsch in Kapitel 5.2.
622   Sammlung Kai-Uwe Bitsch, Zeitungsinserate und -berichte.
623   Ebd., undatierter Zeitungsartikel zum Konzert der Gruppe „Wega".
624   Ebd., Zeitungsartikel des „Südkurier" vom 17. November 1992.

Im März 1992 war im „Waldpeter" die Gruppe „Dr. Quincy & His Lemon Shakers" zu Gast, wiederum eine regional bekannte Band. Der Name „Dr. Quincy" spielt auf den Beruf des Sängers und Bassisten Hans-Joachim Rist an, eines promovierten Arztes aus Villingen.[625] Laut einem Zeitungsbericht hätten die fünf Musiker der Band eines gemein: „ihre Liebe zum Rock 'n' Roll und zu den Schnulzen der 50er und 60er [Jahre]".[626] Die Band „Dr. Quincy" trat übrigens auch im Gasthaus „Zum Engel" auf, ein Plakat in der dortigen Kellerbar erinnert an ein Engagement am 23. April 1993. Dass auch die ländlichen Diskotheken auf neue musikalische Trends reagierten, dokumentiert Werbung vom Mai 1992: Das „Waldpeter" lud zu „Deutschlands größtem Rap- & Dance-Contest" in die Diskothek ein, gesucht wurden die besten „Gruppen", dem Sieger des „German-Finale" winkte laut Zeitungsanzeige ein Schallplattenvertrag.[627]

Dass die Häufigkeit der Konzerte stark schwankte, verdeutlicht eine auf Facebook gepostete Liste von Live-Acts, die zwischen 1981 und 1996 in der „Arche" (Waldkirch, Landkreis Emmendingen) stattfanden.[628] Insgesamt sind 69 Veranstaltungen mit Datum aufgeführt, das entspricht durchschnittlich etwas mehr als vier Veranstaltungen jährlich. Den Höhepunkt bildete das Jahr 1988 mit 12 Veranstaltungen, den Tiefpunkt das Folgejahr 1989 mit nur einem Konzert.[629] Vom Genre werden die einzelnen Acts vor allem dem Rock zugeordnet, zum Teil mit Präzisierungen wie „Deutschrock", „Krautrock", „Hardrock", andere Zuordnungen nennen „Metal", „Jazz", „Punk" o. ä.[630]

Nichtmusikalische Darbietungen/Shows

Diskotheken im ländlichen Raum boten in der Vergangenheit ebenso nichtmusikalische Programme an: Gegen Eintritt konnten die Gäste verschiedenen Showformaten beiwohnen und sich unterhalten lassen – vom Cabaret über Hypnose-Shows bis zum Frauen-Catchen. Auf die große Akzeptanz solcher Veranstaltungen verweist 1988 Michael Maus – unter der sexistischen Überschrift „Shows – wie Sie mit wenig Busen viel Geld verdienen".[631] Er führt aus:

---

625 Vgl. https://www.schwarzwaelder-bote.de/inhalt.braeunlingen-dr-quincy-sagt-bei-konzert-ade.cf5cb591-471e-49b4-a484-0577324e3266.html [28.08.2018].
626 Sammlung Kai-Uwe Bitsch, Zeitungsartikel vom 20. März 1992.
627 Ebd., Zeitungsinserat vom 20. Mai 1992, die Veranstaltung trug den Titel „Hip Hop + Rap Festival".
628 https://www.facebook.com/ArcheWaldkirch/ [21.02.2019], Posting vom 16. November 2014.
629 Ebd.
630 Ebd.
631 Maus 1988, 58.

Showveranstaltungen sind, wie die Marktanalyse zeigt, bei Teilen des Discothekenpublikums durchaus beliebt. Die Palette reicht dabei von der anspruchsvollen Modenschau bis zum „Hausfrauen-Laienstrip", vom Dauerbrenner „Hypnoseshow" bis zur Eintagsfliege „Dirty Dancing", von der Michael-Jackson-Imitation bis zur original bayrischen Blaskapelle.[632]

Maus empfahl den Betreibern von Diskotheken, sich erstens nach ihrem Budget, zweitens nach dem Geschmack des Publikums zu richten. Beliebt seien besonders drei Arten von Veranstaltungen: 1. Shows, bei denen Menschen mit besonderen Begabungen und seltenen Fähigkeiten vorgeführt werden (z.B. Artistik, Hypnose, Travestie), 2. Mitmach-Shows, 3. Erotik-Shows, „bei denen (möglichst viel) nackte Haut zu sehen ist".[633] Maus räumt ein, dass die zuletzt genannten Veranstaltungen oft als „geschmacklos" und „diskriminierend" wahrgenommen würden, aber eben doch beliebt seien.[634] Immerhin rät er zur Geschlechterausgewogenheit: „Ca. 50% Ihrer Kunden sind weiblich. Warum also keinen ‚Männer-Laienstrip' oder keine ‚Herren-Reizwäsche-Modenschau'?"[635]

Die Shows sollten an den publikumsschwachen Tagen angeboten werden, also nicht am Freitag oder Samstag.[636] In dem Buch „Discothekenmanagement" wird auch die von den Wirten beklagte „unbefriedigende Kosten/Ertrags-Relation" genannt, schließlich kosteten „passable Shows" schnell über eintausend Deutsche Mark.[637] Abgesehen davon, dass man an Showtagen die Getränkepreise moderat erhöhen könne, legt Maus das Augenmerk nicht auf die „Kosten/Ertrags-Relation", sondern auf die „Kosten/Nutzen-Beziehung".[638] Shows hätten vielfältige Funktionen, sie trügen zur Imagebildung und zur Werbung bei, sie könnten auch ein Lokal im Vergleich zur Konkurrenz profilieren.[639] Auf betriebswirtschaftlicher Ebene schlägt Maus vor, die Kosten für die Shows hälftig dem Werbeetat zuzurechnen. Selbstverständlich ändere das die Kassenlage nicht (Einnahmen vs. Ausgaben), aber eine andere Kostenzuordnung erlaube einen neuen Blickwinkel: „Wenn Sie die Rentabilität Ihrer Showveranstaltungen berechnen, dürfen Sie die Werbe-Effekte nicht außer Acht lassen."[640]

Anhand der Quellen aus dem „Waldpeter" in Schönwald (Schwarzwald-Baar-Kreis) kann nachvollzogen werden, welche Programme dem Publikum angeboten wurden.

---

632 Ebd.
633 Ebd., 59.
634 Ebd.
635 Ebd.
636 Ebd., 60.
637 Ebd.
638 Ebd.
639 Ebd., 61.
640 Ebd.

Die bereits genannte Autorenlesung mit Günter Wallraff wurde am 8. April 1981 abgehalten. Wallraff war damals aufgrund seiner kritischen Recherchen und Publikationen zur „Bild"-Zeitung populär.[641] Laut einem Zeitungsbericht „fand ein großes, überwiegend jugendliches Publikum den Weg nach Schönwald", um Wallraff zu hören und mit ihm zu diskutieren.[642] Weniger ernst ging es am 30. November des gleichen Jahres zu: In einem Inserat wurde die Musikkabarettgruppe „Insterburg & Co" als „Deutschlands erfolgreichste Lachnummer" beworben.[643] Der Eintritt betrug fünf Deutsche Mark. Im „Waldpeter" trat gleichfalls der Kabarettist Hans Scheibner auf, laut Zeitungsbericht folgten 120 Menschen der Einladung der SPD-Ortsvereine der Gegend.[644] 1991 gab es im Juni eine „Große Bademodenshow" und eine „Große ,Beach-Party'", bei der die „schönste und ausgefallenste Strandbekleidung" prämiert wurde.[645] Im Februar 1992 schließlich fand im „Waldpeter" eine „esoterische Nacht" statt, bei der ein Hellseher auftrat.[646]

Zur Angebotsvielfalt ländlicher Diskotheken gehörte auch die Durchführung erotischer Darbietungen bzw. erotischer (aus heutiger Sicht: sexistischer) Shows. Im Jahr 1977 beantragte beispielsweise die Diskothek „Ex" in St. Georgen (Schwarzwald-Baar-Kreis) beim Landratsamt Villingen-Schwenningen den Betrieb als „Schank- und Speisewirtschaft mit Filmvorführung, Tanz-, Musik- und Gesangsdarbietungen betreiben zu dürfen".[647] Gleichzeitig wurde ein „Antrag auf Genehmigung nach Paragraph 33a der Gewerbeordnung auf tänzerische Vorführungen mit Striptease" gestellt.[648] Diese gesetzliche Bestimmung regelte den Auftritt von Menschen (auch Gesang, Konzerte, Zauberkunststücke, Ringkämpfe etc.) in einem gewerblich-öffentlichen Rahmen zum Zwecke der Unterhaltung.[649] Die beantragten Aufführungen sollten allerdings „ausschließlich im Clubraum des Tanz- und Unterhaltungslokals EX in St. Georgen" stattfinden, „welcher durch einen gesonderten Eingang zu betreten ist".[650] Über Agenturen sollten „Tanzgruppen, Einzeltänzer, Sänger und Künstler anderer Art (z.B. Zauberer)" engagiert werden.[651] Der Betreiber versicherte im gleichen Schreiben, „dass die normale Sittlichkeit der Bürger" (gemeint war das sittliche Empfinden) nicht über Gebühr beansprucht werden solle. Was aus dem

---

641 1977 publizierte er den Bestseller: „Der Aufmacher. Der Mann, der bei ,Bild' Hans Esser war."
642 Sammlung Kai-Uwe Bitsch, Bericht des „Schwarzwälder Boten" vom 10. April 1981.
643 Ebd., Zeitungsinserat.
644 Ebd., undatierter Zeitungsbericht.
645 Ebd., Zeitungsinserat im „Südkurier".
646 Ebd., Bericht des „Schwarzwälder Boten" vom 21. Januar 1992.
647 Staatsarchiv Freiburg, G1261/1, Schreiben vom 6. Juni 1977.
648 Ebd. – Vgl. hierzu Kapitel 2.3 der vorliegenden Studie.
649 Vgl. Fröhler/Kornmann 1978, 207f.
650 Staatsarchiv Freiburg, G1261/1, Schreiben vom 6. Juni 1977.
651 Ebd.

Unterhaltungsangebot geworden ist und wie es von den BürgerInnen von St. Georgen aufgenommen wurde, verraten die eingesehenen Akten der Gewerbeaufsicht leider nicht.

Eine gewisse Portion Erotik wurde auch den BesucherInnen des „Waldpeter" geboten. Im August 1991 fand beispielsweise unter dem Titel „Supersexy" eine „Wahl der Miss Busen" statt, im September gab es einen „Men-Strip".[652] Die zuletzt genannte Veranstaltung war „nur für weibliche Gäste" vorgesehen.[653] Im gleichen Monat warb die Diskothek mit einer „witzigen, frechen Kondom-Modenshow"[654] – was hier genau wie gezeigt wurde, konnte nicht ermittelt werden. Offenbar kam die Präsenz des Pornostars Sybille Rauch bei den BesucherInnen nicht so gut an, jedenfalls war dieser Ansicht der Berichterstatter des „Südkuriers".[655] Im Mai 1992 fand schließlich die „Wahl der Miss Schwarzwald" statt.[656] Die öffentlichen Sexismus- bzw. Feminismusdebatten waren offensichtlich Anfang der 1990er Jahre noch nicht in allen ländlichen Regionen angekommen; der „Schwarzwälder Bote" meinte jedenfalls, die jungen Frauen hätten sich „Prozeduren" unterziehen müssen, „die Feministinnen zum Kochen gebracht" hätten, etwa die öffentliche Zurschaustellung im Badeanzug.[657] Einigen Zuschauern sei dies nicht genug gewesen: „Sie forderten die Schönheiten beharrlich, jedoch erfolglos auf, sich doch ganz auszuziehen."[658]

Wiederum eine andere Idee, um die Gäste zu unterhalten, wurde in der Diskothek „Blockhaus" (Haslach, Ortenaukreis) erwogen. 1981 stellte der Betreiber beim Landratsamt einen Antrag auf „öffentliche Filmvorführungen".[659] Die „einfachen Spielfilme, die über 16 Jahren freigegeben sind", sollten über eine vorhandene Videoanlage bzw. mit einem 16mm-Filmprojektor gezeigt werden.[660] Das Lokal beeilte sich zu versichern, dass keine „Sexfilme" zur Aufführung kämen. Die Filme sollten das „Wochenprogramm abrunden, bzw. helfen, die Tanzverbots-Sonn- und Feiertage zu überbrücken",[661] d.h. das Angebot sollte einerseits differenziert werden, andererseits wollte man neue Anreize für den Besuch des Lokals geben.

---

652 Sammlung Kai-Uwe Bitsch, Zeitungsinserate.
653 Ebd.
654 Ebd.
655 Ulrich Hilser: Talkshow kam nicht an. Pornostar Sybille Rauch im Waldpeter in Schönwald. In: „Südkurier", Mittwoch, 25. September 1991 (Sammlung Kai-Uwe Bitsch).
656 Sammlung Kai-Uwe Bitsch, Zeitungsinserat.
657 Ebd., Artikel vom 4. Mai 1992.
658 Ebd.
659 Stadtarchiv Haslach (Gewerbeakte „Blockhaus"; Landratsamt Ortenaukreis), Antrag vom 12. Februar 1981.
660 Ebd.
661 Ebd., zu den Tanzverboten vgl. Kapitel 4.5 dieser Studie.

Spiele und Verlosungen

Innerhalb des Diskothekenbetriebs gab es kleinere Einlagen, die der Unterhaltung dienten. Verschiedene Spiele sollten die Gäste nicht nur erfreuen, sondern auch Gemeinschaft erfahrbar machen; die Spiele dienten zugleich (insbesondere Verlosungen) der Kundenbindung. Das niederschwelligste Angebot der (nichtmusikalischen) Unterhaltung waren Witze, die der Discjockey in die Moderation einstreuen sollte. In einem Anleitungsbuch wurde empfohlen, sich an der Theke umzuhören oder aus Zeitungen und Illustrierten „Volkswitze" herauszusuchen: „Wetten, daß die auch ankommen?"[662] An anderer Stelle schreibt der Autor, der Discjockey solle „mit Gags am Mann" bleiben, in eigentümlicher Diktion wird angeraten: „Die Brisanz einer schlagkräftigen Ironie muß dabei sehr weitgestreut sein."[663] Der nächste Schritt der Unterhaltungskunst eines Discjockeys stellte die Durchführung von kleinen, unaufwändigen Spielen dar.

> *„Nichts ist so wertlos, als daß es nicht als Gesellschaftsspiel angenommen werden kann"*
>
> Es ist sehr verwunderlich, wie gerne Erwachsene sich an Spielen beteiligen. Angefangen vom Heberkuß[664]-Match bis zur Hoolahoop-Ralley, alles kann zum Zug kommen. Nichts ist so wertlos, als daß es nicht als Gesellschaftsspiel angenommen werden kann. In manchen Discos ist extra ein Tag pro Woche vorgesehen, an dem hauptsächlich gespielt wird.
>
> Um Anreiz zum Mitspielen zu schaffen, werden lukrative Preise ausgesetzt, normale Pokale neben Wanderpokalen.
>
> Wenn Sie keine Ideen für Gesellschaftsspiele haben, fragen Sie doch einmal in einer Buchhandlung an. Aber Vorsicht, mancher Titel verspricht mehr, als er inhaltlich bietet. Schnuppern Sie ruhig ein paar Seiten durch, ehe Sie sich zum Kauf entscheiden. Mit den vorrätigen Ideen können Sie eine höhere Qualifikation [als Discjockey] erreichen, mit der es möglich ist, einen Co-Bewerber auszustechen.
>
> Die Moderation eines solchen Spielabends sollte unbedingt beim Spielmacher selbst liegen. Lassen Sie sich einen solchen Anlass nicht durch irgendwelche überkecken Besserwisser aus den Händen nehmen. Etwas Kulanz ist

---

662 Maier 1979, 35.
663 Ebd., 53.
664 Unklar ist, ob hier „Negerkuss" gemeint ist, eine früher übliche (rassistische) Bezeichnung für eine Süßspeise, die heute unter den Begriffen „Schokokuss" oder „Schaumkuss" vertrieben wird.

> wünschenswert, andere sollen und müssen auch einmal an den Drücker kommen, doch darf niemals Zweifel darüber aufkommen, wer „hier der Boß ist".
>
> Darüber hinaus können Sie als Discjockey sicher sein, daß die Leute über Sie reden werden. Ob lobend oder in tadelnder Kritik, das haben Sie persönlich in der Hand.
>
> *Hugo Maier: Discjockey. Frankfurt 1979, 37.*

Die gleiche Anleitungsschrift ermunterte ebenso zu „Nachwuchswettbewerben".[665] Aus Sicht der Diskothek gehe es nicht in erster Linie um die Gewinnung und Prämierung von NachwuchskünstlerInnen, sondern um die damit verbundenen Umsatzsteigerungen: Der „Möchtegern-Star" käme schließlich nicht allein, sondern bringe seine Freunde mit.[666] Als weitere Partizipationsmöglichkeit für die Gäste werden Hitparaden vorgeschlagen. Diese hätten nicht nur den Zweck des Spiels, sondern ließen auch erkennen, „wohin der Geschmack des Publikums tendiert".[667] Es sollten – um die Exklusivität und Ernsthaftigkeit der Wahl zu unterstreichen – eigens Stimmkarten gedruckt werden: „Wie die Wahl durchgeführt wird, bleibt dem Discjockey überlassen."[668] Man könne alternativ zur Wahl auch eine Jury von Gästen aufstellen.[669] Erfolgversprechend seien auch Tanzspiele, insbesondere für ältere Gäste.[670]

Welche Spiele im Untersuchungsgebiet durchgeführt wurden, zeigen wiederum die Quellen aus dem Gasthaus „Zum Engel". Als Veranstaltungsort diente der Saal, in dem aber auch weiterhin andere Vergnügungen, wie zum Beispiel Bälle an Fastnacht, stattfanden.[671] Am 13. Februar 1980 wurde ein „Disco-Quiz mit schönen Preisen" veranstaltet, am 19. Februar des gleichen Jahres fand ein „Jugendball" als „Disco 15.00–18.00 [Uhr]" statt.[672] Es gab verschiedene Verlosungen, etwa wurden im November 1980 „8 Tage Sölden Tirol im Wert von 400,-- DM" ausgelobt.[673] Das Verfahren war einfach: An jedem Novembersamstag wurden aus den Eintrittskarten fünf Personen ausgelost. Am Monatsende stand dann in einem zweiten Schritt

---

665 Ebd., 37.
666 Ebd.
667 Ebd., 39.
668 Ebd., 40.
669 Ebd.
670 Ebd., 41ff. – Das Buch gibt weitere Tipps und Spielanleitungen (124–147), endend mit der Frage: „Denn warum sollte aus einer Discothek nicht auch zeitweilig eine ‚Playothek' oder gar eine ‚Gameothek' werden?"
671 Sammlung Karl Hummel, Programm „Fasnet [19]89 im ‚Engel' Neuhausen".
672 Ebd.
673 Ebd., Informationsblatt des Gasthauses „Zum Engel", November 1980.

der Sieger fest: Aus den 20 Personen wurde ein Gewinner gezogen.[674] Zuweilen wurden im „Engel" auch Eintrittskarten und Verzehrgutscheine verlost,[675] im September 1981 gab es ein Gewinnspiel, bei dem alkoholische Getränke als Preise winkten:

> Der Sommer geht langsam zu Ende. Mit ihm auch die Zeit, in der man bei Bier und Grillwurst im Zelt oder im Freien sitzt. Kurzum, jetzt kommt wieder die Zeit für Disco und Tanz. Ohne viel Werbung ist bei uns die neue Saison angelaufen. Wir wollten die teure Werbung etwas einschränken und Euch zugute kommen lassen. Zum Beispiel führen wir an den nächsten Samstagen ein Gewinnspiel durch. Pünktlich um 21 Uhr erhält jeder Gast ein Los mit einer Nummer und schon ist er gewinnberechtigt. Pünktlich um 23 Uhr ziehen wir die glücklichen Gewinner.
>
> 1. Preis   1 Fl. Asbach 0,7 l
> 2. Preis   1 Fl. Cincano
> 3. Preis   1 Fl. Sekt
> 4. Preis   1 Piccolo
> 5. Preis   1 kl. Fl. Kirschwein 0,2 l[676]

Der Zweck des Gewinnspiels ist klar herauszulesen: Es diente erstens der Kundenbindung, sollte zweitens (anstelle kommerzieller Werbung) BesucherInnen anlocken und drittens die Verweildauer erhöhen.

Zwischen einer Show, bei der Menschen mit einer besonderen Begabung auftreten, und einer Mitmachveranstaltung war der „Große Wettbewerb im Break-Dance" angesiedelt, den das Gasthaus „Zum Engel" im Dezember 1983 durchführte. Der handgeschriebene (und anschließend vervielfältigte) Werbeaufruf bezog sich zunächst auf den Kinofilm „Flashdance" (USA 1983).[677] Der „heiße Tanzstil" erinnere an „Roboter-Akrobatik", hieß es damals, eine ganze Reihe von Gästen seien schon vom „Break-Dance-Fever" angesteckt worden und daher solle ein Wettbewerb in der Diskothek stattfinden.[678] Eine „Super Light-Show und special effects" seien geboten, dazu wurde noch ein weiteres Partizipations- bzw. Mitmachangebot gemacht: „Wer die oder der Beste ist, das sollt ihr Alle entscheiden: Das Publikum als Jury!"[679] Preise lockten zusätzlich, ausgelobt wurden für den ersten Preis 50 Deutsche Mark in bar.[680]

---

674 Ebd.
675 Ebd., Dezember 1980; Januar 1981.
676 Ebd., September 1981.
677 Ebd., Dezember 1983.
678 Ebd.
679 Ebd.
680 Ebd.

Das „Waldpeter" geizte ebenfalls nicht mit Unterhaltungsangeboten außerhalb des normalen Disco- und Livebetriebs. Im September 1991 gab es beispielsweise eine „neue Spiel-Show" mit dem Namen „Titti fritti",[681] vermutlich eine Nachahmung der Erotik-Spielshow „Tutti frutti", die von 1990 bis 1993 vom Sender RTL plus ausgestrahlt wurde.[682] Gleichfalls im September des gleichen Jahres wurde ein „Teenager-Nachmittag mit großer Hypnose-Show" angeboten, gefolgt von einer „Jux-Ralley", die im Oktober 1991 auf dem Parkplatz des „Waldpeter", also außerhalb der Galerie bzw. der Diskothek, startete.[683] Bei einem „Oktoberfest" im gleichen Jahr dachten sich die Veranstalter humorvolle Spiele aus, etwa „Baumstammwettsägen", „Knödelwettessen", „Wettjodeln" oder „Maßkrugstemmen".[684] Die Spielideen zeigen, dass ein enger Konnex zum Thema „Oktoberfest" gesucht wurde, auch das Speiseangebot richtete sich danach aus.[685] Nur die angekündigte „DiXimusik" setzte einen anderen, eigenen Akzent. Spiel und Spaß verhieß die Silvesterparty zum Jahreswechsel 1991/1992, die als Mottoparty „Die 60-er Jahre!" beworben wurde:

> Kleidung im Stil der 60er sollte für alle selbstverständlich sein. Die Originellsten können an einer Ausscheidung teilnehmen, bei der es 1 Woche Florida Flug, Hotel und Transfer, ins Land des Petticoats, der Jeans und Cadillacs zu gewinnen gibt. Als weitere High Lights bieten wir Euch: Sektsonderpreise, Euren Biorhythmus mit Vorausschau ins neue Jahr, eine Lichtshow, die Jahreshitparade, Sound der 60er-Jahre, […] und last not least wird unter den Gästen des Abends eine Superverlosung mit vielen Preisen, bei der ein Motorroller der Hauptpreis ist, stattfinden.[686]

Spiele, die einen Loskauf voraussetzten, galten rechtlich als Lotterien (mit Geldgewinnen) bzw. als Ausspielungen (mit Sachgewinnen). Diese waren erlaubnispflichtig. In einem Vorgang aus dem Jahr 1985 wurde dies problematisiert: Das Landratsamt Breisgau-Hochschwarzwald wandte sich in einem Schreiben an die Diskothek „Fuchsbau" in Kirchzarten. In diesem Betrieb, so die Aufsichtsbehörde, fänden „Unterhaltungsspiele" statt (genannt werden die Spiele „Lucky Run" und „Happy 90"), für die es keine Genehmigung gebe.[687] Nach dem Lotteriegesetz des Landes Baden-Württemberg aus dem Jahr 1982, so das Amt weiter, bedürften solche öffentlichen Lotterien und Ausspielungen einer Erlaubnis, die jedoch nur dann zu erteilen sei, wenn der Reinertrag „ausschließlich und unmittelbar gemeinnützige,

---

681 Sammlung Kai-Uwe Bitsch, Werbeinserat.
682 Vgl. https://de.wikipedia.org/wiki/Tutti_Frutti_(Show) [06.02.2019].
683 Sammlung Kai-Uwe Bitsch, Werbeinserat.
684 Ebd., Inserat im „Schwarzwälder Boten" vom 23. Oktober 1991.
685 Ebd.
686 Ebd., Werbeinserat vom 28. Dezember 1991.
687 Gemeindearchiv Kirchzarten, Gewerbeakte „Diskothek Fuchsbau", Schreiben vom 3. April 1985.

mildtätige oder kirchliche Zwecke" fördere.[688] Mit anderen Worten: Es durften keine Spiele mit Losen durchgeführt werden, deren Ertrag an den Betreiber ging. „Diese Voraussetzungen sind bei den in Diskotheken veranstalteten Unterhaltungsspielen mit Sicherheit nicht gegeben", folgerte das Landratsamt. Der Betreiber wurde aufgefordert, die Spiele sofort einzustellen, ansonsten drohe die polizeiliche Unterbindung.[689]

4.5 Diskothek als soziale und kulturelle Praxis: Konflikte

Gaststätten im Allgemeinen, Diskotheken im Besonderen, sind als Orte der Geselligkeit und der Unterhaltungskultur mit spezifischen Konfliktsituationen verbunden. In den Gewerbeakten wie in der Presse werden die folgenden Problemfelder immer wieder benannt: Alkoholmissbrauch mit den Folgen Gewalt und Verkehrsunfälle, Drogendelikte sowie mit dem Diskothekenbetrieb verursachte Ruhestörungen, direkt durch die gespielte Musik und die feiernden Gäste, indirekt durch an- und abreisende Besucher (Lärm durch Kraftfahrzeuge, Türenschlagen, Unterhaltungen auf dem Parkplatz etc.). Zeitgenössisch wurden diese Probleme sehr genau wahrgenommen und oft genug mit kulturkritischen Untertönen versehen: So sahen die Autoren des Bandes „Jugend in Trance?" (der Titel ist immerhin mit einem Fragezeichen versehen) in der Diskothek generell ein zu bearbeitendes „Problemfeld".[690] Solche Perspektivierungen finden sich auch in den Akten und Presseberichten; sie schildern keine bloßen „Fakten", sondern bilden Diskurse ab. Die heute verfügbaren Quellen stammen von Personen und Institutionen (etwa Behörden, Diskothekenbetreibern, Beschwerdeführern, Rechtsanwälten, Journalisten), die in ihre Zeit eingebunden waren und aus einem spezifischen Vorverständnis heraus argumentierten (etwa hinsichtlich der Vorstellungen von Bürgerlichkeit und der Sicherstellung öffentlicher Ordnung, jugendlicher Delinquenz, legitimer und illegitimer Unterhaltungsbedürfnisse etc.). Wenn im Folgenden bestimmte Konfliktsituationen mit einzelnen Lokalen im Untersuchungsgebiet in Verbindung gebracht werden, ist der Zusammenhang der jeweiligen Quellenlage geschuldet. Sie dienen als Beispiele, die meisten der geschilderten Probleme gab es in vielen Betrieben.

---

688 Ebd.
689 Ebd.
690 Neißer; Mezger; Verdin 1981, 7.

Nächtliche Ruhestörung

In der 1968 in Freudenstadt (Landkreis Freudenstadt) eröffneten Diskothek „Barbarina" – auch diese wurde noch lange Zeit als „Tanzbar" oder „Jugendtanzlokal"[691] bezeichnet – lassen sich gut die Diskurse nachzeichnen, die um das Thema „nächtliche Ruhestörung" kreisen. Freudenstadt war damals eine Stadt unter 20.000 Einwohnern,[692] der gesamte Landkreis wurde 1968 noch nicht einmal von 100.000 Menschen bewohnt; die Bevölkerungsdichte von knapp 100 Personen pro Quadratkilometer war auch für damalige Verhältnisse gering.[693] In Freudenstadt beschwerten sich die Anwohner schon im Monat der Eröffnung über das Lokal, insbesondere über die an- und abfahrenden Autos bzw. die BesucherInnen, die lautstark dort eintrafen oder die Diskothek wieder verließen. Kulturwissenschaftlich wie jugendpsychologisch lässt sich dieser Umstand leicht erklären: Es handelt sich dabei um ein Ritual, nach Joachim Malchau brachte es „seit altersher besonderes Sozialprestige" ein, „mit dem eigenen Wagen zum Bankett vorzufahren".[694] Dies könne man den Jugendlichen nicht verübeln – obgleich für derartige Begleiterscheinungen der Discokultur der Betreiber in Haftung genommen werden könne.[695]

Genau dies geschah in Freudenstadt: Die Polizei nahm entsprechende Berichte auf, Stadt und Landratsamt versuchten, die Verhältnisse zu ordnen. Zwei Jahre nach Inbetriebnahme, im Dezember 1970, verfügte das Landratsamt eine Vorverlegung der Sperrstunde auf 23 Uhr wochentags bzw. 24 Uhr samstags[696] – für den Betrieb einer Diskothek ohne Zweifel eine einschneidende Maßnahme. Im „Schwarzwälder Boten" war Mitte Dezember zu lesen, dass eine Vorverlegung der Polizeistunde beschlossen worden sei, weil durch die Anlieger „schwerste Vorwürfe" erhoben wurden, „die in ihrer Nachtruhe bedenklich gestört seien".[697] Es lägen ärztliche Bescheinigungen vor, auch die Landespolizei „habe die Klagen vollauf bestätigt".[698] Dies war allerdings bei diesem Konflikt noch nicht das letzte Wort: Das Verwaltungsgericht hob die Verfügung vorläufig wieder auf, nicht zuletzt weil die Inhabe-

---

691 Stadtarchiv Freudenstadt, Gewerbeakte „Tanzbar Barbarina", Schreiben eines Bürgers an das Landratsamt Freudenstadt vom 20. Juli 1970.
692 Statistisches Landesamt Baden-Württemberg, https://www.statistik-bw.de/BevoelkGebiet/Bevoelkerung/01515020.tab?R=GS237028 [04.03.2019].
693 Statistisches Landesamt Baden-Württemberg, https://www.statistik-bw.de/BevoelkGebiet/Bevoelkerung/01515020.tab?R=KR237 [04.03.2019].
694 Malchau 1991, 37.
695 Ebd.
696 Stadtarchiv Freudenstadt, Gewerbeakte „Tanzbar Barbarina", Verfügung des Landratsamtes vom 7. Dezember 1970.
697 Schwarzwälder Bote, 16. Dezember 1970; freundliche Zusendung des Stadtarchivs Freudenstadt.
698 Ebd.

rin des Lokals glaubhaft machen konnte, dass ihr dadurch „schwere Nachteile" entstünden:

> Diskotheken würden vorwiegend in den späteren Abendstunden besucht, und zwar vom zahlungskräftigeren Publikum, das mit Vorliebe erst nach dem Ende der für Jugendliche über 16 Jahre geltenden Tanzzeit bis 22 Uhr kommt.[699]

Zuletzt wies das Landratsamt den Widerspruch der Betreiberin zurück, es folgte eine Klage vor dem Verwaltungsgericht.[700]

Amtliche Klarstellung: Kein Lärm in der Kurstadt!

Der starke Lärm rührt im wesentlichen daher, daß Ihre Bar im wesentlichen jugendliches Publikum anzieht, das seine Fahrzeuge im Bezug auf die Geräuscherzeugung wenig rücksichtsvoll bedient. Die Jugendlichen lassen die Motoren ihrer Fahrzeuge lange laufen, fahren rasch an, knallen die Türen und unterhalten sich lautstark auf der Straße. Nach Ihren eigenen Angaben verzeichnen Sie oft in Ihrer Bar an einem Abend mehrere hundert Besucher. [...]

Nach § 5 der Polizeiverordnung der Stadt Freudenstadt zur Bekämpfung gesundheitsschädigenden Lärms im Stadtgebiet von Freudenstadt vom 27. März 1963 ist in Gaststätten, Vergnügungs- und Versammlungsräumen aller Art das Schließen von Türen und Fenstern vorgeschrieben, wenn in diesen Räumen gesungen, musiziert oder ein mechanisches Musikgerät in Betrieb genommen wird. § 5 Abs. 2 dieser Verordnung untersagt das Singen, Musizieren und Betreiben von Musikapparaten nach 23.00 Uhr in Gaststätten. [...]

Die grundsätzliche Untersagung des Singens, Musizierens und des Betriebes mechanischer Musikapparate nach 23.00 Uhr unter dem Vorbehalt einer Ausnahmegenehmigung ist in einer Stadt, in der das Kurleben die Existenzgrundlage eines großen Teiles der Bevölkerung bildet, das geeignete Mittel, Bevölkerung und Kurgästen die notwendige Nachtruhe zu verschaffen.

Verfügung des Landratsamtes Freudenstadt vom 24. Dezember 1970, Stadtarchiv Freudenstadt.

In späteren Beschwerdebriefen scheinen über das eigentliche Problem – die Ruhestörung – hinausgehend kulturelle Konflikte auf, etwa wenn es in einem Schreiben einer Anwohnerin an das Bürgermeisteramt Freudenstadt heißt, man könne durch-

---

699 Ebd., 27. Februar 1971.
700 Stadtarchiv Freudenstadt, Gewerbeakte „Tanzbar Barbarina", Schreiben eines Rechtsanwaltes an das Verwaltungsgericht Sigmaringen vom 8. Januar 1971.

aus verstehen, „wenn die [Jugendlichen] aus dem saumäßigen Krach rauskommen, sich erst an die Nacht gewöhnen" müssten, aber man könne kein Verständnis dafür aufbringen, dass man in Freudenstadt „nur die Geldleute unterstützt ihren Geldsack zu füllen, wenn auch der anständige Bürger dadurch gesundheitlichen Schaden erleidet".[701] Hier werden genau definierte und differenzierte Rollenerwartungen formuliert und dabei die Jugendlichen genauso kritisch in den Blick genommen wie die Betreiber der Tanzbar und das Bürgermeisteramt, das aus Sicht der Beschwerdeführerin nicht seiner Aufgabe nachkam, für Ruhe und Ordnung zu sorgen. Aus den vielen dokumentierten Schreiben kann geschlossen werden, dass die Anwohner subjektiv sehr an dem Zustand gelitten haben. 1979 beschreibt es ein Bürger in drastischen Worten:

> Die Nachtbelästigung und Ruhestörung der Gäste des Schuppenlokals Barberina [recte: Barbarina] (so kann man es nur nennen) geht fast jeden Abend von 21.00 Uhr bis 1 Uhr ins Extreme und über das Maß der Anständigkeit und Rücksichtslosigkeit hinaus. Alle Bewohner der Hindenburgstrasse wie wir in der Ludwig Jahn-Hindenburg Str. werden durch das dauernde Durchfahren der Fahrzeuge der Barberina-Gäste im Motorenheulton im Rennfahrertempo sowie Schreien und Lärmen konfrontiert.[702]

Der Absender greift die Jugendlichen an, die, „nachdem sie sich in dem Räucherlokal, der aufreizenden Musik und dem Alkohol protzige Kraft angetrunken haben", auf der Straße lärmten. Auch die Stadt trage Mitschuld an der Misere, weil sie die Genehmigung für eine „Tanzbar niedrigen Stils" erteilt habe und die Ruhestörung dulde. Sechs Jahre später gab derselbe Bürger nochmals seinem Unwillen Ausdruck. Zugleich macht sein Brief von 1985 erneut deutlich, dass er die zeitgenössische Jugendkultur nicht verstehen konnte:

> Ich möchte hierbei klipp und klar sagen, es geht hier nicht um den Betrieb innerhalb des Schuppens, lediglich um das Benehmen der Gäste vor dem Lokal wie Hof und Strasse. Was in dem Lokal geschieht, kann man nur ahnen und begreifen, wenn man beobachtet in welchem Zustand die Jugend da raus kommt. Für mich ist eine Disko ein Schuppen, in der die Jugend restlos verheizt wird. (So heißt das im heutigen Sprachschatz der Zeit.)[703]

Sein Unverständnis – das über den eigentlichen Anlass, nämlich die Lärmbelästigung durch das Lokal, seine Gäste und den damit verbundenen Verkehr weit hinausgeht – fasst der Mann in den beiden Sätzen zusammen „Es wird gefahren wie die Sau!!!!!! Soll das unsere Jugend sein und werden!!!??"[704] Ein junges Mädchen habe er gefragt, warum sie in diese Tanzbar gehe, „es gäbe doch schönere Lokale hier". Die

---

701 Stadtarchiv Freudenstadt, Gewerbeakte „Tanzbar Barbarina", Brief vom 22. Dezember 1979 an das Bürgermeisteramt Freudenstadt.
702 Ebd., Schreiben vom 19. August 1979 an das Bürgermeisteramt.
703 Ebd., Schreiben vom 25. Juli 1985 an das Bürgermeisteramt.
704 Ebd.

Jugendliche hat dies wohl als Provokation verstanden und so geantwortet: „Ach ich gehe mal dahin, da ist Musik, Tanz, ein paar dufte Jungens, vor allem aber, wenn ich mich mal so richtig aufgeilen will!!!!"[705] Für den aufgebrachten Bürger war dies ein hinreichendes Urteil über die Diskothek. Der Absender des Briefes beschwerte sich über Gewalt, Vandalismus und unsittliches Verhalten, so hätte ein Mädchen eine Baggerschaufel als Toilette benutzt. Allerdings sah der Mann auch einen sozialen Zusammenhang zwischen Jugendarbeitslosigkeit und „Zerstörungswut" und regte eine Diskussion zwischen Politikern und den Gästen der Disco an. Seine leitenden Werte, die er den Jugendlichen vermitteln wollte, waren „Anstand, Rücksichtnahme und Einsicht".[706] Freilich dürfte sein Vorschlag, die jungen Menschen sollten statt eines Diskothekenbesuchs die städtischen Grünanlangen sauberhalten, deutlich machen, dass der kulturelle Abstand zwischen dem Beschwerdeführer und den Jugendlichen unüberbrückbar gewesen sein dürfte. Das Alter des Mannes geht aus den Akten nicht hervor, aber der Schreibstil, die vertretenen Werte und der Bezug auf den ehemaligen Generalfeldmarschall Hindenburg[707] – die Barbarina-Bar war in der Hindenburgstraße angesiedelt – legen es nahe, dass der Absender zu Beginn des 20. Jahrhunderts geboren wurde.

In dem Streit um die Ruhestörung in Freudenstadt mobilisierte die Diskothek ihre BesucherInnen, die sich für den Betrieb der Tanzbar einsetzten und hierfür das Bedürfnis der Bürger und Gäste der Kurstadt nach „Erholung und Entspannung in angenehmer Gesellschaft, bei Musik und Tanz" anführten.[708] Die Tanzbar argumentierte mit wirtschaftlichen Erwägungen[709] und führte hierzu die Einführung der Europäischen Sommerzeit (1980) an: Da es in den Sommermonaten erst um 22 Uhr dunkel sei, wäre eine Sperrstundenfestsetzung auf 23 Uhr „außerordentlich existenzgefährdend", weil die „meisten Gäste erst bei einbrechender Dunkelheit ein Tanzlokal" aufsuchten.[710] Mehr als 100 Personen haben diese Eingabe des Jahres 1980 unterzeichnet. Wie der Konflikt in Freudenstadt letztlich ausgegangen ist, zeigt die Akte nicht: Die Unterlagen enden mit einer Erklärung der Betreiberin aus dem Jahr 1989, dass der Betrieb der Diskothek von Sonntag bis Freitag um 23 Uhr, am Sonnabend um 24 Uhr und auf der Freiterrasse um 21.30 Uhr eingestellt werden muss.[711]

---

705 Ebd.
706 Ebd.
707 Ebd.
708 Ebd., Brief des Betreibers an das Bürgermeisteramt vom 23. April 1980.
709 Schon zehn Jahre zuvor spielte diese Argumentation eine Rolle, vgl. den weiter oben zitierten Bericht aus dem „Schwarzwälder Boten" vom 16. Dezember 1970.
710 Ebd., Brief des Betreibers an das Bürgermeisteramt vom 23. April 1980.
711 Stadtarchiv Freudenstadt, Gewerbeakte „Tanzbar Barbarina", Erklärung der Betreiberin gegenüber der Stadtverwaltung vom 3. Januar 1989.

In theoretischer Hinsicht ist die Perspektive von Malchau bedenkenswert, derartige Auseinandersetzungen als „strukturelle Interessenkonflikte" zu deuten.[712] Konkret gehe es in solchen Fällen um „Raumaneignungskonflikte",[713] d.h. die Besucher der Disco wie die Anwohner haben einen Herrschaftsanspruch über einen bestimmten Ausschnitt des öffentlichen Raumes und seine adäquate Nutzung. Die Jugendlichen haben sich nämlich nicht nur die Diskothek als Raum angeeignet, sondern auch einen Teil der Straße und zuweilen sogar private Grundstücke, es entsteht „ein Problem von Bewegung und Raum in der Zeit", das durch Formen der Delinquenz (Übertretung von Vorschriften und Gesetzen) verschärft wird.[714] Für die gepeinigten Bürgerinnen und Bürger bedeutete dies einen Kontrollverlust – was auch auf Seiten der vermeintlich Wohlanständigen zu Aggressionen führte. Sie waren der Überzeugung, die öffentlichen Instanzen (Polizei, Behörden) seien verpflichtet, die gewohnte Ordnung und Ruhe wiederherzustellen.[715] Das Gefühl, dass der „private Raum der Anwohner" zum „öffentlichen Nahbereich der Disco" wird, über den die Jugendlichen quasi durch ihre laustarke Präsenz Herrschaft ausüben, verbunden mit einer hohen Mobilität und Fluktuation, verschärft den Konflikt zwischen „Kontrollverlust" der Anwohner und „Kontrollgewinn" der Diskothekenbesucher.[716]

Ein ähnlich schwerwiegender und langanhaltender Konflikt wie in Freudenstadt ist auch für die Diskothek „Fuchsbau" in Kirchzarten (Landkreis Breisgau-Hochschwarzwald) dokumentiert. Dieser Betrieb lag in einem Gewerbegebiet, aber es gab in unmittelbarer Nähe Anwohner, die sich in zum Teil leidenschaftlichen Briefen zwischen der Eröffnung im Jahr 1975 und 1988 an die zuständigen Behörden wandten.[717]

Gegen den Willen der Anlieger?
Auszüge aus Beschwerdebriefen an die Behörden

Nachdem man den Bau einer „Diskothek" gegen den Willen der Anlieger in unserem Wohnviertel bereits genehmigt hat, ist es wohl unangebracht, die belästigten Anlieger jetzt noch nach ihrer Meinung über die Sperrzeit zu befragen [12. Januar 1976].

Nachdem es nicht gelungen ist, die Einrichtung der Diskothek „Fuchsbau" zu verhindern, bleibt uns Nachbarn nichts anderes übrig, als uns mit der Tatsa-

---

712 Malchau 1991, 40.
713 Ebd.
714 Ebd., 40f.
715 Ebd., 52.
716 Ebd., 57ff.
717 Gemeindearchiv Kirchzarten, Gewerbeakte Diskothek „Fuchsbau".

che abzufinden und die verschiedenen Belästigungen, die in jedem Falle mit einer Diskothek verbunden sind, hinzunehmen [13. Januar 1976].

Durch den Lärm der an- und abfahrenden Gäste aus dem Schlaf gerissen, boten sich meiner 8jährigen Tochter Bilder, die keinem Menschen zumutbar sind. Betrunkene Männer pinkelten ohne jede Hemmungen mitten auf die Straße und auf mein Grundstück. Baugeräte, Schubkarren und Fässer werden umgeworfen, ganz zu schweigen von den angetrunkenen Fahrern, die ihre Kunststücke auf der Straße mit ihren Autos aufführen [2. Februar 1976].

Zum Teil kommen in den späten Abendstunden Gäste zur Diskothek Fuchs [bau], die ihrem Benehmen nach schon längst nicht mehr an das Steuer eines Kraftfahrzeuges dürften. Wie die Heimfahrt dann vonstatten geht, kann sich jeder ohne viel Fantasie vorstellen [18. Februar 1976].

Die Abluft des Lokales wird auf mein Grundstück geblasen, so, dass sich bei ungünstiger Witterung der Gestank von Nikotin, Staub und Alkohol auf meinem ganzen Grundstück breit macht [11. Juli 1977].

Sicher ist, daß wir Anwohner in ganz besonderem Maße unter der rücksichtslosen Fahrweise vieler Diskothekenbesucher leiden, die das Gelände zwischen Diskothek und Schreinerei als Rennstrecke benutzen oder minutenlang vor der Diskothek bei laufenden Motoren lärmen. Nicht mindere nervliche Strapazen jedoch bedeutet der Dauerlärm, der durch ständig an- und abfahrende Fahrzeuge zwischen 20 Uhr und 1.30 Uhr verursacht wird [13. September 1977].

Diskothekenbesucher lümmeln in Scharen (z.T. 6–12 Pers.) auf unserer Hauseingangstreppe herum, lärmen und grölen, wiederholte Bitten, das möge doch unterbleiben, wurden selbst unter Androhung einer Anzeige nur belächelt (wie willst „DU" überhaupt feststellen, wer wir sind? Du blöde Kuh hau endlich ab) [7. November 1977].

Gemeindearchiv Kirchzarten, Gewerbeakte Diskothek „Fuchsbau".

Mit den Beschwerden verband sich ein Konflikt um die Sperrzeiten, der ursprüngliche Antrag des Betreibers, das Tanzlokal bis um 2 Uhr in der Nacht offenhalten zu dürfen, wurde vom zuständigen Landratsamt Breisgau-Hochschwarzwald geprüft und schließlich – nach zahlreichen Beschwerden der Nachbarn – abgelehnt.[718] Bemerkenswert ist, dass einige der Beschwerdeführer das Bedürfnis der Jugendlichen nach Musik- und Tanzunterhaltung grundsätzlich anerkannten. Schon vor der Eröffnung des Lokals schrieb ein Bürger: „Daß für die Freizeitgestaltung und Unter-

---

718 Ebd., Schreiben vom 7. Januar 1976 und vom 29. März 1976.

haltung der Jugendlichen etwas getan werden muß, steht außer Zweifel."[719] Zwei Jahre später war in einem Beschwerdebrief zu lesen:

> Wir haben zwar Verständnis, daß eine Gemeinde wie Kirchzarten so einen Treffpunkt für seine jungen Bürger braucht, andererseits ist es aber u.E. nicht zumutbar, den dadurch entstandenen Lärm den Anwohnern zuzumuten.[720]

Grundsätzliche kultur- und jugendkritische Einlassungen wie in Freudenstadt finden sich in Kirchzarten kaum, die Beschwerden beziehen sich vielmehr auf ein konkretes Verhalten, das die Anwohner unangemessen bzw. störend fanden. Zuweilen machte sich allerdings Bitterkeit und Verzweiflung breit, ein Beschwerdeführer aus dem Jahr 1988 schloss seinen Brief mit einem sarkastischen Postscriptum: „Wissen Sie was flüssiger ist als Wasser? – Eine Disco in Kirchzarten ist überflüssig!"[721]

Das Argument, dass die Jugendlichen des Ortes Kirchzarten und der Umgebung einer Diskothek bedürften, griff auch der Betreiber auf. Im Zusammenhang mit der beantragten Verkürzung der Sperrzeit argumentierte der beauftragte Rechtsanwalt folgendermaßen:

> In Kirchzarten und in den übrigen Gemeinden des Dreisamtales [Landkreis Breisgau-Hochschwarzwald] gibt es keine Discothek. Es gibt aber – namentlich in Kirchzarten – eine Vielzahl von zumeist jungen Leuten, die ein dringendes Bedürfnis haben, eine Discothek zu besuchen, namentlich am Wochenende.[722]

Als Nachweis wurde ähnlich wie 1980 in Freudenstadt eine im „Fuchsbau" erstellte Unterschriftensammlung angefügt – mit rund 120 Namen von Gästen, welche eine Sperrzeitverkürzung befürworteten. Diese Nachfrage zeige, so bekräftigte der Anwalt im gleichen Schreiben, dass „ein öffentliches Bedürfnis nach einer Sperrzeitverkürzung" bestehe, da junge Leute „nicht bereits um 12.00 Uhr bzw. 1.00 Uhr nachts nach Hause" wollten.[723]

Einhaltung von Tanzverboten

Eine Besonderheit im deutschen Recht stellen Tanzverbote dar. Ihren Ursprung haben sie in der religiös begründeten Scheu, Sonn- und Feiertage durch weltliche Lustbarkeiten zu entweihen.[724] Das bedeutet: Tanzverbote setzen erstens ein be-

---

719 Ebd., Brief vom 7. April 1975.
720 Ebd., Brief vom 14. August 1977.
721 Ebd., Brief vom 1. August 1988.
722 Ebd., Rechtsanwaltsschreiben an das Landratsamt Breisgau-Hochschwarzwald vom 30. März 1987.
723 Ebd.
724 Vgl. hierzu aus rechtlicher Sicht: Kroboth 2015.

stimmtes Verhältnis von Sakralität und Profanität voraus, und zweitens greifen sie tradierte Vorstellungen obrigkeitlicher Fürsorge auf, nachdem der Staat für die öffentliche Moral genauso zuständig ist wie für die Einhaltung religiöser Vorschriften. Historisch lässt sich dies von der Furcht ableiten, dass ein Gemeinwesen den Zorn Gottes auf sich herabzieht, wenn es nicht die Einhaltung religiös-sittlicher Vorschriften einfordert. Später standen anthropologische Überlegungen im Vordergrund, die Weimarer Reichsverfassung sprach von der „seelischen Erhebung",[725] welche an Sonn- und Feiertagen schützenswert sei. Die Gegner von gesetzlichen Tanzverboten im 20. und 21. Jahrhundert kritisieren diese Vermischung zwischen kirchlicher und staatlicher Sphäre genauso wie sie mit guten Argumenten darauf hinweisen, dass nicht alle Menschen die ethischen und religiösen Überzeugungen teilen, die Tanzverbote an bestimmten Tagen in der Moderne plausibel machen.[726]

Der Schutz der Sonn- und Feiertage ist im Grundgesetz der Bundesrepublik Deutschland niedergelegt.[727] Konkrete Rechtsgrundlage für Tanzverbote war im Jahr 1980 das „Gesetz über die Sonntage und die Feiertage" des Landes Baden-Württemberg in der Fassung vom 28. November 1970.[728] Dort heißt es allgemein, dass die Sonn- und Feiertage als „Tage der Arbeitsruhe und der Erhebung" geschützt seien (§ 5), ohne dass dies näher erläutert oder begründet wird. Die Paragraphen 10 und 11 regeln die Tanzverbote, wobei sich § 10 auf die „öffentlichen Tanzunterhaltungen" bezieht.[729] Demnach sind diese am „Tag der deutschen Einheit [damals: 17. Juni], an Allerheiligen, am Allgemeinen Buß- und Bettag, Volkstrauertag, Totengedenktag und am 24. Dezember von 3 Uhr bis 24 Uhr, am Gründonnerstag, Karfreitag, Karsamstag und am ersten Weihnachtstag während des ganzen Tages verboten."[730] Die Formulierung zeigt, dass es besonders an den Oster- und Weihnachtsfeiertagen, also den zentralen Festen des Christentums (Tod und Auferstehung Christi, Geburt Jesu), eine Scheu gab, Tänze zuzulassen.[731] Kulturanthropologisch bemerkenswert ist

---

725 Zu diesem Begriff, der religiöse und nichtreligiöse Deutungen bzw. Realisierungen zulässt und verfassungsrechtlich garantiert, vgl. Kroboth 2015, 190–197.
726 Zur aktuellen Debatte in Südwestdeutschland und im Schwarzwald vgl. den Artikel „Tanzverbot an Karfreitag: So gehen die Gemeinden der Region damit um" im „Südkurier" vom 10. April 2017; https://www.suedkurier.de/nachrichten/baden-wuerttemberg/Tanzverbot-an-Karfreitag-So-gehen-die-Gemeinden-der-Region-damit-um;art417930,9215518 [13. Juni 2018].
727 Art. 140 Grundgesetz i.V.m. Art. 139 Weimarer Reichsverfassung, vgl. hierzu ausführlich Kroboth 2015, 167–214.
728 Vgl. Gesetzesblatt für Baden-Württemberg 1971, Nr. 1; https://www.landtag-bw.de/files/live/sites/LTBW/files/dokumente/gesetzblaetter/1971/GBl197101.pdf [13. Juni 2018].
729 Ebd.
730 Ebd.
731 Zur rechtlichen Begründung von Tanzverboten vgl. Kroboth 2015, 312–319.

dabei, dass das bloße Erklingen von Musik noch nicht als problematisch empfunden wurde, aber der Tanz durchaus, d.h. eine bestimmte Form der Körperlichkeit.

In der Vergangenheit wurden diese Vorschriften offenbar sehr ernst genommen, wobei unklar ist, ob es sich dabei eher um eine religiös begründete Motivation handelte oder um obrigkeitsstaatliches Denken. 1969 wies die „Tanzdiskothek ‚Bonanza'" (Schwenningen, Schwarzwald-Baar-Kreis) in einem Werbeinserat eigens auf das gesetzliche Verbot hin: Der Betrieb versprach „Täglich TANZ! Auch montags", um zugleich einzuschränken: „Wegen des gesetzlichen Tanzverbotes an allen Fastensonntagen bis Ostern sonntags geschlossen."[732] Auch für die 1968 eröffnete Diskothek „Scotchman" (Emmendingen, Landkreis Emmendingen) sind Quellen vorhanden, die zeigen, dass ein Bewusstsein für das Verbot verbreitet war. In einem Interview berichtet ein ehemaliger Discjockey:

> Der „Scotchman" war eine Diskothek im „Löwen", oben im ehemaligen Saal. Da war sonntagsnachmittags Tanz von 15 bis 18 Uhr. Es gab solche Feiertage, an denen durfte zwar Musik laufen, aber man durfte nicht tanzen. „Feiertagsruhe" hieß das. An Feiertagen wie Totensonntag oder Ostersonntag war Tanzen streng untersagt.[733]

Später wurde das Tanzverbot nicht mehr akzeptiert, wie ein Vorgang aus Emmendingen zeigt. Dort überwachte die Polizei die Diskotheken, und zwar in der Nacht vom 3. auf den 4. April 1980 (Gründonnerstag auf Karfreitag). Laut Gesetz durften an beiden Tagen zu keiner Zeit öffentliche Tanzveranstaltungen stattfinden (von 0 Uhr bis 24 Uhr). Überwachungszeitraum war zwischen 21 und 01.30 Uhr. Die meisten Betreiber hielten sich an das gesetzliche Tanzverbot; so berichtete die Polizei, dass mehrere Diskotheken zwar gut besucht gewesen seien, aber kein Tanz stattgefunden habe. Der Discjockey habe in diesen Lokalen das Tanzverbot mehrmals bekannt gegeben.[734] Andere Betriebe hatten ohnehin geschlossen. In der Diskothek „Big Charly" in Emmendingen hingegen gab es Probleme: Am Gründonnerstag wurde gegen 22.20 Uhr festgestellt, dass sich etwa 15 Paare auf der Tanzfläche befunden hätten.[735] Zum Erstaunen der Polizeibeamten verknüpfte der Discjockey mit dem Tanz ein besonderes Spiel, das auf die gesetzliche Regelung Bezug nahm und diese zugleich lächerlich machte. Die Polizei berichtete, es werde gefragt, was für ein Wochentag sei: „Die tanzenden Paare riefen lauthals ‚Donnerstag'". Danach fragte der Discjockey, was am Gründonnerstag zu beachten sei, „worauf die tanzenden Paare das Wort ‚Tanzverbot' riefen." Schließlich wurde eine Person ausgewählt, welche

---

732 Anzeige in „Die Neckarquelle", 8. März 1969; freundliche Zusendung des Stadtarchivs Villingen-Schwenningen vom 22. März 2017.
733 Auer; Hurth 2007, 71.
734 Bericht des Polizeireviers Emmendingen, adressiert an das Ordnungsamt der Stadt Emmendingen, mit Begleitbrief vom 16. April 1980; freundliche Zusendung des Stadtarchivs Emmendingen.
735 Ebd.

gleichsam „zur Belohnung ein Getränk spendiert bekam."[736] Nach Mitternacht wurde laut Polizeibericht nicht mehr getanzt, jedoch notierte die Polizei bei erneuten Kontrollen weitere Verstöße gegen das Tanzverbot. In der Nacht vom 5. auf den 6. April 1980 (vom Karsamstag auf Ostersonntag) teilte der Betreiber des „Big Charly" der Polizei mit, „daß er nicht daran denke, den Leuten das Tanzen bis um 0.00 Uhr zu verbieten".[737] Das aus Sicht der Polizei uneinsichtige Verhalten trug dem Wirt eine Ordnungswidrigkeitenanzeige ein.[738]

Zuweilen waren es die Wirte selbst, die die Nichteinhaltung des Tanzverbots kritisierten – zumindest, wenn diese in anderen, konkurrierenden Betrieben stattfand. So schrieb der Betreiber der Diskothek „Blockhaus" in Haslach (Ortenaukreis) an das Landratsamt in Offenburg, dass er sich selbst „seit Eröffnung unserer Diskothek vor 15 Jahren" konsequent an diese Vorschrift gehalten habe, „obwohl sie uns zwischenzeitlich als absolut überholt und unrealistisch erscheint".[739] Allerdings müsse er feststellen, dass bei einem Mitbewerber – genannt wird ein Musikclub im benachbarten Hausach – „an Tanzverbotstagen regelmässig getanzt" werde. Der Absender forderte aus verständlichen Gründen „gleiche Wettbewerbsbedingungen" und bat darum, „das Tanzverbot generell aufzuheben" (ein Wunsch, der freilich nicht im Kompetenzrahmen des Landratsamtes lag, weil das Tanzverbot auf gesetzlicher Grundlage beruht) oder aber „alle betreffenden Betriebe" zur Einhaltung zu verpflichten und entsprechend zu überprüfen.[740]

Konsum und Handel mit Drogen

Der Konsum und Handel mit Drogen war in allen Diskotheken ein potentielles Problem: Dort traf sich ein junges Publikum, das im Vergleich zur Elterngeneration für neue Erfahrungen aufgeschlossen war. Das galt für den gesamten Lebensstil, von der Kleidung über die Musik bis hin zu sexuellen Präferenzen und dem Konsum von Stimulanzien bzw. Sedativa. Alkohol- und Tabakgenuss waren ohnehin gesamtgesellschaftlich weit verbreitet. Die zeitgenössischen Quellen zur Drogenproblematik von Jugendlichen bzw. in Diskotheken müssen allerdings in den diskursiven Zusammenhang gestellt werden: Seit den 1970er Jahren wurde in der Bundesrepub-

---

736 Ebd.
737 Ebd.
738 Ebd. – Nebenbei zeigt der Bericht auf, wie hoch die Diskotheken-/Tanzbardichte zu jener Zeit im Landkreis Emmendingen war: Genannt werden die Tanzlokale „Mühlenklause" in Freiamt, der „Auhof" in Kenzingen, die „Krabbestube" in Kollmarsreute, das „Wagenrad" in Sexau, der „Pfannenstiel" in Ottoschwanden und die „Dachluke" in Reute.
739 Landratsamt Ortenaukreis, Gaststättenakte Tanzlokal „Blockhaus", Schreiben vom 13. Mai 1994.
740 Ebd.

lik der Konsum von illegalen Drogen als gesellschaftliches Problem erkannt. Kurzschlüsse gab es häufig; so wurde in dem 1978 erschienenen Buch „Jugend – Rauschdrogen – Kriminalität" ganz pauschal behauptet, es gebe einen Zusammenhang zwischen Rauschmittel und Musik.[741] Der Autor dieser Schrift, der Jugendkriminologe Arthur Kreuzer, geht noch einen Schritt weiter, wenn er unterstellt, dass sich das Leben der Drogenszene „in der epidemischen Phase oft in Diskotheken" abspiele; schon aufgrund „bestimmter musikalischer Eindrücke" könnten die Erlebnisse „einem drogenbedingten Rausch gleichkommen".[742] Werner Mezger argumentierte zwei Jahre später differenzierter, sah aber ebenfalls einen Zusammenhang zwischen Drogenszenen und Diskokultur; unter „regelmäßigen Discogängern" gebe es eine „erhöhte Anfälligkeit für Drogenkonsum".[743] Dies sah er im „Wesen der Discokultur" begründet, die sich als „Rückzug aus der Alltagswirklichkeit" bzw. als Flucht begreifen lasse.[744] Mezger konnte sich auf Interviews mit BesucherInnen beziehen, die zunächst die individuelle Bedeutung des Diskothekenbesuchs herausstellten. Die Gäste hatten oft eigene Erfahrungen mit Drogen gesammelt:

> Selbst in ganz bieder erscheinenden Provinzdiskotheken werden gelegentlich Drogen in Kleinstmengen gehandelt, und nach einigen Umschweifen geben auch die meisten Gäste, die einen Discobetrieb seit längerer Zeit kennen, mehr oder minder offen zu, „daß da irgendwann schon mal was war" oder „daß hin und wieder freilich 'n bißchen was läuft."[745]

Das Büchlein „Discjockey" – eigentlich ein Anleitungsbuch für Jugendliche, die diesen Beruf ergreifen wollten – schilderte die Lage alarmistisch:

> Immer noch gibt es genügend Jugendliche, die der Ansicht sind, daß es „fit" und „in" ist, ja sogar lebenserforderlich, seinen geistigen Horizont mit Drogen zu erweitern. Die Proklamation von Drogenerlebnissen, akzentuiert durch jahreslanges Freiheitsgebaren [!], nimmt in Kreisen haltloser Jugendlicher einen beängstigenden Stellenwert ein. Anscheinend bewirkt ein bestimmter Sound einen unabdingbaren Stimulus für Drogen.[746]

Allerdings belegen offizielle Erhebungen, dass die Jugendlichen weniger anfällig für Drogen waren, als es die mediale Berichterstattung und die öffentliche Wahrnehmung suggerierten: Der Anteil der „Rauschmittelmißbraucher" betrug nach einer Erhebung des Jahres 1982 „unter den 12- bis 14jährigen 1% und unter den 15- bis 17jährigen 6%".[747] Es gab also eine auffallende Kluft zwischen der exponierten Stel-

---

741 Kreuzer 1978.
742 Ebd., 49.
743 Mezger 1980, 135.
744 Ebd.
745 Ebd., 139.
746 Maier 1979, 81.
747 Schulze 1985, 92.

lung, „die Heroin in den Medienberichten erhält", und dem tatsächlichen Konsum von Drogen.[748] Horst Ernst Schulze stellte 1985 entsprechend fest, „daß die Alkoholproblematik im Jugendalter zur Zeit weitaus stärker in Erscheinung trete als die Problematik des Mißbrauchs illegaler Drogen."[749]

> *Drogen in einer Emmendinger Diskothek: Bericht eines ehemaligen DJ*
>
> Drogen wurden probiert. Ich hielt mich ziemlich raus. Ab und zu rauchte ich Marihuana. In der ersten Zeit nahm ich auch einmal einen Trip, einen Sunshine oder Purple Haze. Aber das war mir fast zu heftig. Und alle anderen Sachen, Heroin usw., fasste ich nie an. Das war mir zu heiß. Es kamen Leute auf mich zu, ich könne Dealer werden, weil ich als DJ das Zeug hätte verteilen können. Das habe ich immer abgelehnt. Ich war ein strikter Gegner von harten Drogen. Im Großen und Ganzen hatte ich mit der Drogenszene wenig zu tun. Das war mir einfach zu kriminell. Und man entwickelte ein Bewusstsein, wenn man sah, wie der Betreffende ausgesehen hat oder wo der gelandet ist, nämlich in der Anstalt (Psychiatrie), wenn es ihm den Vogel herausgehauen hatte. Das musste man sich nicht unbedingt selber antun. Mit Alkohol und Shit begnügte man sich. Ich habe mehr dem Alkohol zugesprochen als dem Shit.
>
> *Gerhard A. Auer; Hanno Hurth: Kinder, Kinder. Kindheit und Jugend in den Sechziger Jahren. Jahrbuch des Landkreises Emmendingen für Kultur und Geschichte 22/2008, 194.*

Ein interessanter Briefwechsel dokumentiert die staatliche „Bekämpfung von Rauschgiftkriminalität" im „Tanzsaal der Gaststätte ‚Arche' in Waldkirch" (Landkreis Emmendingen) aus dem Jahr 1977.[750] Der Konflikt mit den Behörden begann mit einem Schreiben der Polizeidirektion Freiburg vom 27. Juni 1977 an das zuständige Landratsamt. Darin wurde geschildert, dass im Tanzsaal der „Arche" dreimal in der Woche „Disko-Partys" stattfänden.[751] „Nach unterschiedlichen Zeugenaussagen", so die Polizei, müsse man davon ausgehen, dass bei diesen Veranstaltungen in Waldkirch „Betäubungsmittel verkauft, erworben und konsumiert" werden. Mehr noch, eigene Feststellungen hätten ergeben, dass die im Tanzsaal „verkehrenden Personen überwiegend der Drogenszene zugerechnet werden" könnten.[752] Einige Personen seien als Drogenkonsumenten oder Dealer polizeibekannt, des Weiteren hätten bei

---

748 Ebd.
749 Ebd.
750 Stadtarchiv Waldkirch, Gewerbeakte „Arche".
751 Ebd.
752 Ebd.

einer Überprüfung der „Arche" verschiedene Personen Haschisch geraucht. Zudem sei im Tanzsaal ein Verkaufsstand eingerichtet worden, „an welchem unter anderem zum Haschischrauchen geeignete Pfeifen und Chillums verkauft werden".[753] Das Landratsamt reagierte und drohte mit dem Entzug der Gaststättenerlaubnis und verfügte nach einem weiteren Bericht der Polizei am 1. Dezember 1977 sogar ein Verbot von „Disko-Partys" in den Räumen der „Arche".[754]

Die Betreiber widersprachen den Anschuldigungen durch ein rechtsanwaltliches Schreiben. Darin versprach die „Arche", von sich aus tätig zu werden und konkret geschilderte Maßnahmen zu ergreifen, um den unterstellten Drogenkonsum und -handel zu unterbinden. Kulturhistorisch sind dabei einzelne Details des Anwaltsschreibens aufschlussreich, etwa wenn angekündigt wird: „Ausgesprochene ‚Hippie-Typen' oder solche, die nach ihrem Aussehen schon *prima facie* als in der Drogenszene stehend in Betracht kommen, werden nicht mehr eingelassen".[755] Ein anderer Vorschlag des Betreibers war, die Beleuchtung heller zu gestalten und „den Trend der [an]gebotenen Musik zu verschieben". Musikstücke, „die bekanntermaßen als stimulierend für Drogenkonsumenten gelten, werden nicht mehr gebraucht",[756] heißt es in dem Brief. Leider erfahren wir nicht, welche Stücke, Stile oder Interpreten damit gemeint waren; vielleicht bezog sich die Aussage auf Musikrichtungen wie Psychedelic Rock oder auf Künstler, die angeblich selbst Drogen konsumierten.[757] In der zeitgenössischen Literatur wurden mitunter bestimmte „verdächtige" Stücke genannt, welche direkt oder indirekt zum Drogenkonsum aufforderten, etwa „Lucy in the Sky with Diamonds" der Beatles (angeblich sollen die Titelwörter für die Droge LSD stehen) oder der Song „Sex and Drugs and Rock 'n' Roll".[758] In der Waldkircher „Arche" wollte man auch „durch Lautsprecher auf die Gefahren des Drogenkonsums für die Jugendlichen hinweisen", und natürlich auf den Umstand, dass der Fortbestand der „Disco-Partys" in der „Arche" gefährdet sei.[759] Die Gaststätte druckte zusätzlich einen Handzettel mit der Überschrift „Wichtige Arche-Mitteilung. Untersagung der Discoparties wegen Hasch?", in dem die Jugendlichen

---

753 Ebd.
754 Ebd.
755 Ebd., Schreiben des Rechtsanwalts an das zuständige Landratsamt, 20. Dezember 1977.
756 Ebd. – Vgl. die Einschätzung Maiers (1979, 81): „Anscheinend bewirkt ein bestimmter Sound einen unabdingbaren Stimulus für Drogen." Allerdings heißt es dort auch (ebd., 83): „Es ist falsch, zu glauben, daß durch musikalische Stilveränderungen auch Konsumveränderungen eintreten."
757 In einer Schrift über „Jugend, Popmusik und Rauschgift" wurde behauptet: „Hier und da sickerten Presseberichten durch, daß die Beatles, die Rolling Stones, Jimi Hendrix, Janis Joplin und andere Stars durch Drogen in ihrer Existenz gefährdet oder – wie im Falle Hendrix und Joplin – zerstört wurden" (Irmer 1972, 8).
758 So noch Malchau 1991, 35.
759 Schreiben des Rechtsanwalts an das zuständige Landratsamt, 20. Dezember 1977.

gebeten wurden, sich nicht auf „BTM-Angebote" (BTM = Betäubungsmittel) einzulassen und Verständnis für Kontrollen zu haben.[760]

> *Keine Drogen in der Diskothek!*
>
> Wichtige Arche-Mitteilung
> Untersagung der Discoparties wegen Hasch?
> Vorkommnisse in der Vergangenheit veranlassen die Behörde, unsere Discoparties evtl. zu untersagen, weil die Parties die Drogenszene anziehen.
>
> Wir sind dagegen –
>   gegen die Untersagung
>   und natürlich auch gegen BTM – Konsum – Handel
>   insbesondere in und um die Arche.
> Deshalb müssen wir sehr strenge Kontrollen durchführen.
> Wir sind sicher, daß Sie uns dabei unterstützen.
> Also, bei den Discoparties:
> – keine BTM-Utensilien
> – keine Räucherstäbchen
> – lassen Sie sich nicht auf BTM-Angebote ein
> – geben Sie uns – auch anonym – Hinweise auf solche Angebote, wenn Ihnen
>   an der Fortsetzung der Discoparties liegt
> – haben Sie Verständnis für verstärkte Polizeikontrollen
> – behandeln Sie die Beamten wie es sich gehört, diese tun nur ihre Pflicht
>   und schützen Sie und uns
> – wer einen Beamten hier anpöbelt, disqualifiziert sich selbst
> – wer noch nicht 18 Jahre alt ist oder vielleicht auch jünger aussieht als er ist
>   (herzlichen Glückwunsch) müssen wir um Vorlage seines Ausweises bitten
> – wer noch nicht 18 Jahre alt ist, und nach 22 Uhr hier angetroffen wird,
>   begeht – so leid es uns tut – Hausfriedensbruch.
>
> Bitte beachtet strikt diese Punkte. Es kommt allein auf Euch an, ob die Discoparties fortgesetzt werden können.
>
> Wer sich nicht daran hält schadet nicht nur sich und uns sondern Euch allen.
> Weitere Infos zu diesem Problem über Lautsprecher.
> Danke.
>
> *Handzettel der Arche aus dem Jahr 1977, Stadtarchiv Waldkirch.*

---

760 Ebd. und separater Handzettel. – Zur Wahrnehmung der „Arche" als Drogendiskothek vgl. die Interviews in Kapitel 5 dieser Studie, insbesondere von Barbara Hechinger (5.6).

Auch andernorts bemühten sich Polizei und Behörden um die Bekämpfung des Drogenkonsums. In Breisach (Landkreis Breisgau-Hochschwarzwald) wurde 1995 sogar eine „Anti-Drogen-Disco" durchgeführt, die in der „Badischen Zeitung" folgendermaßen beworben wurde:

> Morgen, Mittwoch, 27. September, sind Jugendliche zu einer großen Anti-Drogen-Disco in die Breisgauhalle in Breisach eingeladen. Außer Tanz und Musik wird im Mittelpunkt der Veranstaltung, die um 18.30 Uhr beginnt und um 21 endet, die Aufklärung über die Folgen des Drogenkonsums stehen – in Diskussionsrunden, Ausstellungen und Gesprächen.[761]

Der damalige Leiter der Abteilung Rauschgiftkriminalität im Landeskriminalamt gab an, im Landkreis Breisgau-Hochschwarzwald nehme der Haschischkonsum, „auch bei Kindern", zu. „Auch Ecstasy sei mittlerweile eindeutig Einstiegsdroge in die Szene".[762] Die Ankündigung vom 26. September 1995 wirkt aus heutiger Sicht wenig jugendaffin und insgesamt eher unattraktiv – aber die Veranstalter engagierten „eine der größten mobilen Discotheken im südbadischen Raum mit einer 50.000-Watt-Lichtanlage, Videoclips und speziellen Effekten".[763] Offenbar hatte dies Erfolg: Die „Badische Zeitung" konnte am 30. September berichten: „1.100 Jugendliche ließen sich bei dröhnender Musik über Drogen aufklären".[764] Die Discoveranstaltung wurde dabei immer wieder durch Informationsblöcke unterbrochen, in denen PolizistInnen erklärten, wie Drogen wirkten und warum sie so gefährlich seien, wie es in dem Bericht hieß.

> *Anti-Drogen-Disco in Breisach*
>
> Kurz nach halb sieben: In der Halle geht das Licht aus, die 81. Anti-Drogen-Disco hat begonnen. Bässe dröhnen aus den riesigen Boxen, Videoclips flimmern über die Leinwand. Nebeleffekte und eine perfekte Light-Show, jetzt geht's los. Ein Mädchen schnappt ihren Freund, schiebt ihn durch die dunkle Menge vor zur Tanzfläche. Widerwillig geht er mit, ein paar Minuten später sind beide mitten im Getümmel, tanzen, klatschen, lachen, machen begeistert mit. Die schöne LKA-Beamtin mit den schwarzen Zöpfen stellt die „Macher" des Abends vor, nach einer knappen halben Stunde gibt's den ersten Informationsblock. Zwei Mädchen aus Breisach haben den Mut, auf die Bühne zu gehen, beantworten einige Fragen; die Polizistin erklärt, wie welche Drogen wirken, was so gefährlich daran ist. Als Dankeschön fürs Mitmachen gibt es ein kleines Geschenk, dann dröhnt wieder die Musik. [...]

---

761 Redaktionsarchiv der Badischen Zeitung, Ordner 22/630, 635: Schnellgaststätten, Discos.
762 Ebd.
763 Ebd.
764 Ebd.

> Etwa 1.100 Jugendliche aus Breisach und aus den umliegenden Gemeinden sind gekommen. Wie viele durch die Aufklärungsarbeit letztlich vom Drogenkonsum abgehalten werden, erfahren die Beamten vermutlich nie. Eines aber hatte Kriminaldirektor Klaus Mellenthin im Vorfeld der Veranstaltung betont: „Wenn es nur einer oder zwei sind, dann hat es sich in jedem Fall gelohnt."
>
> *Badische Zeitung, 30. September 1995, Redaktionsarchiv der Badischen Zeitung.*

Von JugendforscherInnen wurden solche Veranstaltungen eher kritisch beäugt, weniger wegen ihrer guten Absicht, als vielmehr im Hinblick auf die faktische Wirkung. Joachim Malchau war 1991 der Ansicht, dass Antidrogendiscos, wie sie vom Bundeskriminalamt initiiert worden seien, durchaus „eine Präventionsform" darstellen könnten.[765] Allerdings dürfe man nicht vergessen, dass „Gefährdete Identifikationsobjekte" suchten, d.h. die Maßnahme sei nur begrenzt sinnvoll, weil sich die durch Drogenkonsum gefährdeten Jugendlichen nicht mit diesen Veranstaltungen oder den dort auftretenden Polizisten oder Sozialarbeitern identifizieren könnten: „Der coole Dealer mit seinen Statussymbolen imponiert da mehr".[766] Man könnte die zeitgenössische Kritik von Malchau auch anders verstehen: Diejenigen Jugendlichen, die zu solchen pädagogisch gut gemeinten Discoveranstaltungen der Polizei gingen, waren ohnehin am wenigsten anfällig für Drogenmissbrauch oder andere Formen jugendlicher Delinquenz.

Die im zeitgenössischen Diskurs angesprochene Verbindung zwischen einer bestimmten Musikrichtung und der Drogenproblematik wird fast zwanzig Jahre später im Zusammenhang mit Techno erneut virulent. Das Bürgermeisteramt Emmendingen (Landkreis Emmendingen) wandte sich am Ende unseres Untersuchungszeitraums, im Januar 1996, an die zuständige Polizeidirektion mit der Bitte, die Diskothek „Inside" zu kontrollieren. Der Stadtverwaltung waren Plakate aufgefallen, auf denen für Freitagnacht (22 Uhr bis morgens 5 Uhr) mit den Begriffen „dancefloor, house, trance" geworben wurde.[767] Im Rathaus befürchtete man, dass durch die genannten Musikrichtungen „ein ganz bestimmter Personenkreis angesprochen wird". Die Verwaltung sah einen engen Zusammenhang zwischen der Musik und dem Drogenkonsum und argumentierte folgendermaßen:

> Solange in einer „normalen" Diskothek lediglich – und heute sicher auch geschäftsüblich – einzelne und in herkömmlichen Rundfunkprogrammen auch vorgetragene Musikstücke gespielt werden, lassen sich Betriebscharakter, Personenkreis und Drogenproblem sicher

---

[765] Malchau 1991, 95.
[766] Ebd.
[767] Brief des Bürgermeisteramtes vom 29. Januar 1996 an die Polizeidirektion Emmendingen; freundliche Zusendung des Stadtarchivs Emmendingen.

nicht mit speziellen Technodiskotheken vergleichen. Sobald aber dieser Musikrichtung regelmäßig einmal wöchentlich für den gesamten Abend (7 Stunden lang!) ausschließlich diese Musik gewidmet wird, kann u.E. nicht mehr ausgeschlossen werden, daß techno-spezifische Probleme auch in Normaldiscos Einzug halten.[768]

Eine Überprüfung des „Inside" an drei aufeinanderfolgenden Freitagen ergab allerdings ein negatives und für die Verwaltung beruhigendes Ergebnis: Die Polizei stellte lediglich fest, dass „überwiegend Rock-Musik" gespielt werde, der Personenkreis in der Diskothek sei derjenige, „der seit Jahren dort angetroffen" werde, „Personen aus der Techno-Szene waren nicht anwesend".[769] Insofern konnten auch keine „Hinweise auf techno-spezifische Probleme" erlangt werden,[770] eine Aussage, die eine spezifisch jugendkulturelle Szene bzw. eine Musikpräferenz mit einer bestimmten sozialen Problematik in Verbindung bringt.[771] Auf kultureller Ebene bedeutet dies zugleich: „Rockmusik" war mittlerweile – zwanzig Jahre nach der „Arche"-Problematik – gesellschaftlich anerkannt und wurde von der Polizei nicht mehr mit Drogen in Verbindung gebracht, vielmehr stand nun eine neue Entwicklung („Technomusik" und eine entsprechende „Technoszene") im Verdacht, drogenaffin zu sein. Wie schon in den 1970er und 1980er Jahren gab es hierzu breite und durchaus kontrovers geführte Debatten. Der Zusammenhang zwischen der Technoszene und dem Konsum von Drogen (Ecstasy) schien zwar naheliegend zu sein, allerdings warnten Experten in einem 1997 in Freiburg im Breisgau erschienenen Sammelband davor, die entsprechende Musik, die jugendkulturelle Szene und den vermuteten Drogengenuss vorschnell miteinander in Verbindung zu bringen.[772] Die Politik und davon abhängig die Polizei sahen das etwas anders. Im Jahr 1997 rief die Landesregierung von Baden-Württemberg eine „Präventionsinitiative zum Ecstasyproblem" ins Leben.[773] Das Landeskriminalamt hatte nämlich zwischen 1995 und 1996 „einen beträchtlichen Anstieg der Amphetamin-Verbrauchsdelikte" festgestellt, „wobei dies vor allem auf den zunehmenden Ecstasy-Mißbrauch zurückzuführen ist".[774] Das Papier des Landesinstituts für Erziehung und Unterricht des Landes Baden-Württemberg ging dabei auch auf die Technoszene ein. Man war der Auffassung, dass mit der Musikrichtung „Techno" ein Publikum „geschaffen" wor-

---

768 Ebd.
769 Ebd., Antwortschreiben der Polizeidirektion Emmendingen vom 15. März 1996.
770 Ebd.
771 Schon 1995 hieß es in einem Aktenvermerk des Gewerbeamtes der Stadt Emmendingen in Bezug auf die beabsichtigte Umwandlung eines Billardraumes in eine „kleine Techno-Diskothek", dass der Betreiber darauf aufmerksam gemacht worden sei, dass „verstärkte Polizeikontrollen im Hinblick auf die mit Technomusik bekanntlicherweise verbundenen Drogenprobleme" stattfinden würden (Stadtarchiv Emmendingen).
772 Vgl. Neumeyer; Schmidt-Semisch 1997, 35f., 60.
773 Landesinstitut für Erziehung und Unterricht 1997, 4.
774 Ebd., 5.

den sei, dass „Musikerleben, Wochenendvergnügen und soziale Kontakte" mit „Unterstützung stimulierender Drogen" miteinander verbinde – „als bewußter Gegenpol zum oftmals frustrierenden und eintönigen Schul- und Arbeitsalltag".[775] Die Szene-Angehörigen berichteten davon, dass die Technomusik „eine starke psychoaktive Wirkung" habe, sie kämen „in der Atmosphäre aus Sound, Licht und Tanz in Trance".[776] Die Politiker und Pädagogen fürchteten einen Kontrollverlust, der durch die Einnahme von Drogen noch verstärkt werde. Insofern war die Reaktion der Emmendinger Stadtverwaltung und der Polizei verständlich; der enge Zusammenhang zwischen Technomusik bzw. -szene und Drogenkonsum beruhte auf einem gesellschaftlich-politischen Diskurs der Zeit.

Zuletzt sei für den Bereich „Konsum und Handel von Drogen" noch ein Beispiel zum Alkoholmissbrauch angeführt: Bei einem Vorgang aus dem Jahr 1997 war für den Polizeiposten Freiamt (Landkreis Emmendingen) in besonderer Weise anstößig, dass der überhöhte Alkoholkonsum durch den Gaststättenbetreiber selbst organisiert wurde – quasi als Programmpunkt und Unterhaltungsangebot einer Tanz- und Kellerbar in Kollmarsreute. In einem Brief an das übergeordnete Polizeirevier Emmendingen heißt es, der Gastwirt organisiere wöchentlich, immer am Freitag, „eine Art Kampftrinken".[777] Die Polizei berichtete:

> Sieger des sogenannten ‚Goldenen Tisches' wird die Gruppe, die bis 24 Uhr den größten Umsatz erzielt. Als Preis können die Sieger am folgenden Freitag die in Art und Menge genau gleichen Getränke nochmals trinken, diesmal ohne Bezahlung.[778]

Für den Wirt war dies eine lohnende Sache: Eine Gruppe hatte knapp 700 Deutsche Mark verzecht und wurde die Woche darauf mit 350 Deutsche Mark wiederum „Tagessieger". Es gab aber noch ein anderes Problem: Die benannte Gruppe gehöre laut Polizei „nach Aussehen und Auftreten dem rechtsradikalen Umfeld" an. Andere Gäste würden angepöbelt, es sei mit Schlägen gedroht worden und es werde auch geschlagen.[779] Die Trinkgesellschaft proste sich mit „Sieg-Heil-Rufen" zu und treffe sich obendrein privat, um „rechte" Videos anzusehen oder Musik zu hören.[780] In diesem Polizeibericht vermischen sich also verschiedene soziale Konflikte, einerseits der überhöhte Alkoholkonsum, damit verbundene Gewalt und eine rechtsradikale Gesinnung.

---

775 Ebd., 16.
776 Ebd.
777 Freundliche Zusendung des Stadtarchivs Emmendingen, Brief vom 11. November 1997. Aus dem Bericht geht allerdings nicht hervor, ob das Lokal 1997 noch als Tanzbar/Diskothek geführt wurde; allerdings warb das Lokal zwei Jahre zuvor noch mit dem Begriff „FußPils. Der Erlebnis-Tanzkeller" (Zeitungsinserat vom 23. August 1995, ebd.).
778 Ebd.
779 Ebd.
780 Ebd.

Diskriminierung von ausländischen Gästen

Zuletzt soll noch ein weiterer sozialer Konflikt angesprochen werden, der ebenfalls immer wieder an vielen Orten ausgetragen werden musste und auch heute noch aktuell ist: So berichtete die „Badische Zeitung" im Jahr 2016, dass Freiburger Clubs und Diskotheken Flüchtlingen keinen Zutritt mehr gewährten. Hintergrund waren Gewalttaten, Diebstähle und sexuelle Übergriffe, die die Betreiber meldeten – umstritten war jedoch, ob die pauschalen Lokalverbote für bestimmte Personengruppen einerseits berechtigt, andererseits erlaubt seien.[781]

Bereits im Jahr 1981 machten Neißer/Mezger/Verdin in ihrer Studie „Jugend in Trance?" unter der Überschrift „Randgruppe Gastarbeiter" auf die Diskriminierungsproblematik aufmerksam. „Gastarbeiter"[782] hielten sich gerne in Diskotheken auf, allerdings würde ihre Anwesenheit häufig Schwierigkeiten verursachen.[783] Die von den Forschern befragten Jugendlichen äußerten sich zur Attraktivität der Südländer und damit verbundenen Eifersüchteleien.[784] Die Eltern hielten die jungen ausländischen Männer für „asozial", meinte eine 17-Jährige damals.[785] Einige der Jugendlichen äußerten sich auch fremdenfeindlich, die „Ausländer" stifteten in der Disco Unruhe, am besten sei es, „hohe Preise zu verlangen, dann kommen die sowieso nicht".[786] Auch ein Diskothekenbetreiber wird mit einer xenophoben Sicht zitiert; es sei nicht die Aufgabe der Wirte, sich mit „Gastarbeiterproblemen rumzuschlagen", vielmehr sollten die „Sozialapostel von den Behörden" tätig werden.[787] Freilich bleibt in den Statements undeutlich, aus welchen Gründen die „Gastarbeiter" abgelehnt wurden – weil es spezifische Schwierigkeiten mit dieser Personengruppe gab und/oder aufgrund von Vorurteilen.

Bezogen auf die späten 1970er Jahre beschreibt Klaus Quirini die Problematik folgendermaßen: Einerseits habe es damals durchaus eine Benachteiligung von Ausländern gegeben, andererseits hätten manche „keine Integrationsfähigkeit in hiesige Gesellschaftssysteme" gehabt, „weil sie verschiedenen Temperamenten und Charakteren unterlagen", wie Quirini formuliert.[788] Beklagt wurden sexuelle Übergriffe, Gewalt und Vandalismus, aber auch das „Herumstehen, meist in Gruppen", oder

---

781 http://www.badische-zeitung.de/freiburg/kein-zutritt-mehr-fuer-fluechtlinge-in-freiburgs-clubs-und-diskotheken--116454714.html (Bericht vom 22.01.2016; Abruf 14.02.2018).
782 Der Begriff ist aus heutiger Sicht kritikwürdig; 1981 wurde die Bezeichnung für ausländische ArbeitnehmerInnen / ArbeitsmigrantInnen verwendet, unabhängig von ihrem Aufenthaltsstatus bzw. unabhängig von ihrem Rückkehrwunsch in das Herkunftsland.
783 Neißer; Mezger; Verdin 1981, 42f.
784 Ebd., 43.
785 Ebd.
786 Ebd.
787 Ebd., 44.
788 Quirini 2015, 214.

der fehlende „Verzehr" (Konsum von Getränken und Speisen).[789] Quirini meinte: „Ausländer wurden deshalb oft von Diskotheken-Unternehmen ausgegliedert, weil sie sich persönlich keine Mühen zur Eingliederung machten."[790] Der Autor – selbst ein Akteur in der Diskothekenbranche – betont abschließend, im engeren Sinne habe es keine Diskriminierung gegeben, entscheidend sei das Verhalten der Menschen und ihre Anpassung an die „hiesigen Sitten und Gebräuche" gewesen.[791]

1991 thematisierte das Nachrichtenmagazin „Der Spiegel" die Problematik unter einem anderen Blickwinkel: Dort hieß es, abgewiesene BesucherInnen wehrten sich gegen einen „gastronomischen Rassismus".[792] Die Gastronomen hingegen pochten auf ihr „Hausrecht" und nutzten die Diskriminierung teilweise bewusst, um ein elitäres Profil der Diskothek zu schärfen. Entsprechend gebe es an den Eingängen öfters gewaltsame Auseinandersetzungen zwischen Türstehern und potentiellen Besuchern.[793] „Der Spiegel" beklagte den unzureichenden gesetzlichen Schutz vor Diskriminierung, die Juristen würden zum Teil Wirten Recht geben, wenn sie die Zahl der (vermeintlichen oder tatsächlichen) Ausländer begrenzten.[794]

Ob die damalige Rechtspraxis tatsächlich die Wirte schützte, kann hier nicht überprüft werden. In den Kommentaren zum Gaststättengesetz wurde allerdings deutlich herausgestellt, dass „eine Zurückweisung von Ausländern nur deshalb, weil es Ausländer sind," sittenwidrig sei.[795] Diskriminierende Lokalverbote seien nicht statthaft; wer dagegen verstoße, könne straf- und gewerberechtlich belangt werden.[796] Freilich müssten Ausländer auch nicht besser behandelt werden als Inländer.[797] Lokalverbote seien also lediglich zulässig „gegen Personen, die zahlungsunfähig, zahlungsunwillig oder streitsüchtig sind und pöbelhaft auftreten".[798] Zur Verdeutlichung wird nochmals klargestellt: „Ohne einen solchen Anlaß oder vorbeugend verhängte allgemeine Verbote gegen Angehörige bestimmter Nationen schlechthin sind diskriminierender Natur und verletzen den Gleichheitsgrundsatz [des Grundgesetzes Art. 3 Abs. 3]."[799]

---

789 Ebd.
790 Ebd., 215.
791 Ebd., vgl. im gleichen Buch 424ff.
792 Der Spiegel 23/1991, 79.
793 Ebd., 79f. – Zur Rolle der Türsteher als soziale „Gatekeeper" vgl. Malchau 1991, 26f.
794 Ebd., 81.
795 Mörtel 1973, 61.
796 Ebd.
797 Ebd.
798 Ebd.
799 Ebd. – Zurückhaltender, aber ebenfalls Diskriminierung zurückweisend: Michel; Kienzle 1982, 137ff.

In einem ersten regionalen Beispiel hat sich der Fall in Haslach (Ortenaukreis) zugetragen: Anhand der Akten der Diskothek „Blockhaus" lässt sich ablesen, wie die Zulässigkeit und Reichweite von Zugangskontrollen und die damit verbundene Diskriminierung von Ausländern diskursiv verhandelt wurde. Am 22. Mai 1980 wurde in der Schwarzwaldausgabe des „Offenburger Tageblatts" ein Leserbrief veröffentlicht, in dem sich ein in Hausach (ebenfalls Ortenaukreis) wohnender junger Mann darüber beschwerte, er sei als Spanier schroff von den Türstehern abgewiesen worden.[800] Die Mitarbeiter der Security hätten ihm und einem italienischen Freund deutlich gemacht, es dürften nur solche Ausländer ins „Blockhaus", die der Betreiber persönlich kenne. Der junge Spanier fühlte sich diskriminiert und berief sich in seinem Leserbrief auf das Grundgesetz der Bundesrepublik Deutschland. Darüber hinaus machte er darauf aufmerksam, dass die Wirtsfamilie ihren Urlaub öfters in Spanien verbracht habe und sich mit der Vorstellung auseinandersetzen solle, sie würde dort in ähnlicher Weise abgewiesen. Die Zeitung ging mit dem Leserbrief souverän um und befragte nicht nur die Betreiber der Diskothek, sondern auch das Landratsamt, welches auf das durch das Grundgesetz gebotene Diskriminierungsverbot hinwies.[801] Allerdings gebe es auch keinen „Bedienungszwang"; aus „vernünftigen Gründen" dürfe ein Wirt durchaus Gäste des Lokals verweisen. Das „Blockhaus" hingegen versuchte, die Vorwürfe des jungen Mannes als „Verleumdungen und Unwahrheiten" abzustempeln, es gebe kein „Ausländerverbot" in ihrem Lokal.[802] Vielmehr müssten sie sich als Betreiber gegen Gäste wehren, die Unruhe stifteten oder gewalttätig seien. Verbal brachten sie den Spanier mit solchen Personen in Verbindung, freilich ohne konkrete Vorfälle zu benennen. Entsprechend konterte der junge Mann mit einem weiteren Leserbrief, abgedruckt am 22. Mai 1980, und wies die Vorwürfe empört zurück.[803]

> *Ein abgewiesener Besucher wehrt sich*
>
> Enttäuscht mußte ich im Antwortbrief der [Betreiber-]Familie feststellen, daß sie in einer sehr unhöflichen Form ihre Sache verteidigt. Der Ton, der in diesem Leserbrief zum Ausdruck gebracht wird, ist nicht nur unsachlich, sondern grenzt an Beleidigung. Wenn am Schluß des Briefes schon auf die Sachlichkeit einer Diskussionsführung hingewiesen wird, so muß diese auch eingehalten werden. Es geht nicht, mir zu sagen, ich „habe den Mund ziemlich voll genommen" oder ich „möge mir etwas hinter die Ohren schreiben".

---

800 Stadtarchiv Haslach (Gewerbeakte „Blockhaus"; Landratsamt Ortenaukreis).
801 Ebd.
802 Ebd.
803 Ebd.

> So redete man früher mit einem ungezogenen Kind, in dieser Weise spricht man aber nicht mit einer erwachsenen Person. […]
>
> Ich verstehe mich nicht als Verteidiger irgendwelcher „Radaubrüder", die der Diskothek schaden, sondern als Sprecher für diejenigen ausländischen Jugendlichen, die sich im Blockhaus noch nie etwas zuschulden kommen ließen und trotzdem nicht hineingelassen werden. Warum? […]
>
> Ich hoffe nur, daß hier in der Öffentlichkeit kein falsches Bild entsteht. Ich setze mich lediglich gegen eine Diskriminierung der Ausländer ein. Ich räume jedem Wirt das Recht ein, jemanden abzuweisen, der gewalttätig ist, ich kann jedoch nicht tolerieren, daß einem Jugendlichen der Eintritt verwehrt wird, nur aufgrund dessen, daß er einer anderen Nationalität angehört.
>
> *Offenburger Tageblatt, Schwarzwaldausgabe vom 22. Mai 1980, Akte des Landratsamtes Ortenaukreis, Stadtverwaltung Haslach.*

Ein anderer Fall wurde in Emmendingen aktenkundig: Im November 1984 sah sich die Stadtverwaltung gezwungen, den Betreiber der Diskothek „BlackWhite" wegen der Abweisung zweier „dunkelhäutiger Ausländer" anzuschreiben.[804] Die Stadt bezog sich dabei auf einen Artikel der „Badischen Zeitung". Als Betriebsinhaber habe der Wirt zwar das Hausrecht und sei nicht verpflichtet, „Personen einzulassen oder im Betrieb zu dulden", die andere Gäste belästigten oder ein unangemessenes Verhalten zeigten.[805] Allerdings sei es verboten, „Rassendiskriminierung" zu betreiben, also „Ausländern nur aufgrund ihrer Hautfarbe oder Herkunft den Zutritt zur Diskothek" zu verweigern.[806] In dem genannten Artikel wurden in der Tat massive Vorwürfe erhoben, die sich die „Badische Zeitung" jedoch nicht zu eigen machte. Schon die Überschrift „Lokalverbot wegen der dunklen Hautfarbe? Emmendinger Discothek soll zwei Eritreern den Zutritt verwehrt haben",[807] zeigt eine vorsichtige Distanzierung an. Über den Fall wurde sogar im Rundfunk berichtet.[808]

Der Umgang mit ausländischen Gästen war auch andernorts problematisch. In der „Badischen Zeitung" wurde dem Inhaber der Diskothek „Heuboden" in Umkirch

---

804 Schreiben der Stadtverwaltung vom 7. November 1984; freundliche Zusendung des Stadtarchivs Emmendingen.
805 Ebd.
806 Ebd.
807 Badische Zeitung, 6. November 1984; freundliche Zusendung des Stadtarchivs Emmendingen.
808 Rundfunksendung „Emmendingen. Disco-Verbot für Eritreer" (Blickpunkt Baden-Württemberg, 8. November 1984, 2'35 min), SWR Historisches Archiv des Südwestrundfunks und des Saarländischen Rundfunks Stuttgart.

die Frage gestellt, ob Ausländer eingelassen werden.[809] Damals (1985) wich der Betreiber dieser Frage aus, weil man sonst schnell von Rassismus spreche. „Und wenn man die hineinlasse", so der Wirt weiter, „dann seien doch bald nur noch Ausländer da".[810] Der Geschäftsmann stellte dem Journalisten die rhetorische Gegenfrage: „Würden Sie in eine Disco gehen, in der 90 Prozent Ausländer sind?"[811] Mit dieser Frage endet der Artikel der „Badischen Zeitung", es muss offen bleiben, ob diese Frage den Betreiber bloßstellen sollte oder ob eher um Verständnis geworben wurde. Die Einschätzung des Umkirchner Wirts deckt sich zumindest mit den Ansichten des bereits zitierten Klaus Quirini, der ein „generelles Ausländerverbot" ablehnte und ein „internationales Flair" durchaus befürwortete.[812] Allerdings dürften „es eben nicht zu viele werden", wie er vieldeutig schreibt: Bei aller Toleranz könne sich auch der „freizügigste [!] Deutsche" nicht mehr amüsieren, wenn man mit dem Tischnachbarn nur noch „englisch, italienisch, spanisch oder gar türkisch" sprechen könne.[813]

Discounfälle

Ein weiteres Problem, das offenbar ländliche Diskotheken noch mehr betraf als städtische, waren die durch Alkoholgenuss verursachten Verkehrsunfälle – nicht selten mit schwerwiegenden Verletzungen oder gar mit Todesfolge verbunden. Der Jugendforscher Joachim Malchau verweist in diesem Zusammenhang auf den Song „Ich geb Gas, ich will Spaß" von Markus Mörl (1982). „[…] unter diesem Motto angeheizt von der Werbebranche rasen viele Jugendliche an Wochenenden nicht nur von einer Discothek in die nächste, sondern sehr häufig auch in den Tod",[814] heißt es dort, die Problemlage verkürzend. Wie bei der Drogenproblematik wurden die sog. „Discounfälle" mit kulturkritischen Wertungen verknüpft oder implizit als Argument gegen die Diskothekenkultur vorgebracht. Andererseits waren die Unfälle ein reales Problem, tragischerweise verunglückten nicht nur einzelne Jugendliche in ihren Pkws, sondern oft waren es ganze Cliquen, die bei einem Unglücksfall starben. Zudem häuften sich die Unfälle; so berichtet auch Werner Mezger in seiner Studie aus dem Jahr 1980, „Krankenhausärzte einer südwestdeutschen Kleinstadt" hätten ihm mitgeteilt, dass in nur vier Jahren 14 junge Menschen auf einer Heimfahrt von einer ländlich gelegenen Diskothek tödlich verunglückt seien.[815]

---

809 Müller-Schöll 1985.
810 Ebd.
811 Ebd.
812 Quirini 2015, 157.
813 Ebd.
814 Malchau 1991, 38.
815 Mezger 1980, 141f.

Emotionalisierung und Aufklärung im Rundfunk:
Unfall in einem Ort nahe Offenburg 1988

Etwa um ein Uhr ist der Discoabend im Jugendtreff zu Ende. Etliche Jugendliche und wenige Autos stehen auf dem Parkplatz. Wer kommt jetzt wie die paar Kilometer nach Hause? Es fährt kein Bus, Taxi ist zu teuer, zu Fuß wäre es zu weit. Wer jetzt ein Auto hat, lässt er seine Freunde stehen? Sechs Leute steigen ein. Der Fahrer ist 19. Im Nachbarort steigt einer aus, fünf fahren weiter. Es geht leicht bergab in eine übersichtliche, langgezogene, ganz leichte Rechtskurve. Der Wagen kommt ein bisschen zu weit nach links. Weiß der Fahrer jetzt, dass sein Wagen vollbesetzt anders reagiert? Er korrigiert zu stark, so, dass er rechts mit den Felgen den Bordstein streift. Er erschrickt, reißt das Steuer wieder nach links, schleudert, und quer mit der rechten Seite prallt der Wagen gegen eine Gartenmauer. Die rechte Seite ist bis zur Wagenmitte zusammengequetscht. Ein 18-jähriger Junge und ein 16-jähriges Mädchen verlieren ihr Leben, zwei Schwerverletzte. Nur der Fahrer, erzählen drei junge Türken, die sofort geholfen haben, habe noch sprechen und gehen können. In der Lokalpresse stand dann: „Das Schicksal hat wieder zugeschlagen." –

Nein, es ist nicht Schicksal. Discounfälle sind vermeidbar. [...] Das Unglücksfahrzeug: Hinten im Wagen lagen zwei Lautsprecher, beim Aufprall aus der Verankerung gerissen, Blut über dem Schriftzug „2 mal 100 Watt", die Kassette noch im Gerät, Lautstärke bis zum Anschlag aufgedreht. Davon steht im Polizeiprotokoll nichts. Nebensächlich. Aber vielleicht hat es doch eine Rolle gespielt. Wer weiß, vielleicht hat noch jemand geschrien: „Fahr nicht so schnell, mach leiser, es macht mir Angst." Aber es hat niemand hören können. Hinterher im Gespräch meinte dann der eine: „Gegen solche Unfälle könne man mit Vernunft und Argumenten nichts ausrichten, man sei da einfach in so toller Stimmung und vergesse das Risiko." Ein anderer bestätigte: „Man könne in der Situation gar nicht daran denken, dass auch was passieren kann, zumindest einem selber nicht oder es sei einem in dem Moment irgendwie egal." Okay, hinterher, anderntags, auch wenn nichts passiert ist, da wundere man sich allerdings manchmal über sich selbst. Es sei, als ob man ein anderer gewesen wäre, gestern Abend.

Sendung „Der Disco-Unfall. Gedanken über Mobilität und Medien" (Welt von heute – Aus Politik und Gesellschaft), 12. Juni 1989, SWR Historisches Archiv des Südwestrundfunks und des Saarländischen Rundfunks Stuttgart.

Aufgrund dieser Problemlage wurden die Discounfälle auch wissenschaftlich untersucht, zum Teil mit bemerkenswerten Ergebnissen. Bei einer statistischen Auswertung von Unfällen in den Wintermonaten des Jahres 1987/88 ergab sich, dass von den 145 registrierten Schadensereignissen (davon 41 in Baden-Württemberg) sich 76% in ländlichen Gebieten ereigneten, aber nur 33% in städtischen.[816] Auch die Struktur der Unfälle war anders:

> In ländlichen Regionen ist der Pkw-Insassenschnitt höher, was einerseits an dem fehlenden öffentlichen Verkehrsangebot, andererseits an der anderen Cliquenstruktur (mehr Mitglieder, meist wohnen sie in unmittelbarer Nähe) liegt. Hier rollen häufiger sechs Kleinräder oder fünf Pkw's mit einer Clique in Formation zur nächsten Disco […].[817]

Die meisten Unfälle ereigneten sich auf der Heimfahrt; neben dem Einfluss von Alkohol wirkte die Ermüdung negativ auf die Fahrer ein.[818] Von WissenschaftlerInnen wurde gleichfalls festgestellt – die Untersuchung bezieht sich auf ein ländlich strukturiertes Gebiet in Nordrhein-Westfalen –, dass Jugendliche „nicht selten" im Konvoi zur Diskothek führen, dabei gebe es zuweilen eine „Disco-Ralley".[819] Es würden Wetten abgeschlossen, wer zuerst am Ziel sei.[820] Die jungen Menschen sähen die damit verbundenen Gefahren durchaus, aber im Rahmen des akuten Mobilitätsbedürfnisses (und sicher auch im Rahmen einer männlich-dominierten, agonalen Jugendkultur) würden diese kaum beachtet.[821]

Die Unfälle, ihre Häufigkeit und Schwere wurden von den Medien aufgegriffen. 1989 war im Südwestfunk ein einstündiger Beitrag von Dietmar Schellin (in der Reihe „Welt von heute – Aus Politik und Gesellschaft") zu hören, daraus wurde bereits zitiert. Der Titel dieser Sendung lautete: „Der Disco-Unfall. Gedanken über Mobilität und Medien". Neuartig an diesem Beitrag ist, dass nicht nur die Rolle der Diskothek und ihres Besuchs bei Unfällen herausgestellt wird, sondern auch die Ausstattung der Fahrzeuge mit leistungsfähigen Stereoanlagen:

> Tatsache ist, dass die Hälfte aller Jugendlichen die Wochenendnächte in Diskotheken verbringt, 90 Prozent gehen wenigstens einmal im Monat hin. Tatsache ist auch der Trend, für manche ein Muss, dass Jugendliche Anlagen in ihre Autos einbauen, mit Verstärkerleistungen von 150, 200, ja 300 Watt. So lässt sich die Disco über den Ort hinaus verlängern, vom Ort lösen. Sound im Auto ist Disco überall. Disco auf allen Straßen.[822]

---

816 Bundesanstalt für Straßenwesen 1989, Teil 1: 28. – Auf die dort angesprochene Problematik statistischer Unschärfen muss hier nicht eingegangen werden.
817 Ebd., 29.
818 Ebd., 35–38.
819 Ebd., Teil 2: 46.
820 Ebd.
821 Ebd.
822 Sendung „Der Disco-Unfall. Gedanken über Mobilität und Medien" (Welt von heute – Aus Politik und Gesellschaft), 12. Juni 1989, SWR Historisches Archiv des Südwestrundfunks und des Saarländischen Rundfunks Stuttgart.

Entscheidend sei für die Entstehung von Unfällen nicht, ob jemand aus einer Diskothek komme, sondern ob im Pkw „eine discoartige Atmosphäre" hergestellt werde. Rhetorisch wird gefragt: „Sound in der Disco bewirkt, dass man tanzt. Was bewirkt Sound im Auto, wo man nicht tanzen, das Feeling nicht umsetzen kann?"[823] Die Sprecher der Sendung argumentierten, durch die laute Musik im Fahrzeug entstehe eine Anspannung bzw. Euphorisierung, aus der hohes Tempo und Übermut resultiere. Dabei wird in diesem Beitrag der Zusammenhang zwischen Mobilität und Medialität – wie der Sendungstitel bereits klarmacht – herausgestellt. „Neu und charakteristisch" sei für die junge Generation, „dass sehr viele sehr jung schon motorisiert" seien und Mobilität „zu einem Wert an sich geworden" sei.[824] Hinzu komme, dass die Jugendlichen „mit visuellen und auditiven Medien aufgewachsen" seien wie keine Generation zuvor – weder qualitativ noch quantitativ.[825] Das eigene Auto mit prestigeträchtiger Stereoanlage vereinige diese beiden Aspekte: „Mit Auto und guter Anlage drin ist Disco mobil, nicht gebunden an den Ort, sondern überall unterwegs", sagt ein Sprecher, das Fahren selbst werde „discomäßig".[826]

> *Disco und Discounfälle*
>
> Viele Discounfälle ereignen sich auf dem Heimweg von der Disco oder unterwegs von einer Disco in die andere, mal sehen, ob dort mehr los ist. Aber sie ereignen sich ähnlich auf dem Heimweg von sonstigen Veranstaltungen, privaten oder öffentlichen Festen. Das Problem oder gar die Schuld kann also nicht bei den Diskotheken liegen. Und doch ist das Wort Discounfall das passende Wort. Denn Disco, das ist nicht nur die Diskothek, in die man geht um zu tanzen, Leute zu sehen, sich zu verlieben. Disco ist ein faszinierend komplexes Gebilde aus verschiedenen Medien, aus mächtigen Strömen von Geld, Sound, Bildern und Körpern. Disco ist die internationale Jugendkultur der 80er Jahre. Etwas ganz anderes als die Rock- und Protestkultur der 70er. Vor zehn Jahren vielleicht mit John Travolta, „Saturday Night Fever", fing der Boom an. Filme, Platten, Zeitschriften, die Kleidung bunt bedruckt und beschriftet. Frisuren, bestimmte Bewegungen und Körperhaltungen, Videoclips, Radioprogramme.
>
> SWF3[827] ist Disco, auch wenn Oldies laufen. Auch und gerade in den Sprüchen. Hauptsache sind natürlich die Tonträger und die Geräte, die Soundan-

---

823 Ebd.
824 Ebd.
825 Ebd.
826 Ebd.
827 SWF 3 war von 1975 bis 1998 die „Popwelle" des Senders Südwestfunk, der im Untersuchungsgebiet sein Programm ausstrahlte (zu diesem Programm vgl. Münch 1991).

lagen daheim, im Auto, überall. In besonderer Weise ist der Walkman das Medium des Discojahrzehnts. Mit ihm hat man Sound wirklich überall. Überall Sound. Das ist mehr als nur Musik hören. Das ist ein kulturell völlig neues Verhältnis zu Orten und Wegen. Außerdem kann man die anderen, die mit einem sprechen könnten, ausschalten, sich unerreichbar machen. All diese Elemente greifen ineinander, verstärken sich, koppeln sich zurück. Und freilich schlägt sich jeder Mediengebrauch im Lebensgefühl, im Selbstverständnis nieder.

Nun gibt es Leute, die sich für kulturkritisch halten, wenn sie Disco nicht nur nicht mitmachen, sondern geringschätzen. Die laufen Gefahr, Disco zu unterschätzen. Vielleicht merken sie gar nicht, wie Disco in die verschiedensten Lebensbereiche hineinwirkt. Denn Disco ist nicht der Ort Diskothek und nicht nur ein bestimmter Musikgeschmack, sondern ein Abschnitt Kultur wie bei Rock oder Biedermeier, nur kürzer, schneller. Disco ist kaum eine sprachliche Kultur, sondern eine der Bilder, der Körper, der Intensität. Zum Beispiel in Gestalt von Lautstärke. Disco bedeutet schnell aufeinander folgende Effekte, Beschleunigung der Bilder und Körper. Und Disco ist absolut Medieneinsatz, überall Bildschirme, Tonträger, Verstärker, Lautsprecher. Es geht um Medien, die anders als die Schrift, nicht das Bewusstsein ansprechen, sondern ein Feeling herstellen. Sie unterlaufen das Bewusstsein.

Sendung „Der Disco-Unfall. Gedanken über Mobilität und Medien" (Welt von heute – Aus Politik und Gesellschaft), 12. Juni 1989, SWR Historisches Archiv des Südwestrundfunks und des Saarländischen Rundfunks Stuttgart.

Gleichfalls im Jahr 1989 berichtete die in Freiburg erscheinende „Badische Zeitung", die Polizei sei durch eine Häufung von „Disco-Unfällen" alarmiert.[828] In den vergangenen zwei Jahren sei jeder dritte der insgesamt 139 Verkehrstoten des Ortenaukreises auf das Konto „Freizeitverhalten junger Leute" gegangen.[829] Betroffen seien insbesondere 16- bis 25-Jährige. Als Konsequenz führte die Polizei nicht nur schärfere Geschwindigkeits- und Alkoholkontrollen an, sondern versprach ebenso Aufklärungsarbeit: An Schulen sowie vor Diskotheken sollten entsprechende Handzettel verteilt werden; die Polizei hatte zusätzlich für eine Plakataktion im Ortenaukreis Preise ausgeschrieben. In einem Kommentar der gleichen Zeitung zu diesem Artikel wurde festgestellt, die Polizei sei bei dem Versuch, die „Disco-Unfallwelle einzudämmen," nur zu unterstützen.[830] Die „Disco-Welle" an sich wurde nicht angegrif-

---

828 Bericht vom 18. April 1989, Redaktionsarchiv der Badischen Zeitung, Ordner 22/630, 635: Schnellgaststätten, Discos.
829 Ebd.
830 Ebd.

fen, vielmehr festgestellt, „daß junge Leute in der Provinz ihr Freizeitverhalten" kaum änderten, nur weil „ein paar von ihnen gelegentlich zu Tode kommen", wie es sarkastisch hieß.[831]

Der letzte Satz des Kommentars aus der „Badischen Zeitung", die einzelnen Kommunen müssten tätig werden, damit „auch in der Provinz der letzte Bus nicht schon dann fährt, wenn der Betrieb erst richtig losgeht",[832] verhallte auch im Schwarzwald nicht ungehört, wie entsprechende Initiativen zeigen.[833] In der ganzen Bundesrepublik gab es derartige Problemlösungsstrategien, die Bundesanstalt für Straßenwesen sah im Discobus nicht nur eine Möglichkeit, Unfälle einzudämmen, sondern auch eine Strategie, um „Sittendelikte" zu vermeiden.[834] Die Bevölkerung begrüße im Allgemeinen die Einrichtung derartiger Buslinien. Skeptische Stimmen wie „bislang blieben unsere Mädel und Jungen im Dorf, musizierten, sangen und tranken, […] nun werden sie in die Discos gekarrt, und der Weg des Lasters wird eingeschlagen … Rauschgift …", seien eher die Meinung einer Minderheit.[835] Indes zeigen die Versuche im Schwarzwald auch den Spagat zwischen wohlmeinender Fürsorge der Elterngeneration und dem Bedürfnis der Jugend nach Autonomie und Mobilität auf. So startete im Schwarzwald-Baar-Kreis der Lehrer Claus-Volker Müller 1991 den „Disco-Bus", der das Obere Bregtal mit der Diskothek „Waldpeter" (Schönwald, Schwarzwald-Baar-Kreis) verbinden sollte. Anlass für diese im Landkreis vollkommen neuartige Verbindung war ein schwerer Unfall. Um die Discolinie zu starten, gelang es dem Initiator nicht nur, die örtliche Transportgesellschaft „Südbadenbus" zu gewinnen, sondern auch eine Reihe von Sponsoren, wie es in einem undatierten Bericht heißt.[836] Zunächst wurde ein Probebetrieb eingerichtet. Bald darauf meldete der „Südkurier" allerdings, dass nur wenig Interesse an dieser Busverbindung bestehe:

> Insgesamt waren es zwölf Jugendliche aus Furtwangen und den Ortsteilen Gütenbach, die mit dem Disco-Bus nach Schönwald fuhren. Auf dem Rückweg stiegen noch vier weitere Fahrgäste zu, die auf andere Art zu der Disco [„Waldpeter"] gelangt waren, aber nun für den Rückweg den Disco-Bus nutzen.[837]

Dennoch wurde das Projekt zunächst weitergeführt. Wie die Akten der Gemeindeverwaltung Schonach (gleichfalls Schwarzwald-Baar-Kreis) erhellen, gewährte das „Waldpeter" gegen Vorlage des Fahrscheins einen ermäßigten Eintritt, zugleich be-

---

831 Ebd.
832 Ebd.
833 Im Redaktionsarchiv der „Badischen Zeitung" (Ordner 22/630, 635: Schnellgaststätten, Discos) findet sich eine ganze Reihe von Artikeln zu diesem Thema.
834 Bundesanstalt für Straßenwesen 1989, Teil 1: 67f.
835 Ebd., 68.
836 Redaktionsarchiv der Badischen Zeitung, Ordner 22/630, 635: Schnellgaststätten, Discos.
837 Sammlung Kai-Uwe Bisch, undatiert.

teiligte sich der Betreiber mit 10% an den Kosten des Busses.[838] Im Schreiben des Schonacher Bürgermeisters an die Südbaden Bus GmbH vom Februar 1992 wird nochmals das Motiv der Kommune genannt: „Der Gemeinderat ist der Meinung, daß diese Linie eine gute Einrichtung für die Jugendlichen werden kann und die typischen Unfallgefahren nach Diskobesuchen vermieden werden können."[839]

Schonach handelte also aus Fürsorge; zugleich macht der Satz deutlich, dass im Jahr 1992 das Freizeitvergnügen „Diskothek" bei den politisch Verantwortlichen anerkannt war.[840] Trotz dieser Bemühungen wurde der Bus von der Zielgruppe, nämlich den Jugendlichen, auch nach einem Jahr kaum angenommen: Im Januar 1993 schrieb die Südbaden Bus GmbH an die Gemeindeverwaltung, dass im gesamten Jahr 1992 nur 360 Personen mit dem Discobus gefahren seien.[841] Aufgrund der auflaufenden Kosten – es werden 23.000 DM genannt – entspräche dies einem Förderbeitrag von 64,00 DM pro Person. Die neugeschaffene Buslinie endete zu Beginn des Jahres 1993, der Bürgermeister von Schonach schrieb enttäuscht an die Busgesellschaft: „Wir bedanken uns für Ihre Bereitschaft, diesen Versuch zu wagen und sich für die sichere Beförderung unserer Jugend zur Discothek ‚Waldpeter' einzusetzen. Leider hat die Jugend dies nicht entsprechend gewürdigt."[842] Über die Motive der geringen Akzeptanz erfahren wir leider nichts: Entsprach die Buslinie nicht den Bedürfnissen der Jugendlichen hinsichtlich Fahrplan und Preisgestaltung oder fanden es die DiscobesucherInnen einfach uncool, mit einem öffentlichen Bus in das „Waldpeter" zu fahren – einer Vergnügungsstätte, die doch gerade jugendliche Autonomie und Individualität bestätigen sollte? Der Discobus war auf der symbolischen Ebene vermutlich gerade das Gegenteil dieser Glücksverheißung; bei dem Jugendforscher Joachim Malchau war 1991 im Hinblick auf solche Buslinien zu lesen: „Da fehlt die Aufregung, Kicks bleiben aus, und die geliebte Freiheit wird zugunsten von Vernunftkriterien nicht gerne geopfert."[843]

In der amtlichen Sprache der Bundesanstalt für Straßenwesen lautete die Einschätzung folgendermaßen: „Für die jungen Fahrer, die beim Autofahren Bedürfnisse nach Spannungs- und Identitätssuche und Kompetenzerleben befriedigen wollen, kann aber die Fahrt mit dem Disco-Bus kein funktionales Äquivalent für die Fahrt

---

838 Gemeindearchiv Schonach, Auszug aus dem Protokoll der öffentlichen Gemeinderatssitzung, 4. Februar 1992, Nr. 24.
839 Ebd., Brief vom 10. Februar 1992.
840 Vgl. Wilke 2013, 431: „Die Gesellschaft als sozialer Körper begann nach einigen Schwierigkeiten, Diskotheken als Bestandteil von Jugendkultur und *grosso modo* als milieuunabhängiges Unterhaltungsangebot zu akzeptieren und schuf durch Prozesse der Integration, der Regulierung und Ökonomisierung Akzeptanzräume."
841 Gemeindearchiv Schonach, Brief vom 19. Januar 1993.
842 Ebd., Brief vom 25. Februar 1993.
843 Malchau 1991, 38.

mit dem eigenen Auto sein."[844] Zudem bot das eigene Auto noch eine weitere Attraktion, die der Bericht nur zaghaft andeutet: „Auch dient der Pkw (nach Einschätzung der Diskothekenbetreiber [!]) gerade im Zusammenhang mit den Diskothekenbesuchen vielfach als mobile Privatsphäre, in der ‚man sich näher kommen kann'."[845] Mofas und besonders Motorräder waren symbolisch aufgeladen und standen für Virilität und Potenz. Mezger schreibt, dass männliche Fahrer bei jungen Frauen Ansehen genössen, „weil ihnen das Image der Sportlichkeit und des mutigen Draufgängertums anhaftet."[846] Speziell in den ländlichen Diskotheken hänge das Prestige der Jugendlichen vom Besitz eines „heißen Ofens", wie die Teenager sagten, ab.[847]

Um der Problematik langer Anfahrtswege und möglicher Unfälle aus dem Weg zu gehen, versuchten einige Lokale, mit ihrer Ortsnähe zu werben – insbesondere im Zusammenhang mit Konfliktsituationen, etwa nächtlicher Ruhestörung. So betonte der Besitzer der Diskothek „Gutach-Landhaus" in Titisee-Neustadt (Landkreis Breisgau-Hochschwarzwald) im Jahr 1983,

> daß seine Diskothek gerade für die Neustädter Jugend gut erreichbar sei uns sie sich damit weite Fahrten sparen können. Diesen Vorteil wüßten viele Jugendliche zu schätzen – dies sollte auch von den erwachsenen Anliegern rund um seinen Betrieb gesehen werden.[848]

Ähnlich argumentierte man einige Jahre zuvor in Kirchzarten (gleichfalls Landkreis Breisgau-Hochschwarzwald). Um eine Sperrzeitverkürzung zu ermöglichen, wies der Betreiber des „Fuchsbaus" durch seinen Rechtsanwalt darauf hin, dass man den damit zusammenhängenden Verkehr durch ein lokales Angebot verhindern könne:

> Wenn sich diese Bedürfnisse [Tanz in einer Diskothek] erst in Freiburg befriedigen lassen, ist dies nur mit dem Risikofaktor des Fahrens mit Pkw oder motorisierten Zweirädern in der Nachtzeit verbunden. Dieses [Risiko] fällt aus, oder wird minimiert, wenn eine Discothek in Kirchzarten benutzt wird.[849]

Allerdings sorgte sich der Betreiber wohl nicht primär um die Jugendlichen, sondern kümmerte sich um seine (durchaus legitimen) Geschäftsinteressen: Er musste den Vorwürfen der Lärmbelästigung argumentativ etwas entgegensetzen.

---

844 Bundesanstalt für das Straßenwesen 1989, Teil 1: 69.
845 Ebd., Teil 2: 34.
846 Mezger 1980, 96.
847 Ebd.
848 Artikel der „Badischen Zeitung" vom 29. September 1993; freundliche Zusendung des Stadtarchivs Titisee-Neustadt.
849 Gemeindearchiv Kirchzarten, Gewerbeakte „Diskothek Fuchsbau", Rechtsanwaltsschreiben vom 30. März 1987; vgl. das Rechtsanwaltsschreiben vom 29. Juni 1987.

5 Zeitzeugen erzählen – Oral History

5.1 Stärken und Schwächen der Oral History

Ergänzend zu den schriftlichen Quellen (zeitgenössische Sekundärliteratur, Akten) und den (vergleichsweise wenigen) Bildzeugnissen (Fotografien, Grundrisse) wurden zur Erforschung der Diskothekenkultur im Schwarzwald und in den angrenzenden Gebieten Zeitzeugenbefragungen durchgeführt. Die Interviews mit Betreibern, Discjockeys, Ausstattern und BesucherInnen von ländlichen Diskotheken fanden im Zeitraum zwischen Sommer 2017 und Frühjahr 2019 statt.

Ziel der Interviews war es, von den Gesprächspartnern subjektive Einblicke in ihre Lebensgeschichte zu erhalten, die sich auf die Diskothekenkultur im ländlichen Raum beziehen. Dabei ging es um die Darstellung einer Alltagsgeschichte, welche „das Individuum mit seinen Erfahrungen, Wahrnehmungen und Handlungen" in das Blickfeld der Geschichtsschreibung rückt.[850] Die Rolle des Subjekts soll dadurch gestärkt werden, ohne im engeren Sinn einer „Geschichte von unten" nachgehen zu wollen.[851] Vielmehr wird davon ausgegangen, dass in Ego-Dokumenten wie in Interviewsituationen (ähnlich wie in Schriftzeugnissen[852]) bestimmte Sichtweisen eingenommen, interessengeleitete Positionen vertreten oder eine spezifische Form der Selbstrepräsentation gewählt wird. Diese „Subjektivität" der Zeitzeugenbefragung wird allerdings nicht als Schwäche, sondern gerade als Stärke dieser Methode betrachtet. Auch in der Qualitativen Sozialforschung wird dieser Aspekt hervorgehoben:

> In gelungenen qualitativen Interviews präsentieren unsere Interviewpartnerinnen uns ihre *subjektive Perspektive*, d.h. sie zeigen uns an, wie sie sich selbst und die Welt sehen oder genauer: Wer sie *sind* und was die Welt für sie *ist*.[853]

Ungeachtet dessen muss selbstverständlich bei der Arbeit mit Erinnerungstexten beachtet werden, was Anke Stephan für Quellen wie Autobiographien, Memoiren, Zeitzeugeninterviews generell hervorhebt:

---

850 Stephan 2004, 1.
851 Vgl. ebd., 2.
852 Ebd., 14: „Schließlich sind auch sorglos benutzte ‚harte' Quellen wie Chroniken, Polizeiberichte und statistische Untersuchungen niemals objektiv, sondern geprägt von einer Ideologie, Intention oder einem bestimmten Blickwinkel."
853 Strübing 2018, 95.

> Diese Quellen werfen spezifische Probleme auf und können daher gut als Einheit betrachtet werden: So wird das Geschehen in schriftlichen wie in mündlichen Erinnerungen zumeist mit großem zeitlichen Abstand wiedergegeben. Ereignisse werden vergessen, verdrängt und umgedeutet, nachträglich reflektiert und neu interpretiert. Bei der Textgestaltung der Lebensgeschichte kommen fiktionale Elemente und Stilmittel ins Spiel. Biographisches Erzählen, mündliches wie schriftliches, ist durch Kommunikationsregeln und -grenzen vorstrukturiert. Jede Kultur, Gesellschaft oder Gruppe kennt eigene Schreib- und Erzähltraditionen, von der die individuellen Erinnerungen überformt werden.[854]

Oral History[855] im weiteren Sinn bzw. Zeitzeugenbefragung im engeren Sinn hängt immer (im Übrigen wie die gesamte Historiographie) mit Sinnproduktion zusammen. Das Erlebte bzw. Geschilderte soll sinnhaft sein und sich in die Biographie und die Identitätskonstruktion einfügen:

> Eine mündliche Lebensgeschichte ist ebenso komponiert und konstruiert wie ein schriftlich abgefasster autobiographischer Text. Das Interview sollte daher ähnlich gelesen werden wie eine Autobiographie: nicht als Spiegel gelebter Erfahrung, sondern als Versuch, das eigene Leben im Rückblick zu ordnen, zu deuten und ihm einen Sinn zu geben.[856]

Mehr noch: „In der Erinnerung wird also Erlebtes durch neu gewonnene Erkenntnisse und veränderte Lebensumstände ständig umgeformt und an neue Lebenssituationen und Selbstbilder angepasst".[857] Mit anderen Worten: Dieselben Fragen würden fünf Jahre früher oder später andere Antworten evozieren, weil „Erinnerung" nicht das Abrufen von Wissen meint (das Gedächtnis ist in diesem Sinne kein Speicher), sondern die aktualisierende Deutung von Erlebtem.

Stephan weist noch auf eine grundsätzliche Eigentümlichkeit des Zeitzeugengesprächs hin: Es handele sich um eine Quellengattung, die erst durch das Interesse des Forschenden entsteht.[858] Zeitzeugen werden gezielt gesucht mit dem Anliegen, Auskunft über ihr Leben und Erleben zu erhalten. Das erfordert nicht nur, über die Methoden des Interviews/Gesprächs (etwa Leitfadeninterview, Experteninterview, narratives Interview, Gruppendiskussion) nachzudenken, sondern auch die Persönlichkeit des Forschenden und seine Intentionen zu reflektieren. Auch die Forscherpersönlichkeit ist „subjektiv" und interessengeleitet. Darüber hinaus greift auch sie auf kulturelle Muster und Vorannahmen zurück.[859] Ein eigener Gesichtspunkt wären noch die *nicht* durchgeführten Gespräche und Interviews: weil interessante Gesprächspartner nicht aufzufinden waren, den Interviewwunsch ganz ablehnten oder einer Veröffentlichung nicht zustimmten. Auch diese Erfahrung wurde im Rahmen

---

854 Stephan 2014, 3.
855 Vgl. hierzu den Sammelband Obertreis 2012.
856 Stephan 2004, 15.
857 Ebd., 20.
858 Ebd., 15.
859 Ebd., 17f.

der vorliegenden Arbeit gemacht: Mehrere Gründer oder Betreiber von (ehemaligen) Diskotheken haben den Gesprächswunsch abgeschlagen, dies betraf beispielsweise eine nicht mehr existierende Diskothek für schwule Männer im Ortenaukreis, eine kleine und heute noch bestehende ländliche Diskothek im Landkreis Emmendingen und einen seit 1978 bestehenden Großbetrieb im Landkreis Breisgau-Hochschwarzwald, so dass wichtige Erkenntnisse fehlen.

Zu der Interviewtechnik: Die Gespräche mit den Zeitzeugen wurden in einer Mischform zwischen leitfadengestütztem Interview und narrativem Interview durchgeführt.[860] Durch Initialfragen wurde versucht, Narrationen anzustoßen. Die Leitfragen bezogen sich auf folgende Aspekte: biographische Erzählung (Jugenderlebnisse, erste Kontakte zu jugendaffiner Musik bzw. Diskotheken), professionelle bzw. nichtprofessionelle Erfahrung mit Discokultur und einzelnen Betrieben, dort gespielte bzw. gehörte Musik, Raumanordnungen, Programme und etwaige soziale Konflikte.

Die Gespräche dauerten im Durchschnitt 1,5 Stunden und wurden digital aufgezeichnet. Die Transkriptionen besorgte ein externer Dienstleister. Da es im Rahmen des Forschungsprojekts um die inhaltlich-semantische Dimension des Gesagten ging,[861] wurde ein einfaches Transkriptionsverfahren gewählt. Für das vorliegende Buch wurden die Interviews zusammengefasst und redigiert: Füllwörter und Partikel (etwa „halt", „ja, „so") der gesprochenen Sprache wurden zumeist getilgt, die Texte erfuhren eine Anpassung an Standardgrammatik und -orthographie (etwa bei dialektalen Ausdrücken oder Wendungen), der mündliche Duktus wurde aber beibehalten. Alle Gesprächspartner hatten die Gelegenheit, die Interviews (auch die paraphrasierenden Teile) vor Drucklegung zu korrigieren bzw. zu ergänzen, alle haben der Veröffentlichung in der vorliegenden Form und unter Nennung ihres Namens zugestimmt.

Befragt wurden: Betreiber und Unternehmer stationärer Diskotheken, Betreiber und Unternehmer mobiler Diskotheken, Discjockeys, Ausstatter sowie Fans, BesucherInnen und sonstige Zeitzeugen.

---

860 Zur Methode vgl. Strübing 2018, 102–106 (Leitfadeninterview); 108–112 (narratives Interview).
861 Zur inhaltlich-semantischen Transkription vgl. beispielsweise Dresing; Pehl 2018, 21f.

5.2 Betreiber stationärer Diskotheken

Kai-Uwe Bitsch, Betreiber der Diskothek „Waldpeter"
Schönwald (Schwarzwald-Baar-Kreis)

> Ohne John Travolta und „Bee Gees" hätten wir
> wahrscheinlich keine Diskotheken gehabt.

Die Diskothek „Waldpeter" war eine Institution im Hochschwarzwald. Sie wurde 1980 von dem aus Schonach stammenden Michael Nock eröffnet und bis 1999 betrieben. Das „Waldpeter" war verkehrsgünstig an der B 500 auf halber Strecke zwischen Schönwald im Schwarzwald und Triberg (Schwarzwald-Baar-Kreis) gelegen. Das heute noch bestehende Gebäude ist alt und wurde früher als Wirtshaus und Kinderheim genutzt. Das Gespräch fand im Büro von Kai-Uwe Bitsch statt. Zu Beginn des Gesprächs wurde über die Anfänge der Diskothekenkultur in den USA und in der Bundesrepublik Deutschland gesprochen, die mit dem Film „Saturday Night Fever" zusammenhängt. In den Großstädten, so Bitsch, habe es schon früher Diskotheken gegeben, aber in ländlichen Gebieten sei die Entwicklung mit den Dorfwirtschaften losgegangen. Auf den Gesprächsanstoß, ob es nicht solche ländlichen Lokale mit angeschlossenem Saal gegeben habe, antwortete Bitsch:

> Genau. Sie brauchen nicht zu weit gehen, das gab es hier auch überall. In sämtlichen dörflichen Gegenden hatten wir das. – Wie hatten wir das genannt? Veranstaltungsraum, so hatten sie bei uns immer gesagt. Meistens sind dort geschlossene Gesellschaften gewesen. Und als sie dann gemerkt haben, dass diese Diskothekensache funktioniert, haben sie am Abend eine Diskothek reingestellt, also, ich sage jetzt mal, ein paar Lichter. Und dann einen DJ vorne hin und der hat dann Platten aufgelegt, und ruckzuck haben die eine Dorfdisco gehabt! Und das konnte man auf- und abbauen, und am Sonntag hat dann da drinnen eine Hochzeit oder Taufe oder sonstwas stattgefunden.

In der Frühzeit der bundesdeutschen Diskothekenkultur gab es noch Moderation, d.h. der Discjockey sagte die Titel an:

> Ja, das war zum Teil noch zu meiner Zeit so. Ich habe es nachher beendet. Das war um 1985/86 herum. Da hat man zwar immer noch die Titel angekündigt, etwa: „Und jetzt kommt das und das." Ein großer Vorreiter war die Geschichte mit der [Fernsehsendung] „Disco", mit dem Ilja Richter im Fernsehen.

Diese Aussage zeigt, dass auch in der Wahrnehmung der Akteure die Massenmedien die Diskothekenkultur nachhaltig geprägt haben – und diese Form der Unterhaltungs- und Jugendkultur auf die Medien zurückgewirkt hat. Es habe, so Bitsch weiter, zuvor Dieter Thomas Heck mit seiner „Hitparade" gegeben (seit 1969), dann aber sei Ilja Richter mit der Sendung „Disco" (1971) gekommen (vgl. Kapitel 2.4). Richter und seine Show seien für die frühe Zeit inspirierend gewesen, und zwar sowohl was die Internationalität der Musik als auch die Form der Moderation (Ansagen, eingeschobene Sketche) betrifft:

> Unterstützt natürlich, ganz klar, mit John Travolta und den „Bee Gees" [1977 „Saturday Night Fever"]. Ich sage heute noch: Ohne John Travolta und „Bee Gees" hätten wir wahrscheinlich keine Diskotheken gehabt. Das war bei uns damals der mega Renner.

Im Folgenden kam der Gesprächspartner auf seine eigene berufliche Karriere zu sprechen: Die Diskothek „Waldpeter" habe 1980 eröffnet, er selbst kenne das Lokal seit 1984 als Besucher. Seit 1988 habe er die Diskothek geführt, 1989 dann übernommen. Ursprünglich sollte der „Waldpeter" als Alternativlokal betrieben werden:

> Drücken wir es mal so aus: Geplant war die Geschichte ja eigentlich nicht als Diskothek. Geplant war die Geschichte hier als Alternativlokal. Alternativlokal deshalb, weil sie immer alle gekommen sind und haben gesagt: „Hey, wir wollen Livebands haben, wir wollen Musik haben". Das war damals mit „Deep Purple" und mit „Karat" und wie sie alle hießen; aber das wollte man einfach sehen. Und der Micha [Michael Nock], das war mein Vorgänger, wollte die Sache hierherbringen.

Das Lokal hatte Erfolg und erfreute sich großer Nachfrage, manchmal bis an die Kapazitätsgrenzen. Es habe am Wochenende Tage gegeben, bei denen bis zu 3.500 Menschen die Diskothek besucht haben (Tagesdurchsatz). Die Räume waren allerdings großzügig gestaltet; das „Waldpeter" bot verschiedene Tanz-, Gastronomie- und Aufenthaltsbereiche an: Auf der unteren Ebene habe es 350 qm Fläche umfasst, „dann kamen nochmal vom Bistro 200 Quadratmeter dazu. Dann oben nochmal 350 Quadratmeter und schließlich ganz oberer Stock nochmal 100 und auf der anderen Seite nochmal so 200." Zur Angebotsausdifferenzierung dienten auch Spielmöglichkeiten, es gab beispielsweise „einen eigenen Raum, in dem ein Flipper drin war." Die Art und Zahl von (Geld-)Spielgeräten war allerdings aufgrund behördlicher Auflagen beschränkt: „Sonst wäre es als Spielhalle gelaufen, und das andere war noch Unterhaltung." Später seien weitere Entertainmentangebote dazugekommen, etwa Dartspiele. Manche BesucherInnen seien eigens wegen der Spielgeräte in die Diskothek gekommen.

Das „Waldpeter" konnte seinen Gästen ein reichhaltiges Getränke- und Speisenangebot feilbieten. Bitsch berichtet, dass die verschiedenen Bars am Abend sukzessive aufgemacht worden seien, je nach Besucherandrang. Das Lokal verfügte über eine vollständig ausgestattete Küche, die eine breite Palette von Speisen zubereiten konnte. Beliebt seien Pizzen und Salate gewesen:

> Wir haben eine voll eingerichtete Gastronomieküche gehabt, vollkommen. Wir haben den Teig für die Pizzas selber gemacht, wir haben die ganzen Pizzas selber gemacht. Wir haben die Zutaten, die Gebrauchssachen, aus Dosen gehabt, klar. Aber Salate und so, das ist alles frisch gemacht worden. Und das Bistro, das war ein bisschen separat. Wir haben zwar die gleiche Musik gelassen, aber im Bistro konnte man sich dann setzen. […] Und in diesem

> Bistro, das war ein bestuhltes Bistro, sage ich jetzt einmal, hat es die komplette Speisekarte gegeben. Also dort konnte man alles essen, von der Pizza bis zum Steak, Pommes, alles, das volle Programm.

Die BesucherInnen hätten das gastronomische Angebot mit dem Tanzvergnügen verknüpft. Auf die Nachfrage, ob es neben dem Diskothekenbetrieb einen richtigen Restaurantbetrieb gegeben habe, präzisiert Bitsch:

> Genau, das heißt, die meisten sind um acht Uhr oder so gekommen. Halb neun war dann das Bistro voll, dann haben die Gäste alle schön gegessen. Wenn sie dann fertiggegessen haben, sind die weggegangen, rein in die Disco. Sie sind meistens immer so in Gruppen gekommen, das hat sich dann auch eingespielt.

Das Gespräch wandte sich im Folgenden Fragen der Sicherheit und Konfliktsituationen zu. Bitsch erzählt über rivalisierende Jugendgruppen, die aus unterschiedlichen Orten bzw. Gegenden in die Diskothek kamen. Konflikte entstanden wohl manchmal aufgrund gruppendynamischer Prozesse und in wechselnden Konstellationen. Insgesamt seien aber die Konflikte nicht so häufig gewesen: „Und wenn, dann ein- oder zweimal im Monat." Weilersbacher (Dorf bei Villingen-Schwenningen, Schwarzwald-Baar-Kreis) hätten sich „mit der Italienerclique aus Triberg" gestritten, „und dann waren es mal die Jugoslawen mit den Villingern, und dann waren es die Jugoslawen mit den Italienern". Man habe nie sagen können: „immer dieselben". Zumeist sei es aber friedlich zugegangen, „da war alles gut, aber Security haben wir schon immer gebraucht". Kriminelle Handlungen bzw. schwere Körperverletzungen, Messerstechereien, Schießereien habe es aber glücklicherweise nie gegeben, möglicherweise auch aufgrund der ländlichen Umgebung:

> Aber wir haben das Glück gehabt, muss man sagen, dass wir vielleicht weiter weg waren vom Schuss, dass es hier nicht so ist wie in der Großstadt. Also von wegen Schießerei oder so, das hat es bei uns nie gegeben. Es war mal irgendeiner da mit einem Klappmesser, den habe ich dann zufällig gesehen. Ich habe das Klappmesser genommen, in die Tür hineingesteckt, zack, die Klinge abgebrochen, ihm wiedergegeben und dann durfte er rein. So haben wir das geregelt.

Auf die Musik angesprochen, verweist Bitsch auf die Anfänge der Diskothek als Alternativgaststätte. Es sollten im „Waldpeter" Bands auftreten, so sei auch die Künstlerin „Nena" da gewesen, „wo noch kein Mensch Nena gekannt hat". Baulich war der Innenraum so eingerichtet, dass sowohl Konzert- als auch Diskothekenbetrieb möglich war: An die Tanzfläche schloss eine kleine Bühne an. Dem „Waldpeter" gelang es, attraktive Bands in den Schwarzwald zu locken: „Es war ja alles Mögliche da. Steppenwolf, Karat war da – das sind die aus dem Osten –, Spider Murphy Gang war mehr als einmal da".

Neben Live-Acts und dem Diskothekenbetrieb gab es weitere Unterhaltungsangebote, etwa Comedy: „Dieter Hallervorden war früher unterwegs mit einem anderen

Komiker. Der Karl Dall war dabei. Oder Insterburg, der Ingo Insterburg." Bitsch hob hervor, dass solche Programme eher in der Woche liefen oder am Sonntag. Die kulturellen Aktivitäten seien aber später zugunsten des musikalischen Programms zurückgefahren worden (zum Musik- und Unterhaltungsprogramm dieser Diskothek vgl. ebenso Kapitel 4.4).

Für die Schallplattenunterhaltung gab es im „Waldpeter" festangestellte Discjockeys: „Die haben nichts anderes gemacht wie Musik. Die haben davon gelebt" (vgl. das Interview mit dem Discjockey Dirk Pfersdorf in Kapitel 5.4). Die Platten bzw. später die CDs wurden vom Discjockey gekauft, aber vom Betreiber bezahlt. Bitsch rechnet sie gleichsam zum wirtschaftlichen und kulturellen Kapital einer Diskothek. Das musikalische Programm wechselte:

> Wir haben am Mittwoch so eine Mischung gehabt aus ein bisschen Pop, ein bisschen Rock, ein bisschen von allem. Am Donnerstag ist nie was gelaufen bei uns. Das haben wir dann beerdigt, da haben wir zugemacht. Freitag, Samstag, da bleiben wir jetzt mal: reine Disco. Am Sonntag war wieder ein bisschen so – Alternativmusik haben wir es immer genannt –, wie die Scorpions oder Bruce Springsteen. Also diese eher etwas rockigeren Sachen, die man nicht unbedingt in Diskotheken hört. Das haben wir dann am Sonntag laufen lassen. Das war auch eine komplett andere Klientel wie die Discofreaks am Freitag oder Samstag. Aus diesem Grund habe ich eigentlich immer alles an Platten dahaben müssen.

Die eigentliche Discomusik im „Waldpeter" sei chartorientiert gewesen. Gekauft wurden LPs, Singles und Sampler. Anfang der 1990er Jahre sei Techno aufgekommen, eine Musikrichtung, die Kai-Uwe Bitsch damals als schnell vorübergehende Erscheinung einschätzte. Gleichwohl brachte der damalige Betreiber auch Techno in den Schwarzwald, hierfür wurde eigens eine neue Veranstaltungsform kreiert, nämlich die „After Hour Partys". Dazu sollte ein Diskothekenbereich am Sonntagmorgen um 6 Uhr öffnen. Hintergrund waren wirtschaftliche Erwägungen: Die Hochzeit der Diskotheken war bereits Ende der 1980er Jahre zu Ende gegangen (vgl. Kapitel 2.6) und in der Zwischenzeit bestand auch in ländlichen Gebieten ein großes Angebot an stationären und mobilen Diskotheken. Die außergewöhnliche Idee, ausgerechnet im Hochschwarzwald ein Angebot am frühen Morgen zu machen, war ein durchschlagender Erfolg:

> Da war ich noch „jung und dumm" und da habe ich gedacht, das probieren wir mal. Wieso nicht? Verlieren kann man nichts. Ich habe den ersten Sonntagmorgen aufgemacht, der Schuppen ist auseinandergebrochen. Morgens um sechs Uhr. Ich habe gedacht, ich bin im falschen Film. Man darf nicht vergessen, wir haben ja bis zwei, halb drei Uhr die Diskothek aufgehabt, ich bin um fünf Uhr ins Bett und um sechs ging es dann weiter … Das war der Megagau. Auf jeden Fall war der Schuppen genauso voll, wie wir ihn zugemacht haben. Und das am Morgen.

Im Gesprächsverlauf kam der Betreiber kurz auf die Sperrzeitenregelung zu sprechen und dann – von sich aus – auf die Drogenproblematik, die allerdings im „Waldpeter" keine große Rolle gespielt habe. Bitsch verweist hierzu auf das Stadt-Land-Gefälle. Er sei zu jener Zeit in Berlin gewesen und habe sich einen Einblick verschafft: „Also da sind die Diskotheken als Brutstätte für Drogen quasi in Umlauf gekommen. Und da habe ich immer ein bisschen Angst davor gehabt." Die Security im „Waldpeter" hätte hauptsächlich die Aufgabe gehabt, den Handel und Konsum von Drogen in der Diskothek zu unterbinden. Da Bitsch auf lokale Kräfte zurückgreifen konnte, kannten sich die Akteure gegenseitig:

> Der Vorteil war, dass meine Security aus Triberg kam. Der Türsteher war stadtbekannt, und der hat alle Leute gekannt und die haben ihn gekannt. Und dann haben die von Anfang an gewusst, also da oben Drogen zu verticken, das lassen wir mal lieber bleiben. Wenn einer seine Tüte geraucht hat, bin ich vorbeigelaufen und habe gesagt: „Du, alles was nicht Zigarette ist, raus! Du rauchst draußen und dann kannst Du wieder reinkommen".

Wie andere Betreiber auch, suchte Bitsch ein gutes Verhältnis zur Polizei aufzubauen. In diesem Zusammenhang kehrt das Gespräch zu den erfolgreichen Techno-Partys zurück. Bitsch erhielt von einem Bekannten den Tipp, er verlöre seinen guten Ruf, weil durch den Technobetrieb das „Waldpeter" zu einem „Drogenumschlagplatz" werde. Der Betreiber handelte sofort:

> Am nächsten Wochenende haben wir dann die Leute abgetastet. Die waren natürlich überrascht. Und wir haben alles gefunden. Wir haben solche Sektkübel gehabt, das waren richtig schöne Sektkübel. Zwei Stück waren unten, die haben wir mit Wasser vollgemacht, also halb voll, und das, was wir den Leuten an Pillen abgenommen haben, haben wir da reingeworfen.

Mit den Kontrollen veränderte sich das Publikum erneut, dadurch wurde die Problematik dauerhaft entschärft. Ab 1996/97 wurde ohnehin die Betriebsform geändert: Das „Waldpeter" wurde zu einer Erlebnisgaststätte; die Diskothek wurde in kleinerem Rahmen bis 1999 weiterbetrieben.

Volker Albiez, Betreiber der „Schwarzwaldspitze"
Todtmoos (Landkreis Waldshut)

> Und mit einer Pauschale von 65 Euro können unsere Gäste dann übernachten, Frühstück, Abendessen, Eintritt in die Disco und Sektempfang.

Das Interview findet in den Betriebsräumen des Tanzlokals „Schwarzwaldspitze" in Todtmoos statt. Der Betrieb im Gewerbegebiet des Kurorts umfasst drei Bereiche: den zweistöckigen „Tanzlokalbereich Spitze", den „Partybereich Tippi" und eine separate Lounge. Das Gespräch setzte beim Lebenslauf des Betreibers Volker Albiez ein. Auf die Aussage des Interviewers „Die meisten Akteure, mit denen ich gesprochen habe, waren ganz jung, waren irgendwie 17, 18 Jahre alt", antwortete Albiez, bei ihm sei es ähnlich gewesen, er war 22. „Und mein Bruder hat das Projekt gebaut." Im Jahr 1991 erfolgte dann die Eröffnung des Tanzlokals. Ursprünglich war an einen Fremdbetreiber gedacht, aber schließlich musste Volker Albiez, anfangs mit seinem Bruder, das Unternehmen selbst steuern:

> Ich bin als Seiteneinsteiger, als Schreiner und Restaurator, in das Geschäft reingekommen. Ich habe mich zwar immer ein bisschen dafür interessiert: Tanzen und Diskothek. Und so bin ich dazu gekommen. Ich habe mich dann weitergebildet. Auf Abendschulen und so, damit man die Bürokratie und die Gastronomie ein bisschen kennenlernt. Ja, dann war ich drin und heute sind es insgesamt 28 Jahre.

Seine Berufsrolle sah und sieht Albiez im Betreiben des Tanzlokals; er sei nicht als Discjockey tätig gewesen: „Also sagen wir so: Ich habe nicht selber aufgelegt, aber ich war schon als Regisseur im Hintergrund tätig. Also ganz klare Vorgabe, was läuft, was läuft wann, wie fahren wir." Dies sei zentral, mit der Musik könne man das Publikum emotional beeinflussen, die Stimmung im Betrieb modulieren.

In dem Lokal hätten bis zu 800 Personen Platz, das Einzugsgebiet reiche bis in die nahegelegene Schweiz (Entfernung zur Staatsgrenze 20 km Luftlinie) und nach Freiburg hinunter. Der Freitag sei ein sehr starker Tag, am Samstag „leben wir von den Kurgästen" von Todtmoos oder von St. Blasien (Landkreis Waldshut). Bemerkenswert ist, dass es durch die Kureinrichtungen eine ganz eigene Art von „Discobussen" gibt:

> Dann lassen wir auch Busse laufen und unser Vorteil ist einfach, dass um sieben Uhr bereits die ersten Busse kommen und somit schon etwas los ist. Und das sind natürlich sehr dankbare und sehr liebe Gäste, diese Kurgäste machen keinen Stress. Unser Hauptumsatz am Samstag ist Mineralwasser ... Aber das ist gut, wie gesagt, das ist ein tolles Publikum.

Seit vielen Jahren würden auch die Leitungen der Kureinrichtungen mit dem Tanzlokal kooperieren, um ihren Gästen und Patienten Entspannung und Unterhaltung zu gönnen. Die „Schwarzwaldspitze" arbeite bereits seit 25 Jahren mit den Kureinrichtungen zusammen.[862]

Das Tanzlokal zieht, vor allem die Location „Tippi", einheimisches Publikum an, wie Albiez herausstellt. Aus einem Umkreis von 20 oder 30 Kilometern kämen jun-

---

862 Vgl. hierzu den Bericht in der „SWR Landesschau" vom 24. Februar 2017, https://www.swr.de/landesschau-bw/mobil-in-todtmoos-todtmooser-nachtleben/-/id=13831150/did=19082744/nid=13831150/13lqsyu/index.html [07.08.2018]. – Auch die Diskothek „Waldpeter" arbeitete mit der Kurverwaltung Schönwald zusammen, wie ein Werbeinserat von 1991 belegt (Sammlung Kai-Uwe Bitsch).

ge Leute nach Todtmoos, die nicht gerade eine ambitionierte „Elektro-House-Szene" suchten. Auf die Frage, ob die „Schwarzwaldspitze" ein ähnliches Musikprogramm wie der „Heuboden" in Umkirch (Landkreis Breisgau-Hochschwarzwald) anbiete, antwortet der Gesprächspartner:

> Der „Heuboden" fährt drei Schienen, wir fahren zwei Schienen: Wir fahren auf der einen Seite die Discofox-Szene hier drin und auf der anderen Seite die Partyschiene: 80er- und 90er-Party ist jetzt gerade angesagt, und immer noch ein bisschen das Aktuelle aus den Charts.

Früher sei der Besucherandrang – wie in der gesamten Discoszene – größer gewesen. An sechs Tagen konnte das Lokal öffnen, das sei heute nicht mehr möglich, die Öffnungszeiten konzentrierten sich auf das Wochenende. Wie Dirk Pfersdorf (vgl. das Interview mit ihm in Kapitel 5.4) macht Albiez auf jahreszeitliche Schwankungen aufmerksam, etwa auf ein „Sommerloch" (aufgrund anderer Freizeitaktivitäten im Freien) und auf Probleme in den kalten Monaten: „Im Winter müssen wir dann wieder aufpassen, dass es uns nicht zuschneit." Durch die veränderte kulturelle, aber auch wirtschaftliche Situation habe man neue Angebote kreiert, beispielsweise Komplettarrangement für das Wochenende. Das Tanzlokal arbeite mit örtlichen Hotels zusammen: „Und mit einer Pauschale von 65 Euro können unsere Gäste dann übernachten, Frühstück, Abendessen, Eintritt in die Disco und Sektempfang." Solche Angebote seien nicht nur für Paare, sondern auch für kleinere Gruppen und Vereine attraktiv.

Im weiteren Verlauf des Gesprächs werden mögliche Generationenkonflikte thematisiert. Allerdings sei dies in der „Schwarzwaldspitze" nie ein großes Problem gewesen, „weil wir hatten alle Generationen: Die Eltern waren da und auf der anderen Seite waren die Kinder auch schon hier, und von daher gab es eigentlich nicht das Riesenproblem". Auch vom Musikprogramm und dem Getränkeangebot war der Betrieb seit seiner Eröffnung so angelegt, dass unterschiedliche Altersgruppen angesprochen werden konnten:

> Und vor allem, wir sind auch nicht so extrem gefahren, dass jetzt nur Junge reinkommen und die Alten nicht. Vor allem haben die Älteren auch gesehen: Okay, alles ganz normal, da gibt es normale Sachen, wie Bier, Wasser, Cola und nicht alles so aufgedreht wie Alkopops. Auf dieser Schiene sind wir gar nie eingestiegen, das war einfach die Problemschiene, und bis heute – toi, toi, toi – können wir sagen: Wir hatten keinen einzigen Discounfall! Also, ich meine, dass jemand nach der Disco heimgefahren ist und dann einen Unfall gebaut hat.

Wie in vielen anderen Diskotheken gab es in der „Schwarzwaldspitze" Live-Acts und Schallplattenbetrieb parallel.

> Da waren die klassischen, heute sagt man, die Achtziger, diese Dance-Szene. Wir hatten damals auch etliche Stars aus den Achtzigern da, zum Beispiel DJ Bobo, sicher ein Begriff,

"Somebody Dance with Me", das war damals sein Titel.[863] Und da haben wir ihn noch buchen können. Da war er noch in der Schweiz unterwegs als René Baumann. Wir hatten ihn ein Jahr vorher gebucht, und mit diesem Jahr ist er hochgestiegen und war bereits überall die Nummer eins. Das war ein reiner Glücksfall. DJ Bobo war da, dann so Leute wie Jürgen Drews; die waren öfters hier, in den 1980ern und 90ern haben wir sehr viele Livebands gehabt.

In der Anfangszeit wurden zwei bis drei von sechs Öffnungstagen mit Livebands gestaltet. „Dann haben wir live sehr viele Misswahlen gehabt, in der Zeit war das noch aktuell." Man habe zudem Hypnose-Shows veranstaltet, und zwar besonders an den Tanzverbotstagen (vgl. Kapitel 4.5). Damals sei das zugkräftig gewesen, aber heute mache man das nicht mehr, „man hört auch nichts mehr von Hypnose-Shows." Comedy und Kabarett sei nur wenig angeboten gewesen, im ländlichen Raum hätte die Nachfrage gefehlt, von Travestie-Shows oder Ähnlichem ganz zu schweigen. Livebands oder Musikentertainer/Schlagerstars hingegen stießen auf Resonanz, „also Peter Maffay konnte man sich nicht leisten, aber im Mittelfeld wie Jürgen Drews, die Schiene, die war immer da." Das Musikprogramm war an Wochentage geknüpft, so liefen immer montags Oldies (von Bill Haley über „Beatles" bis zu „Boney M."). Zuweilen gab es auch Live-Abende mit volkstümlicher Musik. Die „Schwarzwaldspitze" habe zudem mit dem Radiosender SWR 3 zusammengearbeitet, das sei sehr werbewirksam gewesen, wenn es im Radio hieß: „Heute Abend: SWR 3 Dancenight in der Schwarzwaldspitze Todtmoos." In der Musikauswahl spielten auch Schlager eine Rolle, Techno hingegen nicht, das hätte weder zum Typus „Tanzlokal" noch zum Publikum der „Schwarzwaldspitze" gepasst.

Für die langfristige Entwicklung der Diskothekenkultur müsse man berücksichtigen, dass sich „das ganze Ausgehverhalten" der Menschen verändert habe. Neue, hochprofessionelle Freizeit- und Unterhaltungsangebote hätten sich etabliert, etwa der „Europapark" in Rust (Ortenaukreis) „mit ein paar tausend Hotelbetten" und einem ausdifferenzierten Angebot: „Die machen jetzt die ganzen Großveranstaltungen, wie die Miss-Germany-Wahl, die sind alle unten beim Europapark." Zugleich hätten sich Flugreisen enorm verbilligt, die Urlauber hätten internationale Clubszenen kennengelernt. Deshalb müsse man unterschiedliche Erlebnisangebote machen:

> Ein Lokal, das nur eine Schiene fährt, hat heute fast keine Chance mehr. Man muss beide Schienen abdecken, auch die Fox-Leute gehen gern mal rüber in das „Tippi" und tanzen mal kurz ab und kommen wieder zurück. Ja, man braucht den Unterschied einfach. Man braucht die verschiedenen Zonen, auch diese Ruhezonen, damit die Leute einfach ein bisschen länger bleiben, damit sie auch noch einen Cocktail trinken können oder sonst etwas.

---

863 Zu DJ Bobo und seinem Hit aus dem Jahr 1992 vgl. https://www.shz.de/deutschland-welt/panorama/dj-bobo-the-king-of-dance-feiert-seinen-50-geburtstag-id18704321.html [07.08.2018].

Im Anschluss daran wird der Fokus auf die Musik und die mediale Ausstattung der Diskothek gelegt. Albiez beschreibt, dass früher Technics-Plattenspieler im Einsatz waren. Im Dachgeschoss lägen noch 30.000 bis 40.000 Schallplatten, sicher auch nochmal 10.000 CDs. Heute werde aber mit digitalen Dateien gearbeitet. Früher habe man die Platten beim Drogeriemarkt „Müller" besorgt, „das ganze Internet war noch nicht so da". Natürlich habe man sich bemüht, bestimmte Titel exklusiv und als erster Anbieter zu haben. Die Musik wurde ergänzt durch Musikvideos, die über einen Videorekorder gezeigt wurden.

Das gastronomische Angebot habe sich im Laufe der Zeit verändert: In den Anfangsjahren standen zwei Köche zur Verfügung: „Früher gab es Rumpsteak und solche Sachen. Das wird gar nicht mehr verlangt heute." Aber in den späten bzw. frühen 1990er Jahren „war es relativ trendmäßig, dass man im Tanzlokal gut essen konnte" (vgl. das Interview mit Kai-Uwe Bitsch vom „Waldpeter"). Neben Tanz und Gastronomie bilden Spielmöglichkeiten weitere Erlebnisangebote. Die Funktion erklärt Albiez folgendermaßen:

> Einen Billardtisch haben wir drin und zwei Kicker. Das ist ein bisschen Tradition: Die stehen schon 20 Jahre da, und das ist auch nicht zum Geldeinwerfen, sondern die Gäste gehen zum Kellner und holen sich die Stöcke und die Kugeln dazu. Und dann zahlen sie fünf Euro die Stunde. Es geht einfach darum: Wenn der Gast da ist und spielt, dann trinkt er auch etwas. Und dann gibt es manchmal die Frauen, die abtanzen wollen. Die Männer sagen dann: „Wir spielen Kicker". Und dann sind die Männer versorgt. Die meutern nicht rum. Und die Frauen haben beim Tanzen ihre Ruhe. Das ist ein Zufriedenheitsfaktor.

Das Gespräch bezieht sich auf den Tourismus in Todtmoos und fokussiert dann die Mode bzw. Kleidung, die in der Disco getragen wurde. Auf die Frage, wie die Kleiderordnung in der Anfangszeit des Tanzlokals ausgesehen hat, antwortet Albiez: „Es wurden härtere Linien gefahren: In den 80er Jahren war nichts drin mit Turnschuhen, war nichts drin mit Jeans. Mittlerweile sind Jeans überhaupt kein Thema mehr oder Turnschuhe." Krawattenzwang habe es ohnehin nie gegeben, aber in den 1980er und 90er Jahren hätten die Männer an Silvester „eigentlich zu 90 Prozent Krawatten" getragen. „Heute gibt es das auch nicht mehr. Heute schreibst du einfach: gepflegte, saubere Kleidung."

Wichtig seien auch Stammgäste für ein Lokal. Der Anteil der Stammgäste in der „Schwarzwaldspitze" läge bei 60 bis 70 Prozent. Viele kämen einmal pro Woche, manche auch zweimal. Zum Teil hätten die Gäste eine langfristige Bindung an das Tanzlokal. Umgekehrt garantiere der Betreiber gleichfalls Loyalität und Diskretion; zwischen Lokal und Stammgästen bestehe ein Vertrauensverhältnis.

Ralf Bürger, Betreiber der Diskothek „Okay"
Donaueschingen (Schwarzwald-Baar-Kreis)

> Also man war richtig gut trainiert mit den Fingern,
> um diese Platten zu ziehen.

Das Gespräch mit Ralf Bürger fand im Restaurant „Ribs Amerika Dining" der Diskothek „Okay" in Donaueschingen statt. – Bürgers Karriere in der Diskothekenbranche „hat schon relativ früh angefangen", bereits mit 16 Jahren. Der Interviewpartner führte „auf den Dörfern" mobile Diskoveranstaltungen durch. Und er jobbte während seines Studiums als Discjockey: „So bin ich dann in den ‚Heuboden' [Umkirch, Landkreis Breisgau-Hochschwarzwald] gekommen zum Herrn Blum." Danach war Bürger in Stuttgart aktiv, er eröffnete dort zusammen mit Gerd Blum die Diskothek „Palais". Fünf Jahre später, 1989, folgte die Eröffnung des „Okay" in Donaueschingen, das er seither betreibt. Sein Ausgangspunkt war das Interesse an der Musik, aber er war nach eigenen Angaben eher unmusikalisch: „Das war immer mein Traum, eine Band. Musikinstrumente spielen hat nicht geklappt, und dann war die einzige Möglichkeit, Musik aus der Konserve zu spielen." Die mobile Diskothek war vor allem ein Angebot an Vereine, für die Bands zu teuer waren: „Also wir haben damals für 600 Mark gespielt." Das erforderliche Equipment wurde angeschafft bzw. selbst gebaut: „Zwei Plattenspieler, ein Mischpult, Lichtanlage, so eine kleine. Das war schon dabei." Mit der Mobildisco war der Interviewpartner vor allem auf den Dörfern unterwegs, u.a. Wyhl und Kenzingen (beide Landkreis Emmendingen), Titisee (heute: Titisee-Neustadt, Landkreis Breisgau-Hochschwarzwald) sowie Waldshut-Tiengen (Landkreis Waldshut). Wichtigster Ort war dabei Wyhl, „da habe ich einen Exklusivvertrag gehabt. Da habe ich, glaube ich, so 40 Gigs gemacht im Jahr." Diese Diskoveranstaltungen fanden in Mehrzweckhallen statt.

Allerdings habe es damals schon stationäre Diskotheken gegeben, neben dem „Heuboden" war ebenfalls in Umkirch (Landkreis Breisgau-Hochschwarzwald) noch das „Hufeisen" ansässig (vgl. Kapitel 4.2). Während der zuletzt genannte Betrieb von Anfang an als Diskothek mit Schallplattenunterhaltung konzipiert war, bot der „Heuboden" anfangs ein gemischtes Programm: Der Betreiber „Gerd Blum hatte noch eine Band, aber die hat halb-halb gespielt. Das heißt, 30 Minuten Band, 30 Minuten DJ." Das sei ein schleichender Übergang gewesen, später hätte der „Heuboden" ganz auf Bands verzichtet: „Wir haben hier auch mit Bands angefangen. Und in Stuttgart hatten wir auch Bands. Hazy Osterwald hat bei uns öfters gespielt." Bürger erinnert sich noch an andere Lokale, die schon in den 1970er Jahren Musik von der Platte anboten, etwa das „Napoleon" in Gundelfingen (Landkreis Breisgau-Hochschwarzwald, in unmittelbarer Nähe zu Freiburg).

Bürger kommt auf seine eigene Zeit als Discjockey zu sprechen und hebt die damalige Bedeutung der Moderation hervor: „Also ohne Moderation durften Sie nicht auflegen, in keiner Disco. Das war einfach Plattenansagen, das musste sein. Da hatte der Chef immer drauf bestanden." Auf Nachfrage erklärt der Interviewpartner:

> Ja, zum 50.000ten Mal den Titel erklärt und den Sänger, und sonst irgendetwas erzählt. Natürlich gab es dann auch Gewinnspiele und Verlosungen. […] Also im Prinzip haben die Diskotheken früher schon die gleichen Probleme gehabt wie wir heute, dass sie den Raum mit Leuten füllen mussten, und dass nicht jeder Tag ein guter Tag war, und an schlechten Tagen hat man dann auch versucht, diesen mit Programm, mit Inhalten zu füllen. Das heißt: Ladies' Night gab es beispielsweise. Dann gab es ja diese Whiskyzeit, und was es da alles noch gab. Also von Gongschlag bis Gongschlag war dann halber Preis für die Longdrinks. Lauter solche Sachen wurden da gemacht. Das muss man auch anmoderieren und ansagen.

Wie Dirk Pfersdorf (Kapitel 5.4) erklärte auch Bürger, dass mitunter durchaus mehrere Musiktitel hintereinander ohne Unterbrechung liefen. Damit man darauf tanzen könne, hat „man sich natürlich an der Geschwindigkeit orientiert. Die konnte man natürlich früher noch nicht auslesen, wie man das heute macht." Heute sei Moderation kaum noch gefragt, allerdings:

> Wenn Sie diese 90er-Party-Schiene dahaben, ist mit Moderation viel zu machen. Also wenn Sie da einen DJ haben, der das kann, dann ist es ein deutliches Plus. Während bei den anderen ist es besser, wenn sie nichts sagen.

Im Rückblick differenziert der Gesprächspartner die Publika: Im „Heuboden" sollten eher Ältere angesprochen werden („irgendwo 30 aufwärts"), während seine mobile Diskothek die „Dorfjugend" ab 16 Jahren erreichen sollte. Bürger bestätigt auch die in der Forschungsliteratur aufgestellte These, der Diskothekenbesuch sei – egal für welche Altersgruppe – ein wichtiges soziales Ereignis. Auf die Andeutung des Interviewers, ob es nicht um „Erotik im weiten Sinne" gehe, antwortet der Befragte: „Also jeder, der was anderes behauptet, der lügt." Das Tanzen sei gewissermaßen „das Beiwerk oder die Begründung" für den Diskothekenbesuch, „und letztendlich geht es nur um eines, ums Kennenlernen." Das sei heute für das Gastronomiegewerbe ein Problem, weil „man uns zum Kennenlernen nicht mehr braucht." Andere Formen der Kommunikation und der Vergemeinschaftung, insbesondere internetbasierte, hätten Lokale als Treffpunkte in den Hintergrund rücken lassen. Aber es seien auch neue Freizeitangebote entstanden, etwa durch die Zunahme von Dorf- und Vereinsfesten oder auf medialer Ebene durch die Videotheken, die sich Anfang der 1980er Jahre in der Bundesrepublik verbreiteten. Bürger ist jedoch der Überzeugung, das Internet sei der wichtigste Faktor, was den allgemeinen Rückgang des Interesses an Tanzlokalen betrifft – noch vor der Ausdifferenzierung des Musikgeschmacks und der Veränderung der Unterhaltungskultur. Das gilt selbstverständlich nicht nur für Dating-Apps und Partnerschaftsportale, sondern auch hinsichtlich der Verfügbarkeit von Musik:

> Es war ja früher so, dass die DJs die Platten hatten, aus Amerika importiert und sowas. Es gab spezielle Firmen, die uns die dann zur Verfügung gestellt haben. Wenn Sie die Musik hören wollten, mussten Sie in die Diskothek gehen. Heute kommt eine neue Platte raus, zwei Tage später sind zehn verschiedene Mixes im Internet zum Downloaden bereitgestellt. Also laden sie sich die auf das Handy runter. Sie brauchen nicht mehr zu uns zu kommen, um sich das anzuhören.

Wie die Kollegen berichtet der Gesprächspartner davon, dass die Öffnungszeiten der Diskothek sukzessive eingeschränkt werden mussten. Das „Okay" habe heute an drei Tagen in der Woche geöffnet, manche Mitbewerber in der Region lediglich an zweien. In der Vergangenheit habe es im Schwarzwald und in den angrenzenden Gebieten viele kleine Diskotheken gegeben, die seien aber untergegangen, als in den 1980er Jahren die Großraumdiskos aufkamen wie das „Discoland" in Zimmern bei Rottweil (Landkreis Rottweil). Was aber letztlich zum Erfolg eines Betriebes führe, sei ein Geheimnis:

> Das wussten wir schon früher. Bei Neueröffnungen hat man sich Gedanken darüber gemacht, wie man das anstellt. Man muss ja dann ein positives Image erzeugen. Klassischerweise hat man eben alles eingeladen, was Rang und Namen hat, damit die dann sagen: „Hey, ich war dort und es war toll." Und dann kommt der Rest von alleine. Die [Prominenten] kommen nie mehr, aber der Rest kommt dann.

Das Gespräch wechselt die Richtung und thematisiert die Musik, die der Discjockey auswählt. Bürger bezieht klar Stellung; sein eigener Geschmack hätte in seiner Discjockey-Zeit keine Rolle gespielt, die Musikrichtung hing vom jeweiligen Arbeitgeber ab: „Also die Musik vom ‚Heuboden' war garantiert nicht meine. Da war ich meilenweit davon entfernt." Wenn der Gesprächspartner herausstellt, Discjockey sei ein „Job wie jeder andere auch", hebt er auf die Professionalität des Berufsbildes ab: „Und ich denke, jeder DJ, der meint, er muss sich selbst verwirklichen, der ist falsch am Platz. Das ist ein Dienstleister." Bürger berichtet ferner, „dass eigentlich jedes Haus eine eigene Plattensammlung hatte". Der Umgang damit erforderte eine gewisse Professionalität und Virtuosität, zwischen den Titeln habe man nur wenige Minuten Zeit gehabt, um eine neue Platte vorzubereiten:

> Also man war richtig gut trainiert mit den Fingern, um diese Platten zu ziehen. Und man hat da auch nicht nach Namen gearbeitet, sondern nur nach dem Bild, also nach dem Plattencover. Das haben Sie im Kopf gehabt. Da haben Sie gewusst, was das ist und was zusammenpasst. Man musste da ab und zu mal einen Moment vorhören, mal reinhören, passt das jetzt? Passt es nicht? Und letztendlich würde ich fast behaupten, man hat sich viel zu viel Mühe gemacht.

In einer kleineren Diskothek im Südschwarzwald habe er eine zeitlang gearbeitet und da habe ihn der Chef gebeten, die Arbeit eines neu angestellten Discjockeys zu prüfen:

> Und der hat einfach blind reingegriffen, hat irgendetwas draufgelegt und jeder hat gesagt: „War das toll." Ich bin raus, ich glaube, ich war am Boden zerstört. Habe gesagt: „Ich gebe mir so viel Mühe, das abzustimmen, und das will gar keiner."

Das Aufkommen der Maxi-Singles hätte die Arbeit etwas erleichtert. Allerdings gab es dabei „aber auch viele Passagen, die langweilig waren und so kam ja dann diese Mixerei zustande, dass man versucht hat, in den langweiligen Passagen irgendetwas damit zu machen." Dies begann schon in den frühen 1980er Jahren, allerdings waren die damals gebräuchlichen Schallplattenspieler hierfür nicht ausgelegt. Oft wurden lediglich die Übergänge zwischen den Musiktiteln gestaltet: „Das hat mit dem, was die Jungs heute machen, nichts zu tun, die wirklich zwei, drei Stücke übereinanderlegen und Sie merken es nicht. Da waren wir weit davon entfernt."

Eine gute Lichtanlage sei in der Anfangszeit seiner Karriere nicht nötig gewesen, sagt Bürger, eine „vierkanalige Lichtorgel" habe gereicht. Heute hingegen „heißt das Zauberwort LED oder Moving. Also alles, was sich bewegt über Moving Heads", sei von Bedeutung. Gastronomische Angebote habe es in den Diskotheken früher häufig gegeben,

> mehrere Floors: eher nein. Das kam erst später, wobei wir in Stuttgart 1984 das schon hatten. Wir hatten dort schon zwei Diskotheken in einer, in der Mitte ein Restaurant, eine Bierbar und eine Pianobar, die dann später Cocktailbar wurde. Aber das war räumlich bedingt. Das war dort schon vorgegeben.

Auch im „Okay" in Donaueschingen gibt es eine Ausdifferenzierung der Räume und des musikalischen Angebots:

> Sie kommen hier rein und können drüben in den sogenannten Main Floor gehen, das eigentliche „Okay" von früher. Da ist heute an den normalen Tagen der Mainstream zu hören, Black, House, HipHop, alles eben so ein bisschen. Und da drüben ist das „Inside", das richtet sich ein bisschen mehr an die Älteren. Da gibt es dann auch noch Foxtrott oder halt eben die 1990er, 2000er und sowas. Ein bisschen ruhiger. Da drüben ein bisschen lauter. Und hier zwischendrin dann das Restaurant. So als Rückzugsort.

Aufgrund seiner Erfahrungen in der Großstadt Stuttgart (1990 mit etwa 570.000 Einwohnern[864]) und in Donaueschingen bzw. Umkirch stellt der Gesprächspartner unterschiedliche Publikumserwartungen heraus, aber auch Konflikte, die eher im urbanen Umfeld gegeben sind, etwa Versuche der Schutzgelderpressung. Stuttgart sei als Metropole auch schon ein „bisschen abgeschliffener, verbrauchter" gewesen, das Publikum sei selbstbewusster aufgetreten und habe einen größeren Anspruch gehabt. In Donaueschingen hingegen sei die Stadt froh gewesen, dass die Diskothek „Okay" im Jahr 1989 als lokales Unterhaltungs- und Freizeitangebot eröffnet habe:

---

864 https://statistik.stuttgart.de/statistiken/tabellen/12/jb12.php [10.08.2018].

> Das war ja ein Wunsch der Gemeinde, dass so etwas kommt. Die haben versucht, das zu fördern und dementsprechend ist man auch uns gegenüber aufgetreten. Wir waren gerne gesehen und man hat das auch geschätzt, was wir getan haben für die Gäste. Und die Gäste haben es auch geschätzt, dass es uns gab. In Stuttgart waren wir der Stadt schon ein bisschen lästig, weil wir natürlich auch für Unruhe gesorgt haben, wobei die Themen Türkontrolle und Schlägereien damals noch nicht so arg waren.

In der Gegenwart verursachten mehr als früher Zechprellerei und Vandalismus Probleme im Gastronomiegewerbe.

Mit dem Betreiber der Diskothek „Okay" wurde über die zunehmende Mobilität junger Menschen gesprochen. Nach Ansicht von Bürger sei das Einzugsgebiet von Diskotheken jedoch trotzdem eher kleiner geworden. Das läge zum einen an den hohen Treibstoffpreisen, zum anderen an der erhöhten Sensibilität gegenüber dem Alkoholgenuss in Verbindung mit dem Führen von Kraftfahrzeugen. Unter der Woche sei das Trinkverhalten diszipliniert und entsprechend gebe es keine Probleme, im Gegensatz zu früheren Jahrzehnten seien Pkw-Fahrer viel vorsichtiger. Ein Wirt bzw. Betreiber einer Diskothek sehe sich durchaus in der Verantwortung: „Wir wollen ja schon, dass die Leute bei uns trinken. Aber wir wollen nicht, dass sie hinterher verunfallen." Phänomene, die es früher in manchen Betrieben gab, wie der Ausschank von Branntweinen als „letzte Runde", könne man heute nicht mehr erleben. Das „Okay" habe auch angeboten, dass der Fahrer einer Clique kostenfrei Erfrischungsgetränke konsumieren könne, um den restlichen Cliquenmitgliedern das Trinken alkoholischer Getränke zu ermöglichen. Die Donaueschinger Diskothek habe gleichfalls versucht, einen „Discobus" einzurichten (vgl. Kapitel 4.5), aber der Versuch wurde nach einem Sommer mangels Nachfrage wieder eingestellt. Erstens sei es wohl uncool für die Jugendlichen, einen solchen Bus zu nutzen, zweitens entsprach der Fahrplan nicht den Bedürfnissen der Gäste:

> Also wenn da jetzt, keine Ahnung, alle halbe Stunde ein Bus fahren würde, wäre es wahrscheinlich attraktiver, die ganze Sache. Wenn ich jetzt abends in eine Disco gehen würde oder irgendwo anders hin – und ich müsste um neun Uhr hin und um zwei zurück. Und was mache ich, wenn ich um elf keine Lust mehr habe? Wenn es mir nicht gefällt? Dann sitze ich da drei Stunden rum. Da fahre ich doch mit dem eigenen Auto.

Das Gespräch kehrt zum musikalischen Programm und zum Verhältnis von Livemusik und Schallplattenunterhaltung zurück. Bands seien früher ein großes Thema gewesen: „Ist dann schlagartig verschwunden. Ich finde das irre interessant. Wir haben ja alle 14 Tage gewechselt. Das heißt, wir hatten 25, 28 Bands im Jahr." Über die Gründe hierfür wurde spekuliert, der Interviewer fragte nach, ob die Gäste lieber die jeweils aktuelle Musik „im Original" (aber eben medial vermittelt) hören wollten „und nicht sozusagen nachgespielt von einer Band?" Bürger bejahte, aber machte daneben noch ökonomische Gründe geltend:

> Natürlich war es so, dass wir damals noch eine Bezahlstruktur hatten, wo die Bands deutlich teurer waren wie der DJ. Deutlich. Also wir haben so 900 Mark am Abend bezahlt für eine Band und so einen Hunderter für einen DJ. Klar, als Kaufmann sagen Sie sich auch, 800 in meine Tasche ... Das ist das eine. Passt nicht mehr. Also heute passt das nicht mehr. Die DJs sind genauso teuer wie Bands früher.

Darüber hinaus sei die Organisation der Konzerte aufwendig gewesen, etwa die Anreise und Unterbringung der Musiker, das Equipment, zuweilen gab es auch Probleme mit Aufenthalts- und Arbeitsgenehmigungen der Bandmitglieder. Manchmal sei auch die künstlerische Qualität der Band nicht ausreichend gewesen, um den hohen Aufwand und die Kosten zu rechtfertigen. Mitte der 1990er Jahre habe das „Okay" deshalb die Livemusik eingestellt. Parallel dazu sei ein räumlicher Umbau erfolgt: „Und dann wurden die Sitzgruppen rausgerissen, mehr Stehfläche gemacht, mehr Bars. Diese alten Sitznischen, wissen Sie, alles raus, zusammengeschlagen, raus. Bühne weg. DJ hin." Die Discjockeys seien früher in der Regel fest angestellt gewesen, aber „heute geht man eher dazu über, mehrere zu nehmen." Diese seien selbständig und werden je nach Bedarf einzeln engagiert. Die Diskjockeys legten dabei nicht nur in Diskotheken auf, sondern ersetzten auch längst in der privaten Feier- und Festkultur Alleinunterhalter oder Bands. Für die Generation, die mit Disco aufgewachsen sei, sei dies naheliegend, so Bürger.

Karl Hummel, Betreiber des Gasthauses „Zum Engel" Königsfeld-Neuhausen (Schwarzwald-Baar-Kreis)

> Ich habe mich nie als Diskothekenbesitzer gesehen, sondern immer als Wirt. Ich bin mit Leib und Seele Wirt.

Karl Hummel betreibt in Königsfeld-Neuhausen das Gasthaus „Zum Engel".[865] Das Gespräch kommt auf Vermittlung von Dirk Pfersdorf zustande, der daran auch teilnimmt. Ein weiter Gesprächspartner ist der Journalist Jens Fröhlich von der regionalen Tageszeitung „Südkurier".

Der Saal, in dem früher die Diskothek betrieben wurde, ist viel jünger als die seit über 200 Jahren bestehende Gaststätte und wurde vom Vater des jetzigen Betreibers nach dem Zweiten Weltkrieg errichtet. Er diente – wie auf dem Land üblich – als Dorfsaal und Festhalle. Auch Familienfeierlichkeiten fanden dort statt. Der 1949 geborene Karl Hummel war schon als Kind von der Musik und dem Tanz im Gasthaus begeistert, ebenso von den Theateraufführungen der Vereine, die im Saal stattfanden. In den 1950er Jahren spielten Tanzkapellen auf, vor allem an Sonntagnachmittagen. Vormittags gingen die Menschen zum Gottesdienst, nachmittags und abends war Zeit und Gelegenheit zur Unterhaltung. Zuweilen seien die Männer

---

865 Vgl. http://www.engel-neuhausen.de/ [19.08.2018].

sogar mit dem Traktor zum Gasthaus gekommen. Der Vater von Karl Hummel wurde früh krank, so dass der noch minderjährige Sohn die Verantwortung für das Wirtshaus übernehmen musste, auch was die Organisation der Musikveranstaltungen betraf:

> Ich habe mit 14 schon begonnen, diese Veranstaltungen zu managen, bin dann mit meinem Moped zu den Musikveranstaltungen außerhalb [von Königsfeld] gefahren, und habe mit den Kapellen verhandelt. Wenn wir uns einig waren, dann haben die natürlich gesagt: „Mit Dir können wir das nicht machen, das geht nicht." Dann habe ich gesagt: „Am Sonntagmittag könnt Ihr in die Wirtschaft kommen, da ist mein Vater zwei Stunden am Stammtisch, und dann könnt Ihr den Rest besprechen." Und so hat das dann auch funktioniert.

Nach dem Tod des Vaters betrieb der Gesprächspartner die Wirtschaft weiter. Seine erste Investition sei 1966 die Einrichtung einer kleinen Kellerbar gewesen: Ihm sei klargewesen, dass „mit dem Barbetrieb das Geld zu verdienen ist, nicht mit dem Tanz und nicht mit dem Essen". An den Barbetrieb hat Hummel gute Erinnerungen:

> Und ich muss ganz ehrlich sagen, da habe ich als Jugendlicher auch meine schönsten Stunden verlebt. Das war natürlich toll, ich habe gekocht, um elf Uhr abends war ich fertig in der Küche, habe mich umgezogen, dann bin ich hier runter, und dann mit 18, 20 Jahren, da warst du natürlich der König.

Zunächst seien im „Engel" weiter Kapellen mit Livemusik aufgetreten, aber „dann kam eben diese Welle mit diesen Platten, Plattenmusik sozusagen." Vorreiter seien die regionalen Tanzcafés gewesen, die in der Umgegend schon mit Tonträgern gearbeitet hätten. Die Umstellung erfolgte in den Jahren 1974/1975. Ausgangspunkt war für Hummel ein Artikel über das „Studio 54" in New York: „Ich kann mich daran erinnern: Als ich das gelesen habe, habe ich gedacht: Warum machen wir das nicht?" Die Veranstaltungen mit Tanzkapellen bzw. Bands seien teuer gewesen, insbesondere habe der Wirt das wirtschaftliche Risiko tragen müssen. Unter anderem deshalb sei er auf Platten umgestiegen:

> Dann haben wir ein paar Testveranstaltungen gemacht, und das hat gut geklappt. Dann haben wir eben diese Disco, wie es damals schon hieß, ausgebaut, und wir sind auf der Schiene geblieben. Und da waren wir auch jahrelang eigentlich konkurrenzlos. Meine erste Konkurrenz war der „Waldpeter".

Der erste Discjockey im Engel war „Rick", mit bürgerlichem Namen Heinz Blambeck: „Also der Rick, der erste, der das gemacht hat, war ein Discjockey von dem ‚Ex' in St. Georgen [Schwarzwald-Baar-Kreis]." Durch diesen Discjockey machte auch Dirk Pfersdorf als junger Mensch seine ersten Erfahrungen im Musikauflegen – ebenfalls im Gasthaus „Zum Engel" (vgl. das Interview mit Dirk Pfersdorf in Kapitel 5.4). Das normale Wirtshausgeschäft lief parallel zum Diskothekenbetrieb weiter. Als Unterhaltungs- und Konsumangebote wurden im Jahr 1975 eine neue Bar und eine Kegelbahn eingerichtet; freilich gab es neben Schallplattenmusik weiter Liveveranstaltungen (vgl. Kapitel 4.4), die einen ganz bestimmten Zweck verfolgten:

> Und in der Discozeit haben wir mehr Programm gemacht. Der Aufhänger waren natürlich die „Stargastspiele". Wir hatten gemerkt, irgendetwas müssen wir machen. Und da habe ich zu einer Konzertagentur Kontakt aufgenommen und von dort Informationen erhalten. Wir hatten dann verschiedene Stargastspiele, einmal im Monat haben wir so einen Star engagiert. Bei der Veranstaltung haben wir natürlich Defizit gemacht, aber wir konnten die ganze Werbung auf die Veranstaltung konzentrieren. Und der Bekannteste, der hier war, war Wolfgang Petry in seiner Anfangsphase, und später die Spider Murphy Gang.

Die „Spider Murphy Gang" sei 1979 im „Engel" gewesen, der Durchbruch der Band erfolgte allerdings erst Anfang der 1980er Jahre mit dem Titel „Skandal im Sperrbezirk". Der Diskothekenbetrieb im Saal des Gasthauses lief gut, allerdings entstanden bald konkurrierende Angebote:

> Und dann kam der ‚Waldpeter', und das war dann eine starke Konkurrenz für uns, weil er einfach professioneller war. Wir haben das immer so amateurmäßig gemacht, improvisiert. Jede einzelne Veranstaltung war improvisiert.

Neben dem „Waldpeter" eröffnete 1985 in Zimmern bei Rottweil (Landkreis Rottweil) das „Discoland", wenig später, 1989, das „Okay" in Donaueschingen (vgl. das Interview mit Ralf Bürger). Karl Hummel musste reagieren und ließ den bestehenden Saal rustikal umbauen. „Erlebnisgastronomie" sei damals das Schlagwort gewesen. Interessanterweise kehrte der „Engel" damit in gewisser Weise zu seinen Ursprüngen zurück: Der Saal wurde als Tanzlokal mit „Duos, Trios, Livebands" genutzt. Die Musik war stilistisch weit gefächert, vom Volkstümlichen bis hin zum Hardrock.

Hummel sieht einen engen Zusammenhang zwischen seiner Tätigkeit als Gastwirt und der Gemeinde Neuhausen: Ihm sei wichtig gewesen, „dass was läuft, dass was passiert." Das Dorf sei ihm immer wichtig gewesen, obwohl die örtlichen Gäste nur einen kleineren Teil des Umsatzes generierten. Hummel engagierte sich auch in den örtlichen Vereinen, jetzt sei ihm wichtig, dass das Lokal auch nach seinem Ausscheiden aus der aktiven Tätigkeit für das Dorf erhalten bleibe.

Die Gesprächspartner besichtigen die Räume der ehemaligen Diskothek. Hummel beschreibt die damalige Saaleinrichtung. Es habe Holzgeländer gegeben, die Nischen voneinander abgrenzten. Alles sei aber darauf abgestimmt gewesen, dass der Raum multifunktional blieb, um beispielsweise Weihnachtskonzerte auf der Bühne durchführen zu können. An den Wänden standen Tische, in der Mitte war die Tanzfläche. Die Lichtanlage war noch bescheiden: „Also das war alles sehr improvisiert, muss man sagen." Erhalten haben sich (auf dem Speicher des Gasthauses) drei alte Plattenspieler der Firma Dual sowie ein Kodak-Dia-Karusell (Modell S-AV 2000), mit dem stets wechselnde, farbige Wandprojektionen ermöglicht wurden. Das alte Mischpult hat der Gastwirt nur wenige Wochen vor dem Gesprächstermin leider entsorgt, einen der Plattenspieler hat Hummel spontan dem Interviewer für das Zentrum für Populäre Kultur und Musik (Albert-Ludwigs-Universität Freiburg) geschenkt. Am Kopfende des Saales befand und befindet sich eine erhöhte Bühne, seitlich davor steht die ehemalige DJ-Kanzel.

Nach der Begehung (Saal, alte Bar, neue Bar) zeigt Hummel in einem Nebenraum alte Veranstaltungsprogramme. Der Wirt berichtet auch von Problemen mit einer Rockergruppe, der er schließlich ein Lokalverbot aussprechen musste. Auch an eine Drogenrazzia erinnert er sich, bei der eine Polizeieinheit mit etwa 20 Beamten und Hunden das Gasthaus umstellt hatte. Auf Nachfrage erfuhr Hummel, dass es sich um eine Großrazzia im gesamten Schwarzwald-Baar-Kreis gehandelt habe. Im „Engel" seien aber lediglich Konsumenten festgestellt worden, keine Dealer. Dass Drogen genommen wurden, sei Ende der 1970er Jahre bekannt gewesen: „Also man hat es schon, wenn man durchgelaufen ist, manchmal gerochen." Der Wirt habe die entsprechenden Gäste ermahnt. Es sei auch damals bekannt gewesen, dass man in bestimmten Diskothekenbetrieben wie der „Arche" in Waldkirch (Landkreis Emmendingen) Drogen besorgen könne. Hummel erinnert sich auch an Durchsagen im eigenen Lokal, welche vor dem Drogenkonsum warnten. Ebenso war ihm der behauptete Zusammenhang zwischen bestimmten Musikrichtungen/Interpreten (etwa: Bob Marley) und vermehrtem Drogenkonsum bekannt.

Hummel versteht und verstand sich immer als Wirt eines Gasthauses. Er sei kein Discjockey gewesen und kein Musikspezialist: Wenn die Discjockeys bestimmte Platten brauchten, habe er sich die Titel aufschreiben lassen, um den Zettel in einem Villinger Plattengeschäft abzugeben. Später hätten die Diskjockeys dann selbst den Einkauf der Platten übernommen, so auch Dirk Pfersdorf.

Am Ende des Gesprächs werden nochmals soziale Gesichtspunkte thematisiert, die mit dem Diskothekenbetrieb verknüpft sind. Für den Betreiber sei das anstrengend gewesen: „Wir haben Musik gemacht bis um eins, ausgeschenkt bis um zwei, und dann war tutti. Darum haben wir ja auch am Sonntag unser Mittagessen wieder machen können." Für die Gäste war das entspannter, manche hätten „ihre Kinder mit 15 in die Disco geschickt, sind in der Wirtschaft gesessen und haben gewartet bis um zehn Uhr, und haben sie dann wieder mitgenommen." Im „Engel" hätten sich auch viele Paare kennengelernt, die heute noch bei Familienfesten im Lokal zu Gast seien. Der Ort wecke die Erinnerungen, meint Hummel. Der Gesprächspartner fasst nochmals sein Berufsethos zusammen:

> Ich habe mich nie als Diskothekenbesitzer gesehen, sondern immer als Wirt. Ich bin mit Leib und Seele Wirt, auch im Dorf. […] Ich bin Dorfwirt, und ich will die Leute vom Dorf

zufriedenstellen. Den Bedarf abdecken, das ist eigentlich so meins. Das war von Anfang an mein Lebensziel. [...] Also, ich wollte bloß sagen, das Dorfige, das Bodenständige, das ist so meine Schiene. Das andere war nie so meine Welt. Ich habe es halt gemacht, weil es sich so entwickelt hat, und irgendwie habe ich Geld verdienen müssen. Und das Geld habe ich immer nur in der Unterhaltung verdient, nicht in der Wirtschaft.

Spaß habe ihm die Unterhaltungskultur, die Musik, immer gemacht – aber sie war nie sein Ziel.

5.3 Betreiber mobiler Diskotheken

Werner Höflinger, ehemaliger Betreiber der mobilen Diskothek „Number One", sowie Volker Münch, ehemaliger Mitarbeiter
Müllheim (Landkreis Breisgau-Hochschwarzwald)

> Ich habe es als Verein gesehen, wir machen etwas
> für die Jugend, und wir haben selber dabei Spaß.

Ausgangspunkt des Gesprächs war ein Zeitungsartikel von Volker Münch über die mobile Diskothek „Number One" und ihren Gründer Werner Höflinger in der „Badischen Zeitung".[866] Nach Kontaktaufnahme mit Volker Münch erklärte sich dieser bereit, in seinem Wohnhaus ein Gespräch zusammen mit Werner Höflinger durchzuführen. Als Initialfrage diente der biographische Rückblick in die eigene Schulzeit. Höflinger, 1962 geboren, berichtet, bei ihm sei das Interesse an Musik in den 1970er Jahren erwacht, „als Saturday Night Fever, Olivia Newton-John und John Travolta aufgekommen sind". Aber der Gesprächspartner hatte nicht nur Interesse an der Musik, sondern auch an der Elektrotechnik, eine Vorliebe, die sowohl im Hinblick auf die mobile Diskothek „Number One" als auch bezüglich der Berufswahl entscheidend war. Wie bei DJ Max (vgl. das Interview mit Max Faller in Kapitel 5.4) gab schließlich die Schule den entscheidenden Anstoß: Höflinger berichtet, seine Klasse habe Geld für einen Landschulheimaufenthalt gebraucht. Er habe dann die Idee gehabt, in der Schule eine Feier zu organisieren: Von Freunden habe er sich Schallplatten ausgeliehen, „dann haben wir das mal an einem Samstag organisiert. Und das hat auch guten Zuspruch gefunden."

Volker Münch (ebenfalls 1962 geboren) schaltet sich in das Gespräch ein und bittet Herrn Höflinger, von der ersten technischen Ausstattung zu berichten:

---

866 https://www.badische-zeitung.de/muellheim/disco-disco-dj-werner-steht-seit-37-jahren-am-plattenteller--111493012.html [12.02.2019].

> Damals gab es so einen Elektronikbausatz, Dreikanal-Lichtorgel, die nach dem Takt die einzelnen Lampen aufleuchten lässt. […] Da habe ich dann die Stereoanlage von meinem Vater ausgeliehen. Ich habe sie aus dem Wohnzimmerschrank rausgeholt und dann in die Schule transportiert. Dann haben wir Plattenspieler gehabt, einen Kassettenrekorder und ein Tonband. Das waren so die Tonträger, die wir da verwendet haben.

Die Schulfete war vermutlich im Jahr 1978. Gespielt wurde hauptsächlich Discomusik: „Der Rock war so noch nicht präsent. Also zumindest bei mir nicht. Also es gab sicherlich schon die ganze Rockmusik, aber ich habe mich nicht dafür interessiert." Höflinger erinnert sich stattdessen an die „Bee Gees" oder Donna Summer und erzählt (wieder ein Gleichklang mit Max Faller), wie er von einem Bekannten Vinyl-Singles erhalten hat:

> Ich hatte einen Freund oder einen Kollegen gehabt, dessen Vater die ganzen Jukeboxen, Musikboxen, die es so in den Gaststätten gab, mit Schallplatten, mit den kleinen Singles, bestückt hat. Und diese Platten, die habe ich mir damals ausgeliehen. Da bin ich zu ihm und habe gesagt: Was gibt es Neues? Und dann haben wir die Platten bekommen. Und wenn die Veranstaltung vorbei war, dann habe ich die eben wieder zurückgegeben. Ja, so war der Anfang.

Weitere Feten, auch an anderen Schulen, fanden statt. Zeitgleich erfolgte einerseits die Berufsausbildung zum Energieanlagenelektroniker, andererseits der Kontakt zu einer mobilen Diskothek aus Lörrach. Dort wurde das technische Equipment ausgeliehen, aber Höflinger stieg auch selbst in das Geschäft ein, indem er die Mobildiskothek begleitete und beim Aufbau, der Show und dem Abbau half. Im Freundeskreis reifte dann zu Beginn der 1980er Jahre die Idee, selbst auf Tour zu gehen und eine mobile Diskothek zu betreiben. Eine der ersten Locations, an die sich der Gesprächspartner erinnert, war Neuenburg am Rhein (Landkreis Breisgau-Hochschwarzwald). Im katholischen Gemeindehaus konnten die jungen Discomacher aufschlagen, weil der Ortspfarrer die Discoveranstaltung als Teil der Jugendarbeit begriff. Bei Höflinger und seinen Freunden reifte der Entschluss: „Dann haben wir gesagt, also gut, wir besuchen die Jugendlichen und fahren dann die Orte an und fragen da nach, ob wir dort auftreten dürfen." An eine stationäre Diskothek war nie gedacht, damals war der Gesprächspartner ohnehin noch viel zu jung und zudem in der Ausbildung, wie er sagt. Später sei ihm klargeworden, dass er eine stationäre Diskothek nicht nebenbei betreiben könne, „da bin ich gebunden, da muss ich schauen, dass immer irgendwie was Neues, Aktuelles da ist." Durch die Mobilität seiner Diskothek habe er aber immer Publikumswechsel. Der Ortswechsel war das Herausfordernde, „das war ja eigentlich das Besondere daran."

Höflinger – der stets seinem Hauptberuf treu blieb und das Diskothekengeschäft als Hobby betrieb – strebte aber schnell eine Professionalisierung an: Seine Idee, etwaige Erträge nicht im Freundeskreis zu teilen, sondern zu re-investieren, weist in diese Richtung. Letztlich führte dies zur Gründung der mobilen Diskothek „Number

One". Der Gesprächspartner erinnert sich noch sehr genau an den Start am 16. Juni 1982 in der Winzerhalle in Auggen (Landkreis Breisgau-Hochschwarzwald). Volker Münch unterstreicht die Bedeutung dieser Professionalisierung, hebt aber ebenso hervor, dass die mobile Diskothek formal immer eine Freizeittätigkeit bzw. Nebenbeschäftigung blieb, getrieben von der Begeisterung und der Freundschaft mit Gleichgesinnten. Höflinger präzisiert:

> Und bei mir war es so, dass es einfach Spaß gemacht hat. Ich habe um mich herum sehr viele Leute gehabt, also Freunde und sonst was. Aber der Volker [Münch] hat mich auch ganz kräftig unterstützt. Ich habe es als Verein gesehen, wir machen etwas für die Jugend, und wir haben selber dabei Spaß.

Dessen ungeachtet („Also, wir waren schon so eine verschworene Gemeinschaft") war „Number One" unternehmerisch tätig, es mussten Personen und Dienstleistungen bezahlt werden, es waren Steuern zu entrichten und Werbung zu organisieren.

1988 ist Volker Münch zu „Number One" gestoßen – zunächst in seiner Tätigkeit als Journalist. Er habe, so sagt er, zunächst eine „schräge Bande" kennengelernt, schnell sei ihm aber klargeworden, „wie die Jungs für die Geschichte brennen, wie die auch zusammenhalten, was für eine tolle Truppe das ist". Ein längerer Zeitungsartikel von Münch in der „Badischen Zeitung" habe der Mobildisco einen neuen Schub gegeben. Münch glaubt, dass damals die Jugendlichen noch selbst viele Informationen der Tageszeitung entnahmen und durch die Berichterstattung zugleich die Akzeptanz bei den Eltern wuchs. Das „Number One" war ein Angebot für junge Leute, für die „Dorfbevölkerung oder Landbevölkerung, die nicht einfach so die Möglichkeit hatte, nach Freiburg in eine große Disco zu gehen", entweder weil die Jugendlichen nicht mobil oder die städtischen Einrichtungen zu teuer waren. Die Klientel habe sich auch unterschieden; die Leute, die in Freiburg ins „Crash" gingen – eine alternative und subkulturelle Punk- und Metaldiskothek –, hätten nicht zu den Gästen des „Number One" gezählt. Nur ein paar Ältere seien nach der Mobildisco-Veranstaltung noch nach Freiburg gefahren, weil das „Crash" bis in die Morgenstunden geöffnet war. Volker Münch betont, das „Number One" habe viele Stammgäste gehabt:

> Es gab auch immer eine Bewegung, die wirklich von Ort zu Ort mitgezogen ist. Also so richtige Stammgäste. Es gab auch Stammgäste, die immer wieder mal, ich will nicht sagen auf Krawall aus waren, aber die immer mal ein bisschen Stress gemacht haben. Aber wenn man die dann zur Ordnung gerufen hat, in aller Regel war es dann auch wieder gut. Aber die waren dann auch treu, das muss man auch sagen.

Auf Nachfrage stellt Münch fest, es habe unter den Gästen einen hohen Identifikationsgrad mit der mobilen Diskothek gegeben: „Wir haben schon ein Stück weit echtes Kulturleben auch hier in die Landschaft reingebracht für junge Leute. Wir haben was geschaffen." Für die jungen Menschen in ländlichen Gebieten sei „Number One" wie ein Wohnzimmer gewesen: „Wo sie auf der einen Seite gute Musik gehört haben in aller Regel. Manchmal auch nicht. Aber meistens."

Volker Münch hebt die Bedeutung der Abwechslung hervor, die einen wichtigen Faktor für den Erfolg darstellte. Es sei wichtig gewesen, dass

> wir gute DJs hatten, die spürten, was kommt jetzt gerade an. Und wenn sie sich mal vergriffen haben, haben sie relativ schnell umgeschwenkt. Sie waren auch im Moderieren, die meisten jedenfalls, richtig gut. Die haben dann durchaus Stimmung machen können.

Nach Ansicht von Münch habe sich „Number One" im Vergleich zu stationären Angeboten nicht zu verstecken brauchen, „weder von der Mache her noch von der Technik noch vom Licht her." Das handwerkliche und elektrotechnische Geschick von Werner Höflinger sei der Unternehmung zugute gekommen.

Der Aktionsradius von „Number One" war im Markgräflerland (südlich von Freiburg) angesiedelt. Die mobile Diskothek hatte im ländlichen Raum Erfolg. Werner Höflinger: „Aber man hat damals schon gemerkt, die Freiburger sind Freiburger, Städter, und alles, was außen herum ist, sind Ländler. Und die Ländler, die haben eigentlich das mit der Mobildisco gut aufgenommen." Wie Münch verweist der Gründer von „Number One" auf die geringere Mobilität und die geringere Kaufkraft der ländlichen Jugend. Wie bei Walter Holtfoth (vgl. das folgende Interview), der hauptsächlich nördlich von Freiburg aktiv war, arbeiteten die Kollegen aus Müllheim mit den lokalen Vereinen zusammen. Die Gemeinden machten die Zusammenarbeit sogar zur Auflage, um die Festhallen oder Säle nutzen zu können. Die Vereine übernahmen die Bewirtung und konnten daraus Nutzen ziehen, der mobilen Diskothek oblag die gesamte Veranstaltungsorganisation, und sie hatte auch das wirtschaftliche Risiko zu tragen. Volker Münch und Werner Höflinger geben an, es seien pro Abend fünfzehn bis sechzehn Personen notwendig gewesen; in den Hochzeiten von „Number One" seien bis zu 60 bis 65 Veranstaltungen jährlich durchgeführt worden. Durch den Erfolg hätte sich die Situation umgekehrt, man habe nicht mehr bei den Vereinen nachfragen müssen:

> Und dann haben wir uns natürlich auch schon einen Namen gemacht. Die Vereine sind dann auf uns zugekommen. Sie wollten ja ihre Vereinskasse aufbessern. Und sie haben dann auch gesehen, von den anderen Veranstaltungen, da kann man tatsächlich auch was einnehmen.

Als Veranstalter traten auch Vereine auf, die nicht notwendigerweise disco- oder jugendaffin waren, wie Gesangvereine.

Das Gespräch wendet sich einem anderen Aspekt zu, nämlich der Musik. In der Anfangszeit – 1982 – hat Höflinger noch selbst aufgelegt. Aber als Betreiber war das Aufgabenspektrum zu groß:

> Man lebt da mit den Besuchern. Man baut sich gegenseitig auf und hat dann zusammen Spaß. Und dann musste ich doch schnell erkennen – nach drei, vier Veranstaltungen, die wir mit „Number One" angefangen haben –, ich muss von der Bühne. Ich muss schauen, was die Security macht, was der Eingang macht, was die Technik macht. Und das war der Wermutstropfen, den ich damals habe schlucken müssen.

Natürlich konnten jetzt auch keine Schallplatten von Freunden mehr ausgeliehen werden, sondern es mussten gezielt Medien eingekauft werden. Ein zentrales Informationsmedium war der chartorientierte Rundfunk, aber man musste auch selbst ein „ganz gutes Fingerspitzengefühl" haben, um zu ahnen, was sich zu einem Tanzhit entwickeln würde. Wie Dirk Pfersdorf (vgl. das Interview in Kapitel 5.4) schildert Höflinger die Praxis der Bemusterung durch die Musikindustrie: „Wir haben Schallplatten zugeschickt bekommen, wo überhaupt noch kein Cover drauf war, sondern einfach nur darauf stand, das ist der Interpret mit diesem Lied." Rückmeldungen an die Schallplattenindustrie waren notwendig, um weiter in den Genuss der kostenlosen Bemusterung zu kommen: „Ist tanzbar, kann ein Erfolg werden oder das ist nicht tanzbar, das ist mehr für eine andere Richtung." Allerdings hatte dieses Verfahren auch Schattenseiten, etwa die Hälfte der Titel waren aus Sicht von Höflinger ohnehin nicht spielbar. Gekauft wurden die Platten in Fachgeschäften in Lörrach (Landkreis Lörrach), Freiburg und Basel (Schweiz), aber auch beim Drogeriemarkt „Müller". Bei den Tanzveranstaltungen von „Number One" waren immer zwei Discjockeys anwesend. Zeitbedingt, Anfang der 1980er Jahre, wurde viel Neue Deutsche Welle gespielt, „das war der richtige Durchbruch". Später reagierte man auf die stilistischen Veränderungen, etwa im Bereich der elektronischen Tanzmusik:

> Techno, ja: Das war auch eine starke Bewegung. Das war jetzt wieder etwas, wo wir aufpassen mussten. Das war eine Trendmusikrichtung, wo wir dann einfach sagen mussten, da müssen wir mitziehen. Wenn man da nicht aufsetzt, dann hat man keine Gäste mehr.

Musikalische Trends und die veränderten Vorlieben der BesucherInnen habe man erkennen und schnell umsetzen müssen. Ebenso musste jeder Abend einer bestimmten Dramaturgie folgen, man brauchte schnelle Stücke, die die Stimmung aufheizten, genauso wie „Schmuserunden" (Volker Münch), etwa mit Phil Collins' Song „In the Air Tonight" (1981). Höflinger ergänzt: „Sind wir mit den Musikrichtungen oder mit den *bpm's* [Beats per minutes] falsch, dann wandern die Gäste von der Tanzfläche."

Die Gesprächspartner gehen näher auf den Ablauf eines Abends ein. Werner Höflinger berichtet, es müsste mindestens zwei Höhepunkte geben. Entsprechend habe man das Programm aufgebaut:

> Wenn wir um 20 Uhr aufgemacht haben, sind die Leute reingekommen. Da lief einfach noch ganz normal Pausenmusik. Da war noch keine Lightshow, gar nichts, keine Discjockeys. Einfach nur das, wie wenn man zu einem Konzert geht. Und wir haben gesagt, okay, um 21 Uhr, eine Stunde später, dann fangen wir an. Wir haben dann selbst eine Er-

> kennungsmelodie gemacht. Die haben wir bis heute noch. Und dann ist das Spektakel losgegangen. Mit der Lightshow, mit der Anmoderation und der Ankündigung, wer das Licht bedient, die Discjockeys und was wir sonst vorhaben am Abend. Und dann ist zuerst einmal Stimmung gemacht, also angefangen worden.

Die Gäste stürmten nicht gleich die Tanzfläche, sondern man musste sie ein wenig locken und vorbereiten.

> Und dann ging es dann schon los. Das war so in der Anfangsphase, und dann hat man das Tempo gesteigert, die waren alle heiß. Und dann hat man gesagt: Jetzt fahren wir. Das hat ungefähr anderthalb Stunden gedauert, bis wir zu einem ersten Höhepunkt gekommen sind. Und dann bauen wir wieder ein bisschen ab, man kann ja nicht ständig durchtanzen.

Die Musik wurde gewechselt, um andere Teile des Publikums zufriedenzustellen. Ein zweiter Höhepunkt sollte aber erreicht werden; als Ausgleich gab es dann

> den Blues, den Stehblues, bei dem man die Freundin oder jemanden, den man gerade kennengelernt hat, zum Tanzen auf die Tanzfläche einladen konnte. Den Kontakt ein bisschen fördern – also das war eigentlich die Idee.

Die Dramaturgie des Abends sollte von der Bühne aus unterstützt werden. Das betraf nicht nur Ton und Licht, sondern auch Showelemente. Höflinger wollte Bewegung auf der Bühne haben, zum Beispiel habe es einen „Schlagabtausch zwischen Light Jockey und Disc Jockey" gegeben. Deshalb wurde Wert darauf gelegt, dass die in den Festhallen üblichen Bühnen einsehbar waren und das Publikum die Akteure, insbesondere die Arbeit der Jockeys, beobachten konnten.

Zur spannenden Gestaltung des Abends konnte auch die Moderation beitragen. Allerdings meinten die Gesprächspartner, dass diese weniger der Information dienen sollte (Ansage eines Titels und des Interpreten), sondern der Animation: Es wurde nicht ein einzelnes Lied angekündigt,

> sondern gesagt, jetzt haben wir die Welle gespielt und jetzt kommen wir meinetwegen zur Deutschen Welle oder, Yeah! Das war eigentlich mehr Animation als Moderation; Animation, ja, das ist das bessere Wort. Mit simplen Rufen, um ein bisschen Stimmung reinzubringen, anstatt dass monoton ein Lied nach dem anderen kommt. Ein toller Discjockey muss sich schon bemerkbar machen.

Im Gespräch wird auch die Musikauswahl thematisiert. Münch grenzt „Number One" als (mobile) Diskothek mit seinem Musikangebot von Rockdiskotheken ab. Auf den Einwand des Interviewers, in der „Arche" in Waldkirch (Landkreis Emmendingen) sei vornehmlich Rock gelaufen und diese habe sich als „Rockdiskothek" verstanden, antwortet Münch: „Aber der Begriff Diskothek ist in dem Fall nicht richtig. Das war eher ein Rockschuppen oder so ähnlich." Er erinnert sich in diesem Zusammenhang an das „Checkpoint" in Buggingen (Landkreis Breisgau-Hochschwarzwald):

> Das war ja auch so eine Rockdiskothek, wenn man es jetzt so bezeichnen möchte. Da ist alles Mögliche gelaufen, also Frank Zappa und so weiter. Wo die Gäste dann stundenlang abgetanzt haben, mit der Kippe in der einen Hand und in der anderen der Whiskey – und von anderen Dingen will ich gar nicht reden. Die sich dann mehr oder weniger in Trance reingetanzt haben.

Im weiteren Verlauf des Gesprächs werden nochmals die Schallplatten thematisiert. Vier Kisten voll hätten die Discjockeys an einem Abend dabeigehabt. Höflinger beschreibt auch die Medienvielfalt und den Medienwandel:

> Die Single hat dann im Laufe der Zeit ein bisschen abgenommen. Bei den Tonträgern haben wir einen Wandel gehabt. Am Anfang waren es nur die Singles, dann kamen die Maxisingles heraus und dann wurden auch LPs genutzt. Wir haben am Anfang auch noch ein wenig mit Kassette gearbeitet; wir haben einen Kassettenrekorder gehabt, wenn wir die Lieder noch nicht auf Schallplatten bekommen haben. Die haben wir dann irgendwo im Radio aufnehmen müssen. Und dann kamen die CDs auf. Erst glaubte man, da ist der Klang besser, was allerdings nicht stimmt. Also die Schallplatte ist meiner Meinung nach immer noch der beste Tonträger. Und somit wurde die Singlesparte ein bisschen vernachlässigt, wir haben dann so eine kleine Kiste gehabt, noch aus den 1970er Jahren, damit wir das noch spielen können, was nicht auf Maxi herauskam.

Die Mobildisco arbeitete nicht mit den üblichen zwei Plattenspielern, sondern mit dreien. Der dritte wurde dazu genutzt, um einen Jingle oder animierende Auf- bzw. Zurufe („Hey DJ, ey, ey, ey!") abzuspielen. Die von anderen Akteuren genannten Dual-Geräte (in St. Georgen hergestellt, Schwarzwald-Baar-Kreis) genügten nicht den Ansprüchen von Höflinger. Er habe auf Technics-Geräte zurückgegriffen: „Also da habe ich immer Wert draufgelegt, immer das Beste." Dies sei einerseits wegen der Mobilität der Diskothek notwendig gewesen, aber auch die BesucherInnen hätten wahrgenommen, dass man sich durch den technischen Standard von den Mitbewerbern absetzen konnte:

> Und die Qualität hat das ausgemacht. Dadurch, dass wir auch ein mobiler Betrieb waren, konnte ich nicht irgendetwas Einfaches haben, das musste schon auch robust sein. Also schon deswegen habe ich Wert darauf gelegt, gute Qualität einzukaufen. Und die Technics-Plattenspieler, die sind, wenn man so will, nicht totzukriegen. Die machen wirklich alles mit.

Die eingesetzten Modelle SL-1200MK2 (ab 1978) seien heute noch, nach vierzig Jahren, im Einsatz. Die mobile Diskothek bot seit 1983/1984 auch Videoprojektionen an. Auf die Frage, ob hierzu VHS-Kassetten verwendet worden seien, antwortet Höflinger:

> Ja, oder Betamax, also die richtigen dicken Profibänder. Damals gab es die Firma „Movie". Und die hat uns jeden Monat auf Kassette die neuesten Videoclips geschickt. Den Rekorder, den mussten wir auch kaufen, das war richtig eine Studiomaschine. Ungefähr vier Monate durften wir die Kassette behalten, und dann mussten wir die Kassette zurück-

schicken. Wir haben dann wieder neue bekommen, also das, was gerade aktuell war. So haben wir das Videomaterial bekommen. Ich weiß gar nicht mehr, was wir dafür im Monat pauschal bezahlt haben.

Die mobile Diskothek „Number One" hat nicht nur Musikunterhaltung (mit Videoprojektion) geboten, sondern, wie viele der stationären Betriebe, Showformate präsentiert. Etwa alle zwei Monate fanden diese statt. Es gab Hypnose-Shows, manchmal auch Go-Go-Girls, zumindest einmal wurde Frauen-Catchen angeboten, auch „Misswahlen" wurden durchgeführt. (Gewinn-)Spiele gehörten ebenso zum Repertoire: „Wir haben auch ein paar eigene Spiele gehabt, zum Beispiel ein Jackpot-Spiel. Zehn Fragen hatten wir uns ausgedacht." Diese mussten die Gäste beantworten; auf der Bühne kam es dann zu einer Kürung des Siegers durch Los. Volker Münch hebt allerdings hervor, dass die Showelemente – auch die Hypnose – nur „Beiwerk" waren, also Zusatzangebote während eines Diskothekenabends.

Walter Holtfoth, Betreiber der mobilen Diskothek „Cleopha 87"
Friesenheim (Ortenaukreis)

> Die sind aber damals schon so verrückt gewesen und sind uns mit dem kleinen Zündapp-Moped oder mit dem Mofa hinterhergefahren in den tiefsten Schwarzwald.

Das Interview mit Walter Holtfoth findet in seinem Haus in Friesenheim statt. Zu Beginn zeigt der Gesprächspartner digitale Bilder auf seinem Rechner. Danach kommt er auf die Anfänge seiner musikalischen und beruflichen Entwicklung zu sprechen: „Bei mir hat das alles angefangen in den frühen 1980er Jahren." Die mobile Diskothek „Cleopha 87" gab es damals noch nicht, aber Holtfoth war Anfang der 1970er Jahre als Jugendlicher in Diskotheken zu Gast, „weil wir von irgendwelchen älteren Freunden mitgenommen wurden", die ein eigenes Auto hatten. Eines der ersten Ziele war der „Schuppen" in Rust (Ortenaukreis). Dort hat Holtfoth auch zum erstenmal aufgelegt, und zwar in der Zeit, als der dort tätige Discjockey sich eine Pause gönnte: „Hast du Lust, zehn Minuten Musik zu machen, ich will mal kurz raus."

Dieses Lokal war rustikal eingerichtet, es war viel Holz verbaut. Es gab erhöhte Sitzgruppen, die mit einem Geländer von der Tanzfläche abgegrenzt waren. Zur Musik bemerkt der Interviewpartner: „Da lief der klassische Siebziger-Rock." In der „wilden Siebzigerzeit" sei die Diskothek auch ein „von der Polizei geduldeter Drogenumschlagplatz" gewesen.

> Also in Rust war das halt so, wie gesagt, das war bekannt für freie Liebe und Drogen. Es gab da einen Menschen, ich kenne ihn namentlich ganz gut, der saß in der Ecke im „Schuppen" in Rust und hat so seine Cannabiswürste dagehabt, oder seine Shitwürste, und hat dann Scheiben abgeschnitten und hat die ganz offiziell verkauft. Und ich weiß

nicht recht, in den Siebzigern gab es einfach irgendetwas Anarchisches. Und wir haben uns ja damals die Haare wachsen lassen – das war die tägliche Auseinandersetzung mit dem Elternhaus, die Rebellion. Und politisch waren wir: Ja, der Vietnamkrieg war da, und es gab ein paar Infizierte, aber nicht alle. Ich habe dazu gehört, aber das ist schon wieder etwas anderes. Also ich war immer so ein Friedensaktivist.

Der Gesprächspartner sieht also einen Zusammenhang zwischen dem Drogenkonsum, der jugendlichen Rebellion und der Politisierung der Jugend. Die langen Haare standen dabei genauso für Protest und alternative Lebensentwürfe wie die Musik und der Konsum von Drogen.

Um 1980 herum war Holtfoth Gast im „King's Club" in Lahr im Schwarzwald (Ortenaukreis), dort lief allerdings eher Disco- bzw. Funkmusik:

> Dort habe ich auch immer wieder so eine halbe Stunde lang irgendeinen DJ vertreten. Das waren einfach immer so die Geschichten, wobei ich eigentlich damals noch viel zu jung war, um den Job zu machen. Aber ich war halt einfach immer dabei.

Auf Nachfrage erklärt der Gesprächspartner, dass er schon früh das Moderieren gelernt habe, und bis in die Gegenwart halte er – ähnlich wie sein Kollege Dirk Pfersdorf (vgl. das Interview in Kapitel 5.4) – die Fahne hoch und moderiere „bis zum heutigen Tag." Seine ersten professionellen Erfahrungen beschreibt Holtfoth so: „Als ich in den eigentlichen Diskothekenbetrieb eingestiegen bin, das war 1982, 1983. Da war ich im ‚Drivolli' in Herbolzheim" (Landkreis Emmendingen). Dabei handelte es sich um „eine umgebaute Halle eines Bauunternehmens", die zuvor als Garage gedient hatte. Die Einrichtung war schlicht: „Das Dach war sehr hoch, da hingen ein paar Scheinwerfer und viele Sterne, die noch an die Decke geklebt worden sind." Holtfoth spricht von einer „Bauerndisko", in der Region sei sonst nicht viel los gewesen. Die Diskothek „Drivolli" habe einer Familie gehört:

> Und ich bin da hingekommen, nachdem die Besitzer annonciert haben, dass sie einen DJ suchen. Und ich habe gemeint, ich kann mit meinem Wissen aus den 1970er Jahren ankommen – weil ich damit großgeworden bin, und ich bin eigentlich immer auf diese Musik gestanden. Dann habe ich meine Plattenkiste genommen und bin ins „Drivolli" marschiert und habe gesagt, ich würde gerne auflegen. Dann haben die zu mir gesagt, was willst du mit dem Kram, das will kein Mensch hören.

Rock war out, „da war er das erste Mal tot". Mit seinen Oldies wäre er wohl gnadenlos untergegangen, aber der Betreiber habe ihm einen Stapel Singles hingelegt, die Holtfoth spielen und natürlich moderieren sollte.

> Das „Drivolli" war klassisch ausgelegt, die haben Runden gespielt, eine Viertelstunde Fox, eine Viertelstunde Disco, eine Viertelstunde Rock, eine Viertelstunde Neue Deutsche Welle, die dann irgendwann dazukam. Und das „Drivolli" war auch eine der ersten Diskotheken, die riesengroße Leinwände hatten, als diese vorgefertigten Videoclips aufkamen.

Holtfoth erinnert sich an das Erfolgsstück von Michael Jackson, „Thriller" (1983). Damals habe es noch kein (deutsches) MTV gegeben, alle hätten in Richtung Videoleinwand geschaut. Der Gesprächspartner bewährte sich als Discjockey, ihm wurden mehrere Wochentage und schließlich der Samstag anvertraut. Nach einem Betreiberwechsel sah er seine Chance gekommen, wieder vermehrt Rockmusik zu spielen und damit zu seinen musikalischen Wurzeln zurückzukehren.

> Und wir haben dann damit angefangen, bis um zwölf haben wir ganz normal die Charts gespielt, also für die jungen Leute. Und um zwölf ging dann Rauch und Nebel rein, da gab es „Smoke on the Water", und dann ging es in eine ganz andere Richtung. Dann wurde für das „Drivolli" ein neuer Name gesucht, und ich habe dann einen Vorschlag gemacht. Es gab einen Liveclub in Basel, der hieß „Atlantis", dort hat alles gespielt, was in der europäischen Rockszene Rang und Namen gehabt hat. […] Und dann habe ich gesagt, wir nennen das in Herbolzheim auch „Atlantis", um den Bezug dorthin zu verdeutlichen.

Auf andere Unterhaltungsangebote angesprochen, verweist Holtfoth auf Shows, die in Diskotheken stattgefunden hätten, etwa Hypnose-Shows. Dies verlief zeitlich so, dass zunächst (etwa um 20 oder 21 Uhr) die Show begann und danach der normale Diskothekenbetrieb wieder aufgenommen wurde. Manchmal wurden die Showelemente auch in Blöcke aufgeteilt, „sodass die Leute immer mal wieder unterhalten wurden." Später habe man im „Atlantis" auf diese Elemente verzichtet.

Für viele kleinere Betriebe habe das Aufkommen von Großraumdiskotheken das Aus bedeutet. Später habe es auf der einen Seite Techno gegeben, auf der anderen Seite deutschen Schlager. Diese Entwicklung war ausschlaggebend für einen Berufswechsel: „1986/1987 habe ich gesagt, okay, tschüss Diskothek. Und wir haben in kleinen Kneipen wieder angefangen." Dort wurden die Gäste zum Mitmachen und Mitsingen animiert. Durch die steigende Nachfrage bespielte Holtfoth zunächst Lokale, dann die Säle von Gastwirtschaften und schließlich Festhallen (etwa in Mahlberg, Ortenaukreis), die der Gesprächspartner als sein damaliges „Wohnzimmer" bezeichnet. „Cleopha 87" war damit als mobile Diskothek geboren. Schnell traten Live-Acts und die Organisation von Festivals hinzu.

Holtfoth blickt auf seine Anfänge als Discjockey und seine Motivation zurück:

> Ich wollte es eigentlich mit Livemusik versuchen, selbst Musik machen. Und habe dann gemerkt, dass ich mit Plattenauflegen Geld verdienen kann und mit der Livemusik nicht. Mit dem Plattenauflegen habe ich einen viel größeren Erfolg als wenn ich dastehe und vor 30, 40 Leuten mir die Seele aus dem Hals brülle. Und so ist es dann nachher auch geblieben.

Im Gespräch wird die Frage aufgeworfen, woher die Abspielmedien in den jeweiligen Diskotheken stammten. Im „Drivolli" waren alle Platten Teil der Ausstattung, dort wurde noch mit Vinylsingles gearbeitet. „Und später, als es dann Richtung ‚Atlantis' ging, war es dann schon so, dass der Laden auch Schallplatten und CDs gekauft hat." Die Discjockeys, „die ihr eigenes Programm gemacht haben, haben aber auch ihre eigenen Scheiben mit dabeigehabt." Diese hätten sie wieder mit nach Hause mitgenommen, nicht nur, um sie vor Diebstahl zu schützen, sondern auch, damit ihre Musikauswahl nicht von einem anderen Discjockey kopiert werden konnte.

Bemerkenswert ist, wie Holtfoth die soziale Funktion seiner mobilen Diskothek beschreibt: Als die genutzten Hallen immer größer wurden, sei sein Unternehmen „wirklich eine rollende Diskothek geworden. Das heißt, wir haben die Diskothek zu den Menschen gebracht." Die Menschen mussten nicht zu einem festen Ort kommen, sondern das Musik-, Tanz- und Unterhaltungsangebot fand in ihrer gewohnten lokalen Umgebung statt. Auf Ortsebene wurde mit den dort ansässigen Vereinen zusammengearbeitet, welche die Bewirtung übernahmen und dadurch Gewinn erzielen konnten. Die mobile Diskothek „Cleopha 87" finanzierte sich über die Eintrittsgelder. Dieses Konzept bewährte sich; gegenüber den Vereinen argumentierte Holtfoth:

> Leute, ich will von euch kein Geld, ich lasse mich vom Publikum bezahlen. Bin ich gut, geht es mir gut. Wir bringen unsere Leute mit, ihr macht die Bewirtung, und ihr seid zufrieden, wir sind zufrieden, und das Publikum ist zufrieden. So sind dann die Vereine auf uns aufmerksam geworden, nach dem Motto, hey, da ist der Teufel los, und dann wollte man das auch mal machen. Und ich glaube 1990 oder 1991 ging es richtig los, da hatte ich drei Jahre im Voraus meinen Terminkalender voll, jedes Wochenende Freitag, Samstag irgendwo anders. Und wenn am Donnerstag ein Feiertag war, dann sind wir am Mittwoch auch noch irgendwo gewesen.

Das gesamte Equipment (Ton, Licht) wurde von „Cleopha" mitgebracht. Allerdings griff diese mobile Diskothek nicht auf eigenes Material zurück, sondern die Ausstattung wurde jeweils geliehen, d.h. der Aufbau, Abbau, etwaige Reparaturen etc. wurden von einer Fremdfirma übernommen.

Selbstverständlich nahmen die ortsfesten Diskotheken die mobilen als Konkurrenz wahr. Zuweilen gab es deshalb Streit und sogar Drohungen, wie Holtfoth berichtet. Im Rückblick zeigt der Interviewpartner sogar Verständnis: Es sei damals um viel Geld gegangen, die Betriebe mussten Miete und Personal bezahlen und Vertragspflichten erfüllen. Der Erfolg der mobilen Diskothek habe wiederum zu Engagements als Discjockey in lokalen Betrieben geführt, etwa im „Inside" in Emmendingen (Landkreis Emmendingen) oder in der „Arche" in Waldkirch (ebd.). Die beginnenden 1990er Jahre beschreibt Holtfoth als die erfolgreichsten. Aber er finde auch jetzt noch Anklang:

> Aber ich habe immer noch mein Publikum, es ist, wie gesagt, immer noch das gleiche. Und das sind die gleichen Menschen, das sind die gleichen Gesichter, jeder hat seine eigene Geschichte, die er mitbringt über die Zeit. Wir diskutieren oft oder tauschen uns aus, was uns immer noch verbindet. Und früher habe ich immer gesagt, bringt eure Eltern mit,

denn denen gefällt die alte Musik auch, die wir da machen. Später habe ich gesagt, bringt eure Kinder mit, wir finden irgendwo einen Platz, wo wir auf sie aufpassen können. Mittlerweile ist in Grafenhausen[867] [Ortenaukreis] das große Happening, da sind manchmal wirklich drei Generationen auf dem Platz. Also sicher mein Publikum von damals mit ihren Kindern, und dann aber auch die alten Helfer, die früher schon dabei waren, die heute 60, 70, 75 Jahre alt sind, die trotzdem noch auf ein Bier vorbeischauen.

Das Gespräch wendet sich dem Musikprogramm zu. Der Interviewpartner betont, immer „authentischen Rock" geboten zu haben. Heavy Metal stand nicht auf dem Programm: „Alles, was jenseits von Deep Purple war, war mir schon wieder eine Spur zu heftig." Holtfoth setzte auf Kontinuität und wollte darüber eine Publikumsbindung erreichen, nicht über die schnelle Anpassung an den wechselnden Musikgeschmack: „Diejenigen, die langfristig erfolgreich waren, haben ihr Publikum ehrlich bedient." In gewisser Weise hat „Cleopha" Music Branding betrieben und bestimmte Titel als akustisches Erkennungszeichen bzw. als Werbeträger genutzt:

> Es gibt ein paar ganz klassische „Cleopha-Hits". Das waren Songs, die ich entweder neu entdeckt habe, oder die ich irgendwo gefunden habe, die nur bei mir gelaufen sind. Und zwar so lange, bis sie so erfolgreich waren, dass alle anderen Kollegen die Songs ebenfalls gespielt haben, was für mich natürlich ein riesen Vorteil war, weil überall, wo die Leute dann waren und das gehört haben, sagten: „Ist wie bei Cleopha!"

Zum Erfolg mobiler Diskotheken habe auch die Mobilität junger Menschen beigetragen:

> Bei uns war es auch so: Ich hätte nie 2.000 Leute nach Freiamt [Landkreis Emmendingen] hochgebracht, wenn die Leute nicht mobil gewesen wären. Die sind aber damals schon so verrückt gewesen und sind uns mit dem kleinen Zündapp-Moped oder mit dem Mofa hinterhergefahren in den tiefsten Schwarzwald. Wo wir waren, war einfach unsere Community! Ob das im Kaiserstuhl [Landkreis Breisgau-Hochschwarzwald] war, Freiamt [Landkreis Emmendingen], ob das Winden, Oberwinden, Niederwinden [alle drei Orte im Elztal, Landkreis Emmendingen] war, oder im Schuttertal [im Schwarzwald; Ortenaukreis]. Da haben wir im Jahr 2000 nochmal eine Fete gemacht. Eine Millenniums-Pfingstfete mit dem Musikverein.

Der Interviewpartner kommt auf wechselnde Konjunkturen zu sprechen: „Cleopha" mit seinem Rock-orientierten Musikprogramm sei immer wieder „in" und „out" gewesen. Die Phasen sinkender Nachfrage hatten Einfluss auf die wirtschaftliche Situation des Betreibers; es habe auch Rückschläge gegeben. Heute freue er sich, wenn er irgendwo hinkomme und von den Leuten begrüßt werde, weil sie ihn von „Cleopha"-Veranstaltungen kennen: „Wenn ich am Schluchsee [Landkreis Breis-

---

867 Holtfoth veranstaltet dort die „Cleopha Classic Rock Kult Nacht", vgl. hierzu: http://www.badische-zeitung.de/kappel-grafenhausen/cleopha-ruft-alle-kommen--140011371.html [17.08.2018].

gau-Hochschwarzwald] bin, und es gibt dann Leute von irgendwoher, die auch am Schluchsee sind, dann sagen die: ‚Hey' und ‚Wie geht es?'" In Düsseldorf habe er an einem Rosenmontag sogar einen Tisch mit „Cleophanern, Ex-Cleophanern" getroffen.

Natürlich gab es auch schwierige Momente, etwa bei Streitigkeiten unter Gästen, bei denen Holtfoth oft selbst schlichtend eingriff:

> Also ich bin meistens selbst von der Bühne runter und bin zwischen die Leute, habe dann aber gewusst, ich habe so viele Menschen um mich herum, die mir jederzeit helfen würden. Da konnte ich dann auch sagen, hey, auseinander, oder macht das zuhause ab.

Insgesamt habe er aber die Tätigkeit bei „Cleopha 87" als „tolle Zeit in Erinnerung", bei der er beruflich und menschlich viel gelernt habe. Die Zeit erlebte Holtfoth als intensiv, aber auch als kräftezehrend: „Wie gesagt, es war wirklich viel, verdammt viel los. Ich habe 1990 185 Veranstaltungen gehabt. Mehr muss ich nicht sagen, ich weiß gar nicht, wann ich mich da erholt habe. Das ging gar nicht."

5.4 Discjockeys

Max Faller, Discjockey
Emmendingen (Kreis Emmendingen)

> Und viele bedanken sich am Schluss:
> „Max, ich bin fix und fertig. Ich gehe jetzt heim."

Ausgangspunkt des Gesprächs in einem Café in Emmendingen ist die aktuelle Tätigkeit des Interviewpartners: Seit vielen Jahren organisiert der 1959 Geborene Livekonzerte und ist als Discjockey tätig, u.a. in der Emmendinger „Kulturmühle Mehlsack". Dort legt er jeden Mittwochabend auf, oft auch an Freitagen. Dieser Tätigkeit geht er seit 2004 nach.[868] Nach diesem Gesprächseinstieg erzählt Max Faller, wie er zur Musik und zu seiner Tätigkeit als Discjockey gekommen ist: In den späten 1960er Jahren habe er die englische Musik erstmals bewusst wahrgenommen. Als ersten Titel könne er sich an „Can't Buy Me Love" (The Beatles) erinnern; das wenige Jahre zuvor herausgekommene Stück habe er erstmals 1968 oder 1969 gehört. Er sei in Buchenbach (bei Kirchzarten, Landkreis Breisgau-Hochschwarzwald) groß geworden und entstamme einer musikalischen Familie. Sein Vater habe in den 1950er Jahren das volkstümliche Trio „Heimatklang" gegründet: „Der spielt mittlerweile sogar immer noch. Mit über 80 Jahren ist er immer noch aktiv. Den kann

---

868 Vgl. http://www.oldj-max.de/ [15.08.2018]; http://www.mehlsack.com/index.htm [15.08.2018].

man engagieren. Also wir waren eigentlich schon eine musikalische Familie, würde ich sagen." Der Erstkontakt mit „moderner" Musik habe über das Radio stattgefunden:

> Und da ist mir irgendwie diese englische Musik aufgefallen. Ich habe dann mehr Radio gehört und dann habe ich das alles so richtig kennengelernt. So was da gespielt wurde, diese englische Musik, und ich war eigentlich richtig davon angetan.

Erst danach kamen Schallplatten ins Spiel: „Mein Vater war Briefträger und hat mir aus den Gasthöfen immer diese abgespielten Single-Schallplatten aus der Musikbox mitgebracht." Auf diese Weise lernte Faller die angloamerikanische Rock- und Popmusik kennen. 1974 legte er zum ersten Mal Platten öffentlich auf – bei einem Schulfest, ähnlich wie Walter Höflinger (vgl. das Interview in Kapitel 5.3):

> Das war so: Mein Vater war sehr aktiv und hat immer verschiedene Sachen organisiert – auch Veranstaltungen. Auch bei uns im Ort Wagensteig, das gehört zu Buchenbach, hat er das gemacht. Da gab es früher noch eine eigene Grundschule mit einer Aula, und da hat er zum Beispiel immer die Faschingsveranstaltungen organisiert. Samstagabend war Tanz, am Sonntagmittag fand immer so ein Kinderfest statt und dann war abends nochmal Tanz. Aber für die Jugend war eigentlich nichts geboten. Dann habe ich das erste Mal – mit dem Lehrer von dort und eben mit meinem Vater zusammen – das einfach organisiert, an einem Sonntagnachmittag, so eine Jugenddisco mit den Platten, die ich damals schon hatte: „T. Rex" und „The Sweet" und „Kicks" und „Beatles" und was weiß ich, was alles. Überwiegend halt die englischen Sachen.

Diese Veranstaltung bildete gewissermaßen den Einstieg in den Beruf. Fortan organisierte er zusammen mit seinem Vater mehrere Jugendtanzveranstaltungen, etwa in der Ibentalhalle (ebenfalls Buchenbach): „Mit meinem Vater zusammen haben wir noch eine Liveband organisiert", so dass abwechselnd Livemusik und Schallplatten erklangen. Diese Veranstaltungen fanden nachmittags statt und richteten sich an die örtliche Jugend.

Aus dem Hobby wurde mit der Zeit eine professionelle Nebenbeschäftigung, auch wenn die Haupterwerbsquelle lange Zeit eine Tätigkeit im öffentlichen Dienst blieb. Im „Mehlsack" in Emmendingen bietet DJ Max heute Rockklassiker an, und das mit Erfolg. Auf viele Stile, etwa Techno, HipHop oder auch auf Chartstitel, verzichte er vollkommen: „Ich habe halt die Sechziger, Siebziger und Achtziger im Programm. Da bin ich aufgewachsen, da macht mir keiner was vor! Und mit dieser Musik arbeite ich und habe Zulauf."

Die Zielgruppe sei bereits älter, 40- bis 60-Jährige suchten das Lokal auf „und flippen völlig aus und sagen: ‚Das macht ja gar keiner mehr'." Moderation betreibt der Interviewte wenig:

> Ich bin keiner von denen, die ständig am Mikro hängen und irgendwie mitsingen oder die Leute animieren. Das habe ich gleich gemerkt – das bin ich eigentlich gar nicht, und die

Leute wollten das auch nicht. Und dann bin ich schnell von der Moderation weggekommen.

Seit 1988, Faller war damals knapp dreißigjährig, ist er im Diskothekengeschäft etabliert. Unter anderem legte er im „Sound" in Freiburg auf, in der „Arche" in Waldkirch (Landkreis Emmendingen) oder im „Spektrum" in Bad Krozingen (Landkreis Breisgau-Hochschwarzwald). Später war er in der Diskothek „Atlantis" in Herbolzheim (Landkreis Emmendingen) tätig. Auf Nachfrage erklärt Faller, dass es in der Musikauswahl keinen Unterschied zwischen den großstädtischen (Freiburger) Betrieben und den ländlichen bzw. kleinstädtischen gegeben habe:

> Von der Musik her eigentlich nicht. Ich meine, ich war lange Zeit in Freiburg. Erst hieß die Diskothek „Tangente" und dann war es das „Sound". Dann hieß es mal „Too hot for you". Das war alles so in den Achtzigern. Da bin ich so einfach reingeschlittert und habe zuerst Vertretung gemacht und dann haben die gemerkt: Okay, der Max bringt Leute, das gefällt denen, was er macht. Und dann bin ich da fest reingekommen. Ich mache eigentlich noch genau das Gleiche. Jetzt hier in Emmendingen oder irgendwo auf dem Land oder in der Stadt.

Im „Mehlsack" habe er eine treue Kundschaft, die ihn zum Teil noch aus seiner Freiburger Zeit her kenne: „Es gibt Stammgäste, die verfolgen mich seit zig Jahren." Faller erinnert sich an die „Arche" in Waldkirch (Landkreis Emmendingen). Zur Ausstattung und zur Nachfrage meint er:

> Na gut – der DJ war auf der Bühne und die Leute waren dann halt vor ihm. Aber so modern war die „Arche" auch wieder nicht. Das Nötigste eigentlich. Auch mit dem Licht und so … Groß investiert haben die gar nicht, die hatten brutalen Zulauf gehabt von überall her, vom ganzen Schwarzwald. Ich erinnere noch, Mittwoch war so Kult. Da war ich selber oft in den Achtzigern, in den Neunzigern.

Dort sei damals Rock, Deutsch-Rock und Neue Deutsche Welle gespielt worden: „Also eher dann Nina Hagen und BAP und so Sachen. Und dann Rocksachen, was es damals so alles gab. Querbeet von Police über U2 und Deep Purple." Der Gesprächspartner hebt die Qualität der Musik hervor und die Tatsache, dass die Musikauswahl für ihn inspirierend war – auch noch für seine aktuelle Tätigkeit:

> Jetzt sage ich mal, es lief kein Kitsch, sondern schon ein bisschen anspruchsvollere Sachen. Tanzbare Sachen, manchmal ein bisschen depressive Titel, ein bisschen Underground oder so. Das war eigentlich das Typische. Und was ich jetzt mittwochs in Emmendingen mache, das ist zu 80 Prozent der „Arche"-Sound. Ich habe ein paar Klassiker mitgenommen von damals.

Er selbst habe als Discjockey „Led Zeppelin gespielt, Pink Floyd und so Sachen. Ziemlich viel Schräges. Schräg und abgefahren haben sie immer gesagt." Ein Stilmerkmal war jedoch stets gesetzt: „Mehr Rock als Pop." Im Bereich der Neuen Deutschen Welle nennt Faller die Gruppen „Extrabreit" und „Dr. Koch Ventilator".

Der Gesprächspartner hat lange Vinylplatten benutzt und diese nass (mit einer Alkohol-Wasser-Lösung) abgespielt:

> Ich habe lange mit Singles gearbeitet, die waren natürlich fix und fertig. Die musste ich immer mit Isopropanol bepinseln, damit sie richtig schön nass waren und nichts hängen blieb und der Sound gut war. Oder ich habe noch LPs rumgeschleppt, wegen einem Lied, das für die Diskothek brauchbar war. Maxi-Singles gab es dann in den Achtzigern.

Insgesamt habe sein Repertoire an Vinylsingles schätzungsweise 10.000 Stück umfasst, die Sammlung ist leider nicht mehr erhalten. DJ Max war – wie er erzählt – immer begierig darauf, neue Musik, neue Sounds kennenzulernen, auch von älteren Aufnahmen:

> Ich muss alles mal gehört haben. Jeden Gruppennamen oder Künstlernamen. Was macht denn der für einen Sound? Da war ich also ganz verrückt danach. Das bin ich eigentlich immer noch. Wenn es irgendetwas gibt von früher, was ich noch nicht kenne, dann muss ich das hören.

Dem Format „Platte" ist Faller insofern treu geblieben, als er auch heute noch mit Compact Discs arbeitet, aber nicht mit einer Festplatte auf dem Computer. Wie andere Discjockeys beschreibt der Gesprächspartner das Handling mit den Vinylplatten, etwa die Praxis des Vorabhörens, um einen guten Anschluss zwischen den Musikstücken zu gewährleisten: „Ja, das war schon eine Herausforderung in den 70er und in den 80er Jahren." Heute könne man sich selbst einen CD-Sampler zusammenstellen und alles mit dem Rechner vorbereiten:

> Aber meistens nehme ich die Originale und brenne mir das zusammen, was ich brauche. Mache mir meine Sampler. Und dann habe ich so ein Programm auf dem Computer, da kann ich die Lautstärke anpassen, damit es ein guter Sound wird.

Im Gespräch wird auch die Weiterentwicklung der Unterhaltungskultur thematisiert. Heute seien Discos nicht mehr so interessant wie früher, zum Teil kämen heute eher Ältere:

> Ich glaube, die Jungen machen das auch nicht mehr so intensiv wie wir früher. Wir mit 17 oder 18 Jahren, wir sind oft weggegangen. Jedes Wochenende. Irgendwo zum Tanz oder in die Diskothek. Das machen die heute gar nicht mehr.

Soziale Konflikte gebe es heute wenige: Sein Publikum im „Mehlsack" – eher über 40-Jährige – hätte ohnehin nur ein Ziel: „Die wollen einfach tanzen. Die wollen tanzen, die wollen Spaß haben." Security brauche man bei diesen Veranstaltungen nicht, im Gegensatz zu seiner früheren Tätigkeit im „Atlantis" in Herbolzheim (Landkreis Emmendingen): Da gab es immer drei oder vier Sicherheitskräfte, allerdings seien auch „1.000 Leute da gewesen am Samstagabend. Und hier in Emmendingen 200 oder 250." Auch in der „Arche" in Waldkirch (Landkreis Emmendingen) hätten 1.000 Menschen zusammen gefeiert. Max Faller ist mit seiner

Arbeit und dem Publikumszuspruch zufrieden: „Und viele bedanken sich am Schluss: ‚Max, ich bin fix und fertig. Ich gehe jetzt heim.' Das ist sowas wie Energie, Tanzen und Frust ablassen. Wenn sie kommen, dann machen sie das."

Dirk Pfersdorf, Discjockey
Königsfeld im Schwarzwald (Schwarzwald-Baar-Kreis)

> Also so eine hammergeile Zeit,
> das war Wahnsinn!

Zu Beginn des Gesprächs, das in einem Gasthaus im Wohnort von Dirk Pfersdorf geführt wurde (Königsfeld im Schwarzwald, Schwarzwald-Baar-Kreis), war das Forschungsprojekt und die Diskothekenkultur im Allgemeinen Gesprächsgegenstand. Danach kam der 1962 geborene Interviewpartner auf seine Berufsbiografie zu sprechen. Diese begann im Gasthaus „Zum Engel" im Nachbarort Neuhausen. Dort gab es einen Wirtshaussaal, der seit den 1970er Jahren als Diskothek genutzt wurde (vgl. das Interview mit Karl Hummel, dem Betreiber dieses Lokals, in Kapitel 5.2). Pfersdorf war zunächst als junger Mann Besucher: „Da war ich da, jeden Samstag fast habe ich geguckt. Also, da gab es dann nicht durchgehende Musik, so wie heute. Sondern da gab es Tanzrunden, 15, 20 Minuten, und dann war Pause." Dies war, wie Pfersdorf, auf Nachfrage präzisiert, im Jahr 1979:

> Und dann bin ich mit den DJs ein bisschen ins Gespräch gekommen, und einen habe ich dann gefragt, ob ich auch mal auflegen dürfte, so bei einer Tanzrunde. Und dann hat er gesagt: „Ja, warum nicht?"

Der Interviewte wechselte jedoch schon ein Jahr später in die damals neueröffnete Diskothek „Waldpeter" in Schönwald (vgl. das Interview mit Kai-Uwe Bitsch, dem ehemaligen Betreiber des „Waldpeter", in Kapitel 5.2). Seit dem Tag der Eröffnung mit der „Spider Murphy Gang" gehörte Pfersdorf zum Team, zu diesem Zeitpunkt war der Interviewte 18 Jahre alt. Der „Engel" in Neuhausen sei trotz der neu entstandenen Konkurrenz weiterbetrieben worden, das „war ein Klassiker. Aber der ‚Engel' hat dann auch gemerkt, dass viele Leute dann abgesprungen sind."

Das Einzugsgebiet des neuen Unterhaltungsangebots in Schönwald war groß, vom Bodensee bis in den Kölner Raum:

> Da war eine Clique, so sechs, sieben Leute: Die haben immer über Pfingsten, glaube ich, ein Wohnmobil gemietet und sind dann extra heruntergefahren in den Schwarzwald in den Waldpeter – und haben vier, fünf Tage gefeiert.

Die Ausstattung des „Waldpeter" wird als bodenständig beschrieben, „alles mit Holz", im Gegensatz zu den meisten städtischen Lokalen. Das Innere war zweistöckig ausgebildet, im Hauptraum gab es zudem eine Bühne für Liveveranstaltungen. Wie der ehemalige Betreiber Kai-Uwe Bitsch (vgl. Kapitel 5.2) weist Pfersdorf auf die Größe des Raumes hin: Zwischen 800 und 900 BesucherInnen hätten gleichzeitig Platz gefunden. In der Anfangszeit sei die Diskothek an jedem Abend geöffnet gewesen, einschließlich Sonntag. Mit den Jahren entstand Konkurrenz, in Donaueschingen (Schwarzwald-Baar-Kreis) habe das „Okay" eröffnet (vgl. das Interview mit dem Betreiber Ralf Bürger in Kapitel 5.2), in Zimmern bei Rottweil (Landkreis Rottweil) das „Discoland": „Und das hat man dann gemerkt, es ging bei uns auch herunter." Im Winter sei noch die Schneeproblematik hinzugekommen; die BesucherInnen hätten dann näher am Wohnort liegende Betriebe vorgezogen. Dies führte beim „Waldpeter" zu einer Verkürzung der Öffnungszeiten: „Dann haben wir bloß noch von Mittwoch bis Sonntag lang geöffnet gehabt."

Den Erfolg der Diskothek bringt der Interviewte mit dem Unternehmer Michael Nock in Verbindung, der den „Waldpeter" 1980 eröffnet hatte: „Gut, ich sage jetzt mal, der Michael, wie soll ich sagen, der war ein Visionär." Der Schonacher Nock – anlässlich seines frühen Todes in der Presse als „Meister der verrückten Ideen" bezeichnet[869] – habe nicht nur besondere Einfälle gehabt, sondern auch Erfolg:

> Der hatte Ideen, der hat Sachen gemacht, das war genial. Im oberen Stock war das zum Beispiel so, dass da hinten, über der Diskothek, die Leute durchgehen konnten. Dann hat er neben der Diskothek die Cocktailbar eröffnet. Er hat dann später im zweiten Stock über der Diskothek einen Kuhstall gemacht, da gab es dann nur Milchshakes. „Kuhstall" – er hat riesige Kuhköpfe aus Plastik rangeklotzt.

Dirk Pfersdorf kommt im Gespräch auch auf Veranstaltungen für Teenager zu sprechen: „Aber irgendwann haben wir dann gesagt: Okay, wir machen Teenienachmittag". Zwischen mittags um zwei und abends um sechs Uhr seien die Kids mit einem eigenen Discjockey bespaßt worden. Um das Angebot zu erweitern, wurde Anfang der 1990er Jahre in dem Gewölbekeller des Anwesens eine Techno-Disco eingerichtet.

Das Gespräch fokussiert die Veranstaltungsformen und Programme. Der Interviewte hebt hervor, dass ein Merkmal des „Waldpeter" die Vielgestaltigkeit des Angebotes gewesen sei: „Ja klar, das war ja sein [Michael Nocks] Konzept, deswegen war er ja so bekannt, oder beziehungsweise so beliebt." Der „Waldpeter" sei Diskothek, Kabarett, Kleinkunstbühne und Pizzeria in einem gewesen: „Eine riesige Sache, er hat ein ziemlich großes Spektrum bedient, also unterhalten." Die Schallplatten für den „Waldpeter" (wie Kai-Uwe Bitsch in seinem Interview bereits berichtete) wurden von den Discjockeys besorgt, die ja hierfür auch die Expertise hatten: „Das war noch Vinyl, ja klar. Da war ich einmal die Woche im Plattengeschäft und habe mir

---

869 https://www.suedkurier.de/region/schwarzwald/schoenwald/Trauer-um-Michael-Nock-Der-Meister-der-verrueckten-Ideen-ist-tot;art372531,9095429 [03.08.2018].

dann anderthalb bis zwei Stunden Sachen angehört, was neu auf dem Markt ist."
Musikgeschäfte waren allerdings in den 1980er Jahren auf dem Land rar:

> In Schonach [Schwarzwald-Baar-Kreis] gab es eines. Das war am Anfang noch nicht so gut sortiert, aber als wir dann regelmäßig Platten abgenommen haben, haben die dann ihr Sortiment ein bisschen erweitert. Und dann, mit der Zeit, gab es ja dann den Drogeriemarkt „Müller" in Villingen, und dann habe ich immer abgewechselt.

Discjockeys wurden von der Musikindustrie bemustert: Dirk Pfersdorf erhielt ein- oder zweimal im Monat einen Karton mit Platten, als Gegenleistung musste ein Fragebogen ausgefüllt werden: „Kommt an, kommt nicht an, oder gut, schlecht und so weiter". Mit anderen Worten: Die Bemusterung diente der Werbung für einzelne Scheiben, war aber gleichzeitig ein Instrument der Marktanalyse (vgl. das Interview mit Volker Münch und Werner Höflinger in Kapitel 5.3). An einen Song kann sich Dirk Pfersdorf besonders erinnern:

> Ende 1994, da bekam ich wieder ein Bemusterungspaket und darin war ein Song, den ich mir angehört habe und gleich wusste, das wird ein Nummer-Eins-Hit: Robert Miles' „Children". Als ich den am nächsten Abend aufgelegt habe, war es der Hammer, der schlug ein wie ein Blitz und eine neue Musikrichtung hatte die Charts erobert, der sogenannte „Dreamhouse"-Sound ...

Das Berufsethos des Interviewpartners deutet sich in einer Gesprächspassage an, welche die Moderation durch den Discjockey betrifft. Pfersdorf bejaht die Aussage, dass früher die Moderation gang und gäbe war, und schließt seine Überzeugung an, es gehöre zum Beruf, das Auflegen zu moderieren:

> Also Discjockey ist für mich immer, dass ich Platten auflege und an- oder abmoderiere, dass ich genauso Bühnenmoderation machen kann und das Publikum in Stimmung versetze. Das ist für mich ein Discjockey, das ist ein richtiger Discjockey. Aber keine fünf Stunden lang nur ein Beat in den anderen mixen: bum-bum-bum. Das kann mit den heutigen technischen Mitteln jeder.

Moderiert wurden auch Spiele und Verlosungen, im „Waldpeter" wurden beispielsweise eine Woche Mallorca-Urlaub oder ein Fernsehgerät, aber auch Gutscheine als Preise ausgelobt: „Und das wurde dann am letzten Samstag im Monat auf der Bühne verlost."

Während des Gesprächs wurden Fotografien betrachtet, die Dirk Pfersdorf mitgebracht hatte. Die Abbildungen zeigen das Gebäude, die Innenräume des „Waldpeters" und Personen, die bei verschiedenen Veranstaltungen als Akteure (Künstler, Personal) oder als Publikum agierten.

Danach wurden die Musik bzw. die Musikauswahl thematisiert. Der Interviewte betont, dass er zur Musik anderer Betriebe nichts mitteilen könne:

> Ja gut, dazu kann ich nichts sagen, weil ich war seit 1980, seitdem ich angefangen habe, in keiner anderen Diskothek drinnen. Weil ich gar keine Zeit gehabt habe. Von Montag bis Montag habe ich nur Musik gemacht und konnte mich nicht irgendwie, irgendwo anders orientieren und auch mal gucken: Was machen die denn so? Sondern ich habe halt eben meinen Stil gemacht …

Die Musikauswahl war natürlich auch vom eigenen Geschmack des Discjockeys bestimmt, aber sie musste zuerst den Bedürfnissen der Gäste entsprechen – und der Betreiber musste ebenfalls zufrieden sein. Pfersdorf: „Ich sage jetzt mal: 80 Prozent der Musik, die ich aufgelegt habe, hat mir selbst auch gefallen. Also, ich war ja in demselben Alter". Gespielt wurde eine bunte Mischung, Pfersdorf nennt Donna Summer, Billy Ocean, Earth, Wind & Fire, Deep Purple und Münchner Freiheit. „Schlagerschnulzen" seien nicht gelaufen, aber wenn die Stimmung passte, „dann habe ich dann auch mal in die deutsche Kiste gegriffen und ‚Marmor, Stein und Eisen bricht'" gespielt. Zum Mitsingen wurde der Lautstärkeregler runtergezogen: „Und dann wieder hoch. Da war dann Partylaune im Schuppen. Das war der Hammer!"

Das Stichwort „Lautstärkeregler" lenkt das Gespräch auf die technische Ausstattung und den Umgang damit. Im „Waldpeter" wurde in den 1980er Jahren nicht nur mit zwei Plattenspielern und Mischpult gearbeitet, sondern auch mit einem Kassettendeck: „Alles natürlich exklusiv von der Firma Dual, Sankt Georgen [Schwarzwald-Baar-Kreis], also die größten Plattenspieler, die besten, und das Tape natürlich auch." Mit dem Geschwindigkeitsregler konnten aufeinanderfolgende Musikstücke abgestimmt werden. Pfersdorf berichtet im Folgenden über CD-Player und die digitale Verfügbarkeit von Musik in der Gegenwart. Er kommentiert die neuesten Entwicklungen auf dem musikalisch-technischen Gebiet folgendermaßen:

> Aber der Trend ist Gott sei Dank, sage ich mal, für mich, an mir oder am „Waldpeter" vorbeigegangen. Ich bin bodenständiger, mit dem ganzen Ding aufgewachsen, mit der Musik. Das hat im Waldviertel auch nicht gepasst, sage ich mal so. Ins Rustikale, solche Musik.

Die Zeit als Discjockey beurteilt der Gesprächspartner positiv:

> Die möchte ich nicht missen. Also nichts davon habe ich bereut und würde ich bereuen. Also so eine hammergeile Zeit, das war Wahnsinn! Und schon alleine vom Chef her, also vom Michael [Nock]. Das war so ein toller Typ. Er hat an einen geglaubt und er hat dann geholfen, wie oder wo er auch konnte. Es war eine Familie, die ganzen Angestellten, es war eine Familie.

Gegen Ende des Interviews werden noch einmal die Anfänge der Discjockey-Karriere von Pfersdorf in den Blick genommen. Anstoss hierfür war der Gesichtspunkt, wie sich die Eltern zu seinen Berufswünschen verhalten hatten:

Ach, die haben das eben hinnehmen müssen. Das war eben so. Ich habe eine Lehre gemacht als Bäcker. Diese habe ich nach zwei Jahren abbrechen müssen, weil ich eine Mehlallergie hatte. Dann habe ich eine Umschulung vom Arbeitsamt bekommen. Zu der Zeit habe ich beim „Waldpeter" angefangen und habe Musik gemacht. Und diese Umschulung auf Nachrichtengerätemechaniker damals, da war ich 18 Jahre alt und das Umfeld ab 45, 50 Jahren aufwärts. Ich weiß nicht mehr, wie viele es waren, vielleicht zehn Leute. Ich habe keinen Kontakt zu denen bekommen. Parallel dazu habe ich Musik gemacht, habe morgens einmal verschlafen, zweimal verschlafen. Und dann hat es geheißen, Herr Pfersdorf, Sie müssen sich entscheiden. Dann habe ich gesagt, also gut, tschüss, ich werde hauptberuflich Discjockey. Und das war es dann.

5.5 Ausstatter

Hans-Peter Flöther, Flöther-Design
Bad Krozingen (Landkreis Breisgau-Hochschwarzwald)

> Gastronomie lebt und steht und fällt mit dem Konzept. Klare Konzepte.
> Und Konzepte müssen entwickelt werden.

Hans-Peter Flöther ist Geschäftsführer von Flöther-Design, einem Unternehmen, das Planungsdienstleistungen und Einrichtungen für Hotellerie und Erlebnisgastronomie anbietet.[870] Unter anderem wirbt das Büro mit der Einrichtung von Diskotheken, es habe bisher „so ziemlich alle Stilrichtungen zielsicher umgesetzt, von der Schlagerdisco bis zum Techno-Palast."[871] Als Referenz wird für das Untersuchungsgebiet der „Musik Stadl" der Diskothek „Heuboden" (Umkirch, Landkreis Breisgau-Hochschwarzwald) angegeben;[872] auf diese Location bezieht sich später das Gespräch. Dieses findet in den Geschäftsräumen von Flöther-Design statt.

Das Interview wird mit der Frage nach der Berufsbiographie eröffnet. Hans-Peter Flöther hat ursprünglich das Schreinerhandwerk erlernt, kam aber über eine Firma im Frankfurter Raum schnell in die Gastronomieausstattungsbranche. Seit 1990 hat er das Büro in Bad Krozingen, der Schritt in die unternehmerische Selbständigkeit folgte danach. Flöther-Design bietet in der Ausstattung Komplettlösungen an und legt Wert auf Individualität, zuweilen werden auch exklusive Ausstattungswünsche bedient.

Der Unternehmer hebt zunächst die Besonderheiten des Diskothekengewerbes hervor, das Geschäft sei schnelllebig. Heutzutage hätten viele Betriebe nicht mehr die

---

870 Homepage des Unternehmens: http://www.floether-design.de/ [17.02.2019].
871 http://www.floether-design.de/diskothek.html [17.02.2019].
872 http://www.floether-design.de/referenzen.html [17.02.2019].

ganze Woche geöffnet, sondern nur noch an wenigen Tagen. Viele könnten langfristig die Gäste nicht an sich binden. Eine Ausnahme in der Region bilde der „Heuboden", der es seit 1978 immer wieder schaffe, sich einem schnell wandelnden Markt anzupassen. Diesem Lokal sei es auch gelungen, neue Kundenkreise zu erschließen, so seien in dem von Flöther ausgebauten „Musik Stadl" heute junge Leute zu Gast – obwohl der „Heuboden" lange Zeit als „Aufreißer"-Diskothek für ein eher älteres Publikum verschrien gewesen sei. Diese Diskothek habe auch einen Vorteil, der mit dem ländlichen Umfeld zusammenhänge:

> Der „Heuboden" hat es immer geschafft, dass die jungen Frauen zu jeder Tages- und Nachtzeit unbehindert an das Auto gekommen sind. Das war in Freiburg überall ein wenig problematisch. Der „Heuboden" hat das geschafft, der hat viele Leute im Sicherheitsdienst beschäftigt, die das einfach auch regeln sollen. Und daher, denke ich, können die Leute hinfahren, können dort problemlos, wie lange sie auch immer bleiben, wieder rausgehen. Beim „Heuboden" habe ich auch nirgendwo etwas über Rauschgift oder solche Sachen mitgekriegt.

Flöther macht darauf aufmerksam, dass sich das Verhalten der Gäste mit den Jahrzehnten verändert habe, und zwar sowohl was die Kleidung oder das Auftreten betrifft als auch das Konsumverhalten: Heute könne man den BesucherInnen – zumal jugendlichen – nicht mehr soviel Vorschriften machen wie früher, „man muss mitgehen oder man geht selbst". Der „Heuboden" hat seiner Ansicht nach diese Gratwanderung gut hinbekommen.

Das Erlebnisangebot Diskothek vergleicht Flöther mit Stimmung, Urlaubsstimmung. Die Menschen wollten „ungezwungen abschalten", natürlich auch feiern. Dabei spiele der Alkohol eine große Rolle, manchmal gehe es auch in Richtung exzessiver Partykultur – „Ballermann" in der Disco. Der Erfolg des Betriebskonzepts „Diskothek" beruhe auf diesen Grundlagen; die Musik unterstütze diese urlaubsähnliche Stimmung als Flucht aus dem Alltag.

Das Gespräch kehrt wieder zur Diskothek „Heuboden" zurück. Flöther hat dort nicht die zweigeschossige, rustikal ausgestatte „Club Disco" (seit 1978 bestehend[873]) eingerichtet, sondern das Untergeschoss, den sogenannten „Musik Stadl". Ursprünglich befanden sich dort Kegelbahnen. Der Inhaber des Betriebs habe 1995 den Wunsch gehabt, diesen Raum zu einem Gastronomie- und Tanzbereich umzuwidmen, die Planung und Gestaltung lag aber ganz bei Flöther-Design.

Früher hätte es andere Gestaltungselemente gegeben als in den 1990er Jahren. Der Unternehmer erinnert sich an die Tanzbar „Krabbestube" in Kollmarsreute (Landkreis Emmendingen): Dort sei der Raum mit Tischen und Sitzbänken möbliert gewesen. Das sei nicht zweckmäßig: „Wenn ich Diskotheken mit Sitzbänken ausstatte,

---

873 Vgl. https://www.heuboden.de/dancing-clubs/dance-floors/club-disco.html [18.02.2019].

schlafen die Leute ein. Wenn die Gäste stehen und in Bewegung sind, trinken die Leute auch etwas." Das Funktionale sei in dieser Hinsicht wichtiger als das Optische: „Ich richte das Lokal so oder so ein". Im „Heuboden" sei der 1995 neu eingerichtete „Musik Stadl" – passend zum Gesamtkonzept der Diskothek – „edel-rustikal" ausgestattet worden. Weil die vorhandene Raumhöhe nicht ausreichte, wurde die Tanzfläche tiefergelegt. Die sei das „Herzstück einer Diskothek", sie müsse von den Gästen einsehbar sein. Wie bereits in zeitgenössischen Berichten[874] hebt Flöther darauf ab, dass die Größe der Tanzfläche genau berechnet sein müsse:

> Es gibt ein paar Grundsätze: Man darf die Tanzfläche nicht zu groß machen. Sonst halten sich die Leute zu viel auf der Tanzfläche auf. Sie haben eine Cola oder ein Gläschen Bier. Und das ist dann der Verzehr für den ganzen Abend. Da passiert nicht mehr.

Dies sei schlecht für den Umsatz, und davon lebe der Wirt nun einmal. Der zu gestaltende Raum im Untergeschoss des „Heubodens" war groß, laut Planfertigung misst der Raum 25 Meter Länge und verfügt über eine Gesamtfläche von 250 qm. Laut Flöther bietet er Platz für bis zu 700 Menschen. Die Innenausstattung war hochwertig und ausdifferenziert, selbst die Decken waren mit Holzvertäfelungen verkleidet. Das Interieur sollte eine Art Dorfplatz simulieren; um die Tanzfläche gruppierten sich überdachte Nischen mit Sitzgelegenheiten. Die Wände waren nur zum Teil verputzt, die meisten Flächen waren holzvertäfelt. Laut Planzeichnung gab es stilisierte Fenster mit Fensterläden; als Dekor dienten Strohbüschel, Zinnhumpen, Bilder und landwirtschaftliche Geräte wie Sicheln. Sogar ein Pferdeschlitten war ursprünglich als Dekorationselement vorgesehen. Flöther ist sich bewusst, dass eine solche Holzausstattung kaum noch gefertigt werde: „Vom Aufwand her, wenn man sich das hier anschaut, macht das heute keiner mehr. Aber das ist auch das Schöne: So etwas baut niemand nach, schon deshalb, weil zumeist das Geld fehlt." Die Beschreibung von Flöther deckt sich mit der Eigenwerbung des „Heubodens":

> Im wahrsten Sinne des Wortes ist dieser Erlebnisbereich ein reines Stimmungslokal, das mit seinen Nischen, Fensterle und Dachvorsprüngen Gemütlichkeit vermittelt und gerne auch zum längeren Verweilen bei einem Drink einlädt. Die Mitte ähnelt einem Dorfplatz, hier brodelt die Stimmung.[875]

Bei dem Gespräch mit Hans-Peter Flöther ist bemerkenswert, dass der Gastronomieausstatter über seine Arbeit weniger ästhetisch-gestalterisch spricht, sondern ökonomisch: Wichtig sei die Zielgruppenansprache, die Kundenbindung und der erzielte Umsatz – das Design, egal ob rustikal oder modern, müsse diese Ziele unterstützen und sich letztlich den wirtschaftlichen Erwägungen unterordnen. Insofern stehe am Anfang eines jeden Ausstattungswunsches eine Erhebung des Bedarfs,

---

874 Frahm 1979, 9.
875 https://www.heuboden.de/dancing-clubs/dance-floors/musik-stadl.html [18.02.2019].

„ich muss eine Publikumsanalyse machen". Die Leitfragen seien dabei: „Was ist hier überhaupt im Umfeld? Wen will ich überhaupt mit meinem Lokal ansprechen? Oder auch, wo ist meine Konkurrenz? Wie ist die aufgestellt?" Bei der Gestaltung von gastronomischen Innenräumen sei auch zu berücksichtigen, dass Menschen immer einen Wechsel erleben wollten, das gelte für die Ausstattung und das Design ebenso wie für die Musik. Schließlich müssten Wirte stets auf die Angebote der Konkurrenz achten und an der Attraktivität ihrer Lokale arbeiten – nur so seien jahrzehntelange Erfolgsgeschichten wie beim „Heuboden" realisierbar.

Werner Spalluto, WS Spalluto GmbH
Bischweier (Landkreis Rastatt)

> Ich sage immer, ich habe im Kindergarten
> meinen ersten Beamer verkauft.

Der Geschäftsführer der jetzigen WS Spalluto GmbH, Werner Spalluto, ist heute als Distributor in der Präsentations- und Medientechnik im B2B-Bereich tätig. Das Unternehmen, in dessen Geschäftsräumen das Gespräch stattfand, ist seit 1999 in der Gemeinde Bischweier im Landkreis Rastatt ansässig. Begonnen hat Spallutos beruflicher Werdegang allerdings in einem anderen Bereich, nämlich dem Diskothekengewerbe. Der Verkauf und Verleih von Licht-, Ton- und Veranstaltungstechnik sowie seine Tätigkeit als Discjockey prägten seine unternehmerischen Anfänge.

1975, nach einer erfolgreichen Ausbildung zum Elektromechaniker, kam die erste Selbstständigkeit im Nebenerwerb als Discjockey, erklärt Werner Spalluto. Sämtliche finanzielle Mittel flossen in das Equipment, welches für die Durchführung von Veranstaltungen benötigt wurde. Diese Mittel waren bescheiden, aber der Hintergrund durch seine Ausbildung und das große technische Interesse spornten ihn an, wie er sagt. Gern blickt er auf die Zeit im „Tonband-Recording-Club" in Baden-Baden bzw. Gaggenau zurück. In dieser Zeit erfolgten die Tonaufnahmen mit Revox- oder Uher-Geräten, die ebenfalls im mobilen Discothekenbetrieb benötigt wurden.

Ein Zeitungsinserat aus dem Jahr 1976, aus dem Archiv des Geschäftsführers, wirbt für eine „große Jugend-Discoparty" in Bad Rotenfels (Landkreis Rastatt), veranstaltet von „Werner's Musikladen".[876] Die damaligen Werbematerialien beleuchten noch einen weiteren Aspekt, der bei mobilen Discotheken (vgl. Kapitel 4.3 und 5.3) nicht unerheblich war, nämlich die Zusammenarbeit des Disco-Unternehmens mit verschiedenen örtlichen Vereinen. So fand z.B. am 11. November 1978 in der

---

876 Sammlung Werner Spalluto.

Gemeindehalle in Eisingen (Enzkreis) eine „Disco-Party" mit Werner Spalluto statt, die von der „Jugendabteilung des Turnvereins Eisingen" veranstaltet wurde.[877]

1980 wurde aus „Werner's Musikladen" die Firma „WS-Disco-Elektronik Licht, Ton und Lufttechnik." Das Unternehmen ließ schnell die semiprofessionellen Anfänge hinter sich. Werner Spalluto erinnert sich:

> Die Werbung erfolgte persönlich und die Aufträge kamen. Die Tätigkeit als DJ lief nebenher, die Technik stand immer im Vordergrund. Es wurden dann auch Transportmittel und Anhänger erworben. Ebenso wurde personell aufgestockt, da der Materialumfang immer größer wurde und dies allein nicht mehr zu bewerkstelligen war.

Die Professionalität im Diskothekenbereich wurde mit der Zeit immer höher bewertet. In einem Zeitungsartikel vom 27. September 1979 hieß es:

> Auch Werner Spalluto ist mit dabei. Allerdings nicht am Plattenteller, er wird mit einer Super-Light-Show dafür sorgen, dass die Jahnhalle in Gaggenau [Landkreis Rastatt] jeder Spitzen-Diskothek Konkurrenz machen kann.[878]

Der Unternehmer belegt die duale Ausrichtung seines Betriebes durch weitere Werbeinserate. Während eine Anzeige vom April 1980 auf eine Discoveranstaltung hinweist, zeigt eine zweite die Angebotsvielfalt des Verleihs bzw. Verkaufs.[879] Auch räumlich musste eine Veränderung herbeigeführt werden. Aus einem Raum wurden zunächst zwei Garagen, dann drei, und schließlich wurde eine Halle gemietet. Die Halle wurde nach und nach umgebaut, ein Lager und ein Showroom eingerichtet.

In den späten 1970er Jahren etablierte sich das Unternehmen als Technikausstatter von ortsfesten Diskotheken. Als Beispiele hierfür nannte Spalluto den „King's Club" in Gaggenau (Landkreis Rastatt), den „Ambassador Club" (Baden-Airpark, ehemaliger kanadischer Luftwaffenstützpunkt, Rheinmünster, Landkreis Rasttatt), die „Taverne" in Baden-Baden und viele weitere. Durch die Entwicklung von eigenen Lichteffekt- und Steuergeräten ab 1985 verlagerte sich der Geschäftsbereich in Richtung Handel mit Veranstaltungs- und Medientechnik.[880] Schon früh wurde im Bereich „Licht" mit Lasertechnik gearbeitet, die zunächst angemietet werden musste. Werner Spalluto erinnert sich an eine Veranstaltung im Hochschwarzwald, bei der eine Art „Laserersatz", mit einer neu entwickelten 200-Watt-Hochspannungsentladungslampe (punktförmige Lichtquelle), zum Einsatz kam. Das Gerät wurde zusätzlich mit Spiegeln ausgestattet und von Hand gesteuert. „Die Show war damals ein voller Erfolg!"

---

877 Ebd.
878 Ebd.
879 Ebd.
880 Ebd.

Die Firma Spalluto stellte auch selbst Lichtschienen mit Glühlampen sowie Steuerungsanlagen her. Diese wurden mit bis zu 100 Steuerkanälen auf Diodenmatrixbasis gesteuert (inspiriert von dem Film „Saturday Night Fever"), erläutert der Unternehmer. Im Außenbereich kamen Lichtkanonen (Skybeamer) zum Einsatz, die gegen den Himmel gerichtet wurden, diese hatten das Aussehen von Flakscheinwerfern mit einer Reichweite von mehreren Kilometern.

„Auch in der Tontechnik gebe es faszinierende Aspekte", so Spalluto. Für die Erzeugung eines hohen Bassdruckes kamen spezielle Hornsysteme zum Einsatz, die aufgrund eines sehr hohen Wirkungsgrades einen extrem hohen Schalldruck im Bassbereich erzeugten. „Das war auch sehr wichtig für das Disco-Feeling", konstatiert der Gesprächspartner, „auf den Sound wurde viel Wert gelegt." Im Bereich der Freiluftveranstaltungen war der Aufwand sehr groß, „jedenfalls für die damaligen Verhältnisse", da die Soundanlagen bis zu 20 m breit sein konnten. „Im Discothekenbereich-Indoor gab es zeitweise sogenannte Limiter, d. h. es durften maximal 85 Dezibel Lautstärke erreicht werden", erklärt der Fachmann: „Dies war aber nicht im Interesse der Besucher. Und somit wurden diese meistens auch abgeschaltet. Das war halt mal ein Versuch, das Gehör zu schonen!"

Das Zusammenspiel zwischen Ton und Video war schon früh auch ein Thema der technischen Diskothekenausstattung. Sowohl Beamer, allerdings noch mit schwacher Leistung, als auch einfachere Projektoren, die durch Gobos[881] farbige Lichteffekte erzeugten, kamen zum Einsatz.

> Als Highlight setzten wir auch schon mal Laser ein. Wichtig war es, seine Gefühle über die Licht- und Tontechnik zum Ausdruck zu bringen, ähnlich wie ein Künstler, der seine Emotionen dem Publikum nahebringen möchte.

Immer wieder wurden während des Gespräches die Erfahrungen von Werner Spalluto als Discjockey beleuchtet. Begonnen hatte alles 1970. In einem Zeitungsartikel wurde eine sogenannte „Disk-Party" beschrieben.[882] Es handelte sich um eine Modenschau, die von Tony Marschall und dem Gaggenauer Tonbandclub unter dem Titel „Musik, Beat und Schulze" musikalisch gestaltet wurde.

Die musikalische Versorgung von Veranstaltungen dieser Art erfolgte durch die Aufnahme einzelner Songs auf Kleinbänder. Die Bänder wurden wie Schallplatten benutzt. Da deren Wechsel verhältnismäßig schnell gehen musste, benötigte man mehrere Maschinen, wie der ehemalige DJ herausstellt: „Die Verwendung von Tonbandgeräten bei den ersten Disco-Events erfolgte nicht aus praktischen oder technischen Gründen, sondern war der Zugehörigkeit zum Tonbandclub geschuldet."

---

881 Dabei handelt es sich um Vorsätze, die in die Projektoren eingesteckt werden konnten.
882 Badisches Tagblatt vom 24. November 1970, Sammlung Werner Spalluto.

Nach einigen Jahren wurden dann Plattenspieler verwendet. Die damals benutzten Vinylplatten hat Spalluto sämtlich aufgehoben, etwa 4.000 Platten befinden sich noch in seinem Besitz. Hinsichtlich der gespielten Musik räumt er freimütig ein, er habe „mehr das Kommerzielle" gespielt: „Die Musik muss auf die Situation und das Publikum reagieren, man muss nach dem Gefühl gehen, dann kann es ein Rock-Stück oder auch mal ein Walzer sein." In den Anfängen seien die Veranstaltungen ohnehin zwischen Tanzveranstaltung und Disco angesiedelt gewesen, heute fehle diese Dimension ein wenig, denn Tanzen sei ein „Lebenselixier" und belebe den Geist. Ungefähr zwanzig Jahre lang hat der Unternehmer Veranstaltungen durchgeführt.

Gegen Ende des Gespräches beschreibt der Firmeninhaber, weshalb er sich allmählich vom Diskothekengewerbe abgewandt habe. Es komme immer etwas Neues, man müsse neue Ideen haben. Schließlich hätten auch wirtschaftliche Überlegungen dazu geführt, sich neuen Geschäftsfeldern zuzuwenden, namentlich der Video-, Projektions- und Präsentationstechnik. 1996 erfolgte die Gründung einer Kommanditgesellschaft, 1998 wurde die heute noch bestehende Firma „WS Spalluto GmbH" gegründet.[883]

5.6 Fans, BesucherInnen und sonstige Zeitzeugen

Vera Doering, Zeitzeugin
Lahr im Schwarzwald (Ortenaukreis)

> Und es war tatsächlich so, dass mich
> das Tanzen am meisten interessiert hat.

Der Kontakt mit Vera Doering kam über die geschlossene Facebookgruppe „Arche Waldkirch" (vgl. Kapitel 6.2) zustande. Das Gespräch fand in den Räumen des Zentrums für Populäre Kultur und Musik der Universität Freiburg statt. Die Gesprächspartnerin, geboren 1969, beginnt ihre Erzählung damit, dass sie bereits mit 13 Jahren zum erstenmal eine Diskothek besucht habe, und zwar in Lahr im Schwarzwald (Ortenaukreis). Dabei handelte es sich um das Lokal „Disco 77", das ebenso Reinhard Heßlöhl (weiter unten) thematisiert. Vera Doering berichtet:

> Die Diskothek hieß damals „Disco 77". Und die war draußen bei der Gaskugel, also in Richtung Industriegebiet. Wir hatten damals ein Zimmer untervermietet an einen Malerfachschüler. Und dessen jüngere Schwester kam zu Besuch. Und dann hat er uns beide in die Disco ausgeführt. Und es war sehr ernüchternd. Also, es war also total nichts los. Es

---

883 https://wsspalluto.de/ [19.03.2019].

war nahezu leer. Ich erinnere mich nur noch, dass ich da dann zu Joan Jetts „I Love Rock 'n' Roll" das erste Mal getanzt habe.

In dieser Zeit – also Anfang der 1980er Jahre – veranstaltete der Motorradclub „Scorpions"[884] in der Festhalle in Kippenheim (Ortenaukreis) Discoveranstaltungen. Die damals noch minderjährige Gesprächspartnerin wurde von Bekannten mit dem Pkw mitgenommen: „Also wir waren so eine Gruppe von drei, vier Freundinnen, und wir hatten alle ältere Geschwister, und die haben uns da samstags ausgefahren." Die Eltern waren offenbar tolerant, Doering zeigt sich heute selbst überrascht, dass ihre Eltern keine Einwände hatten. Attraktiv war für die Jugendliche das Tanzangebot:

> Und es war tatsächlich so, dass mich das Tanzen am meisten interessiert hat. Andere sind weggegangen wegen des Alkohols oder so. Aber für mich war es wirklich das Tanzen an sich. Und als ich 15 Jahre alt war, hatte ich dann Freunde, die wiederum schon 18 waren und ein Auto hatten.

Der Aktionsradius weitete sich allmählich: Es wurden nicht nur die Tanzveranstaltungen der „Scorpions" aufgesucht, sondern auch eine Diskothek in Schmieheim (Ortenaukreis). Die habe früher „Nachtwache" geheißen (vgl. das Interview mit Reinhard Heßlöhl weiter unten), später aber „Ocean". Vera Doering beschreibt detailliert die räumliche, zeitliche und soziale Mobilität der frühen Diskothekenbesuche:

> Wir sind dann zuerst zur „Scorpions"-Disco gegangen bis nachts um ein Uhr, dann sind wir weitergefahren nach Schmieheim und waren dann dort schon so bis vier. Später waren wir dann noch freitags ab und zu im „Ocean". Nach und nach kamen weitere Wege dazu. Dann sind wir mal in die „Arche" gefahren nach Waldkirch [Landkreis Emmendingen]. Irgendwann war es dann so, dass wir freitags und samstags auf jeden Fall tanzen waren. Und dann gab es eine ganz irre Zeit: Da sind wir mittwochs schon zur Oldie-Nacht nach Waldkirch gefahren, in die „Arche". Und am Donnerstag war Heavy Metal im „Atlantis" in Herbolzheim [Landkreis Emmendingen]. Und am Freitag konnten wir dann überlegen, ob man ins „Ocean" geht oder wo man sonst hinmöchte. Und irgendwann – das weiß ich jetzt gar nicht mehr, wann das war – war dann das „Milieu" in Hausach [Ortenaukreis] angesagt.

Parallel dazu besuchte die Gesprächspartnerin auch Veranstaltungen der mobilen Disco „Cleopha 87" (vgl. das Interview mit Walter Holtfoth in Kapitel 5.3). Die Ausstattung war eher schlicht: In der Festhalle in Kippenheim erzeugte einzig die Beleuchtung Diskothekenanmutung, im „Ocean" gab es um die Tanzfläche herum vier verspiegelte Säulen, die einen Hauch von Exklusivität aufkommen ließen.

---

884 Es handelte sich um den 1977 gegründeten „MC Scorpions Kippenheim e.V.", der heute noch existiert, vgl. http://www.scorpions-kippenheim.de/ [12.08.2018].

Vera Doering hielt sich als 16-Jährige länger in den Lokalen auf, als es die Jugendschutzgebung erlaubte. Die Gesprächspartnerin erinnert sich an Durchsagen, in denen die unter 18-Jährigen zum Verlassen der Diskothek aufgefordert wurden. 1987 machte Doering den Führerschein und konnte selbstbestimmt den Besuch von Diskotheken wählen – sowohl was die räumliche Mobilität betraf als auch die Aufenthaltsdauer: „Und dann war für mich ja, klar, alles frei. Und dann bin ich oft in die ‚Arche' gefahren und unterwegs auch schon ins ‚Atlantis' in Herbolzheim [Landkreis Emmendingen]. Das war dann irgendwie auch schon auf der Platte." Die zuletzt genannte Diskothek war damals neu, sie wurde 1985 eröffnet: „Als wir anfangs hingekommen sind, war das schon eine richtige Diskothek mit Sitznischen. Und ich erinnere mich noch so an verspiegelte Wände und künstliche Kirschbaumzweige, ganz schick." Später wurde die Diskothek umgebaut, „höhlenartig irgendwie". Tatsächlich wirbt der Betrieb auch heute noch mit der Besonderheit, das „Atlantis" stelle ein „legendäres Höhlengewölbe" dar.[885] Die Gesprächspartnerin erinnert sich, dass es in der Anfangszeit dort nicht nur Musik, sondern auch Hypnose-Shows gegeben habe.

In den späten 1980er Jahren unterschied sich das Publikum in den besuchten Lokalen deutlich voneinander: „In der ‚Arche' waren einfach vom Outfit her andere Leute unterwegs. Da waren alternative Menschen mit gestrickten Wollpullis." Die Gäste waren etwa zehn Jahre älter als die Interviewpartnerin, im Gegensatz zum „Atlantis", in dem sich eher Gleichaltrige aufhielten. Von der Optik her waren die „Atlantis"-BesucherInnen eher „rocklastig", es gab Waver, aber kaum Punks. Auf Nachfrage vermutet Doering, in der „Arche" hätte viel studentisches Publikum aus dem nahegelegenen Freiburg verkehrt.

Mitunter wurden auch weiter entfernt liegende Diskotheken aufgesucht, etwa das „Schützenhaus" in Lichtenau, südwestlich von Baden-Baden (Landkreis Rastatt). Bei diesem Tanzlokal handelte es sich um „eine umgebaute Kneipe. Das war sehr klein und hat eine winzige Tanzfläche gehabt." Die Musik orientierte sich an den Rockklassikern bzw. Rockoldies.[886] „Und ich weiß noch, im ‚Schützenhaus', da ist dann auch schon ‚Nirvana' gelaufen." Damit war das „Schützenhaus" auf der Höhe der Zeit: Die US-amerikanische Band wurde erst 1987 gegründet.

Die Gesprächspartnerin stellt nochmals heraus, wie wichtig ihr das Tanzen gewesen sei. Damals habe sie auch einen Freund mit dem gleichen Musikgeschmack gehabt, der ebenfalls tanzen wollte: „Es gab nicht so sehr viele Männer, die getanzt haben. Aber er hat auch gern getanzt und dann war ich mit ihm unterwegs. Und dann haben wir noch ein paar andere Leute dazu kennengelernt." In dieser Zeit wurde auch

---

885 Vgl. http://www.atlantis-herbolzheim.de/club [13.08.2018].

886 Der Betrieb bezeichnet sich heute noch als „Die Rockdisko in Lichtenau", vgl. https://www.schuetzenhaus-lichtenau.de/ [13.08.2018].

das 1989 eröffnete „Milieu" in Hausach (Ortenaukreis) besucht, aber nicht das ebenfalls im Kinzigtal gelegene „Blockhaus" in Haslach (ebd.). Auf die Frage, warum zwischen diesen Betrieben differenziert wurde, antwortet Doering, dass das „Blockhaus" zu „discofox-lastig" gewesen sei. Menschen mit „Bundfaltenhose und Poloshirt" habe sie damals nicht treffen wollen, d.h. neben der Musik bildete das Outfit der BesucherInnen ein Distinktionsmerkmal. Auch der „Heuboden" in Umkirch (Landkreis Breisgau-Hochschwarzwald) sei deswegen für sie uninteressant gewesen. Sie selbst habe statt Pumps lieber zu den Jeans „Doc Martens"-Boots getragen. Das „Milieu" in Hausach habe der „Arche" in Waldkirch geähnelt, sowohl was die Musik als auch was die Ausstattung betraf. Allerdings war der Hausacher Betrieb zweigeschossig: „Im zweiten Stock oben gab es eine Theke und eine Galerie, von der man von oben auf die Tanzfläche gucken konnte."

Vera Doering beschreibt auch, wie der Wechsel von Discjockeys bzw. der Wechsel des musikalischen Programms angestammte Betriebe plötzlich unattraktiv machte. Etwa mit Mitte zwanzig war die Diskothekenkarriere gleichsam beendet, sie wandte sich anderen Interessen zu. Heute geht sie ab und zu ins „Crash" in Freiburg oder in Emmendingen in den „Mehlsack", eine Kulturstätte, bei der auch Discoveranstaltungen durchgeführt werden (vgl. das Interview mit Max Faller in Kapitel 5.4).

Im Gespräch problematisiert die Interviewpartnerin die Rolle der Discjockeys. Es sei schwierig, es allen Leuten recht zu machen, aber ein Discjockey müsse schon auf die Wünsche der Gäste eingehen. Gefährlich sei es auch, wenn zu wenig Abwechslung geboten werde und eine erfolgreiche Musikauswahl so lange gefahren wird, bis man ihrer überdrüssig sei. Auf Nachfrage erläutert Vera Doering ihr Engagement als Facebook-Mitglied der Gruppe „Arche" (vgl. Kapitel 6.2). Die Mitgliedschaft funktioniert für sie als Erinnerungsanker: „Und natürlich finde ich es immer toll, wenn da wieder mal alte Fotos auftauchen." Zum anderen schätzt die Discogängerin die geposteten Lieder bzw. Links zu Liedern: „Es ist irgendwie das kleine Häppchen für zwischendurch, wenn da wieder ein neues Lied oder ein altes Lied gepostet wird." Dann denkt Doering an die früheren Zeiten und ihre jeweiligen Begleiter. Selbst lädt sie keine Inhalte hoch, auch bei Kommentaren hält sie sich zurück.

Das Gespräch wird zuletzt auf das Thema „soziale Konflikte" gelenkt. Der Interviewer fragt nach der Drogenproblematik. Für Doering selbst seien Drogen ohnehin uninteressant gewesen, weil für sie das Tanzen zentral war. Deshalb habe sie auch alkoholfreie Getränke bevorzugt, „weil für mich hätte es nichts Schlimmeres gegeben wie auf der Tanzfläche umzufallen". Aber selbstverständlich habe sie mitbekommen, dass in einigen Diskotheken, wie im Freiburger „Crash", Drogenkonsumenten unterwegs waren: „Und ich weiß noch, ich habe dort das erste Mal gerochen, wie Gras riecht." Interessant ist, dass bestimmten Lokalen ein entsprechender Ruf vorauseilte, so wurde „auch der ,Arche' nachgesagt, dass es so eine Drogenhochburg wäre." Im Gespräch wurde auch über Discounfälle gesprochen und über die Bereitstellung von Discobussen. Doering hat solche Angebote auch erlebt, berichtet aber, dass nur wenige bereit waren, diese anzunehmen. Die Jugendlichen bzw. jungen Erwachsenen hätten Fahrgemeinschaften gebildet, aber zurückblickend sei sie schon froh, dass nie etwas Schlimmes passiert ist.

Barbara Hechinger, Zeitzeugin
Waldkirch (Landkreis Emmendingen)

> Es gab nichts Angepasstes, weder von der Kleidung her noch von der Musik noch von der Lebenseinstellung her.

Der Kontakt zu Barbara Hechinger entstand wie bei Vera Doering über die geschlossene Facebook-Gruppe „Arche Waldkirch" (vgl. Kapitel 6.2). Die Zeitzeugin wurde 1966 in Waldkirch geboren. Sie lebt noch immer in diesem Ort am Fuße des 1.241 Meter hohen Kandels und hat daher „auch die Diskothekenkultur in Waldkirch hautnah erlebt". Die Zeitzeugin hatte schon früh Kontakt mit diesem Unterhaltungsangebot, weil sie nach eigenen Angaben „so ein bisschen rebellischer Teenager war." Bereits mit etwa zwölf Jahren besuchte sie die ersten Lokalitäten, ihrer Erinnerung nach zunächst die Mobildiskothek „Cleopha 87",[887] die in Waldkirch Station machte. Gleich beim ersten Discobesuch gab es Probleme, die Polizei holte nämlich das Mädchen heraus. Weil sie aber älter aussah und in Begleitung eines älteren Verwandten unterwegs war, gelang es ihr oft, die Einlasskontrolle zu passieren. „Cleopha" trat damals, immer samstags, in der Festhalle der „Arche" auf: „Für Waldkirch war das der Wahnsinn, ja, ganz was Neues auf dem Land." Die mobile Diskothek hatte schnell regen Zulauf – aber einen schlechten Ruf: Das Publikum sei von Offenburg und von der Karlsruher Umgegend gekommen, aber die Veranstaltung „war halt wahnsinnig drogenverseucht, also wirklich auch mit harten Drogen." Die Zeitzeugin wurde von der Polizei kontrolliert; diese beanstandete jedoch nicht etwaigen Drogenkonsum, sondern das jugendliche Alter. Barbara Hechinger erinnert sich: „Es hat regelmäßig Razzien gegeben, wie gesagt, in eine bin ich dann auch einmal reingeschleudert. Ja, dann mussten mich meine Eltern abholen." Später kommt die Discobesucherin auf Nachfrage nochmals auf die Drogenproblematik zu sprechen: LSD sei damals schon weit verbreitet gewesen, dann die „Kifferei": „Es hat dazugehört, diese Joints rauchen vorher, einfach das Feeling, Musik und Tanzen und was weiß ich alles." Um vor Razzien zu warnen, habe es sogar einen musikalischen Code gegeben: Das Stück „Polizisten" der Neuen-Deutschen-Welle-Band „Extrabreit" sei aufgelegt worden, wenn Polizei in der Diskothek auftauchte. Die nachmittäglichen Jugenddiscos, die es dann um 1980 in Waldkirch gab, waren zwar

---

887 Vgl. das Interview mit dem Gründer von „Cleopha 87", Walter Holtfoth, in Kapitel 5.3 dieser Studie.

keine besondere Attraktion, aber doch eine Alternative zum Sonntagsspaziergang der Eltern: „Da hat man sich dann getroffen, eigentlich nicht, weil es einem gefallen hätte, sondern weil einfach irgendwas geboten war. Was hätte man sonst sonntagmittags gemacht?"

Hechinger hebt den besonderen Musikstil der Lokalität „Arche" hervor, die sich als „progressive Rockdiskothek" bezeichnete (vgl. Kapitel 2.7). „Pink Floyd" und „Led Zeppelin" sei das Typische gewesen, sie erinnert sich aber auch an die britische Rockband „City Boy". „Also, es war eine alternative Musik, sage ich jetzt einfach mal, die mir sonst von anderen Diskotheken her nicht geläufig war", beschreibt die Zeitzeugin die Auswahl. An anderer Stelle des Gesprächs hebt sie hervor, dass Gruppen wie „Spider Murphy Gang" nicht gelaufen seien: „Nichts, nein. Das war schon wieder Mainstream. Das war schon wieder das, was die breite Masse gehört hat. Das hat nicht in die ‚Arche' gepasst."

Die „Saturday-Night-Fever-Musik" gefiel der Discogängerin nicht. Musikalisch geprägt war sie von ihrem musikbegeisterten älteren Verwandten. Vermutlich wäre sie in dieser Hinsicht anders sozialisiert worden, wäre sie mit ihren SchulkameradInnen zusammen unterwegs gewesen. Möglicherweise trug die Begleitung auch dazu bei, dass die Eltern vergleichsweise sorglos waren: „Sie wussten, wir sind aufgehoben. Sie wussten, wo wir sind." Auf die Frage, ob damals primär das Musikhören zentral gewesen sei oder doch das Tanzen eine wichtige Rolle gespielt habe, antwortet Hechinger: „Nein, das Tanzen hat dazugehört. Das hat einfach dazugehört. Also gerade in der ‚Arche', das war ja eine riesige Tanzfläche. Das habe ich dann nie mehr irgendwo gesehen." Freilich gab es dort keinen Paartanz, vielmehr war der Tanzstil sehr individuell.

Interessant ist, dass der alternativen Musikrichtung offenbar ein alternatives Publikum entsprach. Es seien viele „Freaks" gekommen, die Kleidung habe gleichfalls einen nonkonformistischen Look haben müssen („irgendwie alternativ und lila hat es auch sein müssen, also ja nicht anständig und ja nicht schön und auch nicht aufgebrezelt"). Ein Rockeroutfit sei jedoch nicht gefragt gewesen:

> Nein, das war es nicht, es war eher so diese alternative Szene. Ich sage immer, das waren so diese letzten, diese übriggebliebenen Hippies, also eher so in diesem Stil. Und so ähnlich war ja auch die Musik anfangs geprägt. Da war schon noch viel Siebzigerjahre drin, da gab es schon noch viel Woodstock-Style und so. Und das hat sich dann mit der Zeit ein bisschen verändert mit den Musikstilrichtungen, die dann neu dazugekommen sind, aber es war immer so der gleiche Stil. Also es war nie angepasst. Es gab nichts Angepasstes, weder von der Kleidung her noch von der Musik noch von der Lebenseinstellung her.

Das Publikum sei auch vergleichsweise alt gewesen, ab den Zwanzigern, d.h. Barbara Hechinger gehörte zu den jüngsten Besucherinnen.

An einem typischen Abend bildete die Waldkircher Diskothek „Arche" stets den Anfangspunkt. In der Nacht ging es dann in das „Inside" in Emmendingen (Landkreis Emmendingen), „die hatten Öffnungszeiten bis fünf." Weil sie noch zu jung war und über keinen eigenen Pkw verfügte, sei sie wie viele andere Jugendliche mit anderen mitgefahren bzw. getrampt. Die potentielle Gefahr, insbesondere im Hinblick auf Unfälle, sei ihr heute mehr präsent als damals, schildert Hechinger, obwohl auch sie „aus dem Freundeskreis Leute verloren" habe, „eben durch solche Unfälle".

Der Reiz, quasi vom Land in die Stadt (Freiburg) zu gehen, war groß, aber eher zum Ausprobieren. Mitunter wurden andere ländliche Diskotheken aufgesucht, etwa das „Waldpeter" in Schönwald (Schwarzwald-Baar-Kreis) oder der „Fuchsbau" in Kirchzarten (Landkreis Breisgau-Hochschwarzwald). Das „Waldpeter" allerdings war der jungen Frau zu ländlich und zu angepasst, da sei man damals nur hingegangen, um sich darüber lustig zu machen. Hechinger schmunzelt, für die ländliche Diskothek „d' Schiere" in Simonswald (Landkreis Emmendingen) habe man quasi „Gummistiefel anziehen" müssen, um reinzukommen. Auch das „Blockhaus" in Haslach (Ortenaukreis) entsprach nicht ihren Geschmackspräferenzen, sie sei als Jugendliche nur aus Langeweile hingefahren:

> Und dann, was macht man am Sonntagnachmittag? Man kann im Café sitzen und Kaffee trinken und Kuchen essen, und einfach ein bisschen blöd machen. Oder man ist dann irgendwann mal auf dieses „Blockhaus" gekommen. Dann sind die Autos von denen, die damals schon selbst Autos hatten, vollgemacht worden, zu siebt oder zu acht, was reingepasst hat. Und dann sind wir sonntagsnachmittags ins „Blockhaus" gefahren – das war fürchterlich. Aber unter uns war es dann doch wieder lustig, wir haben dann probiert, den Discjockey so weit zu bringen, dass er doch wieder ein, zwei Stücke spielt, die uns gefallen haben, damit wir einfach auch mal auf die Tanzfläche kommen konnten.

Hechinger hebt den Event- und Freizeitcharakter hervor, die Freundinnen und Freunde hätten sich einfach treffen wollen und sich unterhalten – mit und ohne Musik.

Nach dem Erreichen der Volljährigkeit blieb die Zeitzeugin der Waldkircher Diskothekenkultur treu – bis zur Schließung der „Arche" und der Geburt ihres ersten Kindes. Heute sei sie wieder ab und zu aktiv unterwegs, bevorzugt aber denselben Musikgeschmack wie in ihrer Jugend. Im „Mehlsack" in Emmendingen (vgl. das Interview mit Max Faller in Kapitel 5.4) lebe die alte Musik wieder auf, da finde man die Leute wieder, die schon früher in der „Arche" waren.

Auf die Facebook-Seite „In Memory of Arche Waldkirch" bzw. die geschlossene Facebook-Gruppe „Arche Waldkirch"[888] (vgl. Kapitel 6.2) sei sie nur durch Zufall gesto-

---

888 https://www.facebook.com/ArcheWaldkirch/ [16.01.2019]; https://www.facebook.com/groups/652960271454582/ [16.01.2019].

ßen. Am meisten interessierten sie dort die Playlists von Songs, die früher in der „Arche" liefen:

> Was ich natürlich gut fand, waren die Playlists, weil da doch vieles war, was ich eigentlich gar nicht mehr im Kopf gehabt habe. Ich habe mich dann durchgeklickt und denke, Wahnsinn, das habe ich gar nicht mehr auf dem Schirm gehabt, super, das war ja immer so ein Lieblingsstück! Von den Leuten, muss ich sagen, die in Facebook drin sind, kenne ich die wenigsten, was auch wieder dafür spricht, dass der Radius wahnsinnig groß war. Die Bilder fand ich natürlich auch interessant.

Reinhard Heßlöhl, Zeitzeuge
Kippenheim (Ortenaukreis)

> Da haben wir uns zu „unserer" Musik getroffen. Also zu Deep Purple, Black Sabbath, Santana etc., also zu allem, was noch so tanzbar war.

Das Gespräch fand im Wohnhaus des Interviewpartners Reinhard Heßlöhl in Kippenheim statt. Der Interviewte bat explizit um Stichworte und Fragen zum Thema, um keinen langen Vortrag halten zu müssen. Deshalb erklärt der Interviewer sein Forschungsprojekt und das Forschungsinteresse ausführlich. Ausgangspunkt für das Gespräch war dann die historische Entwicklung der bundesdeutschen Discokultur.

Der Befragte spricht zunächst über die 68er-Bewegung, die nicht nur politisch und gesellschaftlich oppositionell eingestellt, sondern ebenso von der Musik der Zeit geprägt gewesen sei. Die Jugendlichen seien auch auf dem Land politisiert gewesen, neigten aber in der Regel keinen Extremen zu. Die aus dem angloamerikanischen Raum stammende Musik hätte für die Jugendlichen eine völlig neue Perspektive eröffnet. Selbstverständlich spielten Schallplatten eine Rolle, aber daneben der Rundfunk, z.B. Radio Luxemburg und später SWF 3 (Südwestfunk). Bei den Eltern sei die angloamerikanische Musik jedoch – wie bei vielen der älteren Generation – auf Ablehnung gestoßen, der Vater des Interviewten habe diese als „Negermusik" bezeichnet. Bei den Sendern hingegen, auch beim damaligen Südwestfunk (mit Hauptsitz in Baden-Baden), sei in den 1970er Jahren durchaus progressive Musik gesendet worden.

> Und das waren schon sehr skurrile Dinge. Das war damals schon sehr, sehr progressiv. Und das muss man auch sagen: Dadurch wurde man sehr stark musikalisch und gesellschaftlich beeinflusst und hat viel über die Mainstream-Hitparadenmusik hinaus vermittelt bekommen. Und das war natürlich etwas für uns Jugendliche; wir saßen damals mit einem Kassettenrekorder vor dem Radio und Fernseher, da hatten wir unser erstes Equipment! Es war ganz toll, wenn man ein Radio hatte, ein Kofferradio, das einen Anschluss hatte, mit dem man dann direkt auf einen Kassettenrekorder, der auch einen entsprechenden Anschluss hatte, aufnehmen konnte.

Die Mehrzahl der Freunde und Schulkameraden hätte sich für diese Musiksendungen interessiert, und dann auch für Treffpunkte, um solche Musik zu hören:

> Und dann gab es die Diskotheken, wirklich Mehrzahl, sehr viele auch im ländlichen Raum. Also diese waren nicht nur – natürlich schon auch, aber nicht nur – auf die größeren Städte fokussiert.

Manche dieser Diskotheken im ländlichen Raum seien aus Gastwirtschaften hervorgegangen, einige hätten ihren Tanz- und Musikunterhaltungsbetrieb nicht die ganze Woche über angeboten:

> Es war am Anfang ziemlich viel auf das Wochenende fixiert. Gerade auch auf dem Land. Da haben diese Diskotheken nicht durchgehend jeden Tag aufgehabt. Natürlich, Freitag, Samstag, das war dann der Schwerpunkt. Und wenn dann vielleicht noch ein Mittwoch hinzugekommen ist, dann ist man hingegangen und hat gesagt: „Okay, Mittwoch hören wir zur Not deutschen Schlager oder bestenfalls Beat- oder Rockmusik."

Neben dem Umbau von bestehenden Lokalen hätten auch mobile Diskotheken eine große Rolle gespielt, die ihre Veranstaltungen in Mehrzweckhallen, aber auch in bestehenden Sälen von Gaststätten durchgeführt hätten. Die BewohnerInnen ländlicher Gegenden seien schon in der Frühzeit der Diskothekenkultur zum Teil sehr mobil gewesen:

> Mann/Frau hat lange Wege auf sich genommen, um in größere Städte zu kommen, wie nach Lahr oder Offenburg [Ortenaukreis] bzw. nach Emmendingen und Waldkirch [Kreis Emmendingen] oder gar nach Freiburg im Breisgau oder noch weiter weg. Das waren halbe Tagesreisen, die man aber gerne auf sich genommen hat, weil man das Erlebnis Disco mit Gleichgesinnten haben konnte, wie auch immer. Von daher muss man bedenken, dass es damals wirklich Hardcore-Discogänger gab, die keine Entfernung gescheut haben. Oder die es sich zur Aufgabe gemacht haben – nach dem Motto: Mir ist es immer nur in meiner Stammdisco zu langweilig, immer in eine und dieselbe Diskothek zu gehen, meine örtliche, die vor Ort eben. Die sich dann sagten: „Wir fahren da ganz, ganz weit, und wir klappern den Discobereich von Freiburg bis nach Baden-Baden oder gar im elsässischen Straßburg ab.

Verschiedene Formen individueller Mobilität wurden genutzt:

> Ich habe kürzlich mit jemandem gesprochen, der war in der Heimschule in Ettenheim [Ortenaukreis], das war ein Internat, und die Schüler waren zumeist übers Wochenende dort. Und da ist man schon ab und zu, teilweise schon am Freitagabend, „abgehauen": Man hat sich an die Straße gestellt, zum Trampen, oder ist mit dem damals weit verbreiteten Mofa oder mit dem Solex[889] weggefahren, was es da auch immer gab. Man legte weite Strecken, zwei, drei Stunden, zurück. Es war egal wie weit, Hauptsache, man war in seiner Lieblingsdisco.

---

889 Solex = französischer Mofa-Hersteller.

Eine der ersten Diskotheken, an die sich der Interviewte erinnerte, war die „Disco 77" in Lahr/Schwarzwald (Ortenaukreis), benannt nach dem Jahr ihrer Eröffnung: 1977. Dort sei auch Discomusik im eigentlichen Sinn gespielt worden (ABBA, Donna Summer beispielsweise). Reinhard Heßlöhl erläutert, dass er sich von dem Lokal nicht so angesprochen fühlte, „weil das nicht so meine Musikstilrichtung war, und ich fand vieles zu aufgesetzt: das Rausputzen, die Klamotten und so. Ich empfand mich mehr als bodenständiger ‚Blueser' oder ‚Rock ‛n' Roller'." Schon früh sei es zu einer Ausdifferenzierung der gelebten Jugend(musik)kultur gekommen:

> Und dann gab es schon die ersten Abspaltungen innerhalb der Jugend in Lahr, wo dann gesagt wurde: Die gehen dorthin, mit denen wollen wir eigentlich nichts zu tun haben, das ist nicht unser Ding, wir gehen lieber außerhalb, beispielsweise in die „Nachtwache".

Bei der „Nachtwache" handelte es sich um ein ehemaliges Café in Schmieheim (Ortenaukreis; seit 1972 Ortsteil von Kippenheim), das sich in der Betriebsform Diskothek zu einem Jugendtreff entwickelte:

> Da haben wir uns zu „unserer" Musik getroffen. Also zu Deep Purple, Black Sabbath, Santana etc., also zu allem, was noch so tanzbar war. Aber die „Nachtwache" hat noch mehr geboten. Da waren auch Billardtische drin; man konnte sich also auch hiermit beschäftigen und betätigen. Was auch sehr wichtig war: Es gab Ruhezonen, wo die Musik nicht so laut war, wo man auch wirklich reden konnte. Das war natürlich vor allem auch dazu da, um sich mit dem jeweils anderen Geschlecht zu treffen oder „auszutauschen".

Dieses und vergleichbare Lokale hätten bis in die Morgenstunden geöffnet gehabt. Die ehemaligen Diskjockeys würden heute gelegentlich noch bei Revivalveranstaltungen das Repertoire von früher auflegen: „Sie meinen gerade, sie fühlen sich dreißig Jahre zurückversetzt."[890] Die „Nachtwache" musste als Diskothek schließen, weil das umliegende Wohngebiet immer näher kam: „Irgendwann war die ‚Nachtwache' von bewohnten Häusern umgeben."

Das Gespräch streift die Livemusikszene, um danach wieder zum Diskothekenthema zurückzukehren. Heßlöhl unterscheidet:

> Es gab, wie gesagt, die örtlichen Diskotheken. Die Jugendlichen sind in die Diskothek am Ort. Das hatte viele Gründe, etwa weil sie sich nicht trauten, weiter zu gehen oder weil sie es nicht vom Elternhaus aus durften. Dann gab es auch diejenigen, die wirklich mit allen möglichen Verkehrsmitteln kamen: mit dem Mofa, durch Trampen, mit dem Fahrrad, per Fuß, ja, die sind dann die ganze Nacht unterwegs gewesen ... Dann läuft man halt mal die zwanzig Kilometer oder fünfzehn Kilometer. Das kann man sich ja heute gar nicht mehr vorstellen.

---

890 Vgl. den Bericht in der „Badischen Zeitung" vom 9. Oktober 2010; http://www.badische-zeitung.de/kippenheim/dj-romulus-dreht-noch-mal-am-plattenteller--36367098.html [07.07.2018].

Der Interviewte kommt auf die soziale Dimension des Diskothekenbesuchs zu sprechen, insbesondere auf das Kennenlernen von Menschen. Neben der Musik sei dies entscheidend gewesen: „Ich meine, das ist natürlich auch ein wichtiger Faktor, sich kennenlernen, jemanden kennenzulernen." Dieser Wunsch habe manchmal alles andere überlagert: „Und das war vielfach auch die Triebfeder, nicht nur die Musik."

Im Gespräch ging es sodann um das Einzugsgebiet von Diskotheken und um ihre Ausstattung. Heßlöhl betont einen Genderaspekt, wenn er im Hinblick auf die Diskothek in Lahr sagt: „Die Disco 77 war eine eindeutige Frauendisco [...]. Die Discowelle wurde sehr stark von Frauen getragen, noch mehr als von Männern." In Blues- bzw. Rock-Diskotheken hätten sich allerdings weniger Frauen als Männer eingefunden. Aus diesem Grund sei die Clique früher bewusst in die „Disco 77" gegangen:

> Und da sind wir natürlich wegen den Mädchen primär hin; da haben wir gesagt, die Musik ist uns egal. Aber so tolle Frauen, so schön rausgeputzt, die sieht man nirgends sonst wo!

In diesem Zusammenhang lenkt der Interviewpartner das Interesse auf einen Stadt-Land-Gegensatz: In den Zentren sei man anders ausgegangen als in den Dörfern, was sich auch an der Mode hätte ablesen lassen. Allerdings hätte man im ländlichen Bereich die in Städten angesagte Kleidung imitiert. Um junge Männer in den Betrieb zu locken, seien zuweilen auch Go-Go-Girls engagiert worden.

Heßlöhl thematisiert auch Konfliktsituationen; man dürfe die vergangene Zeit und die Diskothekenkultur nicht glorifizieren:

> Manche haben sich wirklich – wie heute auch – einfach nur die Hucke vollgesoffen, waren dann aggressiv wie tausend, was weiß ich was, wie tausend Gorillas. Zoff gab es natürlich auch wegen dem anderen Geschlecht nach dem Motto: „Hey, lass sofort meine Braut in Ruhe!" Und dann hat es eben halt ab und zu geknallt. Man musste einfach damit rechnen – die Chance stand des Öfteren eins zu eins bzw. fünfzig zu fünfzig –, dass man in eine Schlägerei verwickelt wurde – mit oftmals relativ blutigem Ausgang. Das darf man auch nicht vergessen. Und das hat das ganze Discogehen auch sehr in Frage gestellt.

Die damaligen BesucherInnen hätten sich allerdings die Lokalitäten gezielt ausgesucht; man habe gewusst, dass das Publikum und deren Sozialverhalten zum Teil unterschiedlich war. In der „Nachtwache" sei es selten zu Konflikten gekommen, bei der „Disco 77" habe „es schon allein aus dem Grund öfters geknallt, weil einfach das männliche Alpha-Verhalten bei den vielfach schön herausgeputzten Frauen stark zur Geltung kam." Konkurrenz, Neid und Eifersucht hätten dann eben manchmal zu Schlägereien geführt.

Bei Aussagen über das dicsospezifische Ausgehverhalten Jugendlicher in den 1970er Jahren bezog sich Heßlöhl zumeist auf seine eigenen Erfahrungen:

Ich habe auch nicht zu den Leuten gehört, die ein eigenes Auto hatten. Und ich war heilfroh, dass mein damaliger Schulkamerad und Freund kam, das Auto vollgepackt, und gesagt hat: „Okay, wir fahren jetzt, wir klappern die Diskotheken im Umkreis von zwanzig, dreißig Kilometern mal ab." Ja, natürlich waren das dann immer vorwiegend solche, wo man keinen Eintritt zahlen musste. Man zahlt ja nicht fünf Mark Eintritt, um nach fünf Minuten wieder zu gehen. Das Geld hatte man ja gar nicht. Aber es gab da auch Phasen, so zwei, drei Jahre, direkt nach dem Abitur, wo man dann vielleicht beim Bund [Bundeswehr] war, und dann so „ausgehungert" nach ziviler Gesellschaft war – erst recht nach weiblicher. Wobei dies überhaupt nichts damit zu tun hatte, dass es da automatisch zu einem Kontakt zwischen beiden Geschlechtern kam. Es konnte bei manchen Begegnungen diesbezüglich oftmals monatelang gar nichts „passieren". Das war kein Selbstläufer gewesen. Natürlich gab es hin und wieder auch sogenannte One-Night-Stands, das will ich nicht verhehlen. Man trifft sich in einer Disco und dann geht man gleich nach draußen. Das war dann eher beispielsweise in Umkirch bei Freiburg [Landkreis Breisgau-Hochschwarzwald] im „Heuboden" der Fall. Da war die Wahrscheinlichkeit eines One-Night-Stands um einiges größer – von zehn Prozent in normalen Discos bis zu siebzig Prozent im „Heuboden", sage ich mal … weil das Publikum speziell aus diesem Grund – also schnellen Bekanntschaften – dahinging oder noch heute dahingeht.

Reinhard Heßlöhl sprach auch über das Programm bzw. über die Dramaturgie eines Diskothekenabends. Er erinnert sich an ein Freiburger Studentenlokal bzw. Studentendisco, in der es jeden Abend „sagen wir mal, eine halbe Stunde lang immer dieselbe Abfolge an Liedern" gab. Um 0.30 Uhr wurde zuerst „Auf der Reeperbahn nachts um halb eins" von Hans Albers gespielt, „obwohl dort Rock 'n' Roll und auch richtige Hardrocksachen liefen." Das sei dem Publikum egal gewesen, „und anschließend kam traditionell Drafi Deutschers ‚Marmor, Stein und Eisen bricht'. Und der Saal hat getobt". Bei den bekannten Stücken konnte man „mitgrölen" und „entsprechend tanzen oder so was wie Luftgitarre spielen." Der Interviewpartner hebt die Bedeutung des Rituals bzw. der Dramaturgie hervor:

> Und das ist eine richtige, wie soll man sagen, Abfolge. Es ist ein Event für alle, und wenn es nur die eine Stunde war. Dann kam wieder was neues oder was anderes, oder da hat man sich wieder was anderem, wie dem Billard, oder viel lieber noch dem weiblichen Geschlecht, zugewandt. Solche Abende hatten in der Tat einen gewissen Rhythmus.

Zur Musikdramaturgie trugen natürlich entscheidend die verschiedenen Discjockeys bei, die in einem Betrieb arbeiteten:

> Das war auch so – was ich am Anfang mal erwähnt hatte –, dass es dann spezielle Abende gab. Entweder es war ein ganzer Abend einem Thema oder einer Musikrichtung gewidmet, nur Reggae oder so was. Oder man hat auch gesagt, jetzt zwei Stunden Rock 'n' Roll oder erst mal zwei Stunden Reggae oder die Stilrichtung. Und dann kommt ein anderer Discjockey, der dann auflegt. Da haben die jeweiligen Diskothekenbesitzer oder -betreiber immer auch experimentiert, weil für sie natürlich nach wie vor galt: Es darf nicht zu langweilig werden, und die Wirte wollen Publikum bzw. ein volles Haus.

Gegen Ende des Gesprächs werden die Veränderungen in der Gegenwart thematisiert. Der Interviewpartner blickt resümierend auf seine Diskothekenzeit zurück:

> Aber na ja, so entwickelte sich diese Szene immer weiter oder erfand sich gar musikalisch und gesellschaftlich neu – HipHop, Techno und so weiter. Also, ich möchte nichts missen. Alles hatte seine Zeit. Es klingt vielleicht so, als wäre ich jetzt jeden Abend in einer Disco gewesen: Das stimmt so gar nicht. Es gab eigentlich zu wenige musikalische Spielstätten, die eigentlich meinem Musikgeschmack so richtig entsprachen. Und dann waren das vielleicht mal – wie gesagt, die „Nachtwache" – insgesamt sechs Stunden fürs ganze Wochenende, wo ich mich in diesen „Läden" aufgehalten habe. Wenn Sie fest liiert waren, ist man dann zum Teil sowieso weniger in die Disco gegangen wie wenn Sie noch Single waren. Alternativ gab es natürlich zum Thema Musik noch beispielsweise Konzerte diversester Stil- und Größenordnungen. Doch dies ist eine andere Geschichte. Ja, es hat alles so seinen Grund, warum man wie, wo, wann, zu welchem Zeitpunkt dabei war. Das macht das Leben zum jeweiligen Zeitpunkt eben vielfach interessant.

6 Diskotheken in der Erinnerungskultur: Social Media und Revivalpartys

6.1 Diskotheken als Teil erinnerter „Heimat"

Für viele Erwachsene stellen die Diskotheken einen wichtigen Teil ihrer jugendlichen Erfahrungswelt dar. Die Disco diente als Sozialisationsinstanz und als Identifikationsobjekt. Auch als Ort der Freizeitgestaltung, der Unterhaltung und der Geselligkeit wird ihr eine große Bedeutung zugeschrieben.[891] Dies zeigen auch die Interviews mit ehemaligen Gästen, die für diese Studie durchgeführt wurden (Kapitel 5.6). Für viele Menschen waren mit dem Diskothekenbesuch auch erste erotische und sexuelle Erfahrungen verknüpft bzw. sie haben dort Freund/Freundin oder spätere Lebenspartner kennengelernt. Ein anderer Aspekt der Erinnerung ist der Rückbezug zum Vertrauten und Regionalen: Viele Discogänger entwickelten „eine große emotionale Bindung zu den Landdiskotheken" und verknüpften Metaphern wie „Heimat" und „Familie" mit ihren Erlebnissen, wie Holger Schwetter festgestellt hat.[892] Manche der nun Erwachsenen sehen in „ihrer" Diskothek einen Bezug zu ihrer Herkunft, ihrer Abstammung und Region, verbinden das Lokal in einem landschaftlichen und lokalen Sinn mit „Heimat". Das Bewusstsein, Teil einer progressiven bzw. alternativen Bewegung gewesen zu sein oder an der Durchsetzung einer modernen Musikkultur mitgewirkt zu haben, teilen jedoch nur wenige. Schwetter schreibt über seine Interviewpartner, die in „Rockdiskotheken" (vgl. Kapitel 2.7) verkehrten:

> Unsere Interviewpartner stellen in den Schilderungen von ihren Diskothekenbesuchen keine reflektierenden Bezüge zu dieser Bedeutung des Progressiven her. Für sie spielt die Rockdiskothek vor allen in Bezug auf ihre eigene jugendliche Individuation, auf ihre persönliche Identitätsfindung sowie als eine Alternative zu Schule und Familie, in der sie einen Freiraum finden, eine wichtige Rolle: Einen Raum, der frei ist von den dortigen Regularien und Konflikten und in dem sie neue Verhaltensformen und Rollenmodelle ausprobieren können.[893]

Dies konnte auch im Rahmen des vorliegenden Forschungsprojekts festgestellt werden: Die GesprächspartnerInnen sahen zwar einen Bezug zu einer neuen Jugendkultur um und nach 1968 und stellten partiell eine gesteigerte Politisierung dieser

---

891 Vgl. Schwetter 2016, 61.
892 Ebd., 66.
893 Ebd., 66f.

Generation fest, betrachteten aber ihre Partizipation an der Discokultur weniger als einen subversiv-politischen Akt – und wenn, dann eher in Abgrenzung zu den Eltern bzw. der Elterngeneration und ihren Werten.

6.2 Social Media und Erinnerung: Facebook-Gruppen und Playlists

Diskotheken im ländlichen Raum sind aber nicht nur Gegenstand individueller Erinnerung, sondern werden auch in das kollektive bzw. kulturelle Gedächtnis eingespeist. Dies gilt offenbar für ganz Deutschland, wie Holger Schwetter hervorhebt:

> Auf Social-Media-Plattformen gibt es eine Vielzahl von Gruppen zu einzelnen Diskotheken, dort werden vor allem Links zu Musiktiteln gepostet, die ehemalige Besucher_innen mit ihren Besuchen verbinden. Die Rockdiskothek scheint für viele der ehemaligen Teilnehmer_innen wichtig und vielleicht sogar mit prägenden Erlebnissen verbunden zu sein.[894]

Tatsächlich erlauben die sozialen Medien – im Wortsinn – die Konstruktion eines kollektiven Gedächtnisses. Viele Menschen teilen nicht nur Erinnerungen, sondern kommunizieren und kommentieren diese und fügen durch Texte, Bilder, Audio- und Videodateien jeweils neue Facetten hinzu. Manche Facebook-Seiten nehmen museale Dimensionen an, wenn Memorabilia (Plakate, Eintrittskarten, Programme, Kleidungsstücke, private Fotografien) gepostet werden. Bei der Musik ist zwischen einfachen Referenzen (Abbildungen, textuelle Bezüge mit Bandnamen, Musikrichtungen oder Einzeltitel) und hochgeladenen Audio- oder Videodateien zu unterscheiden. Durch Social Media wird Erinnerung öffentlich,

> neue Kommunikationsformate im Web 2.0, wie Facebook und Twitter, die die Interaktions-, Produktions- und Rezeptionsbedingungen des Internets auf einer höheren Stufe ausschöpfen, verknüpfen individuelles und gesellschaftliches Handeln auf neue Weise miteinander […].[895]

Es entstehen neue Diskursbedingungen, erstens werden „traditionelle Praktiken des öffentlichen Diskurses" verändert, zweitens zeigen sich

> interpersonale Aushandlungsprozesse bei der Verfertigung gesellschaftlich geteilten Wissens, sodass man die Konstitution eines kollektiven Gedächtnisses der Gesellschaft beobachten und beschreiben kann.[896]

---

894 Schwetter 2017, 118.
895 Burkhard 2015, 107.
896 Ebd.

Auf Facebook und Twitter, so Hannes Burkhardt, fänden sich „weit weniger chaotische als vielmehr systematische Kommunikationsprozesse", die Herstellung von Erinnerung bzw. geteiltem Wissen ereignet sich dabei interpersonal und kollaborativ (ohne zentrale Steuerungsinstanz).[897] Die Rollen des Produzenten und Rezipienten und die Zeitebenen der Vergangenheit (Erinnerung) und einer sich medial stets fortschreibenden Gegenwart verschmelzen.

Das Internet – bzw. konkret Social Media – nimmt dabei verschiedene Funktionen ein: Die Sozialen Medien werden im Erinnerungsdiskurs als Speichermedien genutzt (durch Hochladen von Texten, Bildern, Audio- und Videodateien), als Kommunikationsmedium (durch den gegenseitigen Austausch) und schließlich als Verbreitungsmedium (die Inhalte sind öffentlich einsehbar oder teilöffentlich nutzbar, beispielsweise bei geschlossenen Facebook-Gruppen). Diese Funktionalitäten ermöglichen bzw. beantworten einen individuellen bzw. gesellschaftlichen Bedarf, den man mit den Begriffen „Identitäts-, Beziehungs- und Informationsmanagement" umschreiben kann.[898] Identitätsmanagement meint nach Burkhard das „Zugänglichmachen von Aspekten der eigenen Person", etwa durch Profilbogen oder Profilbilder. Durch solche „Mikrobiografien" werden die Social-Media-Plattformen zu einem Instrument „zur Repräsentation und Vermittlung von narrativen Identitätskonstruktionen",[899] die ganz in der Hand des Nutzers liegen.

Bei den Einträgen bzw. Gruppen, die sich mit ehemaligen Diskotheken befassen, wird die sozial geteilte Ich-Konstruktion mit der Diskothek und mit den Erinnerungen bzw. der Ich-Konstruktion der anderen in Verbindung gebracht: Dadurch entsteht eine Art Beziehungsmanagement,[900] auf technisch-struktureller Ebene hergestellt durch gesendete Nachrichten, Kommentare, Verlinkungen, Annahme eines Kontaktgesuchs bzw. von „Freundschaftsanfragen" (Facebook) und Ähnliches. Schließlich spielt auf diesen Seiten das Informationsmanagement eine Rolle, „das Selektieren, Filtern und Bewerten und Verwalten von Informationen".[901] Informationen können öffentlich bewertet werden, einerseits textuell durch Kommentare, andererseits symbolisch durch den „Gefällt-mir"-Button bei Facebook oder das „Mag-ich"-Symbol bei YouTube. Zum Informationsmanagement gehört auch das gezielte Löschen von Inhalten, in gewisser Weise eine *damnatio memoriae* in der jeweiligen Community.

Für das Untersuchungsgebiet der vorliegenden Studie gibt es verschiedene Facebook-Seiten, die sich ehemaligen Diskotheken widmen, etwa die geschlossene

---

897 Ebd., 108.
898 Ebd., 112.
899 Ebd.
900 Ebd., 113.
901 Ebd.

Gruppe „Waldpeter Team & Friends" (80 Mitglieder),[902] die öffentliche Gruppe „In Memory of Arche Waldkirch",[903] die geschlossene Gruppe „Arche Waldkirch" (337 Mitglieder)[904] oder die Seite „Seebachklause Titisee-Neustadt (remember)".[905] Auch auf privaten Seiten von Einzelpersonen findet sich Erinnerungsmaterial, etwa auf der Facebook-Seite von Dirk Pfersdorf, der früher als Discjockey im „Waldpeter" (Schönwald, Schwarzwald-Baar-Kreis) gearbeitet hat.[906] Typisch für solche Seiten ist, dass Fotografien sowie Links zu Songs (YouTube) mit kleinen Anmerkungen versehen werden, die eine Verbindung zwischen dem medialen Objekt und der eigenen Erinnerung herstellen. In der Regel geht es um die Erlebnisqualität, die mit dem Objekt verbunden ist, auch wenn die Erlebnisse selbst nicht geschildert werden. Durch Kommentare anderer NutzerInnen werden die Erinnerungen geteilt und bestätigt. Um konkrete Beispiele zu geben, seien einige der Einträge auf der öffentlich zugänglichen Facebook-Seite „In Memory of Arche Waldkirch" angeführt. Diese Seite wurde im Jahr 2011 eingerichtet und findet beachtliche Zustimmung: 988 Personen haben die Seite mit „Gefällt mir" markiert, fast ähnlich viele, nämlich 953, haben sie abonniert – immerhin zwanzig Jahre nach der Schließung des Lokals![907] Folgende Postings finden sich auf der Seite:[908]

> 29. September 2014 zum Video „My Time, Your Time" der deutschen Rockband „Straight Shooter": „Da hab ich wieder so einen alten Arche Klassiker ... Erinnerungen werden wach! ... gelle ... ☺."

> 16. Oktober 2014 zum Video „This Town Ain't Big Enough" der US-amerikanischen Band „Sparks": „... und wieder ein Arche Unikat! Kennt dies noch jemand????? Ich bin selbst überrascht was für alte Songs mir einfallen ... ‚In Memory of Arche' sei Dank! ... ☺ ... meine grauen Zellen wurden aktiviert ... ☺"

> 1. November 2014 zum Video „Magic Power" der Band „Triumph": „Triumph – eine kanadische Band die in den 70/80's hauptsächlich auf dem amerikanischen Kontinent erfolgreich war ... hier in Europa aber relativ unbekannt. Wieder so ein Arche Hit ... solche Song's / Bands machte die Musik in der Arche so einzigartig!"

> 20. Februar 2015 zum Video „Thank U" von Alanis Morissette: „Mein letzter Song am Abschiedsabend der Arche. Ich war damals traurig (wie wohl alle die, die die Arche liebten), spürte aber auch eine tiefe Dankbarkeit, dass ich viele wunderbare Jahre in der Arche verbringen durfte."

---

902 https://www.facebook.com/groups/150088415080808/ [18.06.2019].
903 https://www.facebook.com/ArcheWaldkirch/ [18.06.2019].
904 https://www.facebook.com/groups/652960271454582/ [18.06.2019].
905 https://www.facebook.com/seebachklause/ [18.06.2019].
906 https://www.facebook.com/dirk.pfersdorf/media_set?set=a.2609719930171&type=3 [18.06.2019], vgl. das Interview mit Dirk Pfersdorf in Kapitel 5.4.
907 https://www.facebook.com/ArcheWaldkirch/ [18.06.2019].
908 Alle folgende Zitate bzw. Postings: ebd.

20. März 2016 zum Video „I Robot" der britischen Progressive-/Artrock-Formation „The Alan Parsons Projcet": „The Alan Parsons Project wurde in der Arche sehr oft und vielfältig aufgelegt. Zwei Songs vom 1977 Album ‚I Robot'. War in der Arche immer ein Genuß, dank der fetten EV Sound Anlage!.... ☺ wünsche schönen Sonntag ..."

14. Dezember 2016 zum Video „Welcome to Heartlight" des US-amerikanischen Künstlers Kenny Loggins: „Mittwoch – Oldie-Abend. Die Krönung eines jeden Abends war ein Song eines amerikanischen Songwriters aus dem Jahr 1983. Heut hör' ich den Song immer noch voller Begeisterung. Da konnte man jeden Scheiß auflegen, bei diesem Song war eine volle Tanzfläche garantiert."

12. November 2017 zum Video „Every Generation" der deutschen Rockband „Fury in the Slaughterhouse": „War in der Arche auch eine ganz große Nummer ... Fury in the Slaughterhouse ... Band aus Hannover ... war richtig großer Fan ..."

15. April 2018 zum Video „Play for Today" der britischen Band „The Cure": „War ein Hit in der Arche ... als ich als DJ in der Arche angefangen habe ... Anfang der 80er ... wünsche schönen Sonntag ..."

13. Mai 2018 zum Video „How Long?" der kanadischen Rockband „Saga": „Saga gehörte zu meinen Favoriten ... wurde auch dementsprechend viel gespielt ... hier ein Titel aus dem ersten Album von 1978 ... schönen Sonntag ..."

31. Mai 2018 zum Video „Alexander The Great" der britischen Hard-Rock- bzw. Heavy-Metal-Band „Iron Maiden": „Iron Maiden war wohl neben Metallica die meist gespielte Heavy Combo in der Arche ... einfach auch richtig geil !!!!!"

Selbstverständlich finden sich auch ganz kurze Statements zu einzelnen Musiktiteln wie: „Arche Klassiker", „Arche Kracher", „einer der ganz alten Klassiker in der Arche", „coole Arche Nummer" oder auch nur „geiler Song".[909]

Auf der gleichen Facebook-Seite „In Memory of Arche Waldkirch" wurden insgesamt 199 Bilder in fünf Alben gepostet (Stand: Juni 2019). Bemerkenswert und ungewöhnlich sind die zahlreichen Fotografien vom Inneren der „Arche", die zum Teil den früheren Diskothekenbetrieb zeigen, zum Teil die Ausstattung bei Tageslicht. Auf den historischen Außenaufnahmen ist ebenso zu erkennen, dass die Lokalität zunächst „Arche Tanzhalle" hieß und erst später „Arche ROCK-Discothek".[910] Etwa die Hälfte aller Fotos zeigen die Diskothek, auf einem Viertel sind Memorabilia zu sehen (Plakate, Eintrittskarten, Shirts, Zündhölzer etc.). Die restlichen Bilder stellen Personen dar (KünstlerInnen wie Jimy Hendrix, Ozzy Osbourne, Frank Zappa, die Gruppe „Pink Floyd") und sonstige Motive. Viele der Fotografien wurden von den NutzerInnen mit emphatischen Kommentaren versehen, etwa:

---

909 Ebd.
910 Ebd. – Zur idealtypischen Unterscheidung Rock- vs. Popdiskothek nach Holger Schwetter vgl. Kapitel 2.7 dieser Studie.

„We love you Arche", „War einfach geil", „Great times there" oder „War ne geile Zeit … unvergessen".[911] Soweit ersichtlich, werden keine negativen Erlebnisse geschildert bzw. negative Erinnerungen aktualisiert; insofern werden die Erlebnisse der Jugendzeit gleichsam mythisiert.

> *In Memory of Arche*
>
> Die „Arche" war DIE Disco im südbadischen Raum!!! Eröffnet wurde sie 1978 … sorgte für unvergessliche Wochenenden und wurde dann LEIDER 1999 geschlossen :(
>
> Sie stand für gute Konzerte, heiße Musik und es zog die Leute aus allen Himmelsrichtungen an :) … waren das noch Zeiten!! ;)
>
> Diese Seite ist für all diejenigen, die die Arche genauso sehr vermissen und sich gerne an die alten Zeiten erinnern …. und für all diejenigen, die sich an guter, alter und meist noch handgemachter Musik erfreuen.
>
> Postet eure Lieblingssongs aus der Arche, eure Bilder und was ihr sonst noch habt aus der Zeit und lasst uns zusammen träumen :)
>
> Übrigens gibts mittlerweile 2 playlisten auf youtube mit den Songs, die früher in der Arche liefen!!
>
> Facebook-Seite „*In Memory of Arche*".[912]

Zur ehemaligen Diskothek „Arche" gibt es auf der Videoplattform YouTube tatsächlich zwei Playlists, wie in dem soeben zitierten Text angekündigt: Die erste umfasst 177 Videos mit 14.735 Aufrufen,[913] die zweite 139 Videos mit 5.631 Aufrufen.[914] Wertet man diese beiden Playlists aus, werden die folgenden Interpreten am häufigsten genannt:

- britische Rock-/Wave-Band „The Cure" (siebenmal)
- US-amerikanischer Sänger und Musiker Frank Zappa (sechsmal)
- kanadischer Rock-Sänger Bryan Adams (fünfmal)
- britische Rock-Band „Queen" (fünfmal)
- irische Rock-Band „U2" (fünfmal)

---

911 Ebd.
912 https://de-de.facebook.com/pg/ArcheWaldkirch/about/?ref=page_internal [11.10.2017]. Dieser Text war im Februar 2019 nicht mehr sichtbar.
913 https://www.youtube.com/playlist?list=PLN1mp4Fyjtljf-HNRP8U2IZXUSb86iuUy [20.02.2019].
914 https://www.youtube.com/playlist?list=PLN1mp4FyjtlgVIGpd91HTfYaY9jTVQwo3 [20.02.2019].

- britische Rock-Band „Pink Floyd" (viermal)
- deutsche Heavy-Metal-Band „Accept" (dreimal)
- US-amerikanische HipHop-Band „Beastie Boys" (dreimal)
- britischer Musiker Peter Gabriel (dreimal)
- britische Rock-Band „Genesis" (dreimal)
- US-amerikanische Hardrock-Band „Guns N'Roses" (dreimal)
- jamaikanischer Reggae-Sänger Bob Marley (dreimal)
- US-amerikanische Metal-Band „Metallica" (dreimal)
- britischer Musiker Mike Oldfield (dreimal)
- US-amerikanische Rockband „R.E.M." (dreimal)

Selbstverständlich sind solche Playlists Teil von aktiver Erinnerungsarbeit; die Interviewpartnerin Barbara Hechinger hat diesen Aspekt hervorgehoben (Kapitel 5.6). Dass solche Listen keine „authentischen" Dokumente früherer Ereignisse sind, ist offenkundig, doch zeigen die im Internet (YouTube, Facebook) geposteten Listen bzw. die Links, welche Titel mit einer bestimmten Diskothek in Verbindung gebracht wurden und werden. Geht man davon aus, dass diese Listen nach bestem Wissen und mit einer durchschnittlichen Erinnerungsfähigkeit erstellt wurden, belegen die zwei YouTube-Playlists zur „Arche" genauso wie die Facebook-Einträge, dass diese ihrem Anspruch, eine „ROCK-Discothek" sein zu wollen (vgl. Kapitel 2.7), gerecht geworden ist. In die gleiche Richtung weist eine am 16. November 2014 hochgeladene Liste von Live-Acts (zwischen 1981 und 1996), auf die bereits in Kapitel 4.4 eingegangen wurde.

6.3 Revivalpartys

Zur Erinnerungskultur gehört auch die Vielzahl von Revivalpartys, die sich auf einzelne Musikrichtungen oder bestimmte Diskotheken beziehen. Für Holger Schwetter stellen diese Partys einen Zugang zu der Musik dar, die früher in den Diskotheken gespielt wurde:

> Einen weiteren wichtigen Zugang stellen die Revival-Parties dar. Hier kann die Musikfolge aufgezeichnet und analysiert werden, und sie kann mit den Praktiken der PartybesucherInnen in Beziehung gesetzt werden. Die DJs können nach der Party zu ihren Auflegeentscheidungen und DJ-Handwerk befragt werden.[915]

Allerdings stellten Revivalpartys „ein heutiges Veranstaltungsformat" dar, sie gehorchten einer Eigenlogik und seien daher auch keine Wiederholungen früherer Discoabende: „Sie wollen nicht nur aktuell relevant sein, sondern einen nostalgisch

---

915 Schwetter 2017, 127.

gefärbten Bezug zu vergangenem Musik-Erleben herstellen".[916] Neben ehemaligen BesucherInnen von Rockdiskotheken komme dabei durchaus auch jüngeres Publikum auf die Veranstaltungen.[917]

Für unseren Zusammenhang ist allerdings nicht die Rekonstruktion früherer DJ-Sets oder Playlists entscheidend, sondern die Konstruktion und Präsentation kommunikativer und kollektiver Erinnerung. Revivalpartys stehen in einem engen Zusammenhang mit Social-Media-Angeboten; interessanterweise überführen sie Medialität (etwa in Form von Facebook-Gruppen oder Internetwerbung) in Liveness, wobei das Live-Ereignis (die eigentliche Revivalparty) in der Regel sofort wieder medialisiert wird: durch Berichte, Fotos und Videos in Print- und Onlinemedien. Die Erinnerungsanker bei den eigentlichen Partys stellen zunächst der Name der ehemaligen Diskothek dar, dann die gespielte Musik, die als typisch empfunden wird. Oft sind es auch Personen, die die Erinnerung aktivieren sowie personale und musikalische Authentizität verbürgen: frühere Betreiber und vor allem ehemalige Discjockeys. Zuweilen ist es auch das Publikum selbst, das nostalgische Gefühle auslöst und Erinnerungen weckt. Selbstverständlich können auch bestimmte Getränke, Dekorationen, Licht- und Toneffekte sowie Tanzkulturen Erinnerungsanker darstellen, welche die Attraktivität einer Revivalparty erhöhen.

Bei der 2013 in Schonach stattfindenden „Waldpeter"-Revivalparty (vgl. das Interview mit Dirk Pfersdorf in Kapitel 5.4) wurde tatsächlich versucht, das Ambiente der ehemaligen Diskothek wiederzubeleben. Im „Schwarzwälder Boten" war im Vorfeld zu lesen, dass der veranstaltende Männergesangverein „Sängerkreis" nicht nur am Planen, sondern auch am „Sägen und Streichen" sei, damit die Party stattfinden könne.[918] Die Mitglieder des Vereins hätten sich zum Ziel gesetzt, „die Waldpeter-Atmosphäre von damals, so original wie nur möglich ins Haus des Gastes zu holen".[919] Dies gelte für die Dekorationen, für die Tanzfläche, aber auch für das gastronomische Angebot. „Auch ein Film aus den früheren Zeiten soll die Besucher zurück in die schöne alte Waldpeter-Zeit versetzen."[920] Selbstverständlich ging es dabei nicht um einen vereinfachten Nachbau der alten Diskothek, sondern um charakteristische Requisiten – es wurden also bewusst optische Erinnerungsanker gesetzt und Authentizitätsversprechen abgegeben.[921]

---

916 Ebd.
917 Ebd.
918 https://www.schwarzwaelder-bote.de/inhalt.schonach-vorbereitungen-fuer-das-waldpeter-revival.7ce299a0-c7b7-4357-bc1b-2a49e02bf6f9.html [24.02.2019].
919 Ebd.
920 Ebd.
921 Vgl. die Bildstrecke auf: https://www.schwarzwaelder-bote.de/inhalt.schonach-kultdisco-waldpeter-lebt-wieder-auf.57c9d2b6-ec21-41f4-8f39-7afc56014c97.html [24.02.2019].

*„Waldpeter"-Revivalparty 2013 –
veranstaltet vom Männergesangverein Schonach*

Das war ein Samstagabend im Waldpeter, Verzeihung, im Haus des Gastes in Schonach. Die Revival-Party der gleichnamigen Diskothek in Schönwald sprengte alle Erwartungen und war ein legendärer Erfolg. [...]

Der Name „Waldpeter" ist im Zusammenhang mit Musik, Tanz-Spaß und Kneipe vielen noch im Gedächtnis. Weit über die Grenzen von Schönwald hinaus kamen vor 33 Jahren die ersten Gäste in den Schwarzwald. Vor 14 Jahren wurde die Diskothek geschlossen. Am Samstagabend aber lebte er wieder auf, der Geist des Waldpeter. Und wie er lebte: Schon draußen an der Wand leuchtete verheißungsvolll das Originalschild. Und diese Erwartungen wurden erfüllt, wenn nicht gar übertroffen. [...] Im Foyer standen die original[en] Barhocker aus der Diskothek, an den Wänden hingen die Veranstaltungsplakate aus den guten alten Zeiten. Mancher Name wie Steppenwolf, Thommie Bayer Band, Cochise, Pigeon Drop, Spider Murphy Gang und viele mehr weckten Erinnerungen an tolle Konzerte und Events. [...]

Und dann rieben sich die Besucher am Samstag die Augen: Die Tanzfläche, die Bühne mit den DJs – es sah genauso aus wie früher. Schnell war die Tanzfläche voll. Auch die Ohren hatten Grund zur Freude. Nicht nur die Hits der 70er, 80er und 90er Jahre wurden gespielt, nein, es legten DJ Dirk [Pfersdorf] und DJ Noppi auf – die echten DJs von damals.

Allgegenwärtig war auch der Urvater [der Diskothek] Michael „Woody Woodnock" Nock, der immer wieder über die ausgelassene Stimmung staunte. Für das Licht war Rainer Huber zuständig, auch er ein Urgestein aus alten Waldpeter-Zeiten. Das MGV-Helferteam hatte alle Hände voll zu tun, den Ansturm zu bewältigen. Friedlich ging es den ganzen Abend über zu. Und viele äußerten es immer wieder: „So eine Party muss es wieder geben, am besten gleich nächstes Jahr".

*Joachim Ritter: Waldpeter-Fans feiern begeistert das Revival. In: „Südkurier",
7. Oktober 2013.[922]*

Auch in St. Georgen (Schwarzwald-Baar-Kreis) fand im Jahr 2012 eine ähnliche Veranstaltung statt. Der „Schwarzwälder Bote" hob hervor, dass es nur wenige Einheimische „mittleren Alters" gebe, denen der Name der ehemaligen Diskothek

---

922 https://www.suedkurier.de/region/schwarzwald-baar-heuberg/schonach/Waldpeter-Fans-feiern-begeistert-das-Revival;art372530,6346605 [24.02.2019].

„Bärenklause" nichts sage.[923] In den frühen 1970er Jahren sei der „legendäre" Betrieb eröffnet worden, und zwar im ehemaligen Gasthaus „Bären". Später sei die Diskothek umgezogen, der letzte Betreiber, Amerigo Veccio (Wirt von 1982 bis 1993), habe nach der Übernahme „wechselnde Events" eingeführt, etwa „Tanzwettbewerbe, Dessousmodenschauen oder auch Live-Bands."[924] Schließlich habe er die Diskothek aufgegeben, unter anderem wegen Ärger mit der Drogenszene. Die Revivalparty im Jahr 2012 war laut Zeitungsbericht nicht die erste, schon drei Jahre zuvor hätte ein solches Event stattgefunden. Wie beim „Waldpeter"-Revival bemühten sich die Veranstalter, ein passendes Ambiente für die BesucherInnen zu schaffen:

> Wieder wurde die Stadthalle so „umgebaut", dass das Feeling von einst wieder aufkam. Das Publikum war in der Hauptsache „mittelalterlich", doch auch jüngere Besucher fühlten sich angesprochen. Etwa 400 Besucher wollten die erneute Wiederauferstehung einer Legende erleben.[925]

Laut „Schwarzwälder Boten" gab es am Abend ein „Spaghetti-Wettessen", die Musik sei von der „guten alten schwarzen Vinyl-Platte" gekommen.[926] Die soziale Komponente des Revivals wurde gleichfalls hervorgehoben, man habe viele „gute alte Bekannte" treffen können.[927]

Im Gegensatz zu den bisher genannten Beispielen hatten die „Ex-Arche-Partys" einen festen institutionellen Rahmen. Nachdem die Waldkircher Diskothek „Arche" (Landkreis Emmendingen) im Jahr 1999 schloss, knüpfte die gleichfalls in Waldkirch angesiedelte Location „Outback" (von 2000 bis 2017 betrieben) an den früheren Erfolg an und organisierte „Ex-Arche-Partys" regelmäßig jeden ersten Freitag im Monat. Der Pächter und Betreiber des „Outback", Oliver Simosseg aus Kirchhofen (Gemeinde Ehrenkirchen, Landkreis Breisgau-Hochschwarzwald"), erinnert sich 2017:

> Und ganz generell war die legendäre „Ex-Arche-Party" am ersten Freitag im Monat über viele Jahre äußerst beliebt. „Die Gäste fühlten sich dort wohl." Es seien nicht nur Leute gekommen, welche die Arche von früher kannten, sondern auch die, welche die Atmosphäre von eben solchen „normalen Discos" mögen. „Ich komme selbst aus der Zeit, als es die Arche noch gab, so war die Ex-Arche-Party authentisch."[928]

---

923 https://www.schwarzwaelder-bote.de/inhalt.st-georgen-baerenklause-party-kommt-bestens-an.f9229dc1-b751-4a1c-8251-cf5fc0ba8790.html [24.02.2019].
924 Ebd.
925 Ebd.
926 Ebd.
927 Ebd. – Für eine Revivalveranstaltung der ehemaligen Diskothek „d' Schiere" in Simonswald im Jahr 2011 unter dem Motto „Der Mythos lebt, die Theke bebt" vgl. https://www.badische-zeitung.de/simonswald/ex-d-schiere-party-mit-live-band--3960 3889.html [18.06.2019].
928 http://www.badische-zeitung.de/waldkirch/outback-betreiber-hoert-auf-verliert-waldkirch-seine-disco--145550337.html [24.02.2019].

Es ist wohl eher ungewöhnlich, dass ein solches Veranstaltungsformat über siebzehn Jahre hinweg erfolgreich ist, aber damit noch nicht genug: Am 5. Januar 2018 kündigten „DJ Olius & DJ Lobo" an, dass die „monatliche Ex-Arche-Party" des „Outback" in einer neuen Location stattfinde,[929] nämlich im Kulturzentrum „Mehlsack" in Emmendingen.[930] Offenbar hat sich der Name der ehemaligen Diskothek „Arche" zwischenzeitlich zu einer zugkräftigen Marke entwickelt: Jedenfalls bot im gleichen Jahr der Nachfolgebetrieb des „Outback" in Waldkirch eine konkurrierende Veranstaltung unter dem Namen „Discothek Arche Reloaded" an.[931] Diese Veranstaltung wurde folgendermaßen auf Facebook beworben:

> Liebe Nachtschwärmer, Arche-Gäste und Ex-Arche-Gäste.
> Da das Outback geschlossen wurde, gibt es natürlich keine Ex-Arche Party mehr. Um Euren Durst nach guten Getränken und guter Musik zu stillen, haben wir für Euch natürlich den Termin „erster Freitag im Monat" im OverNight Club reserviert.
> Den Anfang machte am 02. Februar 2018 ab 22 Uhr Dj Pommes mit unserer neuen Party-Reihe „Arche Reloaded".
> Arche Klassiker und New Rock.
> Gewohnte Zeit, gewohnter Ort & gewohnte Musik.
> Wir freuen uns auf Euch!

Das zuletzt genannte Beispiel der „Arche"-Partys zeigt, dass Erinnerungskultur immer auch einen Kampf um die Deutungshoheit darstellt: Wer führt das Erbe legitim weiter? Zugleich ist sie von wirtschaftlichen Erwägungen abhängig: Wer profitiert von der institutionalisierten Erinnerung?

---

929 https://www.facebook.com/ExArcheParty/ [24.02.2019].
930 Vgl. das Interview mit DJ Max Faller in Kapitel 5.4.
931 https://www.facebook.com/events/195327587689910/?event_time_id= 195327624356573 [24.02.2019].

7 Zusammenfassung

Die vorliegende Studie hat sich zum Ziel gesetzt, ländliche Diskotheken und rurale Diskothekenkultur im Zeitraum von 1970 bis 1995 zu untersuchen. Ausgangspunkt war dabei die Feststellung (Kapitel 1), dass diese „Populären Orte" (Stefan Krankenhagen) und die damit verbundene Unterhaltungskultur von der Wissenschaft bisher weitgehend ignoriert worden sei. Diese Zurückhaltung liegt vor allem an dem gesteigerten Interesse der Popmusik- und Popkulturforschung an sozial differenzierten und ästhetisch elaborierten Phänomenen – der Mainstream, die Kultur der Vielen und der „musikalische Alltag" der Menschen kommen dabei weitaus seltener in den Blick. Dies trifft nicht nur auf ländliche Diskotheken zu, sondern gilt ebenso für die deutsche und internationale Schlagerkultur oder Schüler- und Jugendbands, die nicht in subkulturellen Kontexten oder in Szenen zu verorten sind.

In der vorliegenden Arbeit sollten ländlichen Diskotheken – von Städtern zuweilen als „Bauerndiscos" verspottet – vorrangig hinsichtlich ihrer Räume, Programme und Konflikte untersucht werden. Die entsprechenden Vorannahmen lauteten: (1) Diskotheken stellen konkrete Orte des Populären mit entsprechenden räumlichen Arrangements dar, (2) die Lokale bieten ihren Gästen unterschiedliche musikalische und nichtmusikalische Unterhaltungsmöglichkeiten an und (3) werden an diesen Orten soziale Grenzen anhand von Normverstößen und Normkontrollen ausgehandelt und immer wieder neu definiert.

Als Untersuchungsgebiet wurde Südwestdeutschland mit dem kulturgeografischen Schwerpunkt Schwarzwald (und den angrenzenden Räumen) in den Blick genommen. Diskotheken aus den Landkreisen Breisgau-Hochschwarzwald, Schwarzwald-Baar, Emmendingen, Freudenstadt, Ortenau und Waldshut fanden hierbei Berücksichtigung. Methodisch wurden neben aktueller und historischer Sekundärliteratur archivalische Quellen (insb. Gewerbeakten und Zeitungsbelege; Kapitel 3 und 4) sowie Zeitzeugeninterviews (Kapitel 5) ausgewertet. Die zuletzt genannten Interviews sollten im Sinne einer „Oral History" die aus den Schriftquellen gezogenen Erkenntnisse erweitern und vertiefen.

Die Diskothek als Unterhaltungs- und Freizeitangebot

Diskotheken stellen Musik- und Unterhaltungsangebote dar, bei denen die im Tanz sich ausdrückende Körperlichkeit eine zentrale Rolle spielt. Das Publikum ist zumeist jung, allerdings gab und gibt es Tanzlokale, die sich an über Dreißigjährige wenden oder ein altersgemischtes Publikum anlocken wollen. In Kapitel 2 der vorliegenden Studie wurde zunächst der Begriff „Diskothek" untersucht. Bemerkenswert ist dabei, dass das Wort zunächst eine „Schallplattensammlung" meinte (analoge Wortbildung zu „Bibliothek"). Schnell ging der Begriff jedoch auf den Ort der Schallplattenverwendung bzw. die zugehörige Veranstaltungsform „Disco" über. Der Begriff „Diskothek" setzte sich in Deutschland seit den mittleren 1960er Jahren durch und verdrängte ältere Gaststättenbezeichnungen wie „Tanzlokal" oder „Tanzbar". Andere Wortverwendungen und Bedeutungserweiterungen folgten, insbesondere in Verbindung mit dem Kurzwort „Disco". Abgesehen vom modischen Touch, der den englischen Begriff für Werbekontexte attraktiv machte, wurde dieses Wort zeitgenössisch in produktiver Mehrdeutigkeit verwendet: „Disco" meinte erstens den Veranstaltungsort (die eigentliche Diskothek als „Populären Ort"), zweitens die Veranstaltungsform (Musik- und Tanzunterhaltung unter Verwendung von Schallplatten), drittens einen bestimmten Musik- und Tanzstil (Genrebezeichnung) und schließlich viertens die diesbezügliche (Jugend-)Kultur.

Die Entstehung und vor allem Durchsetzung der Discokultur in der Bundesrepublik Deutschland erhielt durch die Medien Fernsehen und Kino einen Schub: Zwischen 1971 und 1982 war im Zweiten Deutschen Fernsehen die Sendung „Disco" zu sehen, welche jugendaffine Musik einem breiten Publikum vorstellte. 1978 kam schließlich der US-amerikanische Film „Saturday Night Fever" (deutscher Titel: „Nur Samstag Nacht") mit John Travolta in die westdeutschen Kinos, der den jungen ZuschauerInnen nicht nur zeigte, wie „richtige" Disco auszusehen habe, sondern auch das entsprechende Feeling vermittelte. In den Interviews (Kapitel 5) wurde die Bedeutung dieses Films für die Wahrnehmung der Discokultur herausgestellt. In den Jahren 1979/1980 soll es in der Bundesrepublik Deutschland und Westberlin bereits zwischen 8.000 und 9.000 Diskothekenbetriebe mit einem Umsatz von zwei Milliarden Deutsche Mark gegeben haben. Allerdings hielt der Boom nicht lange an, schon Ende der 1980er Jahre war das Wachstum vorbei. Einerseits wurde hierfür die demographische Entwicklung verantwortlich gemacht (der Rückgang der absoluten Zahl von Jugendlichen), andererseits die veränderten Marktbedingungen: Jugendarbeitslosigkeit wie ein verändertes Freizeitverhalten (insbesondere durch konkurrierende Konsumangebote wie Videofilme oder Fitness-Studios) haben zu einer rückläufigen Umsatzentwicklung geführt, viele Betriebe mussten aufgrund einer Marktübersättigung schließen.

Der ökonomische Rückgang der späten 1980er Jahre darf jedoch nicht mit einem Rückgang der sozialen Bedeutung bzw. der Akzeptanz der Diskothekenkultur gleichgesetzt werden. Das Gegenteil ist der Fall, 1986 wurde festgestellt, dass 95% aller westdeutschen Jugendlichen Diskothekenerfahrung hätten, etwa die Hälfte aller Jugendlichen würden „oft" eine Disco besuchen. In eine ähnliche Richtung deutet das Buch „Diskothekenmanagement" von Michael Maus aus dem Jahr 1988. Dort wird betont, dass ein Drittel der befragten Jugendlichen mehrmals wöchentlich in eine Diskothek gingen. In den Gesprächen (Kapitel 5) spiegelt sich die hohe Besuchsfrequenz und die Beliebtheit des „Populären Orts" Diskothek wider: Jugendliche aus dem ländlichen Raum besuchten im Verlauf einer Woche verschiedene Lokale, oft auch mehrere an einem Abend; der Diskothekenbesuch war also Teil der Freizeit wie der Geselligkeit, er gehörte zur Alltagskultur junger Menschen.

Im zweiten Kapitel wurde neben der historischen Entwicklung der Diskothekenkultur die wissenschaftliche Forschung zu diesem Thema reflektiert. Hervorzuheben ist dabei, dass die wesentlichen Impulse hierzu nicht von der Musikwissenschaft ausgingen, sondern von der Soziologie, der Erziehungswissenschaft und der Volkskunde. Die älteren Darstellungen beleuchten das Phänomen oft kulturkritisch, zuweilen wurde dabei direkt oder indirekt auf die „Kulturindustrie"-These Adornos zurückgegriffen. Die Autoren begriffen die Discokultur als Kompensation für die Entbehrungen des Alltags Jugendlicher oder für im Schul- bzw. Arbeitsleben angestauten Frust. Die Attraktion, unter Gleichaltrigen Musik zu hören, zu tanzen und sich zu entspannen, wurde zwar durchaus wahrgenommen, aber häufig negativ konnotiert, ebenso die Möglichkeit, erotische bzw. sexuelle Kontakte zu knüpfen. Differenzierter angelegt war die Studie „Beat – die sprachlose Opposition" von Dieter Baacke aus dem Jahr 1968, der die unterschiedlichen Bedürfnisse der Jugendlichen realistischer einschätzte als viele seiner Zeitgenossen. Werner Mezgers Untersuchung aus dem Jahr 1980 beruht zwar auf Interviews mit Jugendlichen aus Südwestdeutschland, lässt aber doch Vorbehalte gegenüber dieser Form der Tanz- und Musikunterhaltung erkennen, insbesondere was deren „Kommerzialität" betrifft. Für die aktuelle Forschung des 21. Jahrhunderts wurde auf die wissenschaftlichen Konzepte Holger Schwetters und Thomas Wilkes zurückgegriffen, wobei Wilkes Verknüpfung der Diskothekenkultur mit dem Dispositivbegriff Foucaults ein gutes Modell bietet, um die verschiedenen Dimensionen dieser Kultur – von der Innenausstattung, der Technik und dem Medieneinsatz über die Sphären des Rechts und der Ökonomie bis hin zu musikalischen Aspekten – theoretisch zu verbinden. Ein anderes Modell bietet Schwetter, der eine (idealtypisch zu verstehende) Unterscheidung zwischen ländlichen Rock- und Popdiskotheken vornimmt. In „Rockdiskotheken" sei eher „progressive" Musik gespielt worden, es habe keine Tanzrunden und keine Moderation gegeben, insbesondere habe das Musikgenre „Disco" dort keinen Platz gehabt. Aus den zeithistorischen Quellen wird diese Differenzierung gestützt, Hugo Maier unterschied 1979 bürgerliche Betriebe mit der musikalischen Orientierung an den Hitparaden von solchen, die er „progressiv" nannte und die von einem jüngeren Publikum aufgesucht werde. Dort sei nicht der Mainstream-Pop zu hören, sondern eher „Underground", der Tanzstil sei individuell. Die GesprächspartnerInnen in Kapitel 5 bestätigen nicht nur diese Unterscheidung, sondern weisen auch auf differenzierte Dresscodes in den Rock- und Popdiskotheken hin. Ein Interviewpartner hebt zudem einen Genderaspekt hervor, wenn er betont, dass die Discowelle „sehr stark von Frauen getragen" worden sei, „noch mehr als von Männern".

Zwei Exkurse in Kapitel 2 beleuchten spezielle Aspekte der Discokultur zwischen 1970 und 1995. Zunächst wurde der juristische Diskurs der Zeit in einem eigenen Abschnitt berücksichtigt. Ausgehend vom Gaststättengesetz von 1970 und seiner Kommentierung sollte den rechtlichen Charakteristika und den discospezifischen Normen nachgegangen werden. Die Diskothek galt als besondere Betriebsform, bei der die zum Tanzen bestimmte Musik die „Hauptleistung" darstellt. Für diese Hauptleistung ist in einer solchen Gaststätte der „Discjockey" zuständig, dessen Tätigkeit und Wahrnehmung im zweiten Exkurs beleuchtet wird. In der Frühzeit der bundesdeutschen Discokultur hatte der Discjockey nicht nur die Aufgabe, Platten aufzulegen und für einen guten „Flow" zu sorgen, sondern er musste ebenso die gespielte Musik moderieren und die BesucherInnen mit Späßen und Spielen unterhalten. Der eigene Geschmack, so hoben es die Fachliteratur wie die Interviewpartner der vorliegenden Studie hervor, sei für die Arbeit des Discjockeys nicht entscheidend gewesen, sondern das Musik- und Unterhaltungsangebot musste zum Betrieb und seinem Gästeprofil passen. Der allmähliche Wandel des Berufs vom Allround-Entertainer zum späteren Musikdramaturgen – so wurde im zweiten Exkurs ebenfalls festgestellt – führte allerdings nicht zu einer „Sprachlosigkeit" des Discjockeys, wie einige Wissenschaftler vorschnell vermuteten, sondern zu alternativen Kommunikationsformen. Die Musik und die damit verbundene Körperlichkeit nahmen dabei sprachliche Qualitäten an. Diese These wurde 1985 vom Forscherteam Silbereisen/Noack/Eyferth bestätigt. Sie fanden heraus, dass für die Jugendlichen die Diskothek ein Kommunikationszentrum darstelle, wobei verbale und nonverbale Formen des Austausches gleichermaßen wichtig seien. Im Übrigen pflegen die Discjockeys, mit denen Interviews geführt wurden (Kapitel 5) ein unterschiedliches Selbstverständnis: Die einen betrachten sich selbst als Entertainer in einem umfassenden Sinn (inkl. Moderation bzw. „Animation"), andere stufen diesen Aspekt eher als marginal ein und beschränken sich auf die Musikdramaturgie. Alle interviewten Discjockeys kamen sehr früh in den Beruf, und zwar durch eine Do-it-yourself-Kultur, die im Laufe der Zeit zu einer (Selbst-)Professionalisierung führte.

Diskotheken im ländlichen Raum

Die ländliche Musikpraxis des 20. Jahrhunderts ist Thema des dritten Kapitels der vorliegenden Arbeit. Im Anschluss an die Forschungen von Gunter Mahlerwein wurde herausgestellt, dass die musikalische Praxis auf Dörfern keineswegs autochthon, sondern bereits im 19. Jahrhundert von urbanen Einflüssen geprägt war. Neben den traditionellen Musikformen und den stark normierten Bereichen Schul- und Kirchenmusik brachten Medien – vom Grammophon über das Kino bis hin zum Fernsehen – jeweils neue Musikstile auf das Land. Nach dem Zweiten Weltkrieg waren Wirtshäuser mit ihren Jukeboxes wichtige Vermittler neuer Musik, auch für die späteren Diskjockeys, wie zwei Gesprächspartner berichteten (Kapitel 5).

Allmählich traten auf dem Land Tanzcombos und erste Jugendbands hinzu, die „Beatmusik" erreichte in den 1960er Jahren nicht nur die Städte, sondern auch die Dörfer. Im Untersuchungsgebiet spielte zudem das Radio eine wichtige Rolle: Der Südwestfunk sendete schon früh jugendaffine Musik, seit 1975 gab es eine eigene „Popwelle", die bis 1998 ihr Programm ausstrahlte.

Der ländliche Raum bzw. „strukturschwache Regionen" wie der Schwarzwald profitierten seit der Nachkriegszeit vom wachsenden Wohlstand: Mehr Freizeit und höhere Löhne erlaubten den Kauf und Gebrauch neuer Konsumgüter. Mopeds, Motorräder und schließlich Pkw trugen zu einer erhöhten Mobilität Jugendlicher und junger Erwachsener bei. Jugendaffine Musik war gleichermaßen Bedürfnis wie ein (vorwiegend medial) zur Verfügung stehendes Konsumgut – auch wenn in den 1970er Jahren noch nicht allen Jugendlichen Abspielgeräte zur freien und selbstbestimmten Verfügung standen. Einige Wirtshäuser erkannten den Trend früh und boten alternativ oder ergänzend zu Livekapellen Musik- und Tanzunterhaltung mit Schallplatten an. Die Attraktion, die jeweils bevorzugte Musik in angemessener Lautstärke zu hören und in Gemeinschaft mit Gleichaltrigen körperlich erleben zu können, war besuchsmotivierend, selbst wenn die Ausstattung dieser ersten ländlichen Diskotheken eher noch bescheiden und aus heutiger Sicht „unmodern" war. Einen weiteren Anziehungspunkt nannten die Gesprächspartner im fünften Kapitel: In früheren Jahrzehnten war Musik noch nicht omnipräsent und tagesaktuell verfügbar wie heute, Discos entwickelten daher den Ehrgeiz, stets die neuesten Hits auf Platte präsentieren zu können, teilweise ermöglicht durch spezielle Bemusterungen der Musikindustrie.

Gleichfalls im dritten Kapitel dieser Studie wurde auf die Frage eingegangen, ob und inwieweit die Etablierung der Diskothekenkultur in der zweiten Hälfte der 1970er Jahre zu einer Nivellierung des Stadt-Land-Gefälles beigetragen habe. Werner Mezger stimmte 1980 dieser These zu, die Discokultur sei Ausdruck einer globalisierten Unterhaltungskultur. Der Volkskundler bewertete diese Entwicklung eher negativ, wenn er davon sprach, es gebe mittlerweile auch auf dem Land eine „weitgehend standardisierte Discokultur". Mit Mahlerwein kann allerdings der Einwand vorgebracht werden, dass die Vorstellung, es habe einst eine eigenständige, traditionale Dorfkultur gegeben, die erst nach dem Zweiten Weltkrieg neue (internationale) Impulse erhalten habe, falsch ist: Wie bereits erwähnt, wurden ländliche Regionen bereits seit dem frühen 20. Jahrhundert durch neue Medien mit innovativen Musikstilen versorgt – das gilt in besonderer Weise für die Unterhaltungs- und Tanzmusik. Im Zusammenhang mit dem (vermeintlichen oder tatsächlichen) Stadt-Land-Gegensatz wurde gefragt, welchen Beitrag die Szeneforschung zum Phänomen ländlicher Musikkultur leisten kann. Schon Metzger sah in der Discokultur die „jugendliche Superszene" schlechthin. Aus Sicht der neueren Forschung ist zu fragen, ob diese „posttraditionalen Gemeinschaften" im ländlichen Raum nicht länger und intensiver mit „traditionellen Geselligungsformen" einhergingen als städtische. Franz Liebl und Claudia Nicolai sprachen in diesem Zusammenhang vom „Szene-Wolf im Vereins-Schafspelz", d.h. sie gehen von einem Mit- und Ineinander von traditionalen und posttraditionalen Vergemeinschaftungen aus. Dieser Befund deckt sich mit der Feststellung Mahlerweins, dass es auf dem Land, was Jugend, Dorf und Musikstile betrifft, zwar klare ästhetische und soziale Grenzverläufe gab (etwa im Verein organisierte Blasmusik vs. durch Bands interpretierte Rockmusik), aber die gleichen Jugendlichen, die „moderne" Musik angloamerikanischer Prägung machten, sich durchaus in verschiedenen traditionellen Vereinen engagierten.

Für die Akzeptanz des Diskothekenangebots war im ländlichen Raum der Ausbau der Verkehrsinfrastruktur und die bereits angesprochene (Massen-)Motorisierung entscheidend. Ländliche Diskotheken waren offenbar nicht nur für Jugendliche der Region attraktiv, sondern oft auch für einen weiteren Umkreis. In der Literatur wurde von weiten Strecken (bis zu 150 Kilometer) gesprochen, die zurückgelegt worden seien, um einen bestimmten Betrieb auf dem Land zu erreichen. Die Gesprächspartner in Kapitel 5 hoben ebenfalls diesen Umstand hervor, allerdings war bei der Mobilität nicht nur der räumliche Aspekt von Bedeutung, sondern auch der soziale, insbesondere die dadurch ermöglichte Autonomie. In den 1980er Jahren war der Pkw das bevorzugte Verkehrsmittel, der öffentliche Nahverkehr spielte hingegen kaum eine Rolle, zum einen, weil dieser auf dem Land ohnehin wenig entwickelt war (was die Liniendichte und die Fahrpläne betraf), zum anderen, weil die Fahrt mit einem Bus als „uncool" empfunden wurde und der jugendlichen Erwartung von Eigenständigkeit widersprach. Die Betreiber sahen das ganz genauso, wie ein Gesprächspartner deutlich machte: Der Nahverkehr sei für die Gäste unattraktiv. Ein spezielles Verkehrsproblem betraf die Hochlagen des Schwarzwaldes: Im Winter wurde die Mobilität und Spontanität eines Diskothekenbesuchs durch starken Schneefall eingeschränkt.

In der Literatur wie in den durchgeführten Interviews tauchen zuweilen die Themen „Erotik" und „Sexualität" auf. Unstrittig ist, dass Diskotheken Orte der Kommunikation darstellen und es selbstverständlich darum geht, dort Menschen kennenzulernen. In diesem Sinne handelt es sich bei den Lokalen um „soziale Institutionen", wie es in dem bereits zitierten Buch „Discothekenmanagement" von Michael Maus heißt: Diese Betriebe verkauften nicht in erster Linie Getränke oder Musik, sondern „Kontakt". Dass (vornehmlich junge bzw. jüngere) Menschen zudem an erotischen oder sexuellen Begegnungen interessiert sind, ist wenig überraschend. Entsprechend wurde in der Forschung zu Diskotheken festgestellt, „der mit Abstand wichtigste Dreh- und Angelpunkt" stelle die Sexualität dar. Freilich lasse sich aus dem Begehren noch nicht die Erfüllung ableiten. Es gebe einen Spagat zwischen den von Jugendlichen geäußerten Absichten und dem empirisch nachweisbaren Verhalten, in den lapidaren Worten des Wissenschaftlerteams Silbereisen/Noack/Eyferth: „Kontakte etwa werden häufiger gewollt als realisiert." Ähnlich drückte es auch ein Interviewpartner aus: Manchmal sei monatelang nichts „passiert", aber es habe auch einzelne Betriebe gegeben, zu denen das Publikum wegen schneller sexueller Kontakte hingegangen sei und zum Teil immer noch hingehe.

Zuletzt wurde im dritten Kapitel auf die Entstehung und Ausstattung ländlicher Diskotheken eingegangen. Bei Betrieben, die aus bestehenden Gasthäusern hervorgegangen sind, waren die Umbaumaßnahmen manchmal nur marginal und erschöpften sich mitunter in einer Neudekoration der Innenräume (mit oft bescheidener Musik- und Lichtanlage). Die Umnutzung bzw. Nutzungserweiterung beruhte oft auf ökonomischen Erwägungen: Eine Diskothek brachte konsumfreudige Jugendliche und junge Erwachsene ins Haus, Tanzkapellen bzw. Combos waren nicht mehr zwingend notwendig, der aufwändige Küchen- und Servicebetrieb konnte reduziert oder ganz eingestellt werden.

Die in ländlichen Regionen präsenten Dorf- und Schlagerdiscos konnten sich erstaunlich lange halten: Sie sprachen entweder ein altersgemischtes oder eher älteres Publikum an, das Programm war so ausdifferenziert, dass verschiedene Vorlieben und Interessen bedient werden konnten. Schlagerdiskotheken wurden in einem „Discoführer Deutschland" aus dem Jahr 1999 als die „stillen Riesen" bezeichnet. In der Forschung spielen sie jedoch – wie die Schlagerkultur insgesamt – kaum eine Rolle und bleiben gleichsam „stumm". Diese Betriebe zogen ein eher bürgerliches Publikum an. Im Untersuchungsgebiet der vorliegenden Studie gibt es Betriebe, die mit einem entsprechendem Musikmix bis in die Gegenwart zahlreiche BesucherInnen (in der Regel über Dreißigjährige) anlocken.

Diskotheken im Schwarzwald und in den angrenzenden Räumen

Kapitel 4 und 5 dieser Arbeit zur ländlichen Diskothekenkultur sind empirisch angelegt. Ziel war es, den „Populären Ort" Diskothek – um nochmals die Formulierung von Stefan Krankenhagen aufzugreifen – im Hinblick auf die heuristisch zu verstehenden Begriffe „Räume", „Programme" und „Konflikte" zu untersuchen. Als Quellen diente Schrift- und Bildmaterial, das verschiedene Archive, (ehemalige) Diskothekenbetreiber und Discjockeys aus dem Untersuchungsgebiet zur Verfügung gestellt haben, sowie die bereits angesprochenen Interviews. Diese wurden zwischen Sommer 2017 und Frühjahr 2019 mit Betreibern, Diskjockeys, Ausstattern sowie BesucherInnen von ländlichen Diskotheken im Schwarzwald und in den angrenzenden Räumen durchgeführt. In Kapitel 5.1 werden die methodischen und analytischen Überlegungen zu diesen Gesprächen erläutert, wobei die mit biografischen Interviews verbundenen Sinn- und Identitätskonstruktionen positiv bewertet wurden. Die Subjektivität und die verschiedenen Darstellungs- und Erkenntnisinteressen beider (!) Gesprächspartner, also des Interviewten wie des Interviewers, stellen die Stärke der Methode dar, nicht eine Schwäche.

Das vierte Kapitel beginnt mit einer Beschreibung des Untersuchungsgebiets und einer Charakterisierung der Kulturlandschaft „Schwarzwald", danach wird das Augenmerk auf die Verbreitung von Diskotheken im Regierungsbezirk Freiburg gelegt. Drei Punkte sind hervorzuheben: Die Statistik zeigt erstens, dass die Zahl der Bars, Tanzlokale und Diskotheken im Zeitraum zwischen 1979 und 1993 gesunken ist. Auf das gesamte Bundesland Baden-Württemberg bezogen ging die Zahl der Lokale von 860 (im Jahr 1979) auf 777 (1993) zurück, im Regierungsbezirk Freiburg von 202 auf 195 Betriebe. Bei diesem Rückgang muss jedoch bedacht werden, dass die durchschnittliche Betriebsgröße eher zunahm, insbesondere durch die Etablierung von Großdiskotheken. Diese Entwicklung strahlte auch auf ländliche Regionen aus, so wurde 1985 das „Discoland" bei Rottweil mit 1.400 qm Fläche eröffnet. Die Zahl der Tanzbars und Diskotheken im Landkreis Breisgau-Hochschwarzwald blieb ziemlich konstant: 1979 waren 15 Betriebe nachgewiesen, 1993 gleichfalls 15 (allerdings waren es 1985 sogar 20), während im Stadtkreis Freiburg die Zahl der Lokale im gleichen Zeitraum auf ein Drittel schrumpfte. Diese Zahlen scheinen die These von Holger Schwetter zu bestätigen, die ländlichen Diskotheken hätten eine höhere Beharrungskraft gehabt als die städtischen.

In zwei ersten Schlaglichtern wurde sodann versucht, die Diskothekenkultur des Landkreises Breisgau-Hochschwarzwald zwischen den späten 1970er und mittleren 1980er Jahren vorzustellen. Aufgrund von Werbeanzeigen dreier ländlicher Betriebe konnten folgende Merkmale für das Jahr 1978 herausgearbeitet werden: Die Lokale zielten erstens auf ein altersgemischtes Publikum („Treffpunkt für Jung und Alt"), es gab zweitens einen Musikpluralismus bzw. Stilmix („Musik für jeden Geschmack") und drittens wurde mit einem bürgerlichen Ambiente geworben („gediegene, einladende Diskothek"). Subkulturelle Orientierungen finden sich keine, die Modernitäts- und Innovationsversprechen hielten sich damals in Grenzen. Insbesondere ist das Angebot von 1978 noch nicht auf ein „Spannungsschema" ausgerichtet, das der Soziologe Gerhard Schulze als zentral für die „Erlebnisgesellschaft" ansah. 1985 hatte sich – folgt man der in Freiburg erscheinenden „Badischen Zeitung" – die Diskothekenlandschaft im gleichen Landkreis bereits ausdifferenziert: Neben rustikalen und eher bürgerlichen Diskotheken gab es schon solche, in der „New-wave-Musik" gespielt wurde. Die Zeitung brachte die Breite des Angebots mit der Formel „von der ‚Neon-Disco' bis zum Standard-Tanz-Schuppen mit Damenwahl" auf den Punkt.

Räume

Im Hinblick auf die Ausgestaltung der Räume stand zunächst die Umwandlung von bestehenden Gasthäusern in Diskotheken im Fokus. Hierbei wurden im Untersuchungsgebiet oft die alten Namen der Betriebe weitergeführt, etwa bei der „Arche" in Waldkirch (Landkreis Emmendingen), beim „Engel" in Königsfeld-Neuhausen

(Schwarzwald-Baar-Kreis) oder beim „Waldpeter" in Schönwald (ebenfalls Schwarzwald-Baar-Kreis). Manchmal gaben die Betreiber neuerbauten Lokalen Namen, die urig wirkten oder eine Anbindung an die Landschaft suchten, etwa im Falle des „Heubodens" in Umkirch (Landkreis Breisgau-Hochschwarzwald), des „Blockhauses" in Haslach (Ortenaukreis) oder der „Schwarzwaldspitze" in Todtmoos (Landkreis Waldshut). Das Raumangebot und die funktionale Differenzierung dieser Räume sind kaum ein Spezifikum ländlicher Betriebe, allerdings dürfte der bevorzugte Rückgriff auf eine rustikale Ausstattung eine Reminiszenz an die Landschaft, hier den Schwarzwald, darstellen.

In der Vergangenheit wurde viel Holz verbaut, zuweilen wurde der Innenraum mit alten landwirtschaftlichen Geräten dekoriert, im Falle des „Heubodens" in Umkirch (Landkreis Breisgau-Hochschwarzwald) war die rustikale Ausstattung dabei ausgesprochen hochwertig. Der Zusammenhang zwischen einer bestimmten Optik und der Landschaft wurde allerdings nur im Falle der „Schwarzwaldspitze" (über die Homepage des Lokals im Jahr 2017) explizit gemacht. Im Gespräch machte ein lokaler Ausstatter (Kapitel 5) deutlich, dass das Design nicht primär das Ergebnis ästhetischer Überlegungen sei, sondern vielmehr funktionaler und ökonomischer Erwägungen: Die Ausstattung müsse optisch zum angestrebten Image des Lokals und zu seinem Zielpublikum passen. Bei der Gaststätte/Diskothek „Zum Engel" in Königsfeld-Neuhausen (Schwarzwald-Baar-Kreis) ist bemerkenswert, dass der „normale" Gasthausbetrieb parallel zur Diskothek weitergeführt wurde, im Saal fand jedoch nicht nur die Disco statt, sondern dort war weiterhin Platz für Familienfeiern oder Vereinsfeste, etwa anlässlich der Fastnacht oder an Weihnachten. Die Betriebsgrößen der meisten Diskotheken im Untersuchungsgebiet bewegten sich auf dem damaligen durchschnittlichen Niveau (350 bis 500 qm), allerdings gab es auch einige, die eher umgebaute Kneipen darstellten oder aber in Richtung Großdiskothek tendierten („Waldpeter"). Auf das 1985 in Rottweil eröffnete „Discoland" wurde bereits verwiesen.

Über die verwendete Ton- und Lichttechnik waren nur wenige verlässliche Informationen zu erhalten. Anfangs war die Ausstattung sehr bescheiden. Ein Gesprächspartner (Kapitel 5) meinte hierzu: Als die Wirte bemerkten, „dass diese Diskothekensache funktioniert, haben sie am Abend eine Diskothek reingestellt, also ich sage jetzt mal, ein paar Lichter". Mit einem Discjockey und ein paar Platten habe man schnell eine „Dorfdisco" gehabt. In der Frühzeit der Discokultur wurde viel gebastelt und im Eigenbau hergestellt, insbesondere von Akteuren, die einen technikaffinen Beruf ergriffen hatten. In den Interviews gaben zwei Personen – ein Betreiber und ein Ausstatter – an, dass sie eine Ausbildung im Elektronikbereich zum Discogewerbe geführt habe. Als Abspielgeräte griffen einige Lokale auf die Schallplattenspieler der Schwarzwälder Firma Dual zurück, andere auf Geräte der japanischen Firma Technics, die mit dem Modell „SL 1210" einen international weit verbreiteten Plattenspieler für den Gebrauch in Diskotheken auf den Markt gebracht hatte. Ein

Discjockey berichtete, er habe die Platten „nass" (mit Isopropanol) abgespielt. In den 1970er Jahren wurde die Musik allerdings nicht nur von Vinyl dargeboten, sondern man benutzte ebenso Kassetten und Tonbänder (additiv oder alternativ). Lichtorgeln, Gobo-Projektoren und Videoleinwände erweiterten das akustische Ausdrucksspektrum ins Visuelle.

Zur Ausdifferenzierung des Unterhaltungsangebots standen in Nebenräumen Flippergeräte, Billardtische oder Geldspielgeräte bereit. Ziel war es, die Besuchsdauer der Gäste zu erhöhen und verschiedene Konsummöglichkeiten zu schaffen – jenseits von Tanz und Musik. Der gastronomische Service diente dem gleichen Zweck, war aber sehr unterschiedlich ausgeprägt: Er reichte vom Getränkeangebot reiner Schankwirtschaften (ohne Speisen) über kleine Snacks bis hin zu einem voll ausgebauten Restaurantbetrieb, der – wie zwei Betreiber ausdrücklich betonten – früher eine große Rolle gespielt und zum Erlebnisangebot „Diskothek" dazugehört habe. Manche Lokale lockten im Sommer mit Außenbewirtschaftung Gäste an. Kommunikativ und ökonomisch seien allerdings die Barbereiche wichtig gewesen, wie die Betreiber in Kapitel 5 betonen.

Ein anderes Raumarrangement war naturgemäß bei den mobilen Diskotheken gegeben, die nicht ortsfest waren, sondern in einzelnen Gemeinden Säle und Hallen bespielten. Seit den 1980er Jahren war diese Veranstaltungs- und Organisationsform der Musik- und Tanzunterhaltung verbreitet, im Untersuchungsgebiet der vorliegenden Studie gab es zahlreiche Anbieter. Die Zusammenarbeit mit örtlichen Vereinen war üblich, manchmal auch ausdrücklich von den Gemeinden gefordert, so dass sich schon durch die Organisationsform eine enge Bindung zum jeweiligen Gastort ergab. Diese Veranstaltungen erlaubten eine Aufbesserung der Vereinskasse, weil der Getränkeausschank von den Vereinen besorgt wurde. Zuweilen wurden die mobilen Diskotheken von der Öffentlichkeit kritisch beäugt, zumeist wegen pragmatischer bzw. sicherheitstechnischer Bedenken: Aufgrund der hohen Nachfrage waren die bespielten Hallen oft überfüllt, es gab Schwierigkeiten bei der Erreichbarkeit, den zur Verfügung stehenden Parkplätzen, dem Brandschutz etc. Interessanterweise gab es auch bei den mobilen Diskotheken musikalisch eher rockorientierte (etwa: „Cleopha 87", Friesenheim, Ortenaukreis) und eher poporientierte (etwa: „Number One", Müllheim, Landkreis Breisgau-Hochschwarzwald), um die Unterscheidung von Holger Schwetter aufzugreifen. Die Betreiber selbst (Kapitel 5) sahen in ihren mobilen Diskotheken ein Angebot für junge Leute vom Land, „die nicht einfach so die Möglichkeit hatten, nach Freiburg in eine große Disco zu gehen" – aus welchen Gründen auch immer.

Programme

Die Programme der ländlichen Diskotheken in Südwestdeutschland umfassten ein breites Spektrum. Durch Audiomedien abgespielte Musik mit Tanz bildete dabei nur ein Segment, wenn auch das wichtigste und das die Betriebsform „Diskothek" konstituierende. Konkrete Quellen zur gespielten Musik, so wurde in Kapitel 4.4 angemerkt, haben sich nicht erhalten, allenfalls – zum Teil umfangreiche – Tonträgerbestände einzelner Betriebe, die einer eigenen Auswertung bedürften. Manche Diskotheken rechneten die Platten zu ihrem Betriebskapital, die Medien wurden einerseits in (nur in Städten vorhandenen) Fachgeschäften gekauft, andererseits in bestimmten Drogeriemärkten, die in den 1980er und 1990er Jahren auch Tonträger im Angebot hatten. Sowohl die ehemaligen Betreiber und Diskjockeys wie auch die BesucherInnen erinnerten sich entweder an einzelne, beispielhaft genannte Musiktitel und Interpreten oder nannten lediglich Genrebezeichnungen. Dabei gab es (was wiederum die These von Schwetter zur Unterscheidung von Rock- und Popdiskotheken unterstützt) auch im Hinblick auf die ländlichen Betriebe ein Gespür dafür, welche Musikrichtungen bevorzugt gespielt wurden: In den Interviews unterschieden die GesprächspartnerInnen deutlich zwischen „Mainstream", „Disco" sowie „Charthits" auf der einen und „Rock", „alternativer" und „progressiver" Musik auf der anderen Seite. Ein Interviewpartner meinte sogar, ein Betrieb, in dem nur Rockmusik laufe (gemeint war die „Arche" in Waldkirch, Landkreis Emmendingen), sei gar keine Diskothek im eigentlichen Sinne, sondern eher ein „Rockschuppen oder so ähnlich". Ganz anders drückte es allerdings ein von Mezger befragter Besucher im Jahr 1980 aus: „‚Disco ist nur dann wahre Disco‘, sagt er, ‚wenn keine Discomusik gespielt wird.'"

Neben der medial erklingenden Musik dienten Livemusikangebote zur Angebotsdifferenzierung. Im Untersuchungszeitraum und -gebiet führten zwar nicht alle Betriebe Konzerte durch, aber in einigen spielten sie eine wesentliche Rolle für die Programmgestaltung. Wie die Interviewpartner mitteilten, gab es unterschiedliche Angebots- und Nachfragedynamiken; tendenziell wurde allerdings die Konzerttätigkeit im Laufe der Zeit zurückgefahren, nicht zuletzt aus ökonomischen und logistischen Gründen (Organisation und Finanzierung der Auftritte). Zur Durchführung solcher Events griffen die Betreiber auf KünstlerInnen zurück, die regional verankert waren (etwa Nachwuchsbands), oder auf solche, die medial bereits einige Bekanntheit genossen, aber noch vor dem Durchbruch standen. Zuweilen gab es eine Zusammenarbeit mit der Musikindustrie, die solche Auftritte vermittelte. „Stars" im eigentlichen Sinn konnten die ländlichen Lokale schon aus Kostengründen nicht engagieren. Die Auswahl der Interpreten zeigt die Vielfalt der Musik auf: Schlagerkünstler wie Jürgen Drews wurden ebenso genannt wie die „Spider Murphy Gang", die Band „Karat" oder Nena für die 1980er Jahre. Das „Waldpeter" (Schönwald, Schwarzwald-Baar-Kreis) verpflichtete zudem verschiedene Bands aus den Bereichen Folk, Blues, Country und Rock, in der „Arche" (Waldkirch, Landkreis

Emmendingen) dominierte bei den Live-Acts ebenfalls Rock, ergänzt durch die Genres Metal, Jazz und Punk.

Die Diskotheken des Untersuchungsgebiets boten neben den musikalischen Darbietungen auch nichtmusikalische Programme an, einerseits verschiedene Showformate, andererseits Wettbewerbe und Spiele. Auch hier ist die Bandbreite bemerkenswert: Kabarett, Hypnose-Shows, Frauen-Catchen, Quiz-Veranstaltungen, Breakdance-Wettbewerbe, aber auch humoristische Einlagen wie „Knödelwettessen" oder „Wettjodeln" fanden Zuspruch. Insgesamt lässt sich festhalten, dass die Diskotheken im ländlichen Raum versuchten, durch eine Differenzierung des Angebots nach Veranstaltungsform (Tonträgermusik, Livekonzerte, Shows, Spiele) und den gebotenen Inhalten (etwa verschiedene Musikgenres) unterschiedliche Gästegruppen an sich zu binden, auch was das Alter der BesucherInnen betraf. Feste Unterhaltungsangebote (Billard, Spielautomaten etc.) und die Gastronomie (inkl. Außenbewirtschaftung) erhöhten die Attraktivität des Lokals auch für solche Menschen, die sich weniger für Musik und Tanz als für Geselligkeit und Kommunikation interessierten oder Entspannung suchten. Möglicherweise stellt diese Vielfalt ein Charakteristikum ländlicher Betriebe dar, die möglichst viele Interessen abdecken wollten und auch mussten, um wirtschaftlich erfolgreich zu sein.

Konflikte

Dass der Betrieb von Gaststätten im Allgemeinen und der Betrieb von Diskotheken im Besonderen Konflikte auslösen kann, überrascht nicht: Überall dort, wo Geselligkeit, Unterhaltung und Musik gepflegt werden, gibt es spezifische Problemkonstellationen. In den Gewerbeakten wie in den Presseberichten wurden folgende Konflikte immer wieder angesprochen: (1) nächtliche Ruhestörung, (2) Alkohol- und Drogenkonsum sowie (3) dadurch verursachte Verkehrsunfälle. In Abschnitt 4.5 wurde eigens darauf hingewiesen, dass die diesbezüglichen Quellen selbstverständlich keine bloßen Fakten, sondern Diskurse abbilden: Wirte, Anwohner, Ordnungsbehörden und Zeitungen schildern die Problemlage standort- und interessengebunden. In den Interviews im fünften Kapitel wurde am Rande auf Gewaltdelikte und Vandalismus eingegangen und dabei auf ein Stadt-Land-Gefälle aufmerksam gemacht: Zwar sei Security auch bei Betrieben im ländlichen Raum Standard gewesen, aber im Gegensatz zu einem urbanen Umfeld seien kriminelle Handlungen seltener vorgekommen. Anlass für Rangeleien waren Gruppenkonflikte zwischen Cliquen, aber auch „männliches Alpha-Verhalten", wie es ein Gesprächspartner formulierte. Für das Problem der nächtlichen Ruhestörung wurde detailliert auf zwei Beispiele in Freudenstadt (Landkreis Freudenstadt) und in Kirchzarten (Landkreis Breisgau-Hochschwarzwald) eingegangen. Hier konnte gezeigt werden, wie über die eigentliche Lärmbelästigung hinaus kulturelle Konflikte zwischen der (Groß-)Elterngeneration und den Jugendlichen ausgetragen wurden. Theoretisch sind solche Auseinandersetzungen nach Joachim Malchau als „strukturelle Interessenskonflikte" zu deuten. Seiner Ansicht nach geht es konkret um „Raumaneignungskonflikte", ausgetragen zwischen den BesucherInnen einer Diskothek und den Anwohnern. Ein weiterer, allerdings weitaus weniger scharfer Konflikt stellt das von den Behörden zu kontrollierende Tanzverbot an Feiertagen dar. Hier wurde dargelegt, dass im Laufe der Zeit die Akzeptanz der gesetzlichen Vorschriften abnahm: In den 1990er Jahren stieß das (ursprünglich religiös motivierte) Verbot in ländlichen Gegenden auf wenig Verständnis, es galt als „überholt und unrealistisch", wie ein Wirt aus Haslach (Ortenaukreis) an das zuständige Landratsamt schrieb.

In einigen Betrieben des Untersuchungsgebietes stellte der Handel mit bzw. der Konsum von Drogen ein gravierendes Problem dar. Einige Diskotheken, wie die „Arche" in Waldkirch (Landkreis Emmendingen), hatten diesbezüglich einen einschlägigen Ruf und wurden von der Polizei verschärft kontrolliert, manche Betriebe waren für „freie Liebe und Drogen" bekannt, wie es ein Gesprächspartner (Kapitel 5) formulierte. Der Betreiber des „Waldpeter" (Schönwald, Landkreis Baar-Hochschwarzwald) wies darauf hin, dass mit einer bestimmten Musikrichtung (Techno) eine bestimmte drogenaffine Szene angezogen worden sei. Auch die regionalen Behörden und einzelne Kulturwissenschaftler sahen in der Vergangenheit einen Zusammenhang zwischen bestimmten Musikstilen bzw. einzelnen Interpreten und dem vermehrten Konsum von Drogen; die „Arche" versprach sogar, Musikstücke, „die bekanntermaßen als stimulierend für Drogenkonsumenten gelten", nicht mehr zu spielen. Allerdings berichtete eine Zeitzeugin (Kapitel 5), dass in dieser Diskothek mit dem Titel „Polizisten" der Neue-Deutsche-Welle-Band „Extrabreit" vor Razzien gewarnt wurde. Der Konsum von bzw. der Handel mit Rauschmitteln war für die Lokale existenzbedrohend, weil die Behörden die polizeiliche Überwachung des Betriebs anordnen und nötigenfalls die Schließung erzwingen konnten. Schon aus diesem Grund wurden einige Betreiber selbst aktiv und versuchten, das Drogenproblem in ihrem Lokal eigenständig zu lösen (mit Handzetteln, Durchsagen, persönlichem Eingreifen). Im Untersuchungsgebiet war die Polizei aufklärerisch aktiv und veranstaltete sogar eigene Anti-Drogen-Discos, beispielsweise 1995 in Breisach (Landkreis Breisgau-Hochschwarzwald). Ziel war es, Jugendliche über die Gefahren zu informieren und vom Drogenkonsum abzuhalten. Experten bezweifelten allerdings, ob solche gutgemeinten Aktionen sinnvoll waren. Wichtig für die Einordnung der zeitgenössischen Drogendiskurse ist die Tatsache, dass seit den 1970er Jahren der Konsum illegaler Drogen als gesellschaftliches Problem erkannt wurde und vor allem mit polizeilichen Mitteln bekämpft werden sollte. Allerdings konsumierten nur eine Minderzahl der Jugendlichen (harte) Drogen, während der Konsum von Haschisch auch in ländlichen Discos verbreitet war, wie ehemalige Akteure (Kapitel 5) berichteten.

Eine weitere gaststättenspezifische Problematik stellte der Umgang mit ausländischen Gästen dar. In der Literatur wurde die Diskriminierung von „Gastarbeitern" schon Anfang der 1980er Jahre thematisiert. Für das Untersuchungsgebiet der vorliegenden Arbeit wurde ein Fall aus Haslach (Ortenaukreis) berücksichtigt. Die Zurückweisung eines jungen Spaniers führte zu einer öffentlichen Kontroverse, bei der die Betreiber den Vorwurf der Diskriminierung nicht überzeugend entkräften konnten. Auch in Emmendingen (Landkreis Emmendingen) seien 1984 „dunkelhäutige Ausländer" abgewiesen worden, wie die dortige Stadtverwaltung missbilligend schrieb. Die Stadt wies den Wirt auf das Verbot der „Rassendiskriminierung" hin, wieder berichteten die Medien, in diesem Fall nicht nur die lokale „Badische Zeitung", sondern ebenso der Südwestfunk.

Im vierten Kapitel wurde zuletzt auf Discounfälle eingegangen. Ländliche Diskotheken waren von dem Problem noch mehr betroffen als städtische, weil die Anfahrtswege weiter waren und viele Jugendliche gemeinsam in einen Wagen stiegen, manchmal verunglückten ganze Cliquen. Laut einer Studie der Bundesanstalt für Straßenwesen ereigneten sich 76% der Schadensereignisse in ländlichen Gegenden. Die mediale Aufmerksamkeit war auch hier groß – zumal viele der jungen Menschen bei den Unfällen ums Leben kamen. Zeitungen und Rundfunk bemühten sich um Aufklärung, 1989 lief im Südwestfunk eine einstündige Sendung mit dem Titel „Der Disco-Unfall. Gedanken über Mobilität und Medien", welche auch die Ausstattung der Pkw mit leistungsfähigen Stereoanlagen thematisierte. Ähnlich wie bei den Präventivmaßnahmen zur Verhinderung von Drogenkonsum versuchte auch hier die Polizei, beispielsweise in der Ortenau, die jungen FahrerInnen durch Aktionen an Schulen sowie vor Diskotheken zu warnen. Eine andere Maßnahme, die Organisation von Discobussen (und damit der Ausbau des öffentlichen Nahverkehrs), scheiterte jedoch an der Akzeptanz der Jugendlichen. Anhand eines regionalen Beispiels aus dem Schwarzwald-Baar-Kreis konnte gezeigt werden, dass das Angebot einer Gemeinde, die BesucherInnen sicher in die Diskothek „Waldpeter" (Schönwald) und wieder zurück zu bringen, nach kurzer Zeit eingestellt werden musste: Im gesamten Jahr 1992 stiegen lediglich 360 Personen in den bereitgestellten Discobus ein. Die wohlmeinenden Organisatoren schätzten die symbolische Ebene falsch ein, für die jungen Menschen stand die Fahrt mit dem Bus ihrem Drang nach Autonomie und Individualität entgegen. Bemerkenswert ist, dass manche Lokale die Unfallproblematik nutzten, um Sperrzeitverkürzungen durchzusetzen. Man warb gegenüber den Behörden mit dem eigenen, lokal verfügbaren Angebot, das lange Fahrten in andere Gemeinden oder Städte unnötig mache – wenn nur die Öffnungszeiten der Disco attraktiv genug seien. Eine ganz andere Form der „Discobusse" organisierte beispielsweise die „Schwarzwaldspitze" in Todtmoos (Landkreis Waldshut): Dort gab und gibt es eine Zusammenarbeit mit den dortigen Kureinrichtungen, die Busse bringen die Gäste sicher zum Tanzlokal und wieder zurück.

Ländliche Diskotheken in der Erinnerungskultur

Das sechste Kapitel wendet sich der Erinnerungskultur zu: Ländliche Diskotheken der 1970er bis 1990er Jahre leben in der individuellen Erinnerung und im kollektiven Gedächtnis weiter, werden durch das Internet medialisiert oder durch Revivalpartys performativ aktualisiert. Dies zeigt ihre Bedeutung für die zwischenzeitlich erwachsen gewordenen Menschen auf: Schon die Interviews mit ehemaligen BesucherInnen und anderen Akteuren (Kapitel 5) zeigen deutlich, dass die Discokultur ein wichtiger Teil der eigenen Biographie darstellt und damit Teil der Identität ist. In der Forschung wurde bereits eine besonders enge Bindung der Menschen zu ländlichen Betrieben vermutet, vielleicht auch, weil dort eher der Konnex zu „Heimat" und „Familie" gegeben war und sich die jungen Menschen in strukturschwachen Gegenden stärker mit „ihrer" Diskothek identifizieren konnten.

Holger Schwetter hat darauf hingewiesen, dass in ganz Deutschland eine Vielzahl von Gruppen ihre Erinnerungen zu einzelnen Diskotheken auf Social-Media-Plattformen teilen. Schwetter bezieht sich speziell auf den Typus der „Rockdiskothek", aber auch andere Betriebe können durch medial geteilte Erinnerungen im kollektiven Gedächtnis präsent bleiben. Die NutzerInnen von Facebook laden auf den entsprechenden Seiten Fotos hoch, verweisen auf Interpreten und Musiktitel oder schreiben über ihre Gefühle. Manche Seiten nehmen aufgrund der Breite des Materials geradezu museale Dimensionen an. Durch die technischen Möglichkeiten des Internets im Allgemeinen wie den Social-Media-Plattformen im Besonderen (neben Facebook vor allem YouTube) entstehen neuartige Diskurse und „interpersonale Aushandlungsprozesse bei der Verfertigung gesellschaftlichen geteilten Wissens", wie Hannes Burkhardt schreibt. Kommentare, Verlinkungen, „Freundschaftsanfragen" (Facebook), „Playlists" (YouTube), die Möglichkeiten „Gefällt mir"- oder „Mag ich"-Symbole zu setzen, eröffnen ein medienspezifisches Informationsmanagement – neben dem Identitäts- und Beziehungsmanagement nach Burkhardt eine der zentralen Funktionalitäten von Social-Media-Anwendungen.

Im Untersuchungsgebiet der vorliegenden Arbeit gibt es verschiedene Diskotheken, deren Erinnerung durch Social Media gepflegt wird, etwa durch die geschlossene Facebook-Gruppe „Waldpeter Team & Friends", die öffentliche Gruppe „In Memory of Arche Waldkirch", die geschlossene Gruppe „Arche Waldkirch" oder die Seite „Seebachklause Titisee-Neustadt (remember)". Es gibt auch Facebook-Seiten von Privatpersonen, die mit den ehemaligen Lokalen in Verbindung stehen, etwa von Discjockeys. Dass es diese Seiten überhaupt gibt, ist bemerkenswert, liegt doch die Schließung der einzelnen Betriebe viele Jahre oder gar Jahrzehnte zurück. Wie die Kommentare zeigen, werden die Jugenderlebnisse in der öffentlichen Erinnerung verklärt oder zumindest nostalgisiert: Die Erwachsenen erinnern sich gerne und mit Wehmut an die Betriebe und die damit verbundenen Erfahrungen. Oft wird in den Kommentaren Dankbarkeit zum Ausdruck gebracht, negative Aspekte fehlen. Forscherisch sind die hochgeladenen Bildzeugnisse interessant, darunter historische Innen- und Außenansichten von einzelnen Lokalen, Memorabilia oder auch Personen. Im Falle der „Arche" (Waldkirch, Landkreis Emmendingen) gibt es zusätzlich auf der Videoplattform YouTube zwei Playlists von Musiktiteln, die in der „Arche" gelaufen sein sollen. Die meisten Songs stammen dabei von den folgenden Interpreten/Bands: The Cure, Frank Zappa, Bryan Adams, Queen, U2 sowie Pink Floyd. Die Playlists dokumentieren, dass die „Arche" ihrem Anspruch, eine „Rockdiskothek" sein zu wollen, offenbar gerecht wurde.

Während die Social-Media-Plattformen im Internet einen medialen Gedächtnisspeicher darstellen, wird durch Revivalpartys die Erinnerung aktualisiert: Durch den performativen Charakter lebt die alte Disco wieder auf – gleichfalls im Modus der Nostalgie. Die Partys sind keine Wiederholung früherer Ereignisse, sondern wollen eine positiv gestimmte Verbindung zu früheren Erlebnissen herstellen. Dies gilt für die Musik genauso wie für die eventuell anwesenden ehemaligen Discjockeys oder frühere Gäste. Veranstalter von Revivalpartys bemühen sich ferner, durch Dekorationen, typische Getränke, Licht- und Toneffekte Erinnerungsanker zu setzen. Beispielhaft wurde auf zwei Partys eingegangen, welche das „Waldpeter" (Schönwald, Schwarzwald-Baar-Kreis) bzw. die „Bärenklause" (St. Georgen, Schwarzwald-Baar-Kreis) wiederaufleben ließen. Die „Ex-Arche-Partys" in Waldkirch (Landkreis Emmendingen) unterscheiden sich von den zuvor genannten, weil diese keine singulären Ereignisse darstellen, sondern in einen institutionellen Rahmen eingefügt sind. Dazu gehörten ein fester Ort und ein wiederkehrendes Datum. Diese Partys waren so erfolgreich, dass sogar eine Konkurrenzveranstaltung entstand: Erinnerungskultur, so wurde am Schluss des sechsten Kapitels festgestellt, stellt stets auch einen Kampf um die Deutungshoheit dar und ist zudem von wirtschaftlichen Überlegungen abhängig.

Offen bleiben muss, ob die in der Zusammenfassung genannten Punkte Spezifika von ländlichen Diskotheken des Untersuchungsgebiets sind – und inwiefern sich diese Lokale von städtischen oder von ländlichen in anderen geografischen Räumen unterscheiden. Anhand weiterer, vergleichender Untersuchungen müssten die hier zusammengetragenen Ergebnisse verifiziert, modifiziert oder falsifiziert werden. Wie in der Einleitung angedeutet, versteht sich die vorliegende Studie als ein Ausgangspunkt zur Untersuchung des kulturellen Mainstreams im Allgemeinen und ländlicher Diskotheken im Besonderen, nicht als deren Schlusspunkt.

Bibliographie

Amelung, Bernhard; Hofmann, Markus; Kech, Florian; Weigend, David: Feierabend. Das Nachtleben ist vergänglich. In: Badische Zeitung, Freitag, 21. Juli 2017, Beilage „Wir sind Baden", 28f.

Antrecht, Rolf: Tanz mit der Modemasche – Aufstieg oder Schwachsinn? In: Handelsblatt, Donnerstag, 15. Februar 1979.

Auer, Gerhard A.; Hurth, Hanno: Kinder, Kinder. Kindheit und Jugend in den Sechziger Jahren. Jahrbuch des Landkreises Emmendingen für Kultur und Geschichte 22/2008. Emmendingen 2007.

Baacke, Dieter: Beat – die sprachlose Opposition. München 1968.

Baumbusch, Kirsten: Alkohol und Randale, oder Pop und Rock für die Massen? Sind die Hallen-Discos besser als ihr Ruf? In: Badische Zeitung (Lahrer Anzeiger), 13./14. August 1988 (Redaktionsarchiv der Badischen Zeitung).

Bausinger, Hermann: Dorfkultur und Dorfkulturen. In: Pro Regio 3 (1991), Heft 8, 9–15.

Bauwelt 77 (1986), Heft 29 vom 1. August, Themenheft: Dance, dance, dance …

Brauers, Jan: Von der Äolsharfe zum Digitalspieler. 2000 Jahre mechanische Musik. 100 Jahre Schallplatte. München 1984.

Brennicke, Helmut: Der Weg zur Diskothek. Das Schallplattenbuch für den Musikfreund. Stuttgart und Zürich 1959.

Brunner-Schwer, Hermann; Zudeick, Peter: Saba. Bilanz einer Aufgabe. Vom Aufstieg und Niedergang eines Familienunternehmens. Baden-Baden 1990.

Bücken, Eckart: Diskothek – Mediathek in der Praxis. Ein Werkbuch für die Jugendarbeit. Vorwort von Günter Hegele. Wuppertal 1977.

Bundesanstalt für Straßenwesen Bereich Unfallforschung (Hg.): Disco-Unfälle. Fakten und Lösungsstrategien. Teil 1: Analyse nächtlicher Freizeitunfälle junger Fahrer (Disco-Unfälle). Teil 2: Nächtliche Freizeitmobilität unter besonderer Berücksichtigung von Discothekenbesuchen – sozialwissenschaftliche Analysen und verkehrstechnische Lösungen. Berichte zu den Forschungsprojekten 8734 und 8734/2. Bergisch Gladbach 1989.

Burkhardt, Hannes: Geschichte im Social Web. Geschichtsnarrative und Erinnerungskultur auf Facebook und Twitter mit dem kulturwissenschaftlichen Medienbegriff „Medium des kollektiven Gedächtnisses" analysieren. In: Christoph Pallaske (Hg): Medien machen Geschichte. Neue Anforderungen an den geschichtsdidaktischen Medienbegriff im digitalen Wandel. Berlin 2015, 99–114. Online: http://kups.ub.uni-koeln.de/6662/ [11.10.2017)].

Busche-Sievers, Ute: Kneipen, Pubs und Restaurants. München 1973.

DGV Informationen. Mitteilungen der Deutschen Gesellschaft für Volkskunde. 2. Quartal 2018, F. 127, Heft 2.

Disco: Narziß im Laser-Licht. Der Spiegel 42/1978, 222–233.

Diskothek. Irre laut. In: Der Spiegel 16/1965, 150f.

Dresing, Thorsten; Pehl, Thorsten: Praxisbuch Interview, Transkription & Analyse. Anleitungen und Regelsysteme für qualitativ Forschende. Marburg ^{8}2018. Online: https://www.audiotranskription.de/downloads [15.03.2019].

Duden Fremdwörterbuch (= Der Große Duden Band 5). Mannheim ^{2}1966, ^{3}1974.

Elmenhorst, Gernot W.; Bebenburg, Walter von: Die Jazz-Diskothek. Reinbek bei Hamburg 1961.

[Erster] 1. Deutscher Discoführer. Ausgabe Baden-Württemberg 1990. Verzeichnis von rund 300 Diskotheken und Tanzlokalen. Reutlingen 1990.

Fischer, Michael: Rustikal abtanzen. Diskothekenkultur im Schwarzwald in den 1970er bis 1990er Jahren. In: Popzeitschrift, hg. von Thomas Hecken und Annkathrin Kohout. Online abrufbar unter: www.pop-zeitschrift.de/2018/03/16/rustikal-abtanzendiskothekenkultur-im-schwarzwald-in-den-1970er-bis-1990er-jahrenvon-michael-fischer16-03-2018/ [29.08.2019].

Fleischmann, Katharina: Wir Disco-Kinder. München 1980.

Flemming, Beate: Hektisches Hormonehüpfen. Nur zum Tanzen in die Disco? Von wegen! Die Hauptsache ist das Flirten. In: Badische Zeitung, 14. Juni 1996 (Redaktionsarchiv der Badischen Zeitung).

Frahm, Eckart: Dorfdisco. Schwof bei 1000 Watt. In: Illustrierte Wochenzeitung (32/1979), 3–7 u. 15.

Franz, Hartmut; Hennes, Georg; Kapteina, Hartmut; Schürmann, Martin; Schumann, Michael: „Wie hinterm Preßlufthammer nur unheimlich schöner." Discokultur in Jugendhäusern. Bensheim 1980.

Fröhler, Ludwig; Kormann, Joachim: Kommentar zur Gewerbeordnung. Heidelberg 1978.

Geisthövel, Alexa: Anpassung. Disco und Jugendbeobachtung in Westdeutschland, 1975–1981. In: Pascal Eitler; Jens Elberfeld (Hg.): Zeitgeschichte des Selbst. Therapeutisierung – Politisierung – Emotionalisierung. Bielefeld 2015, 239–260.

Hansberger, Joachim: Der Diskjockey. In: Siegmund Helms (Hg.): Schlager in Deutschland. Beiträge zur Analyse der Popularmusik und des Musikmarktes. Wiesbaden 1972, 277–294.

Heister, Hanns-Werner: Die Musikbox. Studie zur Ökonomie, Sozialpsychologie und Ästhetik eines musikalischen Massenmediums. In: Jürgen Albert u.a. (Hg.): Segmente der Unterhaltungsindustrie. Frankfurt 1974, 11–65.

Hermann, Franz: Regensburger Beat- und Popkultur. Geschichte, Bands und Tanzlokale der 60er und 70er Jahre in Regensburg und Umgebung. Regenstauf 2014.

Huth, Silvia: Wie der Schwarzwald erfunden wurde. Tübingen ²2013.

Institut für kirchliche Sozialforschung: Diskothekenbesuch von Jugendlichen. Wien 1982.

Irmer, Gotho von: Jugend, Popmusik und Rauschgift. Lilienthal/Bremen 1972.

Janke, Klaus; Niehues, Stefan: Saturday Night Fever. Discoführer Deutschland. Mit 240 Top-Adressen. München 1999.

Jeske, Dietrich: Beat, Hawaii Toast, Kuba-Krise. Episoden einer Schwarzwald-Jugend. Ohne Ort [Eigenverlag] 2014.

Jost, Christofer: Musikalischer Mainstream. Aufgaben, Konzepte und Methoden zu seiner Erforschung. In: Pop. Kultur und Kritik (Frühling 2016), Heft 8, 152–172.

Kahlert, Helmut: 300 Jahre Schwarzwälder Uhrenindustrie. Gernsbach 1986.

Keller, Harald; Wolf, Reiner: The beat goes on. Der Sound. Der Style. Ausstellungskatalog. Museum Industriekultur Osnabrück, Tuchmacher Museum Bramsche. Oldenburg 2013.

Korff, Gottfried: Die Popularisierung des Musealen und die Musealisierung des Populären. In: Gottfried Fliedl (Hg.): Museum als soziales Gedächtnis. Kritische Beiträge zur Museumswissenschaft und Museumspädagogik. Klagenfurt 1988, 9–23.

Kotschenreuther, Norbert: Dual und PE. Schwarzwälder Präzision von Weltruf. Aufstieg und Niedergang der St. Georgener Phonoindustrie. [Selbstverlag] Passau ⁴2012.

Krankenhagen, Stefan: Zum Beispiel Hildesheim. Über Populäre Orte. In: Mittelweg 36 (4–5/2016), 179–197.

Kreuzer, Arthur: Jugend – Rauschdrogen – Kriminalität. Wiesbaden 1978.

Kries, Mateo; Eisenbrand, Jochen; Rossi, Catharine: Night Fever. Design und Clubkultur 1960 – heute. [Ausstellung] Vitra Design Museum; ADAM Brussels Design Museum. Weil am Rhein 2018.

Kroboth, Stefan: Der Schutz stiller Feiertage. Göttingen 2015.

Landesinstitut für Erziehung und Unterricht (Hg.): X XTC Ecstasy. Modedroge, Partydroge, dance drug. Ecstasykonsum … und was Schule, Jugendarbeit und Sport dagegen tun können. Eine Handreichung für Multiplikatorinnen und Multiplikatoren. Stuttgart 1997.

Lasch, Stefan; Meißner, Ralph: In Sachen Disko. Diskothek-Technik. Leipzig 1974.

Leser, Irene; Mey, Günter: „Man muss der Jugend etwas beaten!" Jugendkulturen in der ländlichen Region [Tagungsbericht]. In: Diskurs Kindheits- und Jugendforschung. Leverkusen (2017), Heft 1, 95–101.

Liebl, Franz; Nicolai, Claudia: Posttraditionale Gemeinschaften in ländlichen Gebieten. In: Ronald Hitzler u.a.: Posttraditionale Gemeinschaften. Theoretische und ethnografische Erkundungen. Wiesbaden 2008, 251–269.

Link, Martin; Löffler, Wolfgang; Ortmann, Friedrich; Stein, Gebhard: Jugend auf dem Lande. Über die Entwicklung von Lebenssituation und Bewußtsein Jugendlicher in einem industrialisierten Landgebiet. Frankfurt 1983.

Mahlerwein, Gunter: Aufbruch im Dorf. Strukturwandel im ländlichen Raum. Baden-Württemberg nach 1950. Stuttgart 2007.

Mahlerwein, Gunter: Zwischen ländlicher Tradition und städtischer Jugendkultur? Musikalische Praxis in Dörfern. In: Franz Werner Kersting; Clemens Zimmermann (Hg.): Stadt-Land-Beziehungen im 20. Jahrhundert. Paderborn 2015, 113–136.

Mahlerwein, Gunter; Neu, Claudia: Zeitschrift für Agrargeschichte und Agrarsoziologie 64 (2016), Heft 1: „Musik und ländliche Gesellschaft".

Maier, Hugo: Discjockey. Frankfurt 1979.

Malchau, Joachim: Discoflash im Ambiente von Drogen, Gewalt + Banane. Weinheim 1991.

Maus, Michael: Discothekenmanagement. Die Kunst Kontakte zu verkaufen. Mannheim 1988.

Menze, Uwe: Beat in Baden. Eine Zeitreise der besonderen Art. Raststatt 2014.

Mezger, Werner: Diskokultur. Die jugendliche Superszene. Heidelberg 1980.

Michel, Elmar; Kienzle, Werner: Das Gaststättengesetz. Kommentar. Köln ^{8}1982; ^{10}1990.

Mörtel, Georg: Gaststättengesetz. Kommentar. München ^{3}1973.

Mörtel, Georg; Metzner, Richard: Gaststättengesetz. Kommentar. ⁴1988.

Mühlenhöver, Georg: Phänomen Disco. Geschichte der Clubkultur und der Popularmusik. Köln-Rheinkassel 1999.

Müller, C. Wolfgang; Nimmermann, Peter: In Jugendclubs und Tanzlokalen. München 1968.

Müller-Schöll, Nikolaus: Diskotheken im Landkreis. Zwischen Tanzstunden-Atmosphäre und „Night fever". Badische Zeitung, Donnerstag, 29. August 1985 (Redaktionsarchiv der Badischen Zeitung).

Münch, Thomas: Pop – Fit. Musikdramaturgie in Servicewellen. Eine Fallstudie. Pfaffenweiler 1991.

Nathaus, Klaus: „Moderne Tanzmusik" für die Mitte der Gesellschaft. Diskotheken und Diskjockeys in Westdeutschland 1970–1978. In: Bodo Mrozek; Alexa Geisthövel; Jürgen Danyel (Hg.): Popgeschichte. Band 2: Zeithistorische Fallstudien 1958–1988. Bielefeld 2014, 155–176.

Neißer, Horst; Mezger, Werner; Verdin, Günter: Jugend in Trance? Diskotheken in Deutschland. Heidelberg ²1981.

Neumeyer, Jürgen; Schmidt-Semisch, Henning (Hg.): Ecstasy – Design für die Seele? Freiburg 1997.

Obertreis, Julia (Hg.): Oral History. Basistexte Geschichte 8. Stuttgart 2012.

Pausch, Rolf: Diskotheken. Kommunikationsstrukturen als Widerspiegelung gesellschaftlicher Verhältnisse. In: Jürgen Albert u.a.: Segmente der Unterhaltungsindustrie. Frankfurt 1974, 177–214.

Pfister, René: Freizeitvergnügen auf dem Lande: Die Mobildisco. Stinknormal abtanzen. In: Badische Zeitung, 7. Juli 1999 (Redaktionsarchiv der Badischen Zeitung).

Poschardt, Ulf: DJ Culture. Diskjockeys und Popkultur. Stuttgart 2015.

Quirini, Klaus: Die Geschichte der Discotheken. Der Disc-Jockey. Aachen ¹²2015.

Raschke, Ulrich: Frust und Maskerade satt. Das Zeitphänomen Diskothek. In: Zeit und Bild. Frankfurter Rundschau am Wochenende. Samstag, 10. Juli 1982, Nr. 28.

Rechenberg, Wolf von: HiFi-Klassiker: Technics SL 1210. Online: http://www.wolffvonrechenberg.de/hifi/2010-01-23/hifi-klassiker-technics-sl-1210/ [22.03.2018].

Richter, Ilja; Martenstein, Harald: Spot aus! Licht an! Meine Story. Hamburg 1999.

Ries, Barbara: Bebende Mehrzweckhallen. Mobildiscos leisten Jugendarbeit auf dem Land. In: Badische Zeitung, 21. Juni 1996 (Redaktionsarchiv der Badischen Zeitung).

Schilling, Johannes: Disko im Jugendhaus. Begründung und Praxishilfen in der Jugendarbeit. Weinheim 1986.

Schlink, M. Basilea: Rockmusik – woher, wohin? Darmstadt-Eberstadt 1989.

Schmerenbeck, Peter (Hg.): Break on through to the other side. Tanzschuppen, Musikclubs und Diskotheken im Weser-Ems-Gebiet in den 1960er, 70er und 80er Jahren. Oldenburg 2008.

Schmitz, Martin: Gleichzeitigkeiten: Discothek und Bar-Disco. In: Werk, Bauen + Wohnen 75 (1988), Heft 10, 60ff.

Schulze, Gerhard: Die Erlebnisgesellschaft. Kultursoziologie der Gegenwart. Frankfurt ²2005.

Schulze, Horst Ernst: Freizeitstile Jugendlicher. Bonn 1985.

Schwarck, Cornelia: Der typisch ländliche Kreis? In: Statistisches Monatsheft Baden-Württemberg (2/2012), 43–47. Online: https://www.statistik-bw.de/Service/Veroeff/Monatshefte/PDF/Beitrag12_02_09.pdf [04.03.2019].

Schwarze, Michael: Discofieber. In: Der Sprachdienst 25 (1981), Heft 1, 5–8.

Schweickert, Alexander (Hg.): Südbaden. Schriften zur politischen Landeskunde Baden-Württemberg 19. Stuttgart 1992.

Schwetter, Holger: Jeder für sich, aber gemeinsam. Musik-Erleben in der Rockdiskothek. In: Dietmar Elflein; Bernhard Weber (Hg.): Aneignungsformen populärer Musik. Klänge, Netzwerke, Geschichte(n) und wildes Lernen. Bielefeld 2017, 113–147.

Schwetter, Holger: Progressiv übers Land. Landdiskotheken in den 1970er und 1980er Jahren. In: Musikforum 2/2015, 38f.

Schwetter, Holger: Veränderung und neue Beständigkeit. Progressive Landdiskotheken in Norddeutschland. In: Zeitschrift für Agrargeschichte und Agrarsoziologie 4 (2016), Heft 1, 55–69.

Seuß, Siggi: Soviel Satisfaction muss sein. Zwischen Kirchweihtanz und Dorfdisco. Der Einfluss der Popkultur der 60er und 70er Jahre auf die Dorfjugend am Beispiel der Landdiskothek in Heustreu. In: Sabine Fechter; Heinrich Hacker (Hg.): Umbruchzeit. Die 1960er und 1970er Jahre auf dem Land. Der letzte Gaul – der erste Porsche. Fladungen 2011, 93–106.

Silbereisen, Rainer K.; Noack, Peter; Eyferth, Klaus: Untersuchungen zu Jugendtreffpunkten. In: Peter Day; Urs Fuhrer; Uwe Laucken (Hg.): Umwelt und Handeln. Ökologische Anforderungen und Handeln im Alltag. Tübingen 1985, 189–205.

Spindler, Wolfgang: „Rock me!" Diskotheken, Buden, Läden. In: Kursbuch 54 (1978), 1–12.

Statistik von Baden-Württemberg. Bd. 310: Gemeindestatistik. Heft 1: Amtliches Gemeindeverzeichnis Baden-Württemberg 1982. Hg. vom Statistischen Landesamt Baden-Württemberg. Stuttgart 1982.

Statistik von Baden-Württemberg. Bd. 311: Die Handels- und Gaststättenzählung 1979. Hg. vom Statistischen Landesamt Baden-Württemberg. Stuttgart 1982.

Statistik von Baden-Württemberg. Bd. 377: Die Handels- und Gaststättenzählung 1985. Hg. vom Statistischen Landesamt Baden-Württemberg. Stuttgart 1987.

Stephan, Anke: Erinnertes Leben: Autobiographien, Memoiren und Oral-History-Interviews als historische Quellen (2004). Virtuelle Fachbibliothek Osteuropa (http://www.vifaost.de). Online: https://epub.ub.uni-muenchen.de/627/ [21.08.2018].

Strobel, Ricarda; Faulstich, Werner: Die deutschen Fernsehstars. Bd. 4: Zielgruppenstars. Unter Mitarbeit von Uwe Breitenborn. Göttingen 1998.

Strübing, Jörg: Qualitative Sozialforschung. Eine komprimierte Einführung. Berlin ²2018.

Wagner, Christoph: Träume aus dem Untergrund. Als Beatfans, Hippies und Folkfreaks Baden-Württemberg aufmischten. Tübingen 2017.

Wawrzyn, Lienhard: Szenen aus der „scene". Zum Umgang mit Rock-Musik am Beispiel einer Diskothek. In: Ästhetik & Kommunikation 31/1978, 4–12.

Wegener, Gisbert: Kinderleicht zu bedienen. Die Jukebox. Ihre Entwicklung bis heute. In: Harald Keller; Reiner Wolf (Hg.): The Beat Goes On. Der Sound. Der Style. Ausstellungskatalog Museum Industriekultur Osnabrück. Oldenburg 2013, 150–157.

Wegener, Gisbert: Platte statt Orchester – Der „Ocambo Club" und der Beginn der Diskothekenära. In: Harald Keller; Reiner Wolf (Hg.): The Beat Goes On. Der Sound. Der Style. Ausstellungskatalog Museum Industriekultur Osnabrück. Oldenburg 2013, 101–110.

Wilke, Thomas: Disco. In: Thomas Hecken; Marcus S. Kleiner (Hg.): Handbuch Popkultur. Stuttgart 2017, 67–72.

Wilke, Thomas: Schallplattenunterhalter und Diskothek in der DDR. Analyse und Modellierung einer spezifischen Unterhaltungsform. Leipzig 2009.

Wilke, Thomas: Studio 54 in Münster, Exzesse in Westfalen? Über die Polyvalenz des Raumes im Medium ‚Diskothek'. In: Axel Volmar; Jens Schröter (Hg.): Auditive Medienkulturen. Techniken des Hörens und Praktiken der Klanggestaltung. Bielefeld 2013, 419–439.

Dank

Herzlich danke ich allen Personen und Institutionen, die meine Studie unterstützt haben. Besonders danke ich den GesprächspartnerInnen, die mir von ihrer Arbeit sowie ihren Freizeit- und Jugenderlebnissen in Diskotheken berichtet haben.

GesprächspartnerInnen, einzelne Personen

Volker Albiez, Diskothek „Schwarzwaldspitze", Todtmoos

Ralf Bürger, Diskothek „Okay", Donaueschingen

Kai-Uwe Bitsch, Diskothek „Waldpeter", Schönwald

Alexander Dick, „Badische Zeitung"

Vera Doering, Lahr

Max Faller (DJ Max), Emmendingen

Hans-Peter Flöther, Flöther Design, Bad Krozingen

Jens Fröhlich, Zeitung „Südkurier"

Barbara Hechinger, Waldkirch

Isabella Hesse, Freiburg

Reinhard Heßlöhl, Kippenheim

Werner Höflinger, Mobile Diskothek „Number One", Müllheim

Karl Hummel, Gasthaus „Zum Engel", Neuhausen / Königsfeld

Walter Holtfoth, Mobile Diskothek „Cleopha 87", Friesenheim

Dietrich Jeske, Gundelfingen

Daniela Langer, Verlag Waxmann, Münster

Volker Münch, Mobile Diskothek „Number One", Müllheim

Dirk Pfersdorf (DJ Dirk), Königsfeld

Werner Spalluto, WS Spalluto GmbH, Bischweier

Werner Vetter, Diskothek „Milieu", Hausach

Johanna Ziemann, Zentrum für Populäre Kultur und Musik, Freiburg

Archive und Institutionen

Gemeindearchiv Kirchzarten

Gemeindearchiv Schonach

Kreisarchiv Emmendingen

Landesamt für Geoinformation und Landentwicklung Baden-Württemberg

Landesarchiv Baden-Württemberg – Staatsarchiv Freiburg

Redaktionsarchiv der Badischen Zeitung (Freiburg im Breisgau)

Stadtarchiv Emmendingen

Stadtarchiv Freudenstadt

Stadtarchiv Offenburg

Stadtarchiv Villingen-Schwenningen

Stadtarchiv Waldkirch

Stadtverwaltung Haslach

Stadtverwaltung Titisee-Neustadt

Statistisches Landesamt Baden-Württemberg

SWR Historisches Archiv des Südwestrundfunks und des Saarländischen Rundfunks Stuttgart

Social Media

Facebook-Gruppe „Arche Waldkirch"

Facebook-Gruppe „Waldpeter Team & Friends"

Register der Diskotheken und Gaststätten

geordnet nach Landkreis, Gemeinde, Gaststättenbezeichnung, Seitenzahlen

Baden-Baden

Baden-Baden	Taverne	200

Landkreis Breisgau-Hochschwarzwald

Bad Krozingen	Spektrum	190
Buggingen	Café Suum	80f.
Buggingen	Checkpoint	181
Ehrenkirchen	Royal-Bar	79
Gundelfingen	Napoleon	167
Kirchzarten	Fuchsbau	79, 81, 93, 97, 99f., 122, 128ff., 153, 208
Lenzkirch	Power Sound Machine	102
Müllheim	Number One	102f., 176–183, 236
Umkirch	Heuboden	71, 81, 89, 91, 145f., 164, 167f., 169, 196–199, 205, 213, 235
Umkirch	Hufeisen	78f., 167
Titisee-Neustadt	Gutach Landhaus	80, 89, 153
Titisee-Neustadt	Seebachklause	218, 241

Landkreis Emmendingen

Emmendingen	Big Charly	132f.
Emmendingen	BlackWhite	92, 145
Emmendingen	Flash	93, 97ff.
Emmendingen	Inside	93, 99, 139f., 186, 208

Emmendingen	Löwen	82f., 100, 132
Emmendingen	Mehlsack	188–192, 205, 208, 225
Emmendingen	Scotchman	82ff., 100, 132
Emmendingen	Starlight	91f.
Freiamt	Mühlenklause	105, 133
Herbolzheim	Atlantis	185, 190f., 203f.
Herbolzheim	Drivolli	184f.
Kenzingen	Auhof	133
Kollmarsreute	Fußpils	86
Kollmarsreute	Krabbestube	85, 93, 133, 197
Ottoschwanden	Pfannenstiel	133
Reute	Dachluke	133
Sexau	Wagenrad	71, 133
Simonswald	d' Schiere	208, 224
Waldkirch	Arche	45, 82, 84f., 90, 105, 110, 115, 135ff., 140, 175, 181, 186, 190f., 202–209, 218–221, 224f., 234, 237, 239, 241ff.
Waldkirch	Outback	224f.
Wyhl	Forty Five	101

Freiburg

Freiburg	Crash	178, 205
Freiburg	Sound	190

Landkreis Freudenstadt

Freudenstadt	Barbarina	124–127
Freudenstadt	Scotch-Club	100

Landkreis Karlsruhe

Rheinhausen-Oberhausen	Disco Flash	101
Rheinstetten	Charly 2000	101

Ortenaukreis

Friesenheim	Cleopha 87	102, 105, 183–188, 203, 206, 236
Haslach im Kinzigtal	Blockhaus	89, 92, 98f., 118, 133, 144f., 205, 208, 235
Hausach	Milieu	102, 203, 205
Kehl-Goldscheuer	Rockfabrik	92
Lahr im Schwarzwald	Barfly	102
Lahr im Schwarzwald	Disco 77	202, 211f.
Lahr im Schwarzwald	King's Club	184
Lahr im Schwarzwald	Nachtwerk	102
Rust	Schuppen	183
Schmieheim	Nachtwache	203, 211f., 214
Schmieheim	Ocean	203

Landkreis Rastatt

Gaggenau	King's Club	200
Lichtenau	Schützenhaus	204
Rheinmünster	Ambassador Club	200

Landkreis Rottweil

Zimmern	Discoland	92, 169, 174, 193, 234f.

Schwarzwald-Baar-Kreis

Donaueschingen	Okay	91, 99, 167–172, 174, 193
St. Georgen	Adler	55f.
St. Georgen	Bärenklause	224, 242
St. Georgen	Ex	117, 173
Königsfeld-Neuhausen	Zum Engel	82, 95, 110–113, 115, 120f., 172–176, 192, 234f.
Schönwald	Waldpeter	82, 86, 90, 93ff., 98f., 105f., 110, 112, 114–118, 122, 151f., 158–163, 166, 173f., 192–196, 208, 218, 222ff., 235, 237, 239f., 241f.
Villingen-Schwenningen	Bonanza	66, 91, 132
Villingen-Schwenningen	Jugendhaus	93
Villingen-Schwenningen	Point	92, 96

Landkreis Waldshut

Todtnau	Schwarzwaldspitze	71, 89ff., 99, 106, 162–166, 235, 240
Waldshut-Tiengen	Fun World	69